CULTURA NACIONAL CHILENA,
CRITICA LITERARIA
Y DERECHOS HUMANOS

INSTITUTE FOR THE STUDY OF IDEOLOGIES AND LITERATURE

CULTURA NACIONAL CHILENA, CRITICA LITERARIA Y DERECHOS HUMANOS

HERNAN VIDAL

INSTITUTE FOR THE STUDY OF IDEOLOGIES AND LITERATURE

SERIES
LITERATURE AND HUMAN RIGHTS Nº 5

This volume is no. 5 of the series
Literature and Human Rights, published by the
Institute for the Study of Ideologies and Literature
3840 Sheridan Ave. S.
Minneapolis, MN 55410

Editor-in chief
Hernán Vidal
Assistant Editors
José Cerna-Bazán & Gustavo Remedi

Cover and logo design: Studio 87501, Santa Fe, New Mexico

First Edition
ISBN 1-877660-02-7
ISSN 0893-9438 Series Literature and Human Rights

Library of Congress Cataloging-in-Publication Data
Vidal, Hernán.
    Cultura nacional chilena, crítica literaria y
derechos humanos.

    (Literature and human rights, ISSN 0893-9438 ; no. 5)
    Bibliography: p.
    Includes index.
    1. Chilean literature--20th century--History
and criticism. 2. Chilean literature--20th century--
Social aspects. 3. Totalitarianism and literature.
4. Human rights in literature. 5. Criticism--Chile--
History--20th century. I. Title. II. Series.
    PQ7954.V53 1989.9'358   89-11375
    ISBN 1-877660-02-7

Contenido

Algunos de los estudios que presento a continuación fueron publicados en diferentes lugares durante los últimos doce años; otros son inéditos. Todos son el resultado de años de reflexión sobre el sentido del trabajo intelectual de un crítico literario conmovido por las consecuencias de crisis culturales como las que han vivido Brasil, Chile, Bolivia, Uruguay y Argentina bajo las dictaduras militares. Años atrás Hernán Valdés dijo que para nuestra generación de chilenos el fascismo había sido un dato cultural distante que sólo conocíamos a través de bibliografías, hasta que llegó el 11 de septiembre de 1973. Paulatinamente fui gestando una propuesta sobre la situación e identidad de la crítica literaria democrática en ese contexto, meditación que he buscado compartir a través de los años. En este momento en que las premisas iniciales se han materializado en un trabajo de cierto volumen, he creído necesario constelar estos estudios en una perspectiva continua, para que así la dispersión que causan las publicaciones periódicas no diluya el perfil ya más maduro de esa propuesta.

Según ella, la crítica literaria democrática en oposición al fascismo debiera ser asumida fundamentalmente como una meditación sobre el sentido de las culturas nacionales, con el propósito de evaluar y reevaluar las significaciones posibles de los textos literarios como elementos que, a través de su institucionalización, contribuyen a la formación de una identidad nacional a partir del conglomerado de subculturas que se reunen en un Estado-nación. Esto implica que el crítico literario debiera entenderse a sí mismo por sobre todo como productor de cultura. Debiéramos entender que nuestras tareas están orientadas por las necesidades de las culturas con que nuestro trabajo ha quedado comprometido y no solamente por imperativos de una estricta especialización profesional. Por ello es que me ha preocupado especialmente la posibilidad de que la crítica literaria pueda contribuir a la reconstrucción de un universo simbólico nacional, con miras a una redemocratización en que nuevamente pueda reconocerse la legitimidad de ser de una polifonía de voces e identidades democráticas que representan variadas aspiraciones humanas. De allí que, gradualmente, para mí se ha hecho cada vez más imperativo el problema de plantear la defensa de los derechos humanos como vertebración de los estudios literarios, en un aporte a un futuro proceso de recongregación nacional chilena. Contribuir a esa reconstrucción obliga a que el crítico literario atienda e intente captar un cúmulo de acciones humanas y discursividades reales que quizás sólo más tarde se convertirán en ficción literaria. Por ello es que buena parte de mis esfuerzos se han dirigido a explorar en el campo de la antropología simbólica, ubicando y considerando el discurso literario sólo como una más de las opciones discursivas en la reproducción social.

PARA UNA REDEFINICION CULTURALISTA
DE LA CRITICA LITERARIA
LATINOAMERICANA

Años atrás, muchos de nosotros participamos en un movimiento por hacer más amplio el uso de aproximaciones socio-históricas en el estudio profesional de la literatura en los Estados Unidos. En lo inmediato, muchos fuimos movilizados por el conmovedor surgimiento de los Estados fascistas en Chile, Uruguay y Argentina, además de las revoluciones en El Salvador y Nicaragua en la década de los setenta. En el trasfondo, sin embargo, también estaba la gravitación de sucesos de la década anterior, como el experimento populista-militar en el Perú, la reorientación de la sociedad por el militarismo brasileño y, por supuesto, la fundación del primer Estado socialista latinoamericano en Cuba. Nuestra intención fue ajustar nuestro trabajo a las implicaciones culturales de estos sucesos, planteando cuestiones que el análisis intratextual exclusivo no ayuda a perfilar.

Esta problemática penetró en el medio académico norteamericano no solamente a través de la noticia y de las repercusiones familiares para los profesionales establecidos en Estados Unidos, sino, además, por la organización informal o estructurada de esfuerzos por rescatar a intelectuales en peligro. Con las nuevas temáticas y preocupaciones que ellos introdujeron quedó reforzada la conciencia de la necesidad de reenfocar nuestro quehacer para situarnos en mayor cercanía a las culturas que motivan nuestro trabajo. Posteriormente ha seguido un tráfico ininterrumpido de estudiantes y profesores latinoamericanos hacia este país, bien sea en condiciones "forzadas" o "voluntarias". Esto ha ido ocurriendo paralelamente con las enormes olas migratorias de las últimas décadas, que han acentuado la presencia de nuestras culturas en los Estados Unidos. No se podría decir hoy que Latinoamérica es un ámbito ubicado más allá de las fronteras norteamericanas. Estados Unidos se ha convertido en un corredor cultural latinoamericano, en el

8

que estamos como dato irreductible de la historia de este país. Así lo prueban las masas de trabajadores haitianos, cubanos, dominicanos, puertorriqueños, ecuatorianos y mexicanos que a veces se concentran en comunidades más grandes que muchas de sus países de origen. La mayor inversión estatal norteamericana en la educación universitaria para la modernización de los años sesenta, en competición con el campo de naciones socialistas, permitió una definida presencia de profesores latinoamericanos como extensión de este fenómeno global. Con todo esto, la transnacionalización de la economía capitalista ha tenido insospechadas consecuencias.

En este contexto, la experimentación socio-histórica en la crítica literaria no podía sino atraer un grado de reconocimiento. Ya es parte irreversible del horizonte crítico actual, aunque no haya acuerdo general sobre su valor e importancia.

En esta experimentación se ha producido una conciencia cada vez más aguda de que, para solucionar los problemas de conexión de la intratextualidad literaria con su contexto social, es indispensable una fundamentación argumental en una teoría de producción de cultura. Sólo así es posible situar un texto literario en el proceso de su gestación e impacto en una sociedad específica. De este modo, se puede postular razonablemente la relación de un texto literario con los grupos-agentes sociales que buscan orientar y modificar el desarrollo de la sociedad.

El origen de la producción literaria puede ser asociado con grupos hegemónicos que diseminan sus valores y prioridades comunitarias como fundamentos universales del devenir social, o bien, ese origen puede determinarse en un esfuerzo por criticar, negar o neutralizar la validez de esos universales, proponiendo, tácita o explícitamente, alternativas. Si entendemos por cultura (nacional) el cúmulo de ideas, conceptos, discursos, símbolos, valores, instituciones, autoridades, modos de comportamiento y utensilios, en el extenso sentido de la palabra, creados en una sociedad para la articulación y administración de sus estructuras, el texto literario debe ser entendido como una representación metafórica, analógica y metonímica del proceso de producción cultural.

Esta vertebración teórica que algunos de nosotros parecemos haber encontrado para guiar nuestro trabajo como críticos literarios, abre una plétora de problemas que requieren una redefinición de nuestra identidad profesional. Una exposición escueta del asunto sería la siguiente: si es que en el trasfondo de nuestra actividad hay una teoría de la cultura, potencialmente somos practicantes y estudiosos de algo más vasto que la crítica literaria misma. Siempre me ha llamado la atención la urgente necesidad que han demostrado los críticos socio-históricos de nuestra generación por incursionar en la antropología, la historia social, la sociología y la politicología. Parece que nos estamos convirtiendo en estudiosos de la cultura que inicialmente partimos de la literatura para descubrir que nuestra base de iniciación es demasiado restrictiva, aun para dar cuenta de ella. Las perspectivas que así se abren son enormes. Sin embargo, quisiera reducirlas a una sola, porque, como digo, incide en una posible redefinición de nuestra identidad profesional: si en realidad somos "culturólogos" cuya base institucional es lejana, nos incumbe conectarnos con las culturas que nos preocupan de manera orgánica e integral, es decir, contribuyendo con nuestro trabajo intelectual al planteamiento y solución de problemas con mayor significación raigal para esas culturas en el curso de su cambio histórico.

Sin ánimo de desmerecer sus contribuciones, para el crítico de práctica estrictamente intratextual esta problemática no es esencial, puesto que la institucionalización de la literatura como conjunto de textos "clásicos" no está sujeta necesariamente a este tipo de inquisición. No obstante, para la crítica fundamentada en una ciencia de la cultura , es inevitable e ineludible estar alerta a los últimos desarrollos sociales y, como consecuencia, provocar una reconceptualización periódica de amplias zonas de su área profesional.

Por ejemplo, si yo fuera peninsularista, estaría muy preocupado por las implicaciones globales para la sociedad española del término del régimen franquista. Esto tendría que llevar a una reorientación del modo de aproximarse a la literatura presente y pasada como canal de comprensión de la historia actual. Abundando más, se hace inevitable considerar, en el ejemplo dado, el resurgimiento de tendencias autonomistas entre las nacionalidades agrupadas bajo el Estado español. ¿Hasta qué punto es, entonces, válido seguir enseñando literatura peninsular como si lo castellano fuera el elemento privativo, sin siquiera esbozar la problemática del pluralismo cultural en ese país? También por vía ejemplar, en el ámbito latinoamericano cabría preguntarse si los sistemas literarios vigentes hasta el surgimiento de los Estados fascistas en el Cono Sur realmente pueden captar la magnitud de la crisis cultural de la zona. Si ello no es posible, como yo creo (por lo menos en cuanto al caso chileno que mejor conozco), ¿cómo se pueden estudiar las condiciones para el surgimiento de sistemas expresivos de mayor efectividad? Esta pregunta obliga a abandonar una concepción de la literatura como campo ya y para siempre formado y delimitado, para entrar a captar experiencias sociales previas a su formalización literaria que, sin duda, constituirán literatura. Más tarde volveré sobre esto. Antes quiero referirme a la necesidad de una mejor compenetración de los diferentes campos del estudio literario hispánico.

La inercia profesional nos lleva a mantener esferas de estudio en que lo ibérico (español y portugués), lo latinoamericano y lo luso/hispano-africano parecen responder a tradiciones críticas compartamentalizadas como estancos incomunicados. Sin embargo, una conciencia culturalista de la literatura debería llevarnos a recuperar experiencias comunes, como la de la Guerra Civil española. Ella delineó un horizonte histórico que unió a los Vallejos, a los Nerudas, a los Albertis y a los García Lorcas. La investigación de la experiencia del fascismo en Portugal y España podría servir de aporte iluminador de la experiencia cultural contestataria del fascismo recién emergente en el Cono Sur. Claramente tenemos una agenda común, vital y orgánica, que ni siquiera hemos comenzado a explorar.

Lo que sugiero es una estrategia investigativa asentada en una selección de temas provenientes de coyunturas históricas de importancia para las culturas involucradas. En condiciones ideales esta estrategia daría resultados óptimos con una planificación e implementación colectiva. Sin embargo, la organización departamental que predomina en el sistema universitario interpone obstáculos difíciles de superar. Ella promueve una rápida productividad para lograr ascensos, seguridad de trabajo y bonificaciones por mérito, que resulta en líneas de investigación individualistas, en que se escatima cuidadosamente el tiempo disponible. Obviamente, todo proyecto colectivo es de maduración más lenta. Esto también afecta la productividad de críticos establecidos, que ya han recibido un reconocimiento profesional. Para refrendar su posición, deben ahorrar tiempo de manera similar, lo que impide compartir el conocimiento acumulado para la guía y cohesión de un grupo. No obstante, aunque el trabajo de grupo es un ideal dudoso, esto no absuelve al crítico literario culturalista de diseñar una conexión más raigal con las sociedades que le conciernen. En los párrafos que siguen hago una propuesta al respecto, basada en una posible conjunción de la antropología simbólica y la crítica literaria.

I. EXPLORACION DE UNA ANTROPOLOGIA PARALITERARIA

Luego de la ruptura institucional marcada en Chile por el golpe militar del 11 de septiembre de 1973, se ha puesto en evidencia lo que se podría llamar "crisis de los sistemas literarios vigentes" para elaborar una visión de mundo coherente, de acuerdo con las transformaciones sociales ocurridas desde entonces. Tal proposición es riesgosa en extremo, pero valga para ilustrar el argumento que me interesa exponer a partir de la narrativa. Creo de importancia tratar la cuestión a partir de este género, dado el sobrerrelieve que tuvo en la llamada "narrativa del boom".

El problema es visible en las novelas recientes que se han referido al golpe militar: Poli Délano, *En este lugar sagrado* (1977); José Donoso, *Casa de campo* (1978); Jorge Edwards, *Los convidados de piedra* (1978); Volodia Teitelboim, *La guerra interna* (1979); Fernando Alegría, *El paso de los gansos* (1980). Ellas se caracterizan por una incapacidad de elaborar un discurso orgánico sobre los hechos históricos, lo que se traduce en rupturas no funcionales de las secuencias episódicas, soluciones de continuidad de fuerte abstracción alegórica (índice de una apropiación no lograda del material histórico), reiteración temática tal vez ya desfasada de su momento, como en el caso de Donoso y Edwards. Por el contrario, la crisis chilena es atribuible a causas y efectos que ya han podido ser comprendidos y categorizados. Se podría argumentar, entonces, que la conciencia literaria ha quedado retrasada con respecto a las ciencias sociales.

Un desarrollo apropiado de estos juicios tomaría un espacio del que ahora no dispongo. Sin embargo, las observaciones siguientes pueden servir de aval momentáneo.

En este lugar sagrado presenta a un militante comunista que, antes de plegarse a la resistencia, rememora casi ritualmente, en un W.C., el pasado de azares, determinismos, motivaciones e incitaciones que lo llevaron a ese compromiso político. No obstante, el desarrollo de esos factores como necesidad histórica es rudimentario y hasta escamoteado por el uso de montajes que evitan segmentos fundamentales de la evolución.

Casa de campo trata, según su autor, el complejo y contradictorio intento de transición al socialismo durante el gobierno de la Unidad Popular. El contexto de este proceso son los nuevos requerimientos de una acumulación capitalista transnacionalizada, bajo el control de corporaciones multinacionales. Sin embargo, en la novela, la contemporaneidad capitalista es metaforizada como si se tratara de las últimas décadas del siglo pasado, mientras la lucha de clases es reducida a una concepción pastoril del enfrentamiento entre niños y adultos en una remota casa de campo. Donoso insiste aquí en la visión de la sociedad que articulara sus principales obras anteriores: lo nuevo en la historia se presenta como una rebelión instintiva contra rituales ya fosilizados de la oligarquía latifundista/exportadora-importadora.

Los convidados de piedra es también una reiteración. Edwards vuelve a mostrar la cohesión de la burguesía chilena "tradicional" a través de ritualizaciones cíclicas que refuerzan sus códigos de clase. En un ágape en que miembros de esa burguesía celebran su triunfo con el golpe militar, se recuerda a amigos tránsfugas que se sumaron a los partidos populares. Sus motivaciones no son desarrolladas, por lo que su deserción toma aspecto de fenómeno patológico más que de necesidad histórica.

La guerra interna abstrae alegóricamente la historicidad del golpe militar. Una joven llamada Esperanza a Pesar de Todo cae víctima del terror estatal, con lo que se revelan las distorsiones de su submundo. Durante su viaje por él mantiene un diálogo con el espíritu de Pablo Neruda. El horror y la participación del imperialismo en la tragedia chilena se concretan con figuras grotescas como las del Conde Drácula, Frankenstein y Bela Lugosi, asesores de la DINA. La venganza queda propuesta con Alicia, hija del general Pinochet, quien reniega de su padre y busca asesinarlo después de penetrar los espejos maravillosos del mundo perverso que controla.

Por último, *El paso de los gansos* representa un testimonio existencial puesto entre una introducción que alegoriza una voz narrativa de rápidas transmutaciones de identidad que sirve de portavoz a toda la chilenidad y un grotesco final de feroz mofa antimilitarista. A través de una selección de cartas que forzosamente presentan una visión fragmentaria y un diario de vida que psicologiza e individualiza extremadamente el proceso de la Unidad Popular, descubrimos cómo un joven, producto de un matrimonio fracasado, vuelve a Chile para encontrar un sentido romántico para su vida.

La hipótesis de una insuficiencia de la conciencia literaria para apropiarse orgánicamente de la historia arranca de una concepción de la literatura como discurso que tipifica y totaliza la experiencia social, integrando la inmediatez y la limitación de la cotidianidad a una visión global de la cultura nacional. El fragmentarismo, la abstracción alegórica y la reiteración temática revistadas pueden interpretarse como una incapacidad momentánea para plasmar simbólica, metafórica y temáticamente un flujo histórico vasto y contradictorio. Demás está decir que esto enuncia la proposición de que a la ruptura institucional corresponde el extrañamiento de una noción totalizadora de la cultura chilena. En última instancia, a esta insuficiencia también correspondería una crisis de la crítica que se aboca a ella.

Sin embargo, estas dislocaciones no pueden extrañar, si es que la compulsamos con la actividad del Estado fascista inaugurado por el militarismo. Este destruyó una noción largamente acogida de la cultura chilena como comunidad, en aras de un criterio de eficiencia del capitalismo con índices en las leyes "naturales" del mercado. Para este desmantelamiento se destruyeron o alteraron las organizaciones que la sociedad civil ha creado para producir y canalizar un conocimiento más totalizado de la cultura: los partidos políticos, los gremios y los sindicatos; ha censurado y controlado la comunicación masiva; ha restringido la movilidad de los ciudadanos con toques de queda; ha aprisionado, desaparecido, torturado, relegado y exiliado a grandes números de ciudadanos. La base de decisiones sobre la administración de la cosa pública ha quedado restringida a una escasa minoría de altos jefes militares, burócratas y miembros de la burguesía financiera transnacionalizada, que actúan con criterios estrictamente tecnocráticos.

Ante esto la oposición no ha podido todavía articular un proyecto de alternativa para la conducción social que comprometa masiva y manifiestamente a la ciudadanía. De allí que se pueda señalar tanto un aspecto positivo como otro negativo en la visión de mundo del corpus revisado: por una parte, el fragmentarismo y la abstracción son un reflejo adecuado de la situación cultural chilena en el presente; por otra, está su incapacidad implícita para proyectar nuevos rumbos culturales a partir del ámbito existente. En este último respecto, sin duda el teatro actual ha hecho avances más significativos.

Pero la cuestión no puede terminar aquí. Los problemas señalados implican un desafío radical para quien emite tales juicios. Ellos tienen validez sólo en la medida en que sus criterios también puedan contribuir positivamente a la labor de escritores como los señalados, que honestamente han tomado el riesgo de elaborar artísticamente la historia actual. Se trata de un desafío que la crítica literaria debe enfrentar.

Sin embargo, ya al enunciar tal afirmación y tal esperanza quedan expuestas las limitaciones de la crítica literaria: la producción del discurso crítico ha sido entendida como *un acto retrasado* en relación a la producción del texto literario. Desde el momento en que la crítica literaria aspiró a un status científico, debió demarcar su sector propio de la realidad conocible y plantear sus categorías epistemológicas y discursivas en relación a un cuerpo pre-existente de objetos llamados textos literarios. Una contribución para superar una crisis como la esbozada requiere, por el contrario, que la crítica literaria también tenga la capacidad de abandonar su positivismo y su formalismo originales, de modo que su discurso *se adelante* a la producción literaria, sugiriendo al creador nuevos complejos simbólicos, metafóricos y temáticos para un mejor nexo con la situación histórica contemporánea.

Para hacer de su ciencia una actividad de vanguardia, el crítico literario debe dirigir su mirada a la realidad circundante para detectar allí elementos cuya elaboración literaria pueda servir de materia prima para la constitución de nuevos sistemas expresivos o incrementar los ya existentes. Ello requiere una noción de los modos en que se produce cultura dentro de los condicionamientos y enmarcaciones estructurales de una sociedad. Indudablemente, esto implica una incursión en el terreno de la antropología.

Sin embargo, a diferencia de esta ciencia, el énfasis analítico no estaría en el objetivo programático de definir el modo de ser de un sistema cultural, su dinámica y su devenir. Puesto que la literatura es una praxis ideológica, habría que concentrarse en el estudio de las condiciones en que los seres humanos producen representaciones imaginarias, figurativas, del modo real en que se relacionan entre sí para reproducir el contexto de las estructuras sociales que los sustentan. En particular habría que estudiar la forma en que se producen significaciones plasmadas material, espacial y temporalmente para incitar a esa actividad reproductiva. Estas significaciones adquieren rango de símbolos en la medida en que fusionan amplias y contradictorias interpretaciones de orden económico, social, político e ideológico. Estos símbolos surgen en la vida cotidiana. Por su capacidad fusionadora tienen la potencialidad de iluminar, dentro de los marcos de su microdimensión, la unicidad orgánica de la sociedad total, en su macrodimensión de complejos y dispares dinamismos y conflictos. Ya estamos hablando de antropología simbólica y vale la pena aportar ejemplos concretos de los símbolos a que me refiero.

En ciertas circunstancias de las luchas sociales, determinados incidentes parecieran condensar la atención pública dentro de límites espaciales y temporales claramente perfilados. El triunfo de un equipo nacional de fútbol en una campeonato mundial y la histeria masiva que provoca; la ocupación pacífica de una embajada extranjera por campesinos que protestan; la clausura de las entradas y salidas de esa embajada por efectivos policiales que luego pegan fuego al edificio y carbonizan a todo el mundo; el descubrimiento de un cementerio oculto de líderes sindicales masacrados secretamente por un operativo militar, sucesos como estos súbitamente adquieren una significación que remite más allá de los hechos mismos y ponen en tela de juicio el modo en que se conduce un desarrollo cultural.

En torno a estos incidentes, sectores socialmente hegemónicos y de oposición aceleran esfuerzos para interpretarlos y canalizar a la ciudadanía una imagen en consonancia con sus intereses en el conflicto social. Su potencialidad literaria surge en la medida en que la capacidad movilizadora de esos símbolos revela una sensibilidad colectiva posible de ser descrita con categorías literarias. Estos símbolos evidencian prioridades comunitarias en las luchas por la transformación de la sociedad. La convicción o confianza que revelan en la capacidad transformadora de su entorno por el ser humano son fuente central de categorías genéricas esenciales del discurso literario: tragedia, comedia, melodrama, épica, farsa, etc. La solución a problemas técnicos para la comunicación de estos símbolos en discursos continuos constituye los géneros expositivos que llamamos narrativa, drama, lírica, ensayo.

Pienso que, para este tipo de investigación cercana a la antropología, es imprescindible concebir la producción literaria como una práctica cuya materia prima está en la cotidianidad. Episodios de la vida diaria son elevados a la categoría de tipificaciones totalizadoras de la cultura mediante su integración en esquemas ideológicos universalizadores que sirven a modo de medios productivos. Es evidente, por ejemplo, que la narrativa reciente ha echado mano a categorías psicoanalíticas, existencialistas, marxistas y surrealistas para estructurar su representación ficticia de la realidad social latinoamericana. Ya que la categoría central de esta definición de la literatura es la de *totalización*, una antropología paraliteraria debiera captar en la cotidianidad aquellos incidentes que, por su naturaleza fusionadora de significaciones, tengan mayor probabilidad de convertirse en materia literaria. Esto obliga a reexaminar el concepto de cotidianidad como espacio de surgimiento de las significaciones simbólicas que nos interesan.

Vida cotidiana es la experiencia del cuerpo y de la psiquis durante el desarrollo espacial y temporal de la rutina diaria. La rutina diaria es un esquema de uso de la energía corporal y psíquica organizado en torno a la participación de los individuos y de los grupos en el modo de producción y distribución material e ideológica que caracteriza a una sociedad. Los horarios de comida, descanso, diversión, contactos sociales, laborales y sexuales quedan regimentados en su duración, frecuencia, intensidad y ubicación por la forma en que los seres humanos quedan insertados funcionalmente en la producción y por el ingreso económico consiguiente. La diferenciación de ingresos por esa inserción demarca la amplitud y calidad de las experiencias psíquicas, corporales, temporales y espaciales de los individuos y grupos. Resulta evidente que un campesino instalado en un villorio montañés conocerá menos del mundo que el presidente de un banco neoyorquino con recursos para contratar aviones y toda clase de aparatos de comunicación internacional. La eficiencia en el empleo del tiempo para un mayor o menor número de actividades durante el día también estará condicionada por una diferente función social. Ella dicta, en última instancia, el mayor acceso de los individuos a las formas culturales, materiales y espirituales de que dispone una sociedad.

Planteado el problema desde otra vertiente, la experiencia inmediata de la cotidianidad equivale a un *estado de conciencia limitada*, en el mejor de los casos, o distorsionada, en el peor de los casos. Esto en relación a que los individuos no conocen "la sociedad" como dato cercano. Más bien conocen un número limitado de calles, edificios, parientes, amigos, socios, actividades, instituciones y autoridades a su alcance. Los canales más cercanos para construir una imagen social totalizada son la escuela, el lugar de trabajo, el rumor y los medios de comunicación masiva. Por su organización, estos canales están sujetos o son vulnerables a la ideología hegemónica. Ella regula el grado de conocimiento social diseminable, con el objeto de controlar la sociedad. Por ello, una de las formas más elementales del conflicto social en la cotidianidad capitalista se da como esfuerzo por conocer o impedir el conocimiento de las actividades del poder económico, social y político. La oposición debe develar estos mecanismos y ocultamientos para reemplazarlos por un conocimiento real e instrumental para la democratización, es decir, para crear un *estado de conocimiento real*, todo esto en condiciones materiales de escasez y riesgo personal.

Los incidentes de importancia en la vida cotidiana son captados por los aparatos de elaboración ideológica en pugna para medir su relevancia como índice de cambio de las relaciones sociales. Se analizan sus implicaciones políticas, luego se exponen a la opinión pública aquellos elementos que refuercen la perspectiva privilegiada por quienes los interpretan. Como indicaba con anterioridad, ejemplos como campeonatos de fútbol, la ocupación de una embajada y el descubrimiento de una masacre tienen el potencial de explicar el sentido humano del funcionamiento de las estructuras de poder y de las luchas políticas y sociales a que dan origen. Para su interpretación, estos incidentes son claramente delineables en sus etapas de iniciación, desarrollo y desenlace. Constituyen verdaderas unidades dramáticas en el sentido aristotélico del término, por cuanto revelan la lógica de las acciones humanas como ente social y político de su ser. A los ojos de la colectividad, esos incidentes se despliegan como espectáculo con escenario de acotaciones específicas. Dentro de él, tanto los participantes como los espectadores y los intérpretes se preocupan por controlar, administrar y modular el impacto de las imágenes producidas en la opinión pública.

Nótese la facilidad con que el último párrafo de este argumento ha pasado de la esfera antropológica a la artística. A mi entender, este transcurso comprueba la posibilidad de una investigación antropológica paraliteraria.

II

Para terminar, quiero confesar que bajo tanto tecnicismo he escamoteado una cuestión fundamental: por qué buscar esa conexión raigal de la que hablo con las culturas que estudiamos.

En realidad, creo que el asunto tiene que ver con mis dudas sobre la razón de ser de nuestra profesión, en el modo en que es usualmente definida: ¿para quién realmente organizamos, reproducimos y producimos el conocimiento que entregamos en clase o ponemos en papel? ¿Hay una justificación para esta actividad más allá de la cíclica renovación generacional de los cuadros de profesores en servicio, o la amplificación del cuerpo de conocimiento ya establecido y, por supuesto, el bienestar personal y quizás el renombre personal, mayor o menor, del crítico literario?

Me parece imposible negar el valor de estos objetivos, como también creo en el enriquecimiento de las artes liberales. No obstante, se podría argüir que tal evolución no tiene orientación ni noción de sí misma, se aísla de la realidad social haciéndose parámetro autorreferente e incestuoso de sus propias elucubraciones, sin trascender más allá de sus propios confines. Esto debilita nuestra profesión porque no logra definir adecuadamente su legitimidad social. Los embates que las Humanidades, en general, sufren en la actualidad por desinversión estatal en la educación superior son evidencia clara de nuestra vulnerabilidad. No creo que una redefinición culturalista de la crítica literaria vaya a neutralizar estas presiones. Sin embargo, anclar nuestro trabajo en la historia nos daría claridad de ideas sobre el sentido de lo que hacemos y, por sobre todo, convicción, ahora que la presencia latinoamericana en Estados Unidos es tan marcada como la de este país en Latinoamérica.

La implementación de una estrategia intelectual como la que sugiero, no importa qué premisas teóricas la vertebren, requiere establecer estrechos nexos con grupos de producción cultural en Latinoamérica. De manera simultánea, se da la necesidad de una cuidadosa meditación de un protocolo ético para esos nexos. Una compenetración raigal con la problemática cultural de la sociedad seleccionada desahucia de inmediato la más mínima posibilidad de que se repita el "clásico" desbalance que ha victimizado a nuestros países en el intercambio internacional: el peligro de que el grupo cultural de contacto se convierta en productor de materia prima cultural para ser refinada teóricamente en Estados Unidos. Este riesgo es ineludible, puesto que las condiciones en que se produce conocimiento progresista en Latinoamérica, particularmente en naciones controladas por Estados fascistas, son en extremo difíciles. Al quedar entregados a las contingencias de la supervivencia en un medio económico desfavorable, la capacidad de los investigadores para terminar proyectos y encontrar canales de difusión se reducen drásticamente. Acumulan así materia prima que no tiene destino. Impedir que esto ocurra y recuperarla para enriquecimiento de la cultura y de nuestra profesión son los principales elementos de validación de un engarce de esfuerzos de investigadores del interior y del extranjero. Se debería diseñar modos conjuntos de elaboración y diseminación, reforzados por alguna forma de intercambio institucional. Una moderada infusión de fondos desde Estados Unidos y visitas de enseñanza a este país podrían dar como resultado el beneficio mutuo de que los proyectos de investigación se finalicen en términos orientados por el grupo de contacto. Estas visitas, estipuladas sobre la base de la completación de un proyecto por el intelectual latinoamericano, beneficiaría al medio académico norteamericano con la introducción de problemáticas vitales para la sociedad de origen.

Un plan de acercamiento tan práctico como el propuesto podría tener vastas resonancias para una cuestión que debería ser explorada formalmente: una definición de la cultura del exilio en relación con la nacional.

HACIA UN MODELO GENERAL DE LA SENSIBILIDAD SOCIAL LITERATURIZABLE BAJO EL FASCISMO

El trabajo que sigue propone las bases iniciales para la construcción de un modelo teórico general de la sensibilidad social literaturizable bajo regímenes fascistas. La noción de sensibilidad social literaturizable implica la hipótesis de que toda producción poética es una elaboración de la experiencia cotidiana más inmediata, en este caso vivida bajo el fascismo, elevada por esa elaboración a un rango simbólico que universaliza la figuración poética para hacerla representativa de la experiencia histórica de toda la sociedad implicada. Se trata de construir un modelo *teórico* general que intenta abarcar a diferentes sociedades, en diferentes épocas, sin referirse a ninguna en especial. Por tanto, estimamos que nuestra tarea queda sujeta a principios epistemológicos diferentes a los de una aproximación positivista al respecto. Una aproximación positivista habría implicado la recopilación previa de un gran volumen de evidencia empírica (lectura anterior de una cantidad de textos poéticos), cuyo acopio es paso obligatorio antes de establecer leyes descriptivas que se elevan de lo concreto a lo general. Más bien nos adherimos a una postura materialista histórica que supone el conocimiento de objetos reales como resultado de una labor conceptualizadora anterior de la información y las ideas provistas por las diferentes formas de práctica, científica, ideológica, técnica, etc., labor que tiene lugar en su totalidad en el plano del pensamiento. El conocimiento es, finalmente, de objetos reales, pero en el plano de la conciencia ellos son producidos primero según los parámetros de enfoque de lo real elaborados por la práctica teórica que permiten un enfrentamiento con la realidad concreta. De acuerdo con esto, una teoría sólo es falsa en la medida en que sus postulados sean contradictorios entre sí[1].

En nuestra aproximación hacemos una lectura literaria de textos teóricos fundamentales sobre la naturaleza del fascismo desde una perspectiva materialista histórica: Palmiro Togliatti, Georg Dimitrov, Nicos Poulantzas y Ernesto Laclau, particularmente de estos dos últimos autores. De modo secundario usamos textos subsidiarios de ellos, como los de Agustín Cueva y José Joaquín Brunner, y genealógicamente afines, aunque distanciados de la tradición materialista histórica, como los de Guillermo O'Donnell. De modo periférico hemos usado textos de recopilación ubicados en otras tradiciones filosóficas, como los de Juan Linz; Juan Linz y Alfred Stepan; Stein Ugelvik Larsen, Bernt Hagtvet y Jan Petter Myklebust por la información sociológica que aportan[2]. Por una lectura literaria de ellos nos referimos a una interpretación de las categorías de la praxis humana elaboradas por las ciencias sociales que las traslada a las categorías con que normalmente trabaja la crítica literaria. Las bases teóricas para este procedimiento están en la concepción materialista histórica de lo estético como categoría general de la autoproducción social del ser humano mediante su trabajo de transformación de la naturaleza y la sociedad para satisfacer necesidades materiales y espirituales. Por tanto, las categorías del conocimiento que surgen de esa praxis son equivalentes entre los diferentes campos del estudio teórico de la cultura; su diferenciación discursiva obedece a las necesidades y tradiciones de cada disciplina. De allí que el crítico literario, desde su ubicación en la perspectiva materialista histórica, pueda hacer una lectura del conocimiento aportado por las ciencias históricas relevando en él el núcleo sensual y emocional propio de la literatura como arte, según categorías propias de la ciencia literaria. En otra ocasión hemos llamado *estrategia de las lecturas inversas* a esta aproximación[3]. En el curso de la exposición iremos aportando los elementos teóricos necesarios.

No obstante, en este punto es preciso señalar que el eje discursivo de nuestra argumentación está en el uso del concepto gramsciano de hegemonía[4]. puesto que el fascismo ha sido definido como consecuencia de una profunda crisis hegemónica del bloque de poder burgués que radicaliza especialmente a sectores pequeñoburgueses.

Estos sirven de punta de lanza en un movimiento de sublevación masiva que establece gobiernos fascistas que luego transforman el Estado nacional para trasladar gradualmente el poder económico a manos del capital financiero.

Hemos usado el concepto de hegemonía para esbozar desde el comienzo el efecto cataclísmico que tiene el fascismo en la experiencia emocional de la cotidianidad, espacio social desde el que se inicia todo conocimiento de la cultura nacional como concepto englobante. Ese efecto no ha sido relevado en la bibliografía teórica existente sobre el fascismo, a pesar de que un esbozo tal es indispensable para calibrar cualquier conocimiento y análisis de la simbolización social producida bajo las condiciones de extrema represión que ese movimiento impone. Prestar atención a la experiencia emocional de la cotidianidad nos lleva, posteriormente, a proponer el entendimiento del texto poético como una máquina de reproducción social homeostática en esas condiciones de profunda ruptura institucional. A su vez, la concepción de la literatura como máquina homeostática nos ha obligado a explorar el concepto de emoción como categoría antropológica que se refiere a sistemas y programas de reacción del comportamiento humano frente a circunstancias sociales radicalmente alteradas. Una vez alcanzado este punto, ya es posible discutir los géneros literarios discursivos (narrativa, drama, lírica) y retóricos (épica, comedia, melodrama, tragedia, grotesco) como máquinas matrices para la poetización de la sensibilidad social con que se experimenta la vida cotidiana bajo el fascismo. Como es obvio, ante una experiencia histórica culturalmente dislocante como el fascismo, la función de la crítica literaria requiere una autorreflexión; usamos la sección final de este trabajo para meditar sobre las tareas posibles para el futuro, de acuerdo con los conceptos propuestos.

IMPLICACIONES CULTURALES DEL CONCEPTO DE HEGEMONIA
SOCIAL

Hablar de una sensibilidad social literaturizable en un
proceso histórico implica que la materia prima de la
literatura está en la experiencia de la cotidianidad elevada
a un rango de universalidad simbólica representativa. Esta
propuesta tiene asidero en las disquisiciones de Georg
Lukács sobre la naturaleza de lo poético como categoría
social del conocimiento[5]. Lukács habla sobre la producción
poética como un punto equidistante entre la especificidad
individual con que se presenta el dato de la experiencia
cotidiana y la compleja abstracción de los artificios legales
con que los Estados nacionales administran la sociedad
para dar cohesión y coherencia a la multiplicidad de
niveles en que se da su reproducción material y espiritual.
Esto significa que la producción poética es parte de un
continuo dinámico en la producción de significaciones
simbólicas que eleva la experiencia de la vida cotidiana
como orden singular y limitado del conocimiento de la
praxis humana hacia una tipificación intermedia. Esta
amplifica la relevancia social de esa materia prima inicial,
elaborándola mediante temas, metáforas y símbolos que
magnifican su sensualidad y emotividad. En última
instancia, el significado social de esa tipificación
intermedia tiene como referente los diversos órdenes
axiológicos con que el Estado nacional conduce y orienta
los objetivos, tareas y prioridades señalados por los
diversos proyectos de desarrollo económico y social que
conforman la cultura nacional. En otras palabras, la
literatura, como toda producción de significaciones
simbólicas, está profundamente marcada por el poder de
las clases que expresan e implementan su control y su
hegemonía social política e ideológica a través del Estado
nacional. Este primer acercamiento al concepto gramsciano
de hegemonía nos permite ya vislumbrar su relevancia
teórica para los estudios literarios. No obstante, es preciso
profundizar aún más sus implicaciones, cosa que haremos
reconstruyendo más detalladamente el circuito que va
desde la experiencia microcósmica de la vida cotidiana a
los conceptos macrocósmicos totalizadores de Estado,

cultura nacional y hegemonía social. En este tránsito nos encontraremos con el concepto intermedio de universo simbólico, en cuyas implicaciones nos extenderemos, puesto que él, en conjunto con la noción de hegemonía social, nos permitirá captar en toda su magnitud el efecto cataclísmico que tiene el fascismo en todo orden cultural.

La cotidianidad se da a nuestra percepción como la experiencia de la energía corporal y psíquica del individuo en el plazo de las veinticuatro horas en que usualmente se divide la actividad diaria. Se trata de un esquema de uso del cuerpo humano, del tiempo y de los espacios socialmente definidos, de los objetos, de los símbolos, del conocimiento y de las relaciones sociales que se encuentran en estos espacios, diagramados de acuerdo con roles que deben ser cumplidos y rutinas que deben desarrollarse, según la función que cumplen los individuos en el proceso de reproducción material e ideológica de su sociedad. Obviamente, las jerarquías de clase que se decantan de esa participación limitan o expanden la capacidad potencial o real de uso de estos elementos constituyentes de la cotidianidad al poner al alcance de los individuos mayores o menores recursos y oportunidades para el conocimiento y ejercicio del amplio horizonte de la experiencia cotidiana. A la vez, la participación individual en la reproducción social fijará los horarios de las rutinas de sueño, descanso, alimentación, diversión y deportes, de las disciplinas educacionales, de los contactos sexuales y sociales.

Según queda establecido en la definición anterior, la cotidianidad se presenta a la conciencia del individuo ya socialmente disciplinado para cumplir los roles, funciones y rutinas que le corresponden esencialmente como un conjunto de actividades ya estabilizadas, que abarcan espacios y temporalidades bien demarcadas (hogar, familia, barrio, amigos, escuela, club, parques, calles, lugares de trabajo) y convertidas por su frecuencia en hitos "naturales", de facticidad rotunda e inapelable, que parecen desarrollarse automáticamente, a las cuales el individuo pareciera poder reintegrarse espontáneamente, sin un alto grado de readecuación de su energía corporal y psíquica. Lo que llamamos biografía individual es la travesía en el tiempo y el tránsito en el espacio a través de todas las áreas que constituyen la cotidianidad en una sociedad específica. Además de los espacios más restringidos que llamamos lo íntimo (por ejemplo, el espacio de representaciones mentales internas de nuestra conciencia, el lecho y la pieza donde hacemos el amor, el espacio donde hacemos nuestro aseo corporal), correspondientes a todo ser humano, en las sociedades divididas en clases sociales generalmente esa travesía y ese tránsito quedará diferenciado entre lo privado (familia, trabajo, círculo de amistades) y lo público (escuelas, iglesias, dependencias estatales tales como oficinas de administración burocrática, cuarteles militares, presidios y cárceles) donde tendrán lugar ceremoniales de contacto claramente diferenciados. Por otra parte, de acuerdo con nuestra ubicación generacional, los roles, funciones y espacios que ocuparemos tendrán etapas de mayor restricción/amplitud, variación/monotonía: por ejemplo, la situación del infante que recaba sustento y protección simplemente porque su cuerpo existe inerme en el interior del hogar; pasando luego por el status de niño que debe idealmente ocupar su tiempo dando énfasis a su educación intelectual y física en recintos educacionales y deportivos; hasta que alcanzamos la calidad de adultos, con todas las responsabilidades, obligaciones y privilegios que la ley nos otorga según la jerarquía social a la que pertenecemos, multiplicándose para este adulto los roles y funciones simultáneas que debe cumplir en diferentes espacios, según su calidad de madre, padre, trabajador, empresario, administrador, soldado, profesional, técnico, recibiendo, según su clase social, la porción de conocimiento, de riqueza socialmente producida y de legitimación simbólica (modales, actitudes, vestuario, prestigio y prestancia) que le son necesarios y apropiados para cumplir con esos roles y funciones.

Necesitamos o debemos compartamentalizar las diferentes áreas de actividad, funciones, roles y rutinas de la cotidianidad. Así como los esposos desean mantener secretos de alcoba, doctores, abogados y sacerdotes deben mantener secretos profesionales. Mientras, en la cocina preparamos nuestros alimentos, expulsamos de allí procesos como la defecación y la orina para confinarlos a ·los baños. Condenamos y encontramos insalubre la promiscuidad que se produce en viviendas en que se realiza todo tipo de actividad cotidiana en una sola habitación. Debemos reconocer, además, que cada compartimento cotidiano demanda un conocimiento específico apropiado para cada uno de ellos. A esto se agrega el hecho de que tendemos a la asunción espontánea y automática, es decir, rutinaria, del contenido de esta diversidad de áreas. Sin embargo, sabemos que cada una de estas rutinas restringidas está situada dentro de estructuras englobantes mayores. Aun la observación más rudimentaria dentro de los marcos de la información que circula en nuestro medio más inmediato puede percatarse de que el orden que encontramos en nuestra cotidianidad es indicio de una legalidad sistémica que, a nivel económico, quizás llamemos capitalismo, a nivel social, comunidad, a nivel político, nación-Estado, a nivel ideológico, cultura nacional. Es decir, nuestro ser social requiere un conocimiento que, a partir de las manifestaciones de lo singular que captamos en nuestra vida cotidiana, llegue a un entendimiento de esas estructuras englobantes. Georg Lukács habla de esa necesidad como un movimiento del conocimiento humano que va desde la singularidad cotidiana más individual e intransferible a la totalización más abstracta, pasando por mediaciones que tipifican lo singular —lo particularizan, según su jerga— para proyectarlo a un sentido social más amplio. Estas tipificaciones son las que proveen a los miembros de una comunidad, a la población de una nación-Estado del cúmulo de temas, metáforas y símbolos compartidos que unifican, cohesionan y dan coherencia al conjunto social que nosotros, como individuos, percibimos sólo a partir y a través de las áreas compartamentalizadas de nuestra vida cotidiana. Esas tipificaciones constituyen un *universo simbólico*[6]. que provee a los individuos de conjuntos integrales de significación que les permiten encontrar una identidad común a pesar y más allá de sus diferencias idiosincráticas y de clase social.

En cuanto a la conformación ideológica de una sociedad
—aspecto que debemos relevar en un estudio literario— la
existencia de ese universo simbólico puede plantearse
como una intersección entre el desarrollo horizontal de la
biografía individual con un eje vertical de carácter
histórico transindividual, a través del cual penetran en la
cotidianidad las estructuras sistémicas de nivel económico
y político de la organización social. Estas estructuras
diagraman los roles, funciones y rutinas de los que cada
individuo se hace portador, sea consciente de ello o no.
Esta diagramación sistémica penetra en las vidas
individuales como un lenguaje que acumula y actualiza la
experiencia y el conocimiento de la vida dentro de esas
estructuras, entregando a los individuos un conjunto de
percepciones tipificadas que les permite imaginarse como
seres sociales situados en identidades más amplias que la
de su individualidad misma. Estas tipificaciones, a su vez,
crean un cúmulo de conocimientos comunes y recetas de
actuación práctica elaboradas rudimentariamente, que
permiten la integración espontánea al colectivo llamado
comunidad. Ello se logra con la interiorización psíquica de
las pautas de conducta contenidas en esas tipificaciones, de
manera que llegan a formar parte integrante del aparato
mental del individuo, trasladando a su interioridad
psíquica las normas éticas que condicionan las disciplinas y
las discriminaciones que posibilitan la reproducción social
según las normas del orden económico y político
establecido. Ello ocurre porque la interiorización psíquica
de esas normas tipificadoras lleva a los individuos a
someterse y a capacitarse en las formas de conocimiento y
las actitudes necesarias y requeridas para la conducción de
su propia cotidianidad, relevando aspectos prioritarios en
ella que corresponden, en términos generales, con ese
orden establecido. Ya sometido y capacitado, el individuo
ahora vive su cotidianidad como conjunto de experiencias
objetivas, puesto que la experiencia individual se hace
intersubjetiva al contar con el denominador común de
esas tipificaciones. La intersubjetividad lograda es ya una
objetividad porque provee al individuo de un lenguaje, de
temas, de metáforas y símbolos, es decir, de un universo
simbólico, que lo capacitan para hacer la travesía y el

tránsito por los diversos reinos de la cotidianidad conmutando su fragmentaria unidad en interpretaciones que ahora tienen un orden y una dirección globales.

Tras ese universo simbólico se encuentra, en última instancia, el bloque de poder que domina la sociedad a través de su control de las instituciones del Estado. Este, mediante sus aparatos de diseminación y canalización ideológica, establece los márgenes y normas dentro de las que se puede administrar los diferentes tipos de conflictos en que se expresa la lucha de clases, impidiendo así cambios convulsivos en la organización social que puedan afectar los intereses fundamentales del bloque de poder.

El núcleo constituyente del poder estatal está en el aparato directamente represivo (policía, fuerzas armadas, establecimientos penales). Sin embargo, la buena administración de la reproducción social, según las pautas del poder establecido, impide una aplicación constante de la violencia, puesto que ella disloca las rutinas de la cotidianidad en que la reproducción se desarrolla. Por tanto, ese poder se enmascara en tres formas discursivas que le permiten elaborar una legalidad que legitima su control y administración de formas coercitivas más indirectas de las relaciones sociales. A través de ellas el poder estatal se proyecta sobre la sociedad civil creando la ilusión de que sus instituciones materializan una racionalidad distinta e independiente de la privacidad de la sociedad civil y que articula sus intereses contradictorios con la creación de un consenso que ubica al Estado en la calidad de árbitro superior y desconectado de los agentes sociales que luchan por el poder. Esas formas discursivas son las nociones de *comunidad nacional, ciudadanía* y *lo popular* que conforman las bases fundamentales del universo simbólico que orienta la vida cotidiana.

Guillermo O'Donnell[7] define el primer término como "las identidades colectivas que definen un 'nosotros' que consiste, por una parte, en una red de solidaridades superimpuestas sobre la diversidad y antagonismos de la sociedad civil y, por otra, en el reconocimiento del 'ellos' que constituye otras naciones. La nación es expresada mediante un denso simbolismo epitomizado por la bandera y el himno nacional, así como por una historia oficial que mitologiza un pasado compartido y cohesivo que ensalza a un 'nosotros' colectivo que debiera prevalecer por sobre las rupturas (no sólo aquellas entre las clases sociales) de la sociedad civil." En cuanto a la noción de ciudadanía, O'Donnell explica su doble sentido:

> 1. Igualdad abstracta que —básicamente por medio del sufragio universal y del régimen correspondiente de democracia política— es el fundamento de la afirmación de que el poder ejercido a través de las instituciones del Estado por los ocupantes de roles gubernamentales está basado en el consentimiento de los ciudadanos; y 2. el derecho a recurrir a una protección jurídicamente regulada contra actos arbitrarios de parte de las instituciones estatales.

Por último, lo popular

> está basado en un 'nosotros' que no se deriva ni de la idea de una ciudadanía compartida, que implica derechos abstractamente iguales, ni de la idea de nación, que implica derechos concretos que se aplican igualmente a todos aquellos que pertenecen a la nación irrespectivamente de su posición dentro de la sociedad. *El Pueblo y lo popular* implican un 'nosotros' portador de demandas de justicia sustantiva que forman la base de las obligaciones del Estado hacia los segmentos menos favorecidos de la población. (pp. 288-289).

En la teorización política reciente, Ernesto Laclau y Nils Castro[8] han aportado conceptos que clarifican la noción de lo popular. Laclau argumenta sobre la base de la concepción althusseriana del discurso ideológico: como utensilio cultural, éste interpela a los individuos que objetiva, aunque no sean conscientemente portadores de las relaciones sociales de su formación social (agentes *en sí*), para transformarlos en sujetos conscientes (agentes *para sí*) de reorientación de las estructuras sociales como si ellos fueran el *principio autónomo* que determina esas relaciones. De esa aparente autonomía surge la dislocación entre ser social e imaginación, señalada por Althusser en su definición de ideología como la representación imaginaria de relaciones sociales vividas por los seres humanos.

Esa dislocación sirve a Laclau para postular que la producción de discursos totalizadores de conocimiento sobre la reproducción social en las sociedades capitalistas se bifurca en dos tipos de articulaciones: 1. aquellas que intentan constituir agentes sociales cuya identidad es *de clase*, por cuanto se originan en la experiencia de su participación en el proceso de producción material e ideológica; 2. una identidad más difusa, llamada *interpelación popular-democrática*. Su aspecto difuso proviene del hecho de que son segmentos ideológicos (ideologemas) que no tienen una articulación discursiva estable, que están siempre en proceso de articulación y rearticulación, que se originan en la historia de los pueblos a través de su organización social sobre la base de diversos modos productivos y que, por lo tanto, son una acumulación de narraciones y símbolos de *aspiraciones utópicas* que pertenecen a la masa de la población y no a una clase social específica. Son aspiraciones utópicas por cuanto expresan una oposición y una resistencia sin institucionalización ni programa racionalizado contra el poder social que explota a las masas, siendo, por lo tanto, una resistencia al Estado y también, en el caso latinoamericano, contra el imperialismo. Dice Laclau:

En consecuencia, no siendo este antagonismo un antagonismo de clase, las ideologías que lo expresan no pueden ser ideologías de clase. A través de este tipo de antagonismo los sectores dominados no se identificarán a sí mismos como clase, sino como 'lo otro', 'lo opuesto' al bloque de poder dominante, como *los de abajo*. Si la primera contradicción —al nivel del modo de producción— se expresa al nivel ideológico en la interpelación de los agentes como *clase*, esta segunda contradicción se expresa a través de la interpelación de los agentes como *pueblo*. La primera contradicción constituye el campo de la *lucha de clases*; la segunda, el de la *lucha popular-democrática*. El 'pueblo' o los 'sectores populares' no son, como algunas concepciones suponen, abstracciones retóricas o la introducción de contrabando de una concepción liberal o idealista en el discurso político marxista. El 'pueblo' es una determinación objetiva del sistema, que es diferente de la determinación de clase: el pueblo es uno de los polos de la contradicción dominante en una formación social, esto es, una contradicción cuya inteligibilidad depende del conjunto de las relaciones políticas e ideológicas de dominación y no sólo de las relaciones de producción. Si la contradicción de clase es la contradicción dominante al nivel abstracto del modo de producción, la contradicción pueblo/bloque de poder es la contradicción dominante al nivel de la formación social. Debemos preguntarnos, pues, por la relación existente entre ambas contradicciones y, lo que es parte del mismo problema, por la relación entre interpelación (= ideología) de clase e interpelación (= ideología) popular-democrática. (pp 121-122).

Dados estos antecedentes, la fetichización del Estado descrita por O'Donnell, la cual lo eleva a la categoría de poder independiente de la sociedad civil y superior a ella, está predicada discursivamente sobre una apropiación de esos ideologemas de las aspiraciones popular-democráticas por parte de las burguesías para integrarlos a las argumentaciones que las constituyen en los actores legítimos y primordiales de (re)organización y (re)orientación de las estructuras sociales. En otras palabras, la lucha de clases, a nivel de la producción discursiva de totalizaciones de conocimiento sobre el sentido que debiera tener la reproducción social, se da como una articulación de los ideologemas popular-democráticos dentro de discursos que constituyen a las clases sociales como agentes de la transformación: "De acuerdo con una tesis marxista básica, el nivel de las relaciones de producción mantiene siempre un papel de determinación en última instancia en toda formación social. Esto ya de por sí establece la prioridad de la lucha de clases por sobre la lucha popular-democrática, ya que ésta tiene lugar tan sólo a nivel ideológico y político (el 'pueblo' no existe, obviamente, al nivel de las relaciones de producción). Y esta prioridad se revela en el hecho de que las ideologías popular-democráticas nunca se presentan separadamente, sino articuladas a discursos ideológicos de clase. La lucha de clases a nivel ideológico consiste, en buena medida, en el esfuerzo por articular las interpelaciones popular-democráticas a los discursos ideológicos de las clases antagónicas. *La interpelación popular-democrática no sólo no tiene un contenido de clase preciso, sino que constituye el campo por excelencia de la lucha ideológica de clases.* Toda clase lucha a nivel

ideológico *a la vez* como clase y como pueblo o, mejor
dicho, intenta dar coherencia a su discurso ideológico
presentando sus objetivos de clase como consumación de
los objetivos populares." (Laclau, pp. 122-123)

Es evidente que en el trasfondo de estas disquisiciones
se encuentra el concepto gramsciano de *hegemonía* social.
Ella se plasma en la medida en que los proyectos político-
económicos de una clase social tengan la capacidad
objetiva de trascender los estrechos límites de sus propios
intereses corporativos como para convocar a otros sectores
y clases tras la consecución de sus proyectos, permitiéndole
el control y modificación de las instituciones del Estado
como para que puedan servir de aparato centralizador de
las gestiones necesarias para implementar esos proyectos
globales.

Este trasfondo ha servido a Nils Castro para adelantar
un paso más y utilizar la suma de los conceptos
anteriormente expuestos para formular una definición de
cultura nacional.

> Cuando, con el advenimiento del capitalismo y las sociedades
> 'modernas', el proceso de formación y consolidación de una
> cultura propia alcanza resultados relativamente homogéneos y
> duraderos en el conjunto de una colectividad social estable y
> relativamente integrada, pobladora de la extensión de un país
> o territorio común a sus miembros y socialmente unificado por
> intercambios permanentes entre la diversidad de sus
> asentamientos, sujetos a un centro hegemónico principal de la
> clase dominante, herederos de un pasado y lengua comunes e
> identificados por una idiosincracia colectiva, podemos estar en
> presencia ya no sólo de manifestaciones culturales de
> determinado pueblo, sino de una nación y cultura nacional [...]
> En ambos casos, una vez constituida, la nación circunscribe el
> escenario político en que tiene lugar el proceso social , y es en
> este escenario donde se definen el carácter y el ámbito de la
> ciudadanía, esto es, la forma de pertenencia o participación en
> el comglomerado social. Y puesto que las relaciones económicas
> y políticas burguesas rigen con relativa homogeneidad dentro
> de los límites nacionales, puede entenderse a la nación, en su
> base, como un paquete de relaciones socioeconómicas y políticas
> que tiende a concatenar e integrar las distintas comunidades
> étnicas que pueblan el país, bajo la forma de una ciudadanía y
> conciencia comunes, que propenden a nuclear una cultura común
> [...] Esto no quiere decir que ese proceso invariablemente se
> cumple de modo uniforme y simultáneo en todo el territorio

nacional involucrado. Por su carácter concreto y dinámico, incorpora desigualmente los diferentes espacios, originando zonas privilegiadas y áreas marginales, conforme a la progresiva estructuración de redes de intercambio y explotación, y de nexos y hegemonías sociales y políticas.

Distintas comunidades étnicas y grupos socioeconómicos pueden quedar bajo la égida del nuevo Estado sin ser igualmente partícipes del proceso nacional e, incluso, sin formar parte del mismo durante largo tiempo. Esto plantea el problema de cuáles clases y relaciones definen el carácter de la nación y su cultura, y de cuáles grupos sociales o regionales pueden quedar anexados sin expresarse a través de la misma, como pobladores marginales del territorio más que como miembros efectivos de la nación. (pp. 4-5).

Expresiones como "herederos de un pasado y una lengua comunes e identificados por una idiosincracia colectiva" y "conciencia comunes" introducen un aspecto de la noción de hegemonía que Castro llama *conciencia nacional*, el cual no sólo refuerza la noción de lo popular-democrático de Laclau, sino que también devuelve nuestra discusión al terreno de la cotidianidad, permitiéndonos llamar la atención sobre las funciones del Estado en la promoción de las tipificaciones de la conducta humana que rigen ese estrato de la actividad social, completando así el círculo que nos ha llevado desde la microdimensión de la vida cotidiana a la macrodimensión de la cultura nacional para luego volver a nuestro punto de partida:

Sin duda, el carácter y proyecciones del proceso nacional incide sobre la conformación de la conciencia y la cultura nacionales, por cuanto la clase o las clases que encabezan el movimiento nacional han de formular sus proposiciones ideológicas y culturales en términos capaces de integrar a los demás sectores. Ambas instancias participan, sin embargo, de diferente modo en este proceso. En sus aspectos más generales, la cultura de una comunidad nacional, esto es la idiosincracia y la sicología colectivas, la masa de tradiciones y costumbres, etc., está enraizada a todo lo largo de la historia de dicha comunidad, y no surge necesariamente durante las luchas para establecer las nuevas relaciones de producción, aunque luego quedará marcada por ellas. En cambio, la conciencia nacional sí entra en escena con la generalización de los procesos ideológicos relacionados con el desarrollo del fenómeno nacional en las luchas por cambiar las relaciones de producción. Y, como agente ideológico, esta conciencia tiene la capacidad para revaluar y restructurar los demás niveles de la cultura del pueblo en cuestión, alineándola con el movimiento nacional [...] En efecto, la conciencia nacional es reflejo y expresión de intereses nacionales objetivos en el seno de la formación económicosocial dada, determinados por la situación en que las clases que lo promueven se hallen en el conjunto de las relaciones sociales, incluidas las relaciones internacionales [...] Así, en el proceso de constitución de la nación, el papel de la conciencia nacional estará ligado a su capacidad para reflejar y expresar adecuadamente los intereses y aspiraciones de las clases nacionales, esto es, de las clases que impulsan la determinación de la sociedad como nación, así como a su capacidad para contribuir a la organización y eficacia política de esas clases. Y, en el proceso de elaboración de la cultura nacional, la conciencia nacional actúa como eje reorganizativo de la cultura anterior y de la incorporación de las nuevas experiencias y expectativas. (pp. 6-7).

Por nuestra parte, agreguemos que, a nivel de cotidianidad, es el Estado el que "entra en escena con la generalización de los procesos ideológicos relacionados con el desarrollo del fenómeno nacional en las luchas por cambiar [o mantener] las relaciones de producción." A partir de la legalidad que legitima sus represiones directas e indirectas, el Estado usa las instituciones de su aparato ideológico como mecanismos administrativos para distribuir desigualmente un conocimiento, lo cual le permite promover en la cotidianidad aquellos roles que, al ser dramatizados, refuerzan las rutinas establecidas, socializa a los ciudadanos como para que interioricen psíquicamente la hegemonía social, naturalizándose para ellos las prácticas prescritas para la reproducción social de acuerdo con las pautas del poder establecido. Todo esto, en última instancia, permite a los administradores del Estado establecer mecanismos científicos de mantenimiento y racionalización de la represión social al hacer que los comportamientos individuales y de grupo sean predecibles.

CRISIS DE HEGEMONIA SOCIAL: EL FASCISMO COMO CATACLISMO CULTURAL

Con los argumentos anteriores creemos haber sentado las bases para mejor comprender la importancia del concepto de hegemonía en el estudio de la reproducción social. Examinemos ahora el carácter cataclísmico del fascismo como consecuencia de una crisis de hegemonía social. En los términos discutidos en la sección anterior, esto equivale a decir que las pautas más fundamentales para experimentar la vida social han quedado súbitamente desvencijadas.

El surgimiento del fascismo como movimiento político y su asunción del poder responde a una profunda agudización de las contradicciones entre las diferentes clases y fracciones de clase que constituyen el bloque de poder burgués. Esas contradicciones son consecuencias internas provocadas por un reordenamiento de las relaciones imperiales externas resultantes de una crisis global del sistema capitalista internacional. Previo a ese ascenso, la alianza intra y extra burguesa en el poder ha tenido un equilibrio relativo de fuerzas, según el cual ningún sector logra alcanzar una hegemonía absoluta. El Estado parlamentario de tradición liberal no asegura al capital monopólico nacional y/o transnacionalizado los medios y canales jurídicos para efectuar la reorganización del bloque de poder y del Estado para asegurar su hegemonía. Puesto que las consecuencias del reajuste de las relaciones capitalistas internacionales afectan internamente a todos los componentes del bloque de poder, en su proceso de radicalización, y por su mejor capacidad de readaptación al ámbito económico internacional, la burguesía financiera adquiere la capacidad ideológica de movilizar inicialmente a los otros sectores del bloque de poder existente para una ofensiva en contra del proletariado movilizado y de sus aliados, para luego, una vez afianzado el poder, enfilar la ofensiva en contra de las clases y fracciones de clase que antes constituyeran el bloque. En la transición de la burguesía financiera al poder, la pequeña burguesía es la punta de lanza en la ofensiva. Ella busca desacreditar las ideologías que hasta el momento han servido de instrumento para implementar el poder de ese bloque dominante, así como también desbaratar violentamente los nexos de representación existentes entre los partidos políticos sancionados por la democracia burguesa y las diferentes clases sociales y fracciones de clase. Con este impulso, el ritmo de la victoria burguesa se acelera en la medida en que las organizaciones revolucionarias del proletariado y sus aliados se debilitan por una larga serie de derrotas resultantes en divisiones internas que se traducen en una interrupción de los contactos orgánicos con las masas.

A este debilitamiento corresponde un aumento de la influencia de ideologías que refuerzan directa o indirectamente la ofensiva burguesa, haciendo posible el apoyo de importantes sectores del proletariado para el movimiento fascista: tendencias sindicales que separan la lucha por beneficios económicos de la lucha política con el proletariado a su cabeza; anarquismo; ultra-izquierdismo de altos decibeles retóricos y propensión a la violencia armada sin apoyo en las masas. En estas circunstancias, el fascismo llega al poder bien a través de un partido de nuevo tipo o de ramas del Estado que han sido infiltradas por elementos fascistas, como las fuerzas armadas. Asegurado el triunfo fascista, el proceso de su estabilización se da como un pacto entre sectores de la pequeña burguesía y el capital financiero nacional y/o transnacionalizado. De acuerdo con él, la pequeña burguesía pierde gradualmente la función de clase rectora del movimiento que tuviera en la transición al poder, para cederlo a la burguesía financiera, que ahora ya no tiene cortapisas para reorganizar el bloque de poder y el Estado, dando a sus gestiones el carácter de una profunda refundación de la cultura nacional. La pequeña burguesía beneficiada por ese pacto se convertirá en administradora del aparato estatal, especialmente el represivo, en el que su número aumenta grandemente, mientras otras fracciones de clase, artesanos, ciertas categorías de profesionales, pequeños y medianos comerciantes, industriales y agricultores, además de burócratas, sufren intensamente el traslado de riqueza social hacia la burguesía monopólica por la concentración del capital.

Aun la más breve presentación esquemática del proyecto social fascista, como la que acabamos de hacer, basta para comprender su trascendencia cultural y literaria, si es que lo situamos dentro del amplio arco de movimiento micro-macro-microcósmico que expusiéramos en la sección anterior. El aspecto de mayor relevancia, para nuestros propósitos, es el hecho de que el fascismo responde a una situación internacional y nacional en que le es preciso cancelar los términos en que se viniera desarrollando la cultura política anterior y, más ampliamente, llegar a la vasta reorganización de las estructuras sociales, dando a su proyecto la categoría de *refundación de las culturas nacionales*. No es un dislate tal aseveración por parte del fascismo, si es que la compulsamos con las dimensiones micro-macrocósmicas de ese arco. Invalidar las relaciones sociales establecidas dentro de una forma de hegemonía social y política, tener la capacidad para implementar esa crisis hegemónica y luego reorganizar ese poder tiene repercusiones cataclísmicas que abarcan la totalidad de los términos de la cultura nacional: a partir de la macronecesidad fascista de reorientar la conciencia colectiva, se inicia una cadena de transformaciones que, en orden descendiente y luego ascendiente, inciden en una drástica remitologización del significado de la historia anterior, en una rearticulación discursiva de los ideologemas popular-democráticos, lo cual lleva, inexorablemente, a la transformación del universo simbólico que da coherencia a las diversas áreas de la vida cotidiana, a las tipificaciones de identidad y de conducta que han asegurado la intersubjetividad de la experiencia de la vida diaria, a cambios en el lenguaje con el que se han creado las acumulaciones de conocimiento y de recetas pragmáticas para la actividad cotidiana que aseguran las conmutaciones de sentido con que el individuo pasa espontáneamente de un área a otra de la cotidianidad y establece su comunicación interpersonal, para rebotar, finalmente, en el seno más íntimo de la interioridad psíquica del individuo para reformar los modos en que éste ha interiorizado las pautas de valor y conducta regidas por la antigua hegemonía social, para luego circularmente permitir al individuo integrarse a los nuevos términos en que se desarrollarán los procesos de la cultura nacional bajo el fascismo, bien sea en apoyo (activo o pasivo), oposición o resistencia. Es esta larga serie de reacciones en cadena la que da a la cotidianidad bajo el fascismo su característico aspecto de dislocación, mutilación y fragmentación para los intelectuales opositores encargados de meditar sobre los modos en que se está reorientando la cultura nacional.

Atisbar las dimensiones cataclísmicas de este proceso no sólo nos ayuda a comprender el gran grado de confrontación y violencia que acompaña a todo proceso de fascistización social, sino también el lugar que pueden tener los análisis de la producción cultural bajo el fascismo, según las diferentes disciplinas sociales. Como intentamos demostrarlo en este trabajo, es indispensable realizar el estudio de la representación literaria de la realidad bajo el fascismo adecuando las diferentes disciplinas científicas disponibles para desplazar ascendentemente el análisis desde el nivel microcósmico de lo textual. En esto es indispensable el análisis lingüístico, para luego iniciar un movimiento de avance para llegar a conclusiones macrocósmicas sobre la incidencia de estos textos en la reconstitución del universo simbólico de la cultura nacional y de lo popular-democrático propias de la antropología y de la politología, pasando por observaciones intermedias de tipo psicoanalítico sobre las alteraciones psíquicas sufridas por los individuos en épocas de crisis de las hegemonías sociales, a la vez que se aportan observaciones de tipo sociológico y antropológico sobre la restructuración de la representación literaria de la cotidianidad en esas condiciones.

Ahora bien, es de importancia para nuestro análisis literario meditar sobre el hecho de que los principales productores de textos poéticos bajo el fascismo son intelectuales de la pequeña burguesía, precisamente la clase que ha sido la avanzada fascista inicial. Si tenemos en cuenta el proyecto social del fascismo, aun a simple vista podremos detectar las profundas contradicciones de una clase social cuyas fracciones fascistizadas son capaces de pactar con la burguesía financiera, volviéndose luego

42

contra otras fracciones de su propia clase para después
administrar la represión estatal a favor de la burguesía
financiera. Indudablemente hay en este proceso perjuicios
directos o indirectos, previsibles o imprevisibles, que no
pueden dejar de tocar a todos los sectores
pequeñoburgueses, aun a los fascistizados. ¿Cómo
condicionan estas contradicciones la representación
literaria de la realidad elaborada por tales intelectuales?
En el análisis materialista histórico, la pequeña
burguesía se caracteriza por su distanciamiento de los
procesos materiales de las relaciones de producción, en las
que ocupa funciones de enorme diversidad. Por ello es
que, al constituirse como agente social masivo en los
movimientos políticos, no puede postular su unidad sobre
una identidad clara basada en una ubicación precisa en el
proceso económico, como las burguesías y el proletariado,
sino desplazarla hacia los niveles políticos e ideológicos.
De allí que, al serles imposible condensar una nítida
identidad de clase, las pequeñas burguesías, en las luchas
sociales, expresan sus intereses ubicándolos
estratégicamente en el campo difuso de lo popular-
democrático.

> Esto significa que, en estos sectores, la identidad como *pueblo*
> jugará un papel mucho más fundamental que la identidad como
> clase [...] Algunas interpelaciones diferenciales de clase
> existirán, sin duda, entre los distintos sectores de la pequeña
> burguesía, pero ocuparán un lugar meramente subordinado.
> Ahora bien, como la lucha democrática está siempre dominada
> [...] por la lucha de clases, la ideología popular-democrática
> de los sectores medios será insuficiente para organizar su
> propio discurso y sólo podrá existir integrada en el discurso
> ideológico de la burguesía o del proletariado. La lucha por la
> articulación popular-democrática a los discursos ideológicos de
> clase es la lucha ideológica fundamental en las formaciones
> sociales capitalistas (p. 129-130).

La cita anterior implica que, en la producción de textos
poéticos bajo condiciones de extrema represión fascista, la
intelectualidad pequeñoburguesa, en última instancia,
tenderá a expresar una visión de mundo que directa o
indirectamente, consciente o inconscientemente, articula
el lugar común fundamental de esta clase, los ideologemas

popular-democráticos, bien al discurso de la burguesía financiera o del proletariado, a la vez que infiltra ambos discursos con ideologemas que le son propios. En otras palabras, la lectura de sus obras descubrirá una extraordinaria comunidad en los motivos arquetípicos[9] centrales que conforman su literatura, más allá de su adherencia política en apoyo u oposición al fascismo. Sin embargo, esta similitud se bifurca en su significado social al considerársela contra el trasfondo de las propuestas globales para la cultura nacional hechas bien en nombre del fascismo —para lo cual el lenguaje literario puede tener una transparencia cristalina—, o en nombre de organizaciones del proletariado que, por la represión, no puede emitir su propia voz —para lo cual el lenguaje literario debe enmascararse según desplazamientos aún más complicados que los que ya caracterizan el discurso pequeñoburgués en condiciones democráticas, ahora mediante intensas apelaciones a la sensibilidad melodramática, a juegos elípticos de arcanismo defensivo o de desplazamientos todavía más intensos hacia la nostalgia de tiempos idos.

Nuestra proposición central es que, en esencia, comprender el sentido de la producción de significaciones literarias, según esa bifurcación de adherencias políticas pequeñoburguesas, es cuestión de aprehender la naturaleza de la cotidianidad como materia prima de la literatura bajo el fascismo. Se trata de una cotidianidad convertida inicialmente en experiencia de enorme problematicidad sensual y emocional por el recuerdo de las alteraciones de la rutina cotidiana causadas por el alto grado de movilización y confrontación masiva anterior al triunfo fascista. La inestabilidad de lo cotidiano será superada sólo en el momento de restablecerse la paz fascista. Sin embargo, en los términos de esta paz, la vida diaria se convierte en dato profundamente sospechoso en cuanto a la credibilidad de su apariencia y a su ubicación real en un nuevo esquema de valores en los marcos de un universo simbólico que tomará largo tiempo en ser reconstituido. Diversos factores influyen en la sospecha generalizada de la significación de la experiencia cotidiana: el conocimiento impreciso que tendrá la opinión pública de la represión fascista, la cual, por el sigilo con que se la practica, será conocida primordialmente a través del rumor y la lectura sintomática de la información oficial; la estricta administración estatal de los espacios públicos en que, en el período anterior al triunfo fascista, se daban los puntos de contacto entre las diferentes clases sociales; el monopolio y/o censura de los medios de comunicación masiva por el Estado fascista. Pero, por sobre todos estos factores, está el hecho fundamental de que el terror estatal es herramienta principal de pacificación social para el fascismo porque, bajo ese tipo de administración social, las polarizaciones políticas no pueden ser superadas. Por la relevancia que esto tiene para un entendimiento de lo literario, prestémosle atención en un acápite separado.

En ningún momento debe perderse de vista el hecho de que el Estado fascista ha sido sindicado como forma excepcional del Estado capitalista. Es decir, es un mecanismo institucional de administración social de muy última instancia y recurso para las burguesías que emerge ante intensísimas crisis políticas, en que la forma más eficiente de dominación social por consenso de los dominados ya no es posible. Su gestión administrativa está sujeta a las profundas dislocaciones que quedaron irresueltas en la base social dentro del régimen estatal parlamentario. Ellas tampoco serán resueltas por el Estado fascista y sus reverberaciones penetran sus instituciones y orientan el régimen con que se las gobierna para influir nuevamente en la base. Nicos Poulantzas, siguiendo a Gramsci, describe el origen del Estado fascista como una situación de desequilibrio en el bloque de poder burgués que impide que ninguna de sus clases o fracción de ellas pueda imponer su hegemonía, mientras que el proletariado no está en condiciones de proponer efectivamente su programa de alternativa social por una serie de derrotas sufridas en la época anterior al advenimiento fascista. En medio de esta desorientación y confusión, el vacío de poder es llenado por el partido fascista o por una rama del poder estatal, por ejemplo, las fuerzas armadas. Esto implica que la cohesión de todas las actividades sociales tendrá como principal eje de articulación ideológica el discurso ideológico que rige internamente la rama del Estado que ahora tendrá la supremacía por sobre los otros y que servirá de núcleo desde el cual se administre la represión estatal:

> En cuanto a la forma de Estado excepcional, la crisis ideológica y política lleva a la clase o fracción hegemónica a perder sus nexos directos tanto con sus representantes políticos como ideológicos. Este es el momento en que la ideología interna de los aparatos del Estado se encuentra con la ideología dominante en formación. Los 'portavoces ideológicos' de la clase o fracción hegemónica se identifican con la ideología interna de los aparatos [estatales], excluyendo [a los portavoces] de otras ideologías. Al mismo tiempo, los aparatos de Estado en general son sujetos a esta ideología interna, que ahora coincide con la ideología dominante, la cual en sí misma es aquella de la rama dominante o aparato de Estado. La 'militarización' de la sociedad o de los aparatos [estatales] ocurre cuando es el ejército el dominante; la 'burocratización' ocurre cuando la administración es la dominante, y la 'clericalización' cuando la Iglesia es el aparato implicado (p. 317).

La rearticulación de la totalidad de las actividades nacionales sobre una base ideológica tan estrecha ya revela una de las debilidades principales del fascismo. Está llamado a crear un nuevo equilibrio de fuerzas para establecer un consenso para la dominación social en circunstancias en que, por la estrechez de su base de apoyo, genera desequilibrios aún más profundos. Esto se percibe con claridad en la administración fascista del aparato judicial, cuya función normal y óptima en un esquema de hegemonía social es la regularización del poder de acuerdo con normas abstractas, formales, rigurosamente respetadas, que permiten la tipificación y predicción del curso de las gestiones administrativas. Al respecto, Poulantzas dice:

> La Ley, para decirlo brevemente, ya no regula: reina la *arbitrariedad*. Lo típico del Estado excepcional no es tanto que viole sus reglas, como que ni siquiera establezca reglas de funcionamiento. No tiene sistema, por una parte, es decir, carece de un sistema para predecir sus propias transformaciones. Esto es en particular evidente con el Estado fascista y la 'voluntad' del líder [...] Si no hay regulación, es porque sólo es posible dar regulación jurídica a una relación de fuerzas que tiene cierto grado de estabilidad *en otra parte* [en

la base social], donde se desarrolla el juego real. La crisis política a la que el Estado excepcional corresponde a veces tiene la característica de un 'igual balance' de las fuerzas básicas [por lo que no pueden establecer una hegemonía viable], lo cual es en sí mismo una situación inestable y precaria. Toda crisis política es una demostración de inestabilidad de hegemonía, y de cambio en la relación de fuerzas dentro del bloque de poder [...] Hay razones para la falta de regulación. El Estado excepcional apunta en esta coyuntura a restabilizar la situación por medio de la reorganización de la relación de fuerzas. Se arma de los medios para intervenir en este sentido, y de una cierta 'libertad de acción' frente a las fuerzas con que debe vérselas. En particular, la limitación típica de la capacidad de predicción de parte de las clases y fracciones en el bloque de poder es un importante factor estratégico en la incrementada autonomía relativa que el Estado excepcional necesita para reorganizar la hegemonía (p. 322).

Finalmente, es preciso señalar una última dislocación de importancia, que tiene que ver con los esfuerzos del Estado fascista por despolitizar la sociedad. Sin duda, el objetivo es desmantelar el anterior Estado parlamentario e inmovilizar la actividad política independiente que pueda llevarse a cabo en sus marcos, para así permitir las reformas del aparato económico que permitan la nueva forma de acumulación de capital bajo control de la burguesía financiera. A nivel retórico, ese desmantelamiento se anuncia como una intención de liquidar toda actividad política no administrada por el Estado, lo cual, en una sociedad como la capitalista, en que no se han suprimido las funciones que llevan a una diferenciación de clases, es imposible. Lo que realmente ocurre es que, habiendo la actividad política desaparecido del escenario público, queda ahora ubicada dentro del aparato estatal mismo o en la clandestinidad, por lo que, debido a la fuerte compresión de la distribución del poder político en estas circunstancias, sus procesos adquieren una enorme violencia que, sin embargo, no trasciende del todo a la ciudadanía. Esto aumenta aún más la sospecha pública del dato cotidiano. La violencia de la política intraestatal surge por el hecho de que las diferentes clases y fracciones que participan en el proyecto fascista ya no obedecen a la estricta delimitación de las esferas de competencia administrativa que caracterizaban al Estado parlamentario. Al no existir una hegemonía consensual que permita el respeto de tal delimitación, dentro de los respectivos aparatos estatales que controlan, las diferentes clases y fracciones se ven forzadas a crear canales paralelos de poder que duplican los de otros aparatos estatales en manos de sectores rivales, a la vez que se crean rivalidades dentro de las propias subinstituciones internas en una amplia generalización de hostilidades:

> Esto es particularmente patente en el caso del Estado fascista, y da lugar a una específica expresión de las contradicciones dentro del sistema estatal: más bien que contradicciones *entre* las ramas y aparatos [estatales], ahora hay agudas contradicciones *dentro* de cada rama o aparato. La rama o aparato dominante, por ejemplo, el ejército, el partido único, o la policía política, en sí mismo sufre agudas contradicciones, pero establece su dominio primordialmente por la *infiltración* directa del resto. Estas son las 'contradicciones internas' del Estado excepcional, la expresión de la lucha de clases detrás de su fachada unida y centralizada: toma la forma de guerras tras las bambalinas entre 'equipos' o 'grupos de presión' [...] Las 'contradicciones internas' del Estado excepcional no debieran ser menospreciadas. Ellas son la ocasión y la expresión de lo que a menudo son remecimientos extremadamente violentos en el aparato estatal [...] El Estado excepcional, como todo Estado capitalista, es un gigante con pies de barro (p. 329).

Ahora bien, si comprendemos la producción literaria, según hemos propuesto, como un grado de elaboración equidistante de la experiencia cotidiana entre la especifidad con que se da ésta y la totalidad con que se da el conocimiento de la cultura nacional desde la perspectiva macrocósmica del Estado, podremos apreciar la aguda problematicidad de la producción de significaciones literarias bajo el fascismo. Los discursos de la intelectualidad pequeñoburguesa abocada a este trabajo, bien sea en apoyo u oposición al fascismo, no sólo aparece afectada por la propia inestabilidad de su identidad de clase, sino que, además, debe intentar la reconstrucción de un universo simbólico para la rearticulación de lo popular-democrático a partir de una materia prima cotidiana profundamente marcada y afectada por los desequilibrios, rupturas, dislocaciones, distorsiones, violencias y enmascaramientos que le impone la administración fascista de la sociedad. Por el contrario, la reproducción social óptima requiere los equilibrios, convergencias, interpenetraciones, rectitudes, rutinas pacíficas y una mínima revelación de verdades que llamamos normalidad social. Esto es aún más fundamental para la forma en que la literatura y la crítica literaria han venido institucionalizándose en las sociedades capitalistas. Uno de los requisitos más privilegiados de esa institucionalización ha sido la ideología del *arte por el arte* que no sólo exime al escritor de un compromiso político, minimizando su gravitación social como intelectual, sino que, además, promueve activamente la visión de lo literario como si estuviera desconectado de los determinismos que rigen su producción y consumo para mejor reducirlo a valor de cambio y no de uso social. Súbitamente, sin embargo, ante el cataclismo cultural del fascismo, la intelectualidad literaria se ve forzada a suspender el sentido de esa institucionalización para tomar parte decidida en la reconstrucción del universo simbólico que define la cultura nacional y el significado de lo popular-democrático.

ESTRUCTURA DE LA SENSIBILIDAD LITERATURIZABLE BAJO EL FASCISMO: LA LITERATURA COMO FUNCION HOMEOSTATICA

Para comprender la significación de la literatura bajo los agudos desequilibrios sociales causados y mantenidos por el fascismo, es conveniente recordar que, para el materialismo histórico, la evolución histórica de las sociedades se da como un proceso de desequilibrios creados por cambios en la relación tecnológica de las fuerzas productivas y las relaciones de producción entre las clases sociales, desequilibrios luego superados por un trabajo colectivo para llegar a un nuevo equilibrio que absorbe las contradicciones anteriores a un nivel superior. Dado que todos los niveles de actividad social (la económica, las relaciones entre las clases, el aparato político, la

producción y acumulación de ideologías) están
sobredeterminados, según el lenguaje de Althusser, es
decir, influidos simultáneamente por todos los niveles, a
pesar de tener una relativa identidad específica, una etapa
de desequilibrio social produce un reordenamiento en la
actividad de todos los niveles en la búsqueda de un nuevo
equilibrio. Entre los primeros expositores del materialismo
histórico, Nicolai Bujarin[10] es quien más nítidamente
permite una conexión necesaria para nuestros propósitos
entre los conceptos de sobredeterminación y equilibrio, a
pesar de los reparos de sociologismo positivista que se han
hecho a su exposición general de la ciencia[11]. Vale la pena
citar extensamente un párrafo clave para los argumentos
que desarrollamos:

> Simultáneamente con el proceso de reproducción, tenemos un
> movimiento similar de toda la vasta máquina de la vida
> social: las relaciones mutuas entre las clases sociales son
> reproducidas, también las condiciones de la organización
> estatal; también las relaciones dentro de las varias esferas de
> trabajo ideológico. En esta reproducción agregada de la
> totalidad de la vida social, las *contradicciones sociales* son
> también constantemente reproducidas. Las contradicciones
> parciales, disturbio de equilibrio emanado de los impulsos
> impartidos por la evolución de las fuerzas productivas, son
> constantemente absorbidas por un realineamiento parcial de la
> sociedad dentro del marco del modo de producción dado. Pero
> las contradicciones *básicas*, aquellas que emergen de la misma
> naturaleza de la estructura económica dada, continúan siendo
> reproducidas sobre fundamentos cada vez mayores, hasta que
> alcanzan proporciones que producen una catástrofe. Entonces la
> totalidad de las antiguas formas de relaciones de producción
> entran en colapso, y una nueva forma emerge, si es que la
> evolución social continúa. 'El desarrollo histórico de los
> antagonismos en una forma de producción dada, es el único
> modo en que esa forma de producción puede ser disuelta y se
> puede establecer una nueva forma' [*El capital*, vol 1, pp. 534-
> 535]. Este momento es seguido por una interrupción temporal en
> el proceso de reproducción, disturbio que se expresa en la
> destrucción de una porción de las fuerzas productivas. La
> transformación general de la totalidad del aparato de trabajo
> humano, la reorganización de todas las relaciones humanas,
> trae consigo un nuevo equilibrio, sobre cuya base la sociedad
> entra en un nuevo ciclo de su evolución, mediante la extensión
> de su base técnica y acumulando su experiencia (según se la

congela en objetos), lo cual sirve como punto de partida para un nuevo paso adelante (p. 274).

Además de llamar la atención sobre la riqueza de sugerencias que contiene esta explicación del desarrollo social como ciclos de desequilibrio/equilibrio, para nuestro propósito es preciso relevar la noción de máquina que introduce Bujarin, sugerida en el párrafo citado con la frase "vasta maquina de la vida social" y la idea de que la acumulación social de medios productivos y de experiencia histórica se decanta, "se la congela", en objetos materiales. Al respecto, Bujarin dice:

> Si nos aproximamos al asunto de la acumulación de cultura mental desde este ángulo, será fácil admitir que esta acumulación toma la forma de una acumulación de cosas, de formas materiales cristalizadas. Mientras más 'rico' es un campo de cultura mental, es más imponente y más vasto el campo de estos 'fenómenos sociales materializados'. Figurativamente hablando (y sin olvidar su carácter de ideología), el esqueleto material de la cultura mental es el 'capital fundamental' de esta cultura, el cual aumenta con la 'riqueza' de esta cultura, y depende 'en el análisis final' de la etapa alcanzada en las fuerzas productivas materiales. Las inscripciones infantiloides, las máscaras, las imágenes rudimentarias de ídolos, los dibujos sobre piedras, los monumentos artísticos, los rollos de pápiro, otros manuscritos, los libros de pergamino, los templos y observatorios, las tablillas de greda, con sus escrituras cuneiformes; más tarde, las galerías, los museos, los jardines botánicos y zoológicos, las enormes bibliotecas, las exhibiciones científicas independientes, los laboratorios, los bosquejos, los libros impresos, etc., etc., son una experiencia acumulada y cristalizada de la humanidad. Los nuevos anaqueles de la biblioteca, con sus nuevos libros, considerados junto con los antiguos anaqueles y libros, son una interesante manifestación física de la colaboración de muchas generaciones en su sucesión ininterrumpida [...] La acumulación de cultura mental es por tanto no sólo una acumulación de elementos psicológicos e ideológicos en la mente de los hombres, sino también una acumulación de cosas (pp. 271-272).

El texto poético o de crítica literaria es, por tanto, una máquina material que contribuye a la reproducción social decantando una experiencia histórica que queda como registro a la mano para el uso de generaciones posteriores. Mediante estas máquinas se puede reconstruir esa experiencia y aplicar sus enseñanzas a las tareas de la situación presente porque ellas la contienen a manera de código que la conciencia fenomenológica puede revivir en la actualidad. Debido al proceso de acumulación cultural a través de los ciclos históricos, esas experiencias son revivibles porque ya forman parte constitutiva de la sensibilidad humana que las reconstruye. Por otra parte, los códigos mismos que han sido grabados en la materialidad textual pueden ser concebidos como máquinas mentales con las que las generaciones organizan una experiencia social para legarla a generaciones futuras. Ahora bien, una máquina es un "artificio para aprovechar, dirigir o regular la acción de una fuerza"[12], son sistemas "definidos por la naturaleza de sus componentes y por el objetivo que cumplen en su operar como artefactos de fabricación humana"[13]. Los componentes están dispuestos de acuerdo con una relación que establece una selección de ellos, junto con un ordenamiento jerárquico. En otras palabras, las propiedades de los componentes quedan marcadas por la trama de relaciones, interacciones y transformaciones en que pueden entrar los componentes al funcionar la máquina para producir el efecto para el que se la ha creado.

Así entramos a la parte crucial de este trabajo. Proponemos aquí: 1) que el cataclismo cutural que es la asunción fascista del poder forzosamente implica una readecuación de la sensibilidad humana en su tarea de crear y de apropiarse de nuevos códigos de experiencia histórica, es decir, de conducta a todo nivel de actividad; 2) que esa readecuación de la sensibilidad tiene el propósito de restablecer el equilibrio social suspendido por la crisis de la hegemonía capitalista en el período fascista; 3) por lo tanto, la literatura, entendida como sistema de máquinas materiales (textos poéticos) y máquinas mentales (géneros discursivos tales como narrativa, drama y lírica; géneros retóricos tales como épica, comedia, tragedia, melodrama) tiene una función social fundamentalmente homeostática por estar orientada a la recuperación de un nuevo equilibrio social mediante la recreación de un nuevo sistema de relaciones en el universo simbólico de la cultura nacional afectada por el fascismo; 4) que, de acuerdo con su propia especifidad de efectos sociales, este sistema de máquinas para la reproducción social llamado literatura funciona como una partitura que readecúa la sensibilidad social, entendida ésta como una estructura de emociones que puede ser descrita en términos generales y universales para las sociedades afectadas por esos sucesos cataclísmicos en la medida en que la reorientación de las estructuras sociales demanda e impone nuevas condiciones de captación sensual del espacio social.

Con esta introducción a este acápite de nuestros argumentos nos adherimos a una línea de inquisición que ha caracterizado recientemente a la antropología del conocimiento[14]. De acuerdo con ello, establezcamos una diferencia entre *sentimiento* y *emoción*, para así mejor fundamentar la noción de máquina que funciona como partitura de readecuación de la sensibilidad social . El sentimiento implica una etapa más avanzada que las reacciones del sistema nervioso ante un estímulo que demanda un reajuste, lo cual no se traduce necesariamente en algún grado de elaboración consciente; por ejemplo, el reajuste automático del ritmo de la respiración, en caso de falta de oxígeno. Si esta respuesta no es suficiente, se da una percepción asociada con una necesidad correctiva que moviliza un programa de acción consciente:

> El sentimiento puede ser considerado como ese subgrupo de la percepción que implica una noción de presión para algún tipo de acción, pero una acción que requiere información sobre un mundo 'exterior', información que debe ser aprendida e implica la total relación del organismo con ese mundo. El sentimiento es una señal de un sistema de reajuste inconsciente a otra clase de sistema de reajuste. La señal del sentimiento requiere una acción más allá de la capacidad del sistema de reajuste inconsciente, acción que requiere información integrada sobre un complejo medio exterior [...] El sentimiento y la percepción marcan el momento de un encuentro del organismo con un mundo exterior que tiene significado, el cual es comprendido en gran medida mediante el aprendizaje y para los seres humanos [...] a través de procesos culturales (Levy, pp. 220-221).

Las emociones son parte de estos procesos culturales apropiados por el individuo mediante el aprendizaje. Son sentimientos que han recibido una mayor elaboración consciente, tanto de parte del individuo, como de la colectividad, de manera que reciben un nombre preciso, clasificación e interpretación y son juzgados colectivamente como reacciones apropiadas o prohibidas de acuerdo con las circunstancias, lo cual revela a las emociones como parte integral de todo universo simbólico, en su multiplicidad de dimensiones éticas. Es decir, las emociones sirven al individuo de mecanismo organizador de todos los elementos constituyentes del universo simbólico de su sociedad en cuanto red de instrumentos conceptuales y materiales necesarios para la vida y, por tanto, revelan la relación total que existe entre una persona —noción también ella misma culturalmente determinada— con la estructura de relaciones sociales de su medio:

> La emoción expresada, en este aspecto, es una declaración a los otros acerca de la relación de un actor con su actuación social en desarrollo, con su acto socialmente constituido. El está realizando la actuación cultural (jugar al ajedrez, disciplinar a los niños, prestar atención a un plan interrumpido) de manera feliz, enojada, ansiosa, avergonzada. Aun si actúa 'sin emoción', esto es un mensaje sobre su relación con el acto. Uno actúa como jefe mediante códigos culturales de liderato; pero un jefe orgulloso, ansioso, feliz, deprimido, inseguro, demasiado intenso, enojado es un metamensaje acerca de la relación de un actor con su comportamiento socialmente codificado (Levy, p. 222).

Las emociones forman una estructura de sensibilidad en la medida en que el funcionamiento de las estructuras económicas, sociales, políticas e ideológicas de una formación social institucionalizan situaciones y actitudes individuales y de grupo de acuerdo con una hegemonía: es decir, por las necesidades mismas de su reproducción como sistema, esas estructuras sociales crean funciones y roles que deben ser ocupados por individuos sin duda de idiosincracias irrepetibles, pero que deben cumplir ciertos actos, con sus correspondientes reacciones emocionales, posibles de ser innumerablemente repetidas y, por ende,

54

tipificadas, codificadas, catalogadas, administradas y
previstas, lo cual es de máxima importancia para la
enunciación de un modelo general de la experiencia
literaria bajo el fascismo, como el que intentamos aquí.
Estas esquematizaciones sistémicas de la conducta humana
proveen los elementos que llevan a la formalización
analítica de las estructuras de sensibilidad: 1) la existencia
de incidentes que hacen de *mecanismos gatilladores* por
cuanto estimulan la percepción que ocasiona las
emociones; 2) el *sistema de evaluación* que determina
cuándo el programa afectivo de que disponen los
individuos de una cultura entra en actividad y la selección
de elementos del programa afectivo con que se debe
responder a esos estímulos; 3) el *programa afectivo*, es
decir, el registro de emociones posibles y permitidas que
una cultura específica pone a disposición de los
individuos, junto con las *reglas de exhibición* de
emociones: las convenciones, normas y hábitos que
administran el despliegue emocional:

Hay por lo menos dos modos diferentes en que el*aprendizaje*
relacionado con las evaluaciones primarias [sentimientos]
parece diferir del relacionado con la evaluación cognoscitiva
secundaria [emociones]. Primero, mucho del aprendizaje
relacionado con la evaluación primaria es relativamente
informe y fortuito con respecto a la cultura concebida como
sistema de control, ideología o sistema de conocimiento. La
cultura así considerada actúa como una serie de filtros, o
controles jerárquicos, que progresivamente (tanto en los
procesos ontogenéticos como en los procesos en desarrollo de
control conductual) modifica el conocimiento resultante de
estos procesos fortuitos de manera sistemática y
progresivamente más coherente. Segundo, en la medida en que
el aprendizaje que afecta la evaluación primaria está
específicamente conformada por las formas colectivas locales,
este aprendizaje específico tiene características que difieren
del aprendizaje involucrado en la evaluación cognoscitiva
secundaria [...] En la medida en que las formas de una cultura
afectan *sistemáticamente* el aprendizaje anterior, que puede
modificar la evaluación primaria, esto parece operar en gran
parte afectando la *reactividad* de una persona a la situación
gatillo, su sensibilidad ante la pérdida, frustración, etc. Tal
aprendizaje, como el 'temperamento', afecta la base reactiva,
la cual debe ser tratada por los esquemas programáticos,
evaluativos y definidores de la cultura durante la evaluación

secundaria. El aprendizaje que afecta las fases de la evaluación primaria probablemente implica la naturaleza de la experiencia más bien que las doctrinas sobre la experiencia (Levy, pp. 224-225).

La creación de un modelo general de la sensibilidad literaturizable bajo el fascismo, desde la perpectiva sugerida, debería ser entendida como la producción de un mapa que, basado en la lógica social fascista, pueda, a su vez, reconocer los *lugares paradigmáticos* más sobresalientes que esa lógica contiene. Estos paradigmas, a su vez, deben ser entendidos como focos en que es posible prever la producción de una serie ordenada de reacciones emocionales que, en el momento de ser formalizadas en el texto literario, obliguen a una adecuación apropiada de las estrategias discursivas con que cuenta la tradición literaria europea o europeizada.

En la definición de esta empresa están dados los pasos que seguiremos en los argumentos que siguen. Siguiendo la lógica de la reestructuración social emprendida por los movimientos fascistas, dividiremos el material haciendo una lectura de ella en que se relieven los lugares paradigmaticos más evidentes, de mayor contenido emocional afín a una posible formalización literaria y de mayor afinidad con estructuras genéricas tales como la comedia, la tragedia, el melodrama, etc. Al proceder así debemos llamar la atención sobre la naturaleza particular de todo trabajo de producción de modelos sistémicos como este: él apunta a la elaboración de *objetos de estudio potenciales* que pueden ser designados como *motivos arquetípicos* característicos de una literatura posible bajo condiciones sociales impuestas por el fascismo. Puede que estos motivos arquetípicos no encuentren necesariamente una concreción real en ningún texto literario producido en las sociedades fascistizadas. Esto no invalidaría las proposiciones elaboradas, puesto que ellas deben considerarse como *opciones posibles*, que los literatos pueden ocupar o no[15].

Por último, enfrentemos las implicaciones que tiene para este trabajo el hecho de que la antropología del conocimiento afirma indiscutiblemente el condicionamiento colectivo de las emociones como

56

utensilios de apropiación de la realidad social. Ello significa que la calidad de las emociones y su uso en el registro de las posibles reacciones ante los sucesos varía de sociedad en sociedad. Sin embargo, queremos reiterar que no introduciremos este tipo de variable en nuestro trabajo dado que la crítica literaria no hace de ellas el objeto de su estudio. Más bien concebiremos la producción literaria en la experiencia fascista como una serie de homogeneidades sin duda verificables: los principales productores de literatura en Europa y Latinoamérica bajo el fascismo son intelectuales pequeñoburgueses, urbanos, que han alcanzado un alto grado de homogenidad en el uso de formas literarias debido al proceso de transnacionalización de la cultura ocurrido en las actuales estructuras internacionales de la dependencia neocolonial.

PARADIGMA DEL TRAUMA

El título llama la atención sobre el ascenso del fascismo al poder, que se da con confrontaciones sociales de extrema gravedad, que auguran o de hecho provocan una guerra civil o un golpe de Estado. En esta contingencia un partido político militarizado y/o una rama del Estado crea una situación de poder político paralelo que rompe con el monopolio estatal de la violencia y establece un período de terrorismo, programática, racional y sistemáticamente administrado. En este proceso se da una selectiva liquidación física e intimidación de los cuadros dirigentes de instituciones mediadoras entre la sociedad civil y el Estado tales como los partidos políticos, los sindicatos de trabajadores, los gremios técnicos y profesionales, los grupos de presión de diversa índole, las iglesias, bien sea para disolverlos o para convertirlos a otra lógica del poder, como ocurre con los sindicatos, así como se intervienen los medios masivos de comunicación. Se trata de un período de intimidación indiscriminada, en que simultáneamente se busca la destrucción física del enemigo, la pasividad de la población y la promoción de su autocensura. Para estos efectos se cultiva una imagen consciente e intencionada del nuevo poder para exhibirlo ostentosamente en el acto de abandonar cuarteles u ocupando territorios, ciudades, pueblos y aldeas como leviatán incontenible, ante el cual toda resistencia es descabellada y suicida. Bajo la salvaguarda del desorden cotidiano creado por la guerra civil o el golpe de Estado, las fuerzas regulares y de seguridad proceden al acorralamiento y exterminio masivo de dirigentes políticos ya largo tiempo bajo observación o en listas previamente confeccionadas de enemigos que deben recibir atención prioritaria. Un gran número de estas ejecuciones son llevadas a cabo con un criterio ejemplar, dirigido a sembrar el terror en la oposición, por lo cual se les da un carácter de ritual simbólico. No obstante, la autoridad superior no trepida en salvaguardar su pundonor y apaciguar los ánimos de la opinión pública nacional e internacional con respecto a estas masacres achacándolas a subalternos que supuestamente se han excedido en sus atribuciones, arrastrados por las pasiones del momento.

Bajo la modulación de estas imágenes del leviatán irreprimible y la proyección de un clima de temor y amedrentamiento, la cotidianidad aparece como espacio y horarios profundamente violados, mutilados y alterados en sus rutinas. Para mejor neutralizar al enemigo, de hecho o por edicto, en los inicios de su poder, la nueva autoridad fascista declara los espacios íntimos, privados, públicos y de trabajo como zonas abiertas a la actividad bélica, en que el perseguido no puede guarecerse. Por ello despliega tropas y adherentes en edificios, instalaciones e intersecciones de calles y carreteras con lo que se trastornan los esquemas, diagramas y horarios de uso de esos espacios. Domicilios y habitaciones pueden ser violentamente allanados sin que se respete las diferencias entre día y noche, luz y oscuridad que normalmente guían la conducción de los negocios de la autoridad legítima que debe ventear sus transacciones a la vista y examen de la ciudadanía. Los órganos de seguridad del Estado ahora operan con un sigilo similar al de delincuentes que buscan escapar a la visibilidad pública. Su tarea es facilitada por los toques de queda que inmovilizan el tránsito nocturno, arraigan a los cuerpos de los derrotados a lugares fijos y los convierten en objetos inermes y disponibles para el castigo. La oscuridad de la noche se convertirá en campo cargado de peligros que acechan, de donde se desprenderá el operativo militar que trae el fin de la libertad, el comienzo de la tortura, quizás la muerte o el desaparecimiento. Ya sea por designio o por la inercia de los sucesos, los espacios públicos y laborales quedan permeados por una lógica de la violencia por la cual los actos más atroces son esperados y justificados como consecuencia y posibilidad "natural" de los enfrentamientos masivos y la supuesta necesidad de restablecer una disciplina social alterada por el "caos" político.

Dada la alta movilización masiva anterior al triunfo fascista y las urgentes incitaciones de todos los bandos en lucha para llevar a los individuos a una definición política, esa lógica de la violencia también sirve de excusa para resolver rencillas personales. Esta resolución trae consigo profundas alteraciones de los protocolos, normas y convenciones para el despliegue de las emociones. Aún más, se podría decir que las jerarquías mismas de las emociones socialmente aprobadas quedan profundamente alteradas por el hecho de que una parte de la población adquirirá la identidad de triunfadora y otra la de derrotada. Esto se observa en especial en los modos en que el aparato judicial atenderá las demandas de justicia individual. Puesto que la lucha masiva ha quedado cancelada con el triunfo de uno de los bandos, el contenido de esas rencillas ya no podrá ser explicado o justificado en referencia a los enfrentamientos colectivos anteriores. Para los fascistas, ahora los contenidos cotidianos del conflicto se convertirán simplemente en ocasión para exhibir el triunfo y la reinstauración de la "verdadera" justicia, por lo que se llevarán a cabo juicios públicos que también tomarán rango de rituales colectivos. El nuevo orden los usará como otro de los instrumentos de amedrentamiento y para la exhibición de la majestad irresistible de su imperio. Para los vencidos, los vejámenes sufridos no recibirán reconocimiento oficial ni público y quedarán relegados a la categoría de dramas absolutamente personales y privados, como si no fueran parte de una historia comunitariamente compartida. Si es que, no obstante, los vencidos intentan de todos modos exhibir su drama a la luz pública para demandar justicia, se neutralizará su impacto social catalogándoselo de tragedia humana que "naturalmente" ha sido consecuencia "comprensible" del calor de la lucha civil. Por tanto, los afectados no tienen sino la opción de acallar su dolor y olvidarlo, o esperar con paciencia la ocasión de la venganza. Esto, sin duda, trae toda clase de consecuencias dañinas para la salud espiritual y física de personas que deben alimentar esta expectativa a largo plazo, como veneno o supuración que corroe lentamente, sin encontrar solución rápida y emocionalmente satisfactoria. Los familiares de detenidos desaparecidos sufrirán estas lesiones psicosomáticas con mayor intensidad, puesto que se sentirán con el deber de nunca olvidar el trauma del desaparecimiento como acto de lealtad con el ausente. Deberán cargar en sus mentes con su memoria, inventando toda clase de rituales cotidianos para mantenerlos vivos en la vida diaria. Deberán postergar su propia vida en el presente para entregarse a las inútiles diligencias judiciales ante un Estado que ha premeditado el desaparecimiento y lanzarse a la búsqueda infinita del detenido en oficinas públicas, cárceles y campos de concentración. Se creerán comprometidos moralmente a dejar sus trabajos, sus estudios, otras relaciones humanas y otros amores posibles, viviendo el recuerdo y la búsqueda como obsesión monomaníaca. En comparación a los prisioneros enjuiciados y ejecutados, no tendrán la catarsis de la sentencia y la condena cumplida o el velorio llorado. Quizás los agraviados puedan tomar la justicia por su propia mano. La prensa controlada, sin embargo, no extenderá un status públicamente reconocido a sus emociones y llamará a su venganza "crimen de pasión", cometido por mentes desequilibradas por el dolor y el resentimiento. O bien los agraviados que no hayan logrado justicia entrarán a la lucha clandestina como forma de canalizar las energías emocionales de manera más política y socialmente constructiva y relevante.

Pasado el momento del ascenso fascista al poder y lograda la estabilización de su régimen, este período de

60

trauma será el material en que los intelectuales
encontrarán su principal materia prima literaria,
proveyéndoles de situaciones conflictivas que servirán de
mecanismos de tensión dramática a sus esfuerzos por
reconstituir, desde sus diversas adherencias políticas, una
imagen rearticulada de lo popular-democrático. Estas
rearticulaciones se intentarán más tarde, cuando se hayan
restablecido las rutinas de la cotidianidad y sea posible una
meditación global sobre el significado de la experiencia
vivida. Por lo tanto, las imágenes del trauma aparecerán
como recuerdo que debe ser evocado, recuperado y puesto
en perspectiva histórica para restablecer la sanidad
colectiva. Nos explayaremos sobre estas implicaciones al
tratar otros paradigmas pertinentes.

PARADIGMA DE LA COTIDIANIDAD ESCINDIDA: LA NACION
VISIBLE/LA NACION INVISIBLE

El legado de contradicciones del período del trauma es
vasto y se resuelve en un complejo de fragmentaciones
sociales. La principal de ellas es, por el momento, la
fragmentación de la colectividad entre triunfantes y
vencidos. Ella articula motivos subsidiarios que ya
apuntáramos, los cuales revelan la profunda crisis del
antiguo sentido liberal de la nacionalidad como conjunto
de diversos proyectos sociales colectivamente debatidos y
compartidos: la inercia emocional de la amplia
movilización y el conflicto político anteriores al triunfo
fascista ha quedado mutilada; la magnitud terrorista de la
represión estatal que por consecuencia de la anterior
movilización involucra y afecta a un enorme número de
familias; la ostentación y/o el sigilo con que actuó el
aparato represivo durante el período traumático; la
cantidad de dramas sociales irresueltos por la justicia
parcializada del período del trauma. A todo esto, en el
momento en que el fascismo debe estabilizar su poder, se
suman los problemas administrativos de transformación
del aparato estatal para reorientar las estructuras sociales,
manteniendo e institucionalizando definitivamente el
aparato represivo-burocrático con que se logró la

desmovilización y neutralización del enemigo. Este complejo trae por consecuencia la administración consciente de las fragmentaciones ya existentes, dando lugar a una escisión tanto de la experiencia cotidiana más inmediata como de la concepciones más abstractas de nación y de cultura nacional.

La escisión de lo cotidiano se da por dos necesidades del fascismo: primero, la de instaurar una semblanza de normalidad en las rutinas de la vida diaria que permita la administración eficiente y adecuada de los procesos productivos; segundo, la de iniciar el proceso de concentración del capital, transfiriendo recursos estatales y gran parte de la riqueza socialmente producida hacia la burguesía financiera. Esto requiere el mantenimiento, expansión y administración en el sigilo de un aparato represivo de gran alcance. Este ya no sólo estará dirigido contra los adversarios vencidos, evitando que puedan reconstituir una red subversiva, o contra una posible removilización de las clases trabajadoras que serán superexplotadas, sino también contra sectores de la coalición fascista triunfante, particularmente la pequeña burguesía. Para ello, los organismos de seguridad crean grupos de tarea para desarrollar un servicio de inteligencia que les permita atacar con precisión y, de ser posible, en una total invisibilidad, a aquellos individuos que intenten articular o rearticular un movimiento de oposición o resistencia sindical, gremial o política. Dado que, en el fascismo, el aparato jurídico abandona la máscara de entidad destinada a la protección de los derechos individuales y corporativos frente al Estado, la ley adquiere un bien definido rol de soporte político e ideológico del régimen. Por ello, los miembros de esos grupos de tarea quedan exentos de responsabilidad y no cabe la opción de llamarlos a cuenta judicial, en la misma medida en que ya el recurso de *habeas corpus* queda inválido como instrumento de protección de los prisioneros del Estado. Con ello se crea una vasta dimensión subterránea de la cotidianidad clausurada al escrutinio público, que normalmente el ciudadano que ha obedecido la orden oficial de desmovilización política no conocerá, a menos que caiga en una de las redadas arbitrarias que toman individuos al azar, paralizando la iniciativa social mediante la reproducción gratuita del terror en el seno familiar, en los círculos sociales y en los lugares de trabajo. Esta subterraneidad se configura materialmente como espacios destinados a lugares secretos de detención, interrogación y tortura de ciudadanos, centros especializados en su eliminación física, cementerios secretos y campos de concentración. En la literatura de los exiliados o posterior al fascismo, el paso por esta subterraneidad quedará profundamente marcado por una simbología religiosa que comunica imágenes de descenso a un caos de barbarie primordial, en que los valores civilizados han sido suspendidos, a la oscuridad de los infiernos o la experiencia de un víacrusis o peregrinación que se ilumina espiritualmente con el sufrimiento corporal.

El desgarramiento social que implica esta escisión queda subrayado con la extrañeza fascinada que siempre ha causado la cotidianidad en esos centros subterráneos. Allí torturadores, carceleros y prisioneros se adaptan para transformar episodios que quisiéramos concebir sólo como excepción insana en la rutina normal. Cada uno llega a reconocer su ubicación como estado necesario ("él era un soldado, yo soy un soldado"), creándose protocolos, rituales, normas y convenciones que incluso llevan a las víctimas y a los represores a admirarse mutuamente; que permiten al torturador vivir su trabajo como simple horario de oficina, que luego abandona para integrarse a una familia aparentemente normal; que goza diversiones y otras actividades cotidianas en un contraste tan radical que las convierte en las antípodas de la subterraneidad en que labora: una superficie social de engañosa transparencia, coherencia, orden y legalidad. Esto hace que la cotidianidad bajo el fascismo deba ser profundamente problematizada como punto de entrada a mundos ocultos a la mirada directa, en que sus elementos deben ser "leídos" como índices sintomáticos de evidencias que débilmente emergen a la superficie, mientras que en una subterraneidad solamente intuida yacen las claves para la verdadera interpretación de la realidad.

La clausura y/o intervención de las instituciones mediadoras entre la sociedad civil y el Estado y la suspensión del juego electoral aumentan la escisión de la cotidianidad al alejar de ella todo indicio directo y evidente de la lucha política como forma de control de la circulación de poder.

Mientras el funcionamiento de esas instituciones era permitido, la ciudadanía tenía acceso directo o indirecto a la actividad política ya sea mediante noticias o comentarios de los medios informativos o a través de contactos con políticos profesionales, con quienes se debía transar alguna mediación de interés sindical, gremial o personal, especialmente en los períodos eleccionarios. Al entrar en el proceso de la estabilización fascista, sin embargo, la lucha política se traslada a y queda circunscrita totalmente dentro del Estado o en la clandestinidad. Allí se desarrollará como un conflicto entre las diferentes instituciones del Estado, en que los diversos sectores de la coalición fascista triunfante gozan de mayor representación e influencia. El conocimiento de las incidencias y términos del conflicto quedarán reservados a los participantes directos casi a modo de secreto de Estado, pues la coalición en el poder debe mantener incólume su imagen monolítica, a pesar de que la lucha alcanzará altos niveles de violencia por el desahucio de los compromisos iniciales pactados entre las pequeñas burguesías, las burguesías nacionales y el capital financiero. Al imponer su hegemonía, el capital financiero debe renegociar con sectores pequeñoburgueses que ahora controlan el aparato estatal para contar con su apoyo en la lucha por desmantelar el dispositivo político-militar de otros sectores pequeñoburgueses y burgueses nacionales radicalizados en contra del fascismo. Una vez que esto se ha logrado, la administración estatal comienza su tarea de crear los mecanismos legales y financieros para la transferencia de riqueza social desde los sectores de trabajadores y pequeñaburguesía hacia el financiero, posibilitándose así una nueva modalidad de acumulación de capital en grupos financieros de alta concentración. En este proceso, el Estado fascista mantiene una relativa autonomía de intereses y de acción con respecto a los sectores financieros, según la cual se marca una estricta

64

separación de relaciones entre la esfera de lo político y lo económico, a la vez que centraliza fuertemente la conducción del proceso. La concentración de capital adquiere, para el fascismo, la categoría de asunto vital para la seguridad nacional. Por tanto, el Estado fascista procede a crear condiciones para ella cumpliendo con la rehegemonización social de acuerdo con su propio proyecto, en circunstancias en que, para el capital financiero, la opción política fascista no es la única solución a la mano para sus necesidades hegemónicas ni tampoco la más deseable. En estas circunstancias, el mantenimiento del proyecto fascista y su conducción centralizada obliga a una alta burocratización del Estado, con el objeto de definir y canalizar minuciosamente la participación de las diferentes clases sociales. Puesto que la rivalidad entre las diferentes instituciones estatales es la única forma permitida de la lucha de clases, cada una de ellas debe duplicar los mecanismos de control sobre las otras. Esto fortalece la necesidad de mantener permanentemente un aparato secreto de seguridad, inteligencia y represión selectiva dirigido contra ramas del mismo Estado. El aparato de seguridad queda bajo estricto control del liderato fascista quien, con un uso discrecional de él, mantiene su calidad de árbitro final de todas las querellas existentes y eje único para el equilibrio del régimen.

Mientras tanto, los cuadros sobrevivientes de los antiguos partidos políticos, particularmente los de la izquierda, comienzan una cautelosa y prudente exploración de los espacios públicos administrados por la burocracia fascista para reorganizarse lentamente en una subterraneidad propia. En estratos de diferente profundidad clandestina se reformarán las células políticas y sus mecanismos coordinadores a nivel local, regional y nacional. En un nivel más cercano a la superficie, estos cuadros iniciarán actividades de agitación cautelosa en los lugares de trabajo y en los sindicatos fascistizados para desacreditar a su liderato. En la superficie, la oposición explorará las asociaciones culturales y religiosas existentes o posibles de ser creadas para iniciar una actividad en que la vigilancia no sea necesariamente un impedimento para

forjar formas de consenso redemocratizante: parroquias,
escuelas, universidades, talleres de poesía y artesanías, etc.

PARADIGMA FASCISTA DE LA MONUMENTALIDAD ESPIRITUALISTA

Con la remoción de la lucha política del ámbito de la
cotidianidad, su circunscripción al aparato estatal o a la
clandestinidad y el mantenimiento de un dispositivo de
seguridad ubicado más allá del escrutinio público, se
cancelan las mediaciones del Estado liberal, que
enmascaraban el poder burgués con un juego democrático-
parlamentario basado en las ideologías del "nosotros"
nacional, de lo ciudadano y lo popular. La antigua noción
de la comunidad nacional como debate y conflicto
parlamentario de los diversos proyectos para la conducción
de la cultura nacional de acuerdo con las clases sociales
existentes son ahora redefinidos por el fascismo a partir de
las profundas fracturas creadas por la existencia de una
sociedad dividida entre triunfantes y derrotados; una
cotidianidad superficial de orden y legalidad normales
erguida sobre un imperio represivo escudado en la
subterraneidad; una actividad política oculta como secreto
de Estado, y una subterraneidad propia creada por la
oposición que se rearticula.

Es en la redefinición fascista del significado de la
comunidad nacional donde se hace vital la tendencia de la
intelectualidad pequeñoburguesa a desplazar la
constitución de su discurso de identidad social a esferas
alejadas de la identidad de clase. Es evidente que esta
intelectualidad, cuando es adherente al fascismo, no puede
absorber ideológicamente aquella información y aquella
evidencia necesarias para argumentar una rearticulación
de lo popular-democrático sobre una imagen realista de esa
conducción de los procesos sociales. Si entendemos el
realismo como la adecuación de los ideologemas literarios
para dar cuenta de una visión de los procesos sociales
basada en un análisis científico de ellos, la contribución de
la intelectualidad profascista a la legitimación del régimen
sólo podrá darse con una radical escisión entre ideología y

ciencia que, en lo literario, se plasma temática, metafórica y simbólicamente con escisiones entre cuerpo humano y mente, emoción y razón, espíritu y materia. Sólo en el juego ideológico encontrarán los medios más adecuados para saldar rupturas no solucionables en la realidad material de la sociedad. La producción ideológica espiritualista quedará fetichizada como acto de redención de una realidad material irreductible: es decir, la proposición fascista de superar la fragmentación social quedará circunscrita a la experiencia del lector en la travesía de las páginas de un libro o de un periódico, o a su experiencia durante el período de tiempo en que algunas imágenes cinematográficas ocupen una pantalla de cine o televisión o el cuerpo de los actores ocupen un escenario teatral. Una vez acabado el retiro de la experiencia artística o informativa, el receptor quedará entregado a la evidencia incontestable de su materialidad social, en que la pauperización de los trabajadores y las ruinas y bancarrotas cada vez más frecuentes entre las pequeñas burguesías y las burguesías nacionales es ineludible. Inevitablemente, en estas condiciones, todo mensaje ideológico que llama a superar las carencias y los sufrimientos materiales en aras de un ideal superior encierra toda argumentación en matrices religiosas en que se exalta la fe entendida como salto de la imaginación y de las emociones hacia un ideal que sólo existe en la retórica. Mientras más ciega sea la fe, con mayor seguridad se evitará un despertar y una reactivación de las masas, a lo cual contribuye, por supuesto, el temor a la represión.

Con el objeto de reforzar la fe como uno de los mecanismos emocionales más favorables a la continuidad del régimen, el aparato estatal debe intervenir ideológicamente en la cotidianidad, trasladando a ella en términos homológicos la violencia con que se da la lucha de clases en su seno. Para ello monta campañas propagandísticas monopólicamente administradas, agresivas y permanentes, que buscan dos objetivos principales: 1) desinformar a la opinión pública no solamente a través de la censura, sino también mediante la proposición de temas para la discusión comunitaria que realmente no tienen sustancia real; 2) cubrir hasta el último resquicio de la intimidad y la privacidad. Para lograr este objetivo, la propaganda oficial es canalizada a través de conductos burocráticamente administrados. Fuera de los medios de comunicación masiva intervenidos o directamente controlados por el Estado, están el partido político fascista, si es que se lo ha formado, los programas de entretenimiento después del trabajo, los centros de madres en los barrios, los clubes deportivos, las asociaciones de padres y profesores en las escuelas, etc. Dado su profundo impacto, las estaciones de televisión quedan estrictamente supervisadas como áreas de seguridad militar. La propaganda fascista adquiere caracteres monumentales por su necesidad de condensar una serie de contradicciones de su proyecto: 1) debe fetichizar la autoridad del Estado arrogando para él la soberanía tradicionalmente emanada de la ciudadanía, aboliendo la diferenciación entre Estado como concepto social de organización jurídica, gobierno como uso transitorio del aparato estatal por un grupo de poder y régimen como modo de administración específica de las instituciones del Estado; 2) alojar la representación total de la soberanía ciudadana en el líder único; 3) paralizar la actividad política de los sectores sociales no participantes en el bloque de poder de acuerdo con definiciones de su interés social independientemente elaboradas; 4) crear, no obstante, la imagen de una amplia y activa participación para legitimar su gobierno. El fascismo equilibra esta contradictoria ecuación dando una concreción ritual y simbólica a la matriz religiosa a que se ve ideológicamente arrastrado. Los grandes hitos de la lucha popular-democrática de la nación quedan mitificados en un discurso que refiere su época de grandeza a un pasado en que la historia nacional habría manifestado su mayor logro, fortaleza y unión real o potencial. Se achaca una supuesta declinación del "espíritu" o "alma" nacional a la influencia de personajes foráneos que han infiltrado la nación introduciendo usos, ideas o costumbres "extrañas a la manera de ser del pueblo", las cuales han minado su vigor y entereza. Ellos deben ser identificados, neutralizados y castigados por los "buenos ciudadanos". En esta tarea de la reconstrucción nacional, los "verdaderos

68

ciudadanos" son llamados a postergar sus propios intereses y deseos para entregarse totalmente a las directivas del líder, a través de quien fundirán su cuerpo y espíritu en el cuerpo místico del espíritu e historia de la nación. Tal intensa condensación no puede sino exhibirse en ceremonias públicas de enorme boato, por lo que debe hacerse una cuidadosa escenografía y coreografía de lugar, momento, participantes e implementos simbólicos tales como banderas, uniformes, luces, música, maquillaje, etc. De este modo la espiritualidad fascista queda materialmente monumentalizada en enormes y macizos edificios, con una participación masiva voluntaria o involuntaria.

Dados estos ideologemas, el llamado al sacrificio personal en la tarea de la reconstrucción nacional adquiere una estructuración discursiva en el género épica. Los "buenos ciudadanos", conducidos por el líder y sus lugartenientes, deben abandonar su individualidad privada para emprender en su imaginación un viaje simbólico y ritual en que representan la totalidad del pueblo para crear una nueva civilización nacional. Al final de su travesía las fuerzas superiores que velan por sus pasos y su ruta, que garantizan la legitimidad de la empresa, someterán a los peregrinos a pruebas diversas, que los fortalecerán en cuerpo y mente para, terminado el viaje, también alcanzar el aspecto monumental que tiene todo actor épico. Se augura que ésta será la verdadera historia nacional, en la cual el futuro corresponderá a la grandeza del pasado, en una especie de movimiento circular de capicúa. A esas alturas de la historia, el alma nacional ya habrá sido purificada de todos los elementos foráneos que habían estado enfermando su espíritu.

PARADIGMA DE LA DISCIPLINA VERTICAL

El contenido épico con que irrumpe el aparato propagandístico del Estado es la forma limitada de politización de un proyecto socio-económico que sólo puede funcionar con la parálisis de los agentes no designados para implementarlo. Se trata de una serie de representaciones simbólicas en que se intenta dar a la cotidianidad el aspecto de terreno de una lucha militar en que cada ciudadano es un soldado que ocupa una trinchera. Por tanto, se traslada a los diferentes espacios microcósmicos de la cotidianidad las premisas simbólicas macrocósmicas de la épica fascista, haciéndose énfasis en una disciplina que, en un descenso vertical desde las alturas, repite el principio de liderato que demanda el sacrificio personal por la gran causa nacional. Desde la cúpula del Estado, esa autoridad trasmite su autoridad incuestionable a toda figura de autoridad en toda repartición pública y privada, en todo nivel de actividad social, para llegar, finalmente, al núcleo social más básico, la familia. De acuerdo con ello, entonces, se retorna a una definición precapitalista de los roles de los miembros de la familia: ellos ya no aparecen como seres que se deben a un mercado laboral que hace mercancía de su potencial de trabajo y que, según sus necesidades de mano de obra, tiene los mecanismos económicos impersonales o coercitivos para encontrar, transferir y trasladar masas de trabajadores, dislocando todas las instituciones culturales que se interpongan en sus designios. Ahora se define a los familiares como combatientes por la causa superior de la patria asediada por el enemigo externo e interno. El padre de familia es la figura recipiente en lo privado del principio de autoridad con que el líder nacional fascista se exhibe a nivel público. La figura paterna luego adquiere imagen de guerrero que necesita el apoyo, sostenimiento, confort y los placeres de la esposa para renovar sus energías corporales y espirituales para la lucha diaria. La esposa debe, por tanto, postergarse como persona para darse al guerrero fundamentalmente como hembra que renueva su energía y le da hijos que prolonguen las genealogías guerreras. Debe tener aspecto de mujer, sencilla, "femenina", maternal, nutricia. Se la exhorta a tener orgullo de ser el eje que mantiene unido el hogar de donde provienen los soldados de la patria. Su puesto está en el interior del hogar convertido en unidad logística de combate. Los hijos, disciplinados y obedientes, rodean al padre para embeber su voz sabia de guerrero de experiencia con las mismas posturas plásticas con que la juventud aparece rodeando al líder nacional, según las representan los medios masivos de comunicación. El principio de autoridad vertical influye en la manera con que los medios de comunicación masiva designan e identifican a los portavoces de los problemas y aspiraciones de la comunidad. Queda claro quiénes trasmiten la palabra oficial del gobierno. En el orden de lo privado, ya que el fascismo no reconoce a nadie ninguna medida de representatividad de ningún sector nacional, excepto las personas expresamente designadas, la función del portavoz se traslada a individuos que basan su legitimidad de representar "algo" y de emitir juicios válidos en su calidad de técnicos en la materia pertinente, diplomados, doctorados. Esta acreditación supuestamente supera la contaminación insana de la cosa pública por la "politiquería" subjetivista. Se arraiga en el plano superior del juicio racional y objetivo de la ciencia elevada a valor máximo por la hegemonía del capital financiero, que debe tener condiciones sociales estables para cumplir con sus ciclos de acumulación e inversión. Este criterio penetra en la industria de la cultura masiva sobrevalorando intencionalmente aspectos preexistentes al régimen fascista, en especial la promoción de la estrella del deporte, de la canción, del cine, de la televisión. En torno a ellos se acentúa una imagen de seres de juventud, belleza, popularidad, simpatía, audacia, riqueza, de aventuras incesantes que no están al alcance de los seres comunes que viven en la monotonía. Estos seres superiores habitan permanentemente un escenario, expuestos al examen y a la admiración pública. Allí hablan a las masas a través de entrevistadores, que les hacen las preguntas "que todos nosotros quisiéramos hacer". Cuentan vivencias de su vida profesional, amorosa y familiar, de las que surgen declaraciones que intentan una filosofía de la existencia que sobrevalúa las emociones, la experiencia ganada al resistir los embates de la dura realidad, que habla de la necesidad de ser fuertes, de buscar "nuestra verdadera identidad" y de expresar una personalidad, un ser genuino. Queda implícita la noción de que, mediante ellos e identificándonos con ellos, tenemos acceso a estratos superiores de realidad casi mística y que, a través de ellos, compartimos una comunidad espiritual esplendorosa. Para ello no tenemos sino que escribirles una carta solicitándoles una foto, o pertenecer a un "fan club", o escribir al programa de radio o televisión en que se comenta a estas estrellas. Es obvio que estos aspectos siempre han sido elemento esencial de esta industria, pero ahora, bajo el fascismo, tienen una función compensatoria: la de servir de sustituto simbólico a otras formas de participación social políticamente clausuradas.

PARADIGMA DE LA ALOCUCION Y DEL SILENCIO

Bajtin hacía una analogía lingüística de la sociedad como conjunto de voces que representan discursivamente los diversos proyectos de orientación de la cultura nacional, articuladas todas ellas por un eje metafórico de representación que corresponde homológicamente a la estructura de poder y la subordinación social existente. En estos términos, el eje lingüístico del poder fascista se presenta como una constante alocución que desde las alturas se proyecta en un sentido verticalmente descendente. La alocución se convierte en soliloquio en la medida en que las otras voces que antes orquestara el Estado liberal, en su analogía de la sociedad como debate parlamentario, han quedado silenciadas. Es, por otra parte, soliloquio teatral, ya que la condensación de la soberanía nacional en una voz única, según decíamos, obliga a emitirla en situaciones espacialmente escenografiadas, de movimientos masivamente coreografiados, monumentalmente ejecutados.

Hay una perfecta equivalencia entre el contenido de este soliloquio, el lugar para su representación teatral monumentalizada, el tono y la postura corporal con que se lo entrega. Esta postura acentúa el torax expansivo, símbolo histriónico de lo épico, de lo heroico, con movimientos enérgicos y precisos. Es una alocución entonada con voz seria, solemne, gruesa, impostada, plena de convicción y fortaleza de carácter, puesto que el líder y sus representantes materializan en ella la condensación fetichizada de la soberanía nacional. Por consecuencia se reitera innumerables veces calificativos de la voluntad tales como "irrenunciable", "indeclinable", "inflexible". La postura y el tono buscan proyectar y modular conscientemente una imagen de personalidad carismática. Max Weber define lo carismático diciendo que "se aplica a cierta cualidad de una persona individual por virtud de la cual se la separa de los hombres comunes y se la trata como dotada de poderes o cualidades supernaturales, suprahumanas, o por lo menos específicamente excepcionales. Estos son de tal naturaleza que no son accesibles a la persona común, sino que son consideradas como de origen divino o ejemplares, y sobre esta base el individuo en cuestión es tratado como líder"[16]. La teatralidad de este soliloquio es explotada para colocar a las masas que dan su apoyo voluntario o pasivo en actitud y posición de seguidores o discípulos que reconocen en el líder la calidad de "hombre del destino". Los seguidores quedan ubicados en un "abajo" que los obliga a levantar la cabeza para contemplar un "arriba" espiritualizado, donde se aposenta la autoridad. Dice Weber:

> Es el reconocimiento por parte de los seres sujetos a la autoridad de lo que es decisivo para la validez del carisma. Este es libremente concedido y garantizado por lo que se sostiene es un 'signo' o prueba, originalmente siempre un milagro, y consiste en la devoción a la revelación correspondiente, al culto al héroe, o la confianza absoluta en el líder. Pero en los casos en que el carisma es genuino, no es esto lo que sirve de base para recabar una legitimidad. Esta base está más bien en la concepción de que es el *deber* de aquellos que han sido llamados a una misión carismática reconocer su cualidad y actuar de manera apropiada. Psicológicamente este 'reconocimiento' es asunto de completa devoción personal al posesor de la cualidad, lo cual surge del entusiasmo, de la desesperación y la esperanza"[17].

Con la administración de este tipo de legitimación política, el líder y sus representantes emiten un discurso que imaginariamente deslinda espacios en que se totaliza el conocimiento de la sociedad como un acto de conjuración, comunión simbólica, concentración máxima y ordenación jerárquica de las "fuerzas vivas" llamadas "por la historia" a renovar la cultura nacional para darle su perfil definitivo y "verdadero". Esta convocación ubica a esas fuerzas en una zona de luz fulgurante, donde adquieren un perfil pleno y radiante y se las sanciona para que tomen aspecto de facticidad avasalladora y bienhechora, de pureza y sanidad. Quienes rehusan esa convocatoria son condenados a la anonimia, a la fragmentación, al aislamiento, al silencio, a llevar adelante sus vidas absolutamente en la oscuridad de lo privado, negándoseles identidad y parte en la redefinición fascista de la historia colectiva. Por tanto, son estigmatizados como "impuros", "contaminados", resentidos, enfermos, desviados y anormales. Con esta orquestación del soliloquio, la alocución se transforma en ejercicio narcisista en cuanto aspira a un auditorio que homogéneamente coincida con y adopte los objetivos del poder y haga suyas e interiorice las actitudes necesarias para cumplir con las normas y funciones designadas para alcanzarlos. De estas masas se espera la conformidad, la obediencia y la exaltación paroxista al escuchar las consignas. No debe extrañar que, de una u otra medida, los uniformes militares, de partido o de organizaciones corporativas administradas por el Estado fascista sean obvio elemento de utilería simbólica.

En la medida en que las estructuras de clase del capitalismo no han sido abolidas, y la lucha entre ellas haya sido exacerbada por las tendencias monopólicas del capital financiero, la expulsión de los opositores a las zonas marginales y oscuras es mera fantasía del fascismo, destinada al despliegue público de la aparente omnipotencia del poder, un "triunfo de la voluntad" narcisista. Pero el hecho es que todo poder social necesita de interlocutores de oposición para evaluar el grado de corrección y error de su propia actividad en el mantenimiento de la hegemonía. Sin embargo, dado el esquema represivo del fascismo y su negativa a reconocer interlocutores elegidos desde las bases, la sociedad civil se hace opaca para este propósito y la alocución rebota en el vacío, es absorbida por el silencio. El bloque de poder sabe, no obstante, que la oposición existe, se rearticula, se reorganiza en el clandestinaje, en espacios subterráneos de su propia definición. Los servicios de seguridad saben de ellos, los consienten y vigilan de acuerdo con las incidencias de la actividad política y los ciclos de algidez y relajamiento de la represión que se estimen arbitrariamente necesarios para mantener la disciplina tanto dentro del bloque de poder como de los sectores sojuzgados. Pero, ya que no puede interpelarlos directa y públicamente, para escucharlos debe establecer complicados canales en el extranjero, "en territorio neutro", o buscar intermediarios, o simplemente usar los servicios de seguridad para hacer redadas periódicas de militantes de nivel medio y bajo para así conocer los temas que los preocupan, su estado de ánimo para la oposición y sus métodos de organización para la resistencia. Por ello es que el Estado fascista ha sido considerado como instrumento ineficiente para la dominación de la sociedad y se lo ha catalogado como "Estado de excepción", recurso de última hora para la conservación y rehegemonización del sistema capitalista. No puede permitir ningún grado de autonomía para que los otros sectores se conviertan en los propios agentes de sus intereses, aun dentro de la limitación de los mismos canales de expresión legal fijados por el bloque de poder en el antiguo Estado liberal. Por tanto, no puede recurrir efectivamente a las ideologías legitimadoras de lo popular sino relegándolas a mero nivel simbólico y ritual.

PARADIGMA DEL MELODRAMA Y DEL GROTESCO

Por ello el Estado fascista debe estar en permanente alerta, sin descanso, siempre flectando músculos represivos, siempre preparado para castigar y destruir cualquier forma de disensión, aun la más pequeña, puesto que, para él, el silencio de una verdadera interlocución con la sociedad civil está preñado de peligros y amenazas. De allí los castigos desorbitadamente crueles que los servicios de seguridad son capaces de dar por faltas de minucia absurda, exhibiéndolos a veces como verdaderas ceremonias rituales, para que adquieran una máxima ejemplaridad reproductora de terror ante la "indisciplina" de las masas. Dado que los ciclos de represión y

relajamiento del castigo son arbitrio de total control del
Estado, la incertidumbre y la angustia permean toda la
sociedad, dando lugar a dos matrices discursivas
fundamentales para la expresión y descripción de la
sensibilidad colectiva, el melodrama y el grotesco.
Literariamente, se llama melodrama una visión de la
realidad basada en el temor paranoico ante amenazas
ocultas e inminentes. Este surge ante los obstáculos que
existen socialmente para el libre flujo de la información,
los cuales afectan, según hemos visto, no solamente a los
sojuzgados, sino también a quienes los imponen por
censura. La razón está en que todo ser humano necesita
elaborar continuamente alguna forma de visión
totalizadora del sentido y lógica de la realidad social para
entender su propia ubicación, función y significado dentro
de ella. Necesita reconocer las áreas de riesgo y seguridad a
que está expuesto en su vida cotidiana, especialmente en
situaciones como la del fascismo, de extrema tensión social
y restringida participación y conocimiento de decisiones
que afectan profundamente a toda la colectividad. Para ello
se requiere una información constante y desde diversas
perpectivas, de manera que el ciudadano pueda tener la
satisfacción y la seguridad anímica de formar su propio
criterio, regla de juego de la circulación ideológica a la que
estaba acostumbrado, por lo menos formalmente, en el
antiguo Estado liberal democrático. Sin embargo, aun los
ciudadanos adherentes al fascismo deben actuar sobre la
certidumbre objetiva de que el régimen controla,
manipula y adecúa la información para servir a las razones
y a la seguridad del Estado. Por tanto, ese vacío de
información fidedigna es llenado por el rumor que propala
datos marcados por la experiencia más inmediata,
imperfectamente elaborados como totalizaciones, rumores
marcados, por tanto, por toda clase de incertidumbres y
proyecciones subjetivas e irracionales.
    Debido a las violentas emociones surgidas en los
períodos más álgidos de la lucha por mantener la
represión sigilosa o combatirla, los participantes, los
afectados directamente y los que toman conocimiento de
ella pueden entrar en una matriz grotesca de organización
emocional. Como género literario, el grotesco se caracteriza

por una agudización máxima de la paranoia melodramática, de manera que la persona percibe la realidad social absolutamente distorsionada por fuerzas que no puede explicar cabalmente. Ellas irrumpen violentamente en las rutinas de la cotidianidad para suspender la sensación de confianza y seguridad que se ha ganado en su repetición diaria[18]. Aun los actos más nimios quedan sujetos al peligro de que esas fuerzas desconocidas intervengan: ir a comprar el periódico a la esquina y ser detenido en el camino; esperar un bus o viajar en él y ser secuestrado; descansar en el sueño nocturno y verlo interrumpido por allanamientos brutales, en que las fuerzas de seguridad destruyen las puertas del domicilio y todos sus enseres en la búsqueda de evidencia incriminatoria; llegar atrasado al trabajo porque el recorrido de buses ha sido súbitamente alterado por la policía para impedir que los pasajeros vean un auto acribillado a balazos después de una persecución; ser transeúnte en una calle y casualmente atestiguar un hecho de violencia; ser desaparecido por haber presenciado fortuitamente algún incidente que los aparatos de seguridad desean acallar. Nuevamente la cotidianidad queda violada por situaciones traumáticas.

Ahora bien, al hablar de matrices discursivas melodramáticas y grotescas debemos tener en cuenta dos perspectivas. La primera debe considerar que, de acuerdo con las políticas de administración de la sociedad por el bloque de poder y según la forma en que la oposición administre la resistencia, se dan incidentes y reacciones emocionales en la cotidianidad bajo el fascismo que espontáneamente pueden ser organizadas por el observador para describirlas usando esas matrices discursivas. La segunda es reconocer el aspecto práctico por parte de quienes expresan directamente su experiencia diseñando un discurso de representación figurativa de la realidad según matrices melodramáticas y grotescas. El deslinde de estas dos perspectivas reitera, desde dos vertientes, el hecho de que estas matrices responden a una intensa necesidad social. El reconocimiento de esta necesidad colectiva nos permite proponer la hipótesis fundamental para el entendimiento de todos los argumentos que nos resta exponer de aquí en adelante. Esta hipótesis es que *el reconocimiento de que bajo el fascismo surgen espontáneamente hechos descriptibles de forma melodramática y/o grotesca, sobre los cuales se crean estrategias discursivas para describirlos según esas categorías retóricas, implica que estas matrices son los parámetros formales en que se concentra la lucha social bajo el fascismo dentro de la literatura.* Como explicaremos más adelante, esos parámetros sirven de base para modalidades de expresión neorealista afines al melodrama y modos expresivos vanguardistas afines a las grandes abstracciones formales del grotesco.

Dentro de los parámetros discursivos fluctuantes entre sí permitidos por las matrices melodramáticas y grotescas y mediados por la alegoría, los intelectuales fascistas diseñarán sus estrategias literarias para acercarlas a los paradigmas épicos con que el fascismo justifica y exalta la violencia como instrumento político, junto con el prestigio espiritualista que dota a su imagen cultural. Hablarán de la lucha necesaria que debe emprenderse y mantenerse para evitar una nueva desviación de la historia patria por los subversivos que se ocultan en la oscuridad y la anonimia conspirativa. Exaltarán el valor y los sacrificios que los soldados de la patria deben realizar para crear la paz social indispensable para la reconstrucción de la cultura nacional. Se referirán a la incertidumbre de madres e hijos que esperan el retorno de sus esposos e hijos al hogar en circunstancias en que los subversivos introducen el caos y la violencia.

Por su parte, dentro de los parámetros melodramático-grotescos el principal recurso de combate ideológico de la intelectualidad opositora será la introducción de la problemática de los derechos humanos. Hacia esta problemática se *desplazará* su discurso en los esfuerzos característicos de la pequeña burguesía por rearticular una imagen de lo popular-democrático, en su característica postergación de discursos clasistas. Examinemos la lógica de este desplazamiento.

Básicamente, la argumentación en defensa de los derechos humanos explora las opciones históricamente existentes y posibles de proyectar hacia el futuro para construir un orden social en que el máximo de potencialidades espirituales y materiales de la humanidad puedan concretarse. Se trata de un amplio arco de definiciones que va desde el respeto a las libertades civiles en las relaciones entre los individuos y el Estado hasta la satisfacción de necesidades económicas y sociales tales como las de trabajo, descanso, alimentación, salud y educación. Incluidos en estos derechos hay muchos que simplemente no pueden ser satisfechos cabalmente dentro de los marcos del sistema capitalista —como la seguridad de cada individuo para obtener trabajo, por ejemplo— lo cual abre resquicios en el presente para avizorar y llamar a la humanidad a la concreción real de una utopía socialista futura. Sin embargo, a pesar de estas disensiones implícitas, el amplio arco de definiciones de derechos humanos permite zonas de consenso entre los más disímiles grupos sociales, zonas avaladas por la religión y los valores difusos creados en la larga historia de la humanidad para la dignificación de su cuerpo y de su persona más allá de las identidades de clase creadas por los diferentes sistemas de organización social hasta ahora conocidos. En virtud de esos valores, entonces, la intelectualidad democrática usa el discurso melodramático para revivir una solidaridad social echando mano de sus aspectos tradicionalmente más emotivos, aludiendo con ellos a las dislocaciones y perturbaciones sociales causadas no sólo por la violencia fascista, sino también por las consecuencias económicas y las desestabilizaciones familiares y emocionales del largo proceso de concentración del capital en el sector financiero. Por ello, la materialidad del cuerpo humano se convierte en símbolo de gran emotividad social. En la representación literaria se hace uso frecuente de los sufrimientos y la miseria causados por las mutilaciones del cuerpo y de la familia. Se muestra a personas traumatizadas por la prisión y la tortura, si es que es posible exponer públicamente tal problematica; niños debilitados y contrahechos por la desnutrición y la falta de cuidados médicos; familias dispersas por la ausencia de los padres o de las madres; las penurias de la orfandad indefensa y quizás despojada de su propiedad legítima y sometida a abusos sexuales por familiares u otros personajes inescrupulosos; la sordidez de las envidias y resquemores existentes entre familias emparentadas; los vejámenes sufridos por muchachas que, privadas de protección, se hacen o son hechas prostitutas. Se usa con frecuencia el mecanismo de tensión dramática de desvelamiento gradual de un "horrible secreto" familiar que envenena el ánimo, tal vez relacionado con un incidente de violencia del período del trauma de iniciación del fascismo o bien indirectamente posibilitado por el clima de enfrentamiento de la época, secreto que debe ser traído a la luz para que la familia alcance la paz espiritual. Bajo condiciones de censura, la lucha de clases se manifiesta indirectamente con la condena de la prepotencia de personajes vagamente llamados "los ricos" y la exageración del modo en que impúdicamente usan su dinero para comprar la dignidad humana de "los pobres" como si fuera una mercancía. Se hace énfasis en las diferentes formas del amor y se las propone apasionadamente a la colectividad como la única emoción capaz de restituirle una noción restaurada de preocupaciones morales compartidas. La exaltación de las relaciones de amor a través de la caridad, la religión, el respeto por los padres, el respeto por el prójimo, el afecto por los amigos, los dramas de la telenovela, son mostradas como fuerza avasalladora que finalmente triunfará por sobre los sentimientos satánicamente egoístas que siembran la discordia. Los personajes portadores del amor son mostrados como seres que irradian dulzura, serenidad, sabiduría, compromiso y afecto. El estilo con que se relacionan con otros seres muestra una marcada tendencia a expresar cariño mediante un cercano contacto corporal. Contrastan marcadamente con el distanciamiento y humor irascible de los personajes que portan los ideales fascistas sobre el predominio triunfante de la fortaleza que apabulla a los débiles y a los enemigos, a los seres estigmatizados que no tienen sitio en el nuevo orden cultural. Estos son personajes agobiados por problemas que no son capaces o no pueden expresar para mantener incólumes sus principios ideológicos. Quizás se sugiera la posibilidad de amores y matrimonio entre jóvenes de diferente origen social para sellar la reunión de la comunidad mutilada. Se propone que las emociones del amor traerán una catarsis del odio colectivo.

En la tradición de la crítica literaria peninsularista, esta truculencia ha recibido el nombre de "tremendismo". Sin duda este uso del paradigma melodramático ubica este modo de representación de la realidad en cercanía al realismo. Se trata de un neorealismo, por cuanto hace uso del esquema de coincidencias que caracterizara al naturalismo, aunque no sus basamentos estrictamente positivistas. Por una parte, del naturalismo se conserva la noción del peso condicionante del espacio social sobre el destino de los personajes, en circunstancias en que la política social del fascismo ha reintroducido nociones darwinistas sobre la supervivencia humana. Sin embargo, el fatalismo de la memoria genética es descartado en favor del trabajo y la lucha paciente por restablecer lazos de solidaridad humana dentro de la misma familia sanguínea o putativa (grupo de trabajo, círculo de amigos, por ejemplo), lo cual demuestra que, a través de las emociones y el trabajo, el ser humano guiado por valores colectivos puede recuperar su dignidad. Por otra, se conserva el empirismo positivista en la representación tipificadora de la realidad. En este aspecto incluso se adoptan formas de investigación de las ciencias sociales como la antropología para recolectar rasgos importantes de las áreas sociales bajo examen. Subyacente está, además, el propósito de que el discurso literario confluya bien con los esquemas del melodrama propios de los medios masivos de comunicación, puesto que este tiene fuerte arraigo en los sectores de baja clase media y proletarios. En la medida en que estos sectores potencialmente puedan ver reflejados los rasgos generales de sus existencias, hay una satisfacción en estos intelectuales por "hablar en nombre de los que no tienen voz", aun cuando sea dudoso que su literatura llegue a manos de ellos. En cuanto a esta problemática, es interesante acotar que en los países sudamericanos se ha comprobado una popularidad aún mayor de las telenovelas, por ejemplo, durante el período fascista, género ostentoso en el despliegue melodramático. Estas telenovelas reflejan a los sectores altos de estas sociedades, lo cual no impide su popularidad. A nuestro juicio este factor comprueba el predominio e importancia de una matriz de sensibilidad común en estas circunstancias, lo cual facilita la tarea de reconstrucción de la imagen de lo popular-democrático. Esto explica, por otra parte, la preocupación de actores y libretistas de tendencias democráticas por participar en la producción de este tipo de obras, lo cual crea condiciones para fuertes polémicas en cuanto a su "integridad artística". La flexibilidad de este neorealismo en la satisfacción de las diversas necesidades emocionales de la colectividad se comprueba, además, por la facilidad con que se incrustan en él ideologemas del movimiento surrealista, particularmente en lo que respecta a la necesidad de los personajes por poner en perspectiva las memorias traumatizantes de la violencia fascista, que sin duda, afecta sus sueños y los momentos tensos de su existencia.

PARADIGMAS DE RECONSTRUCCION DE LA VERDAD Y LA JUSTICIA

Lo expuesto en cuanto al predominio de matrices melodramáticas y grotescas bajo regímenes fascistas implica una crisis general de la noción de verdad como fenómeno social. Esto se comprende si consideramos la estrecha relación existente entre los conceptos de hegemonía y praxis social. En tal relación, es este último concepto el que ilumina el significado de "lo verdadero" en el período de vigencia de un Estado de excepción. Ello se explica porque la verdad surge de los trabajos individuales y colectivos por habilitar el espacio social para los modos de vida y reproducción que la comunidad define como óptimos. Puesto que esos trabajos corresponden a agentes sociales masivos, entender "lo verdadero" equivale a la posibilidad y capacidad de reconstruir el sentido de los proyectos sociales masivos que nos han legado el espacio social presente en que vivimos. No tener esa posibilidad arqueológica condena al individuo y a los grupos a una derelicción en el presente. Ello resulta en una incapacidad de proyectar la existencia humana hacia un futuro pleno de significado. Dado que el fascismo intenta borrar la memoria histórica de los vencidos, la búsqueda y reconstrucción de la verdad será expresada como la necesidad de "recuperar una historia perdida". Profundicemos en los obstáculos para la recuperación de esa historia desde la perspectiva de la derelicción presente.

Según exponíamos en la primera sección de este trabajo, por hegemonía se entiende la capacidad de un sector social, de acuerdo con su ubicación en las coyunturas económicas y políticas de una sociedad, para superar sus intereses corporativos y convertirse en la fuerza social capaz de plantear un proyecto global de conducción de la cultura nacional con amplia capacidad integradora de territorio nacional, de otras clases sociales y etnias. Servir de eje en esa integración permite a ese sector hegemónico la capacidad de definir los objetivos prioritarios que se pondrá ante sí la colectividad para la reorientación y desarrollo de su cultura. Esta tarea de definición de objetivos servirá, entonces, de foco organizador de la praxis colectiva, es decir, la adecuación de todos los recursos de conducta, conocimiento e instrumental existentes a la mano dentro de una formación social para la implementación del proyecto global. Ahora bien, si entendemos como verdad el conocimiento de los fenómenos sociales y naturales que resulten efectivamente viables y comprobablemente correctos en el proceso práctico de transformación cultural proyectado, comprenderemos que la aprehensión de "lo verdadero" está estrechamente relacionado con los términos del proyecto social universalizado dentro de la colectividad. En otras palabras, el ámbito social y natural se convierte en espacio pleno de significación real y potencial (todavía no concretada) sólo en la medida en que se defina la actuación colectiva dentro de ese espacio de acuerdo con los parámetros de un proyecto que señale aquellos aspectos de la realidad que deben ser aprehendidos por las conciencias prácticas. El problema del conocimiento se convierte en un problema político en la medida en que la verdad acumulada por los proyectos prácticos legados por el pasado circule ampliamente entre los diversos sectores participantes dentro del proyecto global, de manera que ese conocimiento les permita constituirse en agentes de cambio social con una amplia conciencia de la historia colectiva y, por ende, con un mayor número de instrumentos a la mano, lo cual, a su vez, facilita una mayor conciencia de las alternativas de acción abiertas dentro del actual proyecto global. En esencia, ésto es lo que se llama democracia. La institucionalización democrática del conocimiento implica, por ende, la existencia de un poder político que establezca todos los canales administrativos indispensables para que la acumulación de conocimiento práctico sea amplia, fácil y libremente puesta a disposición de quienes tengan necesidad de acceso a ella, evitándose situaciones de control social de un grupo sobre otros basadas en restricciones de un conocimiento que debiera estar homogéneamente disperso. La noción de justicia social está conectada con la democratización del conocimiento, por cuanto su circulación libre permite a los sectores participantes en el proyecto global una visión de los logros materiales obtenidos en el trabajo colectivo, anterior y presente, y luego determinar los justos beneficios que les corresponden, creando las estrategias y los mecanismos necesarios para validar sus peticiones.

La problemática del conocimiento social bajo el fascismo está en que, por la naturaleza de su proyecto global —la entrega del proceso de acumulación de capital a los sectores financieros— la diseminación de "lo verdadero" para la buena conducción del proyecto debe quedar en manos de sectores asaz minoritarios, mientras se recaba la participación y el apoyo de las mayorías en términos de una fe y una pasividad que permita a los cuadros técnicos la implementación y administración del proyecto con el mínimo de "distorsiones" posibles, es decir, de demandas de los sectores materialmente productivos. De allí que los regímenes fascistas establezcan una estricta separación de la actividad económica y de la política, dándosele ideológicamente a la primera un cariz tecnocrático y científico prestigioso, mientras se menosprecia y vilipendia a la segunda. Por otra parte, la historia anterior es condenada a la categoría de politiquería ínfima y despreciable que debe ser destruida. En términos de adquisición de un conocimiento de "lo verdadero", el fascismo es un sistema de ordenación social que no puede mostrar claramente las reglas de su juego real, por lo que, como decíamos anteriormente, debe enmascararse tras escisiones radicales de la experiencia cotidiana, administrando cuidadosamente los espacios públicos y la totalización del conocimiento social, inyectándoles fuertes dosis de irracionalismos de corte simbólico-religioso y dando al conocimiento necesario para la conducción económica y política de una sociedad la categoría de secreto de Estado ultra reservado para la minoría de los altos rangos financieros, burocráticos y militares.

Desmantelados por el fascismo los mecanismos mediadores entre la sociedad civil y el Estado liberal para la elaboración de múltiples visiones alternativas sobre la marcha global del proceso de conducción de la cultura; intervenidos los órganos de diseminación de información, a nivel de cotidianidad se da una actitud escéptica ante el valor de la información administrada centralmente por el aparato estatal, desconfianza que involucra tanto a los sectores profascistas como a la oposición. El ciudadano siente que sólo puede emitir juicios fidedignos únicamente sobre su medio cotidiano más cercano. Todavía más, en su campaña por desmovilizar a los sectores sociales no directrices en su proyecto, el fascismo busca una despolitización de la sociedad civil. Esta se implementa en términos óptimos en la medida en que la ciudadanía acceda a despreocuparse de problemáticas sociales de tipo global y se allane a "disfrutar de los beneficios de la paz social", es decir, de su cotidianidad más inmediata. De acuerdo con las ideologías tecnocráticas promovidas por el fascismo, se incita a los ciudadanos a dejar la discusión de esas problemáticas globales en manos competentes, de los expertos y de la burocracia designada. Decíamos, sin embargo, que la necesidad de un conocimiento global de los procesos culturales en términos de una experiencia comparativa es necesidad vital para la ciudadanía. De allí que, bajo los regímenes fascistas, se exacerbe el uso del rumor como mecanismo compensatorio de la canalización oficial de la información, se busque y atienda cuidadosamente a relatos testimoniales

de primera mano y la ciudadanía tienda a sobreinterpretar
la noticia circulante, dándole a los datos expuestos la
categoría de síntomas que realmente remiten a contextos
ocultos en la subterraneidad, reproduciéndose el síndrome
paranoico de la sensibilidad melodramática. El rumor y la
sobreinterpretación, por tanto, son indicios de la
cotidianidad que explican la razón del neorealismo como
uno de los modos importantes de representación literaria.
Estos indicios, por otra parte, dan cabida a los principales
subparadigmas de reconstrucción de la realidad que
caracterizan la literatura producida en referencia al
fascismo. Los enumeraremos sucintamente.

SUBPARADIGMA DE LA TRAVESIA

En busca de una visión totalizadora de la realidad
social, se tipifican personajes que emprenden extensos
viajes a través del territorio nacional para observar sus
modos característicos de ser. Estas travesías crean la
impresión de que se desea colocar al lector en una
perspectiva por la que se vea obligado a captar y reaprender
con nuevos ojos el sentido de una cotidianidad alienada.
Mutilada por el trauma de los inicios fascistas y luego por
las escisiones administradas de la cotidianidad, estos
personajes realmente sirven para volver a unir sus
diferentes zonas, sometiéndolos a ellos e, indirectamente,
al lector, a una experiencia directa y unificadora de esas
zonas para certificar "lo verdadero" de acuerdo a los
sentimientos y las emociones más inmediatas de una
conciencia biográfica. En virtud de la gravitación de una
sensibilidad melodramática, con frecuencia estos viajes se
hacen en búsqueda de familiares y amigos perdidos o
desaparecidos; para volver a tomar contactos con partes de
la familia largamente separadas o para hacer una
peregrinación a lugares de los cuales se guardan memorias
de importancia. En razón de la necesidad de readecuar una
óptica para revaluar lo cotidiano, el recorrido de los
diferentes espacios sociales se hace morosamente. Tiempo
y espacio pueden quedar a la vez latamente expandidos y
minuciosamente puntillados por ricas y detalladas

observaciones. Se pone en juego el potencial máximo de la capacidad de absorción y expresión sensorial y anímica, eligiéndose para ello, a veces, a personajes de temperamento poético y contemplativo o a intelectuales que aseguren una observación penetrante, tales como escritores, periodistas y pintores. Se valora la experiencia más amplia de las relaciones humanas prestando atención a veces especial al contacto entre las clases sociales más distantes entre sí, de las cuales se guarda el recuerdo de un conocimiento ganado en la época de la movilización popular anterior al fascismo, nexos que bajo él se han vuelto extremadamente difíciles. Se reiteran, por otra parte, los encuentros con familiares de generaciones muy separadas entre sí como para llamar la atención sobre los cambios de actitudes y valores. En sus esfuerzos por captar un nuevo sentido de la cultura nacional, este neorealismo adquiere fuertes rasgos de costumbrismo.

SUBPARADIGMA DE LA ALEGORIA

La crisis de la noción de verdad, en el contexto de la crisis del concepto más englobante de cultura nacional, obliga a todos los sectores intelectuales a constantes esfuerzos de reflexión teórica, bien sea para legitimar el fascismo o para entender las consecuencias de la cadena de derrotas proletarias que llevaron al triunfo fascista y proyectar el camino futuro de la oposición y la resistencia. Esto tiene por consecuencia una concepción y una visión de la cotidianidad como campo extraordinariamente cargado de significación simbólica que debe ser remitida constantemente a esa reflexión filosófica, puesto que los sucesos que emergen allí serán interpretados como síntoma del grado de corrección interpretativa de los discursos totalizadores de la realidad que estén en vías de elaborarse. Esta lectura sintomática de la cotidianidad no es sino otra manifestación de la sensibilidad melodramática del período. No obstante, en este paradigma tratamos de hacer énfasis en el hecho de que el discurso ideológico queda estructuralmente influido por la compulsa frecuente del dato cotidiano con la posición filosófica, dando lugar a paradigmas marcadamente alegóricos ya que, en este rebote intelectualizador constante entre lo específico y lo totalizador, en última instancia, y por necesidades retóricas de la lucha política, la cotidianidad finalmente perderá su facticidad propia para ser totalmente absorbida por las categorías totalizadoras del discurso meditativo. Con esto se da el cuadro característico de la narrativa alegórica, en la cual la progresión de los motivos hacia el fin del relato queda constantemente interrumpida para introducir largos segmentos de meditación interpretativa que son dispuestos en gran cercanía con los datos cotidianos narrados. Se podría pensar que las voces narradoras, con este arbitrio, desean mantener el control más estricto posible sobre el marco interpretativo que se entrega en el texto. Con ello se produce la sensación de inflexibilidad y dogmatismo característica de la alegoría, puesto que se está al borde de romper con la convención figurativa del realismo, la cual tácitamente prescribe que los entes de los mundos narrados debieran manifestarse a la conciencia lectora según la ilusión de que se dan de acuerdo con su propio modo de ser, con un aspecto cercano a la cotidianidad.

La aspiración alegórica al estricto control de los marcos interpretativos es un correlato textual de las condiciones de represión existentes en sociedades bajo el fascismo. Para los intelectuales fascistas, la sobreinterpretación de lo cotidiano estará conectada con la sospecha y la alerta permanente de que, en algún sector oculto a la mirada inquisitorial, se está gestando algún foco de oposición o resistencia, el cual, en las interferencias alegóricas en el progreso narrativo, tenderá a ser interpretado como manifestación de una especie de mal en combate con un bien metafísico. Obviamente, por la existencia de la censura o de la autocensura, los intelectuales de oposición no podrán ser transparentes en su exposición textual de los marcos a que se remite su visión de la especificidad cotidiana, por lo que la dimensión alegórica de su discurso quedará truncada. La especificidad cotidiana aparecerá, por tanto, como un símbolo sin referentes directos en el mismo texto. Ahora cae sobre el lector la responsabilidad de reconstruir ese referente, conectando los símbolos

88

textuales con un marco interpretativo situado fuera del texto. Se trata, por tanto, de una variación estructural del paradigma del silencio. El entendimiento del texto literario como símbolo alegórico truncado da al discurso literario de los intelectuales de oposición al fascismo su característico aspecto de poesía hermética, arcana y sobreintelectualizada. Esto ocurre porque las claves para una interpretación común y comunitaria de ella, de acuerdo con referentes teóricos propuestos a la colectividad por actores sociales masivos de oposición al régimen, están condenados al silencio y a la marginación conspirativa y, por tanto, son parte de un mundo subterráneo que no gravita para la interpretación de la cotidianidad de la superficie.

En la disposición de los elementos de nuestra argumentación, el surgimiento de la expresión alegórica tiene una posición intermedia en el paso desde el melodrama afín al neorealismo y el grotesco afín al vanguardismo. Indice de este paso está, en términos figurativos, en la importancia que asume la interpretación de relatos testimoniales o documentos encontrados (cartas, diarios de vida, deposiciones, etc.). Estos dos motivos han sido tradicionales en la literatura de tradición miméticorealista. No obstante, dentro de los parámetros de la sobreinterpretación alegórica, la meditación sobre ellos puede tomar un aspecto marcadamente experimental, por cuanto son índice de una relación personal mutilada, en que los seres humanos no pueden comunicarse directamente, gozando, en la presencia directa del otro, la riqueza de su voz y de sus gestos corporales. Su comunicación está mediatizada por el fetiche del documento. Los autores que toman conciencia de las posibilidades estéticas de esta fetichización proceden a complicados juegos de estratificación temporal, en que cada documento tiene un estrato de tiempo bien demarcado, aunque las claves de relación puedan quedar momentáneamente ocultas. Para el lector se da la tarea de descifrar la correlación de estos estratos, que ahora se presentan a su conciencia como una polifonía testimonial desordenada. Detectar las claves finales de conexión textual entre estos estratos temporales y documentales es una propuesta simbólica de reconstrucción de la verdad, puesto que esa detección iluminará la praxis humana en el pasado como antecedente que dará significado a la situación social presente.

PARADIGMA SUPERREALISTA

Las condiciones creadas por la dimensión alegórica en la comunicación social tienen por consecuencia el surgimiento de un modo de representación literaria que se ve forzado a absorber en sí todas las distorsiones y tensiones provocadas por la sobreintelectualización teórica de la cotidianidad y la aspiración al control máximo de sus marcos interpretativos. Hemos llamado superrealista este modo de representación por cuanto, motivado por el condicionamiento alegórico, el escritor debe suspender el mimetismo que sirviera para inducir la empatía emocional, base para el surgimiento del discurso melodramático neorealista. Bajo influjo de la necesidad de alegorizar la interpretación social surgirá una literatura vanguardista de alto grado de estilización, que demandará del lector también un alto grado de conocimiento y dominio de diferentes códigos literarios.

Debido a la relativa invisibilidad de los agentes masivos de oposición al fascismo por su clandestinidad y también por la imposibilidad de participar en debates amplios y estructurados sobre los temas que aquejan a la comunidad, quizás esta tendencia a la representación superrealista afecta especialmente a los intelectuales opositores. Por razón misma de esa invisibilidad y la existencia de la censura y la autocensura, el eje de representación literaria será fundamentalmente la subjetividad individual del escritor, sin que haya necesariamente un marco correctivo en los temas universalmente compartidos por la comunidad, estilo discursivo que caracterizaba a la civilidad antes del advenimiento del fascismo. Sin la objetividad de esas guías comunitarias, el intelectual queda sujeto a las incidencias de la elaboración individualista de los complejos emocionales que caracterizan la vida cotidiana bajo el fascismo. Por tanto, entregada ahora la responsabilidad de expresar visiones de mundo en nombre de la comunidad, pero sin su soporte moral visible y directo, el discurso literario adquiere un aspecto marcadamente vanguardista por las fuertes tensiones sufridas por el intelectual que debe realizar una tarea comunitaria totalmente entregado a los dictados de su subjetividad individualista.

Fenomenológicamente hablando, lo anterior tendrá un correlato en algunos de los motivos centrales con que se exhibe la persona poética en el momento de cantar o exponer mundos. Recordemos que, en lo arquetípico, la menor alienación o la desalienación social se simboliza mediante la forma en que la materialidad voluminosa de los cuerpos humanos es capaz de ocupar y usar significativamente los diferentes espacios que la colectividad ha creado para sus contactos masivos. De allí que, en las grandes movilizaciones por la liberación de los pueblos, esto se visualiza con enormes multitudes que marchan por "amplias alamedas" y llenan grandes anfiteatros y los diferentes sectores sociales se muestran bulliciosamente unos a otros las idiosincracias de su modo de ser para crear un entendimiento aun en los niveles más elementales. Por el contrario, en los momentos del trauma fascista, la persona poética se muestra en proceso de retraer su cuerpo, hacerlo escaso, ocultarlo en espacios estrechos, enmascararlo a la mirada. El ojo del otro se convierte en peligro, los espacios habitados se convierten en perímetros asediados por fuerzas a punto de atacar y penetrarlos. Las casas, los hogares, las piezas más íntimas quedan expuestos al peligro de la violación, que, en el cuerpo humano, la casa de nuestro espíritu, equivale a la penetración sexual no deseada.

En estas condiciones, el vanguardismo en la representación literaria resulta ser correlato directo tanto de las contradicciones ideológicas propias de la pequeña burguesía como agente social que no tiene una clara identidad de clase, como del subjetivismo que guía la representación literaria. Por vanguardismo entendemos aquí un discurso literario que abandona el principio de organicidad asentada en el principio de totalización social del conocimiento que caracteriza al neorealismo. Como sustitución, la subjetividad intenta totalizar una visión de mundo haciendo poesía precisamente de las fragmentaciones sociales de que da testimonio paranoico. Es posible categorizar estos haces de contradicciones en subparadigmas emocionales de la representación literaria suprarrealista.

SUBPARADIGMA INSTINTIVISTA

Este responde a los esfuerzos por condensar una visión de esperanza ante la represión basándose en la vitalidad instintiva del cuerpo humano. Su base está en la concepción psicoanalítica de la cultura como un proceso de disciplina y sublimación de tendencias instintivas que tiene por consecuencia el conflicto permanente entre los instintos de vida y de muerte. La represión fascista es concebida como una alteración del balance entre las dimensiones racionales (disciplinarias) e irracionales (contestatarias) de la personalidad, lo cual energiza el instinto de muerte para buscar una compensación en diversas formas de representación simbólica de una violencia liberadora. Esta liberación por la violencia es entendida como la afloración de una energía súbita y espontánea, que no necesita una mediación organizativa para influir en el orden social. Dado el ambiente represivo existente bajo el fascismo, la expresión literaria de esta violencia toma un complejo y altamente estilizado carácter figurativo que, a nivel lingüístico, se resuelve en una vehemencia en el apóstrofe dirigido a las figuras que enmascaradamente representan la autoridad represora. Por ello se repiten actos simbólicos de asesinato y destrucción de la autoridad, en sus diferentes manifestaciones cotidianas. Otra forma de manifestación de estas tendencias compensatorias son la conjuración de fuerzas mágicas para invocar un poder de que no se dispone en una cotidianidad más bien marcada por la indefensión del individuo. Otra es el inmediatismo que ya mencionáramos en un paradigma anterior, según el cual la sensibilidad, desinformada y entregada al empirismo más directo en el conocimiento de lo social, encuentra una compensación en el gozo hedonista, moroso e hipnotizado de los incidentes más triviales de la vida diaria. Otra es la expresión soterrada o manifiesta de impulsos suicidas en que la violencia se dirige contra el mismo hablante poético puesto que este, habiendo adoptado la máscara de intérprete de lo popular-democrático, decide reproducir simbólicamente en su propia materialidad corporal una analogía de los sufrimientos del pueblo, las frustraciones experimentadas en los trabajos de formación de un frente de liberación nacional y en reconocimiento de las claudicaciones o propensión a la claudicación de la propia clase pequeñoburguesa ante el poder fascista. Quizás la forma más extrema de castigo que esta tendencia discursiva dirige contra esas claudicaciones sea el uso de la noción de perversidad. Los personajes que han cooperado o se han sometido a la represión autoritaria, estrechamente relacionada con imágenes paternas desvirtuadas, padecen de desviaciones sexuales que atormentan sus vidas. Por el contrario, quienes se oponen o resisten el fascismo, demuestran cualidades carismáticas que llenan su entorno con vibraciones y efluvios instintivos de magnetismo amoroso que impresionan a quienes se relacionan con ellos para transformar sus existencias. Se trata de una difusa aspiración irracionalista a la liberación humana que asume un profundo aspecto religioso, en el sentido más lato de este término (religio=unión de todo lo existente en el flujo vital divinizado). Esta religiosidad plantea una dialéctica de tipo místico que explica y justifica el sacrificio personal y la muerte como una forma de habilitar la vida. En esta dialéctica la colectividad social adquiere identidad de cuerpo místico que merece el sacrificio y la muerte de los individuos para purgarlo del mal y restablecer su sanidad de origen divino. Esta matriz emocional explica la fuerte participación de cristianos en los movimientos de defensa de los derechos humanos.

Demás está decir que este subparadigma de la instintividad encuentra una expresión literaria óptima en los recursos formales legados por movimientos de tradición romántica como el expresionismo y el surrealismo. Ellos sirven como correlato objetivo de tendencias ideológicas reiteradamente manifestadas por la intelectualidad pequeñoburguesa bajo el fascismo, en condiciones de desamparo doctrinario por la invisibilidad del movimiento popular organizado. Estas tendencias han canalizado la expresión de su violento rechazo del capitalismo monopólico —que, ya bajo control sin contrapeso del capital financiero, pone a las diferentes fracciones de la pequeña burguesía en peligro de proletarizarse por la ruina económica— hacia concepciones anarquistas que a la vez reflejan la inestabilidad de esta clase y su dificultad para organizarse a sí misma como fuerza política masiva y hacia el oscurantismo antintelectual con que, en condiciones de ruptura cultural, responden a los discursos altamente racionales de propuesta para la reorganización nacional promovidos por la burguesía financiera y el proletariado organizado en términos marxista-leninistas.

SUBPARADIGMA DE LA ENSOÑACION NOSTALGICA

En sus formas más violentas y vanguardistas, la carga de subjetividad y misticismo en la representación literaria se da con un claro perfil en la poesía lírica, esto por las condiciones altamente solitarias de producción del género. En la narrativa, por los requisitos de ilación lógica del discurso propias del género, el misticismo y el subjetivismo romántico tienden a mostrarse como un desplazamiento de la sensibilidad hacia un pasado mitificado. Epocas anteriores aparecen, entonces, como refugio en que la imaginación puede encontrar nuevamente la paz de un equilibrio meditabundo ante las contradicciones distorsionantes del presente.

Este retroceso implica, en la representación biográfica, un rencuentro con la niñez y la adolescencia en un seno familiar no afectado por el grotesco social. En esto hay una decidida voluntad de volver a gozar sensualmente un medio pequeñoburgués sin complicaciones, en que el niño y el adolescente pueden revivir despreocupadamente un cariño familiar que les permitiera hacer la travesía de las experiencias formadoras de la personalidad de su clase

social. Estos niños y jóvenes disfrutan nuevamente de los
espacios y rincones hogareños como ámbitos de aventura,
misterio y maravilla; la escuela se convierte en lugar para
el ejercicio de la imaginación en travesuras
intrascendentes; las imágenes del barrio acomodado sirven
para rememorar la amistad que dispone de todos los
medios necesarios para compartir vivencias llenas de
ternura y camaradería imperecederas; el barrio y los
lugares en que la familia veraneara sirven también de
escenarios para los primeros amoríos con muchachas que
volverán a la memoria llenando de dulzura los años
posteriores. Se trata de mundos casi exclusivamente
juveniles, en que la presencia y gravitación de los adultos
en las rutinas de la cotidianidad es mínima. Los padres, los
profesores y los policías de barrio se ausentan como si
reconocieran el pedido implícito de que su deber está
únicamente en proporcionar la seguridad y los medios
para vivir sin fricciones esta sensibilidad juvenil. Esto se
explica por el hecho de que los viejos representan una
disciplina realista que pone en peligro el gozo sensual de la
nostalgia como mito idílico y reactualizan la sensación de
caída en un presente de atroces tensiones y sufrimientos.

En la narrativa hispanoamericana, esta nostalgia por un
pasado no problemático puede aun vestirse limitadamente
de rasgos realistas para recuperar momentos de la historia
nacional en que, aparentemente, el fascismo no era una
experiencia autóctona, sino un dato cultural foráneo, cuyo
referente estaba en las distantes sociedades europeas. El
fascismo queda enunciado, por tanto, a través de la figura
de inmigrantes refugiados que escapan del terror con la
intención real o fallida de iniciar vidas nuevas en
América. A través de ellos se lleva a cabo una reflexión
sobre la naturaleza del fascismo y su violencia
culturalmente dislocadora. Es fácil detectar en este
distanciamiento una estrategia para arrojar luz sobre las
condiciones sociales del presente bajo el pretexto de la
meditación sobre el pasado "lejano" de los fascismos
"clásicos". Lo importante es, sin embargo, reconocer el
hecho de que este realismo historizador realmente
esconde tras de sí una voluntad mitificadora: aunque sin
duda hay fuertes indicaciones de una crisis ideológica al

respecto, esta estrategia todavía valora el gran mito liberal de América como continente adánico, en que la humanidad —como el Adán que por primera vez abre sus ojos a la realidad paradisíaca— tiene la oportunidad de construir órdenes sociales no marcados por la gravitación de largas tradiciones históricas, como en Europa. La crisis ideológica de esta concepción se revela en el hecho de que el surgimiento del fascismo en América queda mostrado como una "caída" de ese paraíso potencial, una desviación de la "verdadera" historia americana que nunca es explicada ni tiene explicación posible en términos míticos, puesto que el fascismo no es una desviación, sino una solución siempre a la mano para los administradores del sistema capitalista cuando éste entra en etapas de crisis global. No obstante, esta meditación del liberalismo desilusionado es importante, ya que introduce una variante paródica de la sobreinterpretación alegórica. La parodia es una reproducción imitativa de ideologemas con el propósito de caricaturizarlos y negarlos con la distorsión. Tiene gran cercanía con una sensibilidad desilusionada y nostálgica, aquejada por impulsos grotescos que quizás echen mano de los parámetros formales de esta matriz con propósitos nihilistas, puesto que esa sensibilidad no sabe cómo reemplazar las ideologías democráticas desahuciadas por la realidad histórica que permitió el surgimiento del fascismo.

Es de importancia recalcar el hecho de que, en estas ensoñaciones nostálgicas, los valores del universo simbólico que guía la disciplina social no aparecen como producto de un trabajo en que bloques de poder político son capaces de instaurar su hegemonía mediante una movilización y una organización que les permite, eventualmente, el control del aparato estatal para la reorientación de la cultura nacional. Más bien, la cohesión social se da como una espontaneidad instintiva de la colectividad, en que los vínculos parecen surgir de una especie de sentimiento religioso, de numinosidad que conecta a los seres humanos casi como experiencias místicas, mostrándose sus relaciones como lazos exentos de la compulsión de un poder social establecido, en que, a nivel cotidiano, el orden y el entendimiento armonioso

96

entre las clases sociales se da como un flujo
ininterrumpido. Así como en el subparadigma anterior
señalábamos la gravitación de ideologías que influyen en
la intelectualidad pequeñoburguesa en etapas de la lucha
social en que los agentes populares organizados
desaparecen de la visibilidad cotidiana, es fácil detectar en
este tipo de fabulación nostálgica ciertos ideologemas
básicos de la visión social pequeñoburguesa que han sido
señalados en estudios de la reacción de estos sectores ante
el fascismo[19]. Central en esta visión de mundo es lo que se
ha llamado la "fetichización del poder", es decir, la
aspiración a un orden social en que la hegemonía se ejerza
por sobre la clases sociales, sin quedar asociada con los
intereses de ninguna de ellas. En este orden utópico, la
justicia debería ser administrada de manera impersonal,
para ofrecer igualdad de oportunidades a una clase social
en que amplios sectores están alojados en la burocracia
estatal y privada como profesionales, técnicos y
administradores. Es debido a esta función social
burocrática por la que la noción de meritocracia juega un
papel tan importante en el universo simbólico
pequeñoburgués, otorgando al individuo el fundamento
de la dignidad y autoestima de su personalidad.
Obviamente, la supervivencia del pequeñoburgués como
burócrata no depende directamente de sus propias
funciones, sino de las relaciones que prevalezcan en su
sociedad entre las clases principales, las burguesías y el
proletariado, las cuales están de manera mucho más
específica involucradas en el proceso de producción
material. Así, para cumplir la utopía de la meritocracia, la
pequeña burguesía aspira a un orden social homogéneo,
en que el conflicto entre las burguesías y el proletariado
pueda ser administrado de manera tal que el avance de sus
intereses se dé sin obstáculos ni interrupciones. Por tanto,
las pequeñas burguesías requieren un pacto colectivo
general para distribuir el poder social aun entre aquellos
sectores como ella misma, cuyo alejamiento del proceso de
producción material hace que su capacidad de negociación
sea tenue y problemática. Este requisito se traduce en la
profunda contradicción ideológica de desear
fervientemente la conservación del sistema capitalista, a la

vez que se desea profundos cambios y flexibilidades en él en los momentos en que las necesidades del capital financiero hacen que la posibilidad de tales cambios y flexibilidades sean cada vez más estrechas. En otras palabras, secretamente las pequeñas burguesías aspiran a cambiar el sistema sin cambiar el sistema. De allí que, en el momento de la profunda ruptura cultural del fascismo, tanto la intelectualidad pequeñoburguesa que lo apoya como la opositora desplacen sus preocupaciones actuales hacia la ensoñación nostálgica de un pasado mitificado. Para los intelectuales de tendencias democráticas que no son capaces de dar el salto existencial necesario para adoptar la causa del proletariado, esa ensoñación nostálgica quedará reforzada por la opción intermedia de la socialdemocracia, la cual, mediante sus programas de intervención estatal en la conducción y conservación del sistema capitalista, frenará los conflictos sociales a la vez que restringe las organizaciones sindicales del proletariado a una función de mero avance económico y de mejoramiento de las condiciones de trabajo. En otras palabras, en su vertiente más democrática, la narrativa de la ensoñación nostálgica tiene profundas afinidades con las proposiciones de un colaboracionismo de clases hechas por la socialdemocracia.

PROYECCIONES FUTURAS

Es inevitable que una meditación teórica sobre un profundo quiebre cultural como es el fascismo, testimoniado como experiencia histórica actual, traiga consigo una readecuación del instrumental metodológico con que se opera dentro de una disciplina; y, particularmente en lo que concierne a la crítica literaria hispanoamericana, desde la que se propone este modelo teórico general, que esa meditación también resulte en una reconsideración de las categorías estéticas con que se ha examinado la literatura reciente para quizás perfilar tareas futuras. De hecho, estas diferentes áreas de meditación en la crítica literaria hispanoamericana son, realmente, un esfuerzo por redefinir el lugar y significado social de la práctica de una disciplina de aspiraciones científicas dentro de la cultura nacional. En este sentido queremos dirigir estos argumentos finales.

Sin duda esas tareas intelectuales futuras estarán marcadas por el proceso de redemocratización que ya se observa en Brasil, Argentina y Uruguay. A nivel académico, ésto implica la necesidad de institucionalizar la literatura producida en nuestros países bajo el fascismo con el propósito de incluirla como materia de estudio que contribuya a esa redemocratización. La contribución que pueda hacer este proceso de canonización de obras representativas radica en proveer a las nuevas generaciones de estudiantes e intelectuales un material de discusión y estudio, junto con un encuadre óptico que permita una reflexión sobre el sentido anterior, presente y futuro del desarrollo de las culturas nacionales. Para que tenga real trascendencia social, el trabajo de institucionalización y canonización de ese corpus literario debe ser entendido como un esfuerzo por reconstruir nuestras naciones como comunidades en que se respeten los derechos humanos. De allí que sea indispensable introducir categorías culturales al estudio de la literatura, como hemos tratado de hacerlo en este trabajo, llamando la atención sobre la extraordinaria importancia de las categorías de hegemonía y universo simbólico. Quizás ellas nos permitan llegar a una conciencia clara de que el sentido redemocratizante de nuestro trabajo como críticos literarios está en contribuir a una rehegemonización democrática en nuestro lugar de trabajo, el aula, las publicaciones, y que el efecto de los argumentos que produzcamos allí está en la reconstrucción del universo simbólico nacional para restituirle la noción de comunidad en que se comparten públicamente preocupaciones sociales, la cual se perdió bajo el fascismo. Pero, además, debemos reconocer que detrás de los conceptos de hegemonía y universo simbólico se encuentran otras dos categorías del materialismo histórico que son ineludibles para la reconstrucción del sentimiento de comunidad nacional: las categorías de totalidad y de agente social masivo. La primera categoría afirma la capacidad de la conciencia humana para dar el gran salto que va desde una conciencia limitada que nos aqueja en el confinamiento de nuestra cotidianidad para llegar a un conocimiento global de la cultura en que existimos. Como extensión de la categoría de totalidad está la de agentes sociales masivos: ésta afirma que las grandes transformaciones que rehumanizan la sociedad sólo son posibles para las masas democráticas organizadas y de pensamiento social coherente. No reconocer estas categorías en el trabajo intelectual sin duda retrasará los esfuerzos de redemocratización nacional, en la medida en que las acciones y las conciencias fragmentadas, después del quiebre cultural fascista, mantendrán la ética anticomunitaria que este movimiento impusiera en Latinoamérica. Por otra parte está el hecho de que restablecer un sentimiento de comunidad nacional compartida tiene decididamente dimensiones emocionales que deberán ser consideradas luego de los aprisionamientos indebidos, la tortura y los desaparecimientos cometidos por el terrorismo de Estado. En esto, la literatura, que objetivamente es la decantación de la sensualidad y la sensibilidad social de una nación, tendrá una función importante. Por lo tanto, será necesario que la crítica literaria abocada al estudio de la producción del período fascista y de sus secuelas posteriores comprenda que los textos y los géneros literarios no son sólo un campo fácticamente dado para el estudio disciplinario, sino también máquinas para la reproducción social de extraordinaria relevancia, puesto que diseminan aquellos utensilios y programas del comportamiento social que llamamos emociones. Rehumanizar la cultura nacional luego de las mutilaciones fascistas debiera incluir la noción de que las emociones comunicadas por la literatura no son efluvios de la sensibilidad individual, exquisita y superior de los autores, sino parte del patrimonio cultural creado por toda la comunidad. Esta forma de entendimiento más culturalista de las emociones pondría a la crítica literaria en mejor posición estratégica para cumplir su tarea en el proceso de redemocratización latinoamericana.

Una vez dispuestos a reevaluar la dimensión cultural de las emociones, nuestra disciplina quizás debiera reconsiderar también el rango estético del subjetivismo como eje de la producción literaria en momentos de trauma cultural como el fascismo. Si aceptamos la hipótesis de una función homeostática de la literatura en esas circunstancias, la crítica literaria no debiera concebir ese subjetivismo exclusiva o mayormente como efecto de una derrota y manifestación de una retirada del ámbito público, sino también, y en una medida mayor de lo que actualmente se reconoce, como un proceso de búsqueda de un reequilibrio de la conciencia nacional mediante una meditación intimista a partir de los trozos mutilados de su universo simbólico. Bajo condiciones de represión y desmovilización popular; cuando los agentes populares masivos ya no son visibles en el horizonte social; cuando la intelectualidad progresista queda sometida a la desinformación y ya no tiene las temáticas de esos agentes como referencia objetiva para una interpretación de la cultura nacional, la crítica literaria debe reconocer que ese subjetivismo es el único instrumento que queda a la mano para la construcción de una visión social totalizadora. Por lo tanto, las manifestaciones artísticas vanguardistas que expresan ese subjetivismo no pueden ser apreciadas nada más que como evasionistas. Es preciso que reciban un debido reconocimiento como prácticas simbólicas que también responden a un compromiso comunitario desde lo que, en esas circunstancias, es la única perspectiva posible, haciendo materia prima de la literatura precisamente a partir de un testimonio de la fragmentación de la cotidianidad y de la identidad colectiva.

En este aspecto sería de utilidad prestar atención a los argumentos que ha planteado Peter Bürger[20] sobre el valor del principio de inorganicidad de la obra poética con que es producida la obra vanguardista, sin que se le reste mérito frente al principio de organicidad que necesariamente rige a toda literatura realista:

> Si, en una obra vanguardista, el elemento individual ya no está necesariamente subordinado a un principio organizador, la cuestión referente al sitial valorativo de los contenidos políticos de la obra también cambia. En la obra vanguardista, ellos son estéticamente legítimos aún como elementos

individuales. Su efecto no está necesariamente mediado por la totalidad de la obra sino que deben ser más bien concebidos como autosuficientes. En la obra vanguardista, el signo individual no se refiere primordialmente a la obra como totalidad sino a la realidad. El receptor es libre de responder al signo individual como afirmación importante en lo que respecta a la praxis de la vida, o como instrucción política. Esto tiene importantísimas consecuencias para el lugar del compromiso dentro de la obra. Donde la obra ya no es considerada como totalidad orgánica, el motivo político individual tampoco está ya subordinado a la obra como totalidad sino que puede ser efectivo aisladamente. Sobre la base de obras de tipo vanguardista, un nuevo tipo de arte comprometido se hace posible. Uno puede aun dar un paso más adelante y decir que la obra vanguardista elimina la antigua dicotomía entre arte "puro" y arte "político", aunque será necesario aclarar lo que significa la frase. Siguiendo a Adorno, puede significar que el principio estructural no-orgánico es emancipador en sí mismo, porque permite el quiebre de una ideología cada vez más en vías de congelarse como sistema. Para tal punto de vista, el vanguardismo y el compromiso finalmente coinciden. Pero puesto que la identidad descansa totalmente sobre el principio estructural, se desprende que el arte comprometido se define sólo formalmente, no por su sustancia. La censura del arte político en la obra vanguardista es un paso de alejamiento de esto. Pero la abolición de la dicotomía entre arte "puro" y arte "político" puede tomar una forma diferente. En vez de declarar el mismo principio estructural vanguardista de lo no-orgánico como declaración política, se debería recordar que ese principio permite que motivos políticos y no políticos convivan uno junto al otro dentro de una obra. Sobre la base de la obra no-orgánica, de este modo se hace posible un nuevo tipo de arte comprometido (pp. 90-91).

Reevaluar el rango estético del subjetivismo vanguardista para ubicarlo en una paridad de mérito con respecto al realismo obliga a la crítica literaria socio-histórica a elaborar parámetros valorativos de suficiente amplitud como para que ambas visiones de mundo, que en la tradición literaria materialista histórica se mostraron largo tiempo como términos conflictivos, tomen un lugar común. Esto implica la necesidad de buscar en el acervo de esa tradición antecedentes instrumentales que orgánicamente sinteticen el entendimiento de la cotidianidad de que proviene la materia prima literaria, la totalidad histórica que permite la evaluación de la obra literaria como forma ideológica y las diversas flexiones realistas y vanguardistas en cuanto a la expresión de un compromiso social genuino. Peter Bürger sugiere que la solución de estas contradicciones está en el estudio de las implicaciones estéticas de las meditaciones teóricas de Bertold Brecht porque el autor alemán fue vanguardista en la medida en que reconoció el valor político para la práctica cotidiana del inorganicismo artístico mientras que simultáneamente fue realista porque su uso de elementos vanguardistas estaba guiado por los principios científicos del materialismo histórico.

En realidad, descubriremos la corrección de esa sugerencia para una síntesis de estética y teoría en la crítica literaria si recordamos los argumentos de Brecht en cuanto a la formulación de su teoría teatral del efecto de alienación y de su propuesta de un método de actuación coherente con ese efecto. Con ese propósito Brecht postulaba que las relaciones sociales predominantes en una formación social tienen una lógica que decanta ciertos esquemas de conducta y de emociones posibles en una coyuntura histórica, los cuales dan a ésta un perfil único e irrepetible. Esos esquemas pueden ser tipificados y puestos en escena para una instrucción política del espectador que lo lleve a una definición en la lucha de clases. Esta incitación era posible en la medida en que el teatrista meditara sobre la cotidianidad para captar esos esquemas y luego dramatizarlos, exponiendo en la actuación los mecanismos de la lógica social que los origina. Ese espejo mostrado al espectador era el llamado *efecto de alienación* o *efecto-A*. De este modo, el espectador podía llegar a la comprensión de que las relaciones sociales son una producción humana y que, por tanto, la movilización de agentes sociales masivos y democráticos puede crear un orden alternativo. Según Brecht, la captación de esos esquemas conductuales cotidianos requería que el actor hiciera un inventario fenomenológico de las emociones posibles para cada esquema conductual, de manera que pudiera actuarlos distanciándose él mismo de ellas, como para impedir una empatía del espectador que dificultara su actitud crítica. Esta noción de un inventario de las emociones posibles es su teoría de los *gestos sociales* como método de actuación teatral. Vale la pena citar latamente algunas de las disquisiciones de Brecht:

> Ya que [el actor] no se identifica él mismo [con el personaje] puede seleccionar una actitud definida para adoptar hacia el carácter que retrata; puede mostrar lo que piensa de él e invitar al espectador, a quien tampoco se le pide que se identifique [con el personaje], a que critique el carácter retratado [...] La actitud adoptada por [el actor] es socialmente crítica. En su exposición de los incidentes y en su caracterización de la persona trata de extraer aquellos rasgos que entran en la esfera de la sociedad. De este modo su actuación se convierte en una discusión [sobre condiciones sociales] con el auditorio a quien se dirige. Urge al espectador a justificar o abolir estas condiciones de acuerdo con la clase a que pertenece [...] El objetivo del efecto-A es alienar el gesto social que subyace en cada incidente. Gesto social significa la expresión mimética y de gestos de las relaciones sociales que predominan en un pueblo en un período dado [...] El actor debe jugar los incidentes como formas históricas. Los incidentes históricos son únicos, son incidentes transitorios asociados con períodos particulares. La conducta de las personas implicadas en ellos no es fija ni "universalmente humana"; incluye elementos que han sido o pueden ser superados por el curso de la historia, y está abierta a la crítica desde la perspectiva del período inmediatamente posterior. La conducta de los que nacieron antes que nosotros nos es alienada por una evolución incesante [...] Corresponde al autor tratar los sucesos del presente y los modos de comportamiento con el mismo distanciamiento que el historiador adopta con relación a aquellos del pasado. Debe alienar estos caracteres e incidentes de nosotros[21].

Además, es importante reproducir también un pasaje en que Brecht se refiere a las emociones: "Las emociones siempre tienen una base clasista muy definida; la forma que toman en cualquier momento es histórica, restringida y limitada de modos específicos. Las emociones en ningún sentido son universalmente humanas y fuera del tiempo"[22].

En estas disquisiciones de Brecht no sólo descubrimos la confluencia estética del realismo y del vanguardismo como producción de efectos sociales. También en la proposición de la necesidad de seleccionar las emociones

104

subyacentes en cada incidente de la cotidianidad estudiada para alienarla ante el espectador subyace una concepción sistémica de las emociones como utensilios culturales de la conducta humana. A no dudar, aquí está prefigurada nuestra noción del arte como máquina para la reproducción social en sus diferentes etapas de equilibrios y desequilibrios en que se funde el entendimiento de la cotidianidad, la totalidad histórica, la función social del arte y la meditación teórica y crítica. Aquí se da una convergencia histórica en que nuestra experiencia actual se funde con la del pasado: no olvidemos que, como en nuestro caso, las meditaciones de Brecht sobre el arte también fueron hechas en buena medida como reacción al fascismo.

NOTAS

[1] Ernesto Laclau, "Cuestiones Metodológicas y Epistemológicas". *Política e ideología en la teoría marxista* . Madrid: Siglo XXI de España, Editores, S. A., 1978.

[2] Georg Dimitrov, "La Ofensiva del Fascismo y las Tareas de la Internacional en la Lucha por la Unidad de la Clase Obrera Contra el Fascismo". *Selección de trabajos.* Buenos Aires: Estudio, 1972; Palmiro Togliatti, *Lectures on Fascism.* New York: International Publishers, 1976; Nicos Poulantzas, *Fascism and Dictatorship.* London: Verso Editions, 1979; Ernesto Laclau, *Política e ideología en la teoría marxista.* Madrid: Siglo XXI de España, Editores, S. A., 1978; Agustín Cueva, *Teoría social y procesos políticos en América Latina.* México: Editorial Edicol, S. A., 1979; José Joaquín Brunner, *La cultura autoritaria en Chile.* Santiago de Chile: Facultad Latinoamericana de Ciencias Sociales (FLACSO) y Latin American Studies Program, Universidad de Minnesota, 1981; Guillermo O'Donnell, "Tensions in the Bureaucratic-Authoritarian State and the Question of Democracy" *The New Authoritarianism in Latin America,* David Collier, ed. Princeton: Princeton University Press, 1979; Juan Linz, "Totalitarian and Authoritarian Regimes" *Macropolitical Theory,* Fred I. Greenstein and Nelson W. Polsby, eds. *Handbook of Political Science,* Vol. 3. Reading, Massachusetts: Addison-Wesley Publishing Company, 1975; Juan Linz and Alfred Stepan, *The Breakdown of Democratic Regimes.* Baltimore: The Johns Hopkins University Press, 1978; Stein Ugelvik Larsen, Bernt

Hagtvet and Jan Petter Myklebust,*Who Were the Fascists* . Oslo: Universitetsforlaget, 1980.

[3]Hernán Vidal, *Sentido y práctica de la crítica literaria socio-histórica: panfleto para la proposición de una arqueología acotada.* Minneapolis: Institute for the study of Ideologies and Literature, 1984.

[4]Antonio Gramsci, *Introducción a la filosofía de la praxis.* Barcelona: Ediciones Península, 1978; *The Modern Prince and Other Writings.* New York: International Publishers, 1972.

[5]Georg Lukács, *Prolegómenos a una estetica marxista.* México: Editorial Grijalbo, S. A., 1965.

[6]Es de importancia aquilatar conceptos como este, creados por la sociología del construccionismo social, como complemento de las categorías gramscianas. Ver: Peter L. Berger and Thomas Luckmann, *The Social Construction of Reality.* New York: Anchor Books, Doubleday and Company, Inc. 1967.

[7]*op. cit.*

[8]Laclau, *op. cit.;* Nils Castro, "Tareas de la Cultura Nacional." *Casa de las Américas,* Año XXI septiembre-octubre, 1980, Nº 122.

[9]Por motivos arquetípicos se entiende aquellos que sirven como ejes organizadores y consteladores de los multiples motivos secundarios que estructuran una obra literaria. Ver: Hernán Vidal, *Sentido y Práctica.*

[10]Nikolai Bukharin, *Historical Materialism.* Ann Arbor: The University of Michigan Press, 1969.

[11]Antonio Gramsci, "Critical Notes on an Attempt at a Popular Presentation of Marxism by Bukharin" *The Modern Prince.*

[12]Real Academia Española, *Diccionario de la lengua española.*

[13]Humberto Maturana R. y Francisco Varela G., *De máquinas y seres vivos.* Santiago de Chile: Editorial Universitaria, 1972; p. 15.

[14]Richard A. Shweder and Robert A. Le Vine, eds. *Culture Theory. Essays on Mind, Self, and Emotion.* New York: Cambridge University Press, 1984. En especial ver Robert I. Levy, "Emotion, Knowing and Culture"; Robert C. Solomon, "Getting Angry. The Jamesian Theory of Emotion in Anthropology"; Howard Gardner, "The Development of Competence in Culturally Defined Domains."

106

[15]Al respecto, Gramsci hace una importante observación refiriéndose al hecho de que, en el análisis de la lógica histórica de un período, la suposición de que las fluctuaciones ideológicas que se dan en él deben entenderse "como una expresión inmediata de la estructura debe combatirse teóricamente como un infantilismo primitivo y prácticamente con el testimonio auténtico de Marx." Esa fluctuación "es, de hecho, en cada caso el reflejo de las tendencias de desarrollo de la estructura, tendencias que no tienen por que verificarse necesariamente. Sólo se puede estudiar y analizar concretamente una fase estructural después de que ésta ha terminado todo su proceso de desarrollo, no durante el proceso mismo, a no ser como hipótesis y declarando explícitamente que se trata de hipótesis." *Introducción...* pp. 129-130.

[16]Max Weber, *The Theory of Social and Economic Organization*, edited with an Introduction by Talcott Parsons. New York: The Free Press, 1964; pp. 358-359.

[17]*Ibid.*, p. 359.

[18]Wolfgang Kayser, "An Attempt to Define the Nature of the Grotesque", *The Grotesque in Art and Literature*. New York: McGraw-Hill Book Company, Indiana University Press, 1966.

[19]Poulantzas, "Fascism and the Petty Bourgeoisie" *Fascism and Dictatorship.*

[20]Peter Bürger, *Theory of the Avant-Garde*. Minneapolis: University of Minnesota Press, 1984.

[21]Bertold Brecht, "Short Description of a New Technique of Acting which Produces an Alienation Effect". *Brecht on Theatre*. New York: Hill and Wang, 1964; pp. 136-140.

[22]*Ibid.*

LA DECLARACION DE PRINCIPIOS DE LA JUNTA MILITAR CHILENA COMO SISTEMA LITERARIO: LA LUCHA ANTIFASCISTA Y EL CUERPO HUMANO

La secuela de represión después del golpe militar del 11 de septiembre de 1973, en Chile, ha traído a las víctimas de arrestos arbitrarios, torturas, prisión y exilio, la necesidad de expresar una experiencia hasta entonces poco frecuente para la generalidad de la población del país. Estos testimonios responden a un quiebre en la percepción del desarrollo político chileno por la conciencia colectiva. El mantenimiento relativo de las libertades burguesas, en las décadas anteriores, junto con la aceptación acrítica y común de una ideología que representaba a Chile como tierra de sólida tradición democrática, oscureció la intermitente línea de matanzas de trabajadores, golpismo militar y represión de los sindicatos y de los partidos políticos populares, desde fines del siglo pasado hasta el presente. No obstante, es indudable que la represión sistemática adoptada por la Junta Militar, como política de Estado, es una ruptura en la historia chilena que la intelectualidad deberá digerir de manera analítica, poética y testimonial.

En el curso de los años, ese material recibirá elaboración artística para abrir un área nueva de la literatura chilena. La meditación sobre las técnicas poéticas más aptas para este trabajo, su aplicación y resultados concretos, no serán parte de una alienación gratuita e individual por parte de los escritores del patrimonio de sufrimiento colectivo acumulado hasta ahora. Ellos estarán cumpliendo su misión de fundamentar una conciencia y una sensibilidad del modo en que los chilenos que adhieren al movimiento popular se pensarán y se sentirán a sí mismos y a sus connacionales, en el momento de enfrentar las tareas políticas que tienen por delante. Por la razón misma de esta función social, es de importancia que la crítica literaria chilena contribuya a esa labor, captando y meditando sobre las tendencias actuales de esa elaboración.

En este trabajo intento hacer un aporte al respecto, a partir de una concepción de la literatura como forma ideológica. Como tal, la literatura es una forma de representación imaginaria de relaciones sociales preexistentes. En mayor o menor grado de abstracción, las ideologías representan o implican tipificaciones de grupos humanos en el proceso de creación de cultura para transformar la naturaleza y la sociedad, reproduciéndose a sí mismos como seres históricos en el contexto de las estructuras económicas, de clase y políticas de la sociedad a que pertenecen. Sobre la base de esta comunidad, la literatura se diferencia de otras formas ideológicas como la religión, la filosofía, la política, las leyes y la ciencia en general, por su énfasis en una convención representativa antropocéntrica. Las temáticas, símbolos, metáforas, motivos y técnicas discursivas que la literatura ha acumulado a través de la historia, hacen de la dimensión sensual y emocional del trabajo humano foco central de su representación. En este aspecto llamo la atención sobre el hecho de que se trata de grados de énfasis en la convención representativa. Aun en los discursos científicos de mayor abstracción, puede detectarse un sistema metafórico con el cual el investigador logra visualizar y apropiarse sensorialmente de complejas relaciones naturales ocultas a la mirada directa. Se podría plantear que el significado fundamental de todo discurso ideológico está basado en una matriz de relaciones metafóricas constituida de manera consciente o inconsciente por el hecho de que son instrumentos que exploran los límites del conocimiento. Aceptadas estas proposiciones, se puede sugerir que todo discurso ideológico puede ser objeto de una lectura literaria que detecte, capte y magnifique las resonancias antropocéntricas y sensuales de las metáforas que lo sustentan.

Las formas ideológicas responden, por otra parte, a una instrumentalización en la lucha de clases. Obviamente, los testimonios de la represión y la literatura del exilio y la resistencia atacan a los perpetradores de la ruptura institucional chilena. Por lo tanto, captar las tendencias de estos textos debe hacerse con esto en mente. Para ello propongo una lectura literaria de la Declaración de

Principios de la Junta Militar chilena, en contraposición a dos obras literarias de escritores exiliados. Publicado en cuatro idiomas —español, inglés, francés y alemán— en marzo de 1974, este documento político de la Junta Militar interpreta el pasado y los agentes sociales y políticos de la historia chilena para justificar el triunfo y el poder momentáneos del militarismo y sus instigadores, las burguesías monopólicas chilenas aliadas con el capital imperial. Hago una lectura literaria de él, siguiendo el curso conceptual del documento, delimitando y magnificando las resonancias metafóricas del lenguaje empleado. A la vez, establezco las interrelaciones de las metáforas detectadas para componer el cuadro general de la visión del ser humano y de su mundo que comunica. Echo mano de las muestras más evidentes y recurrentes de metaforización, para que su sentido surja de manera espontánea y sin posibilidad de reproches de forzamiento arbitrario. Por ejemplo, cuando en el texto se habla de la "reconstrucción nacional" y luego de Chile como una "morada digna", no queda duda que en la mente de los redactores el país es *como* un edificio o casa; al hablarse de que "nuestra patria ha decidido combatir frontalmente el comunismo internacional", ese edificio o casa se transforma en una fortaleza o perímetro militar, según el lenguaje especializado. Por la naturaleza panfletaria de la Declaración, no hay grandes dificultades en esta captación. El uso metafórico del lenguaje, para la representación ideológica de las luchas sociales chilenas, es exacerbado por la necesidad retórica de convencer a la población nacional y mundial de la legitimidad del golpe militar, de acuerdo con los valores más excelsos de la "tradición y el alma nacionales". Posteriormente, clasifico el campo metafórico subyacente según los diferentes tipos de discursos de que dispone la literatura. Se observará que la Declaración de Principios corresponde a un discurso mítico, de raigambre escolástica medieval, que reproduce en algunos momentos el lenguaje canónico de la Reconquista Peninsular. Este fue adoptado y reproducido en Chile, por sectores católicos simpatizantes del fascismo franquista[1].

Por detentar actualmente el poder político en Chile, las visiones literarias de la Junta Militar serán el punto de

ataque obligado para los escritores de la resistencia. Opino
que el acopio de temas, metáforas, motivos y técnicas
literarias, surgidos de esta confrontación, conforman un
sistema literario. Con el concepto de sistema literario no
señalo, por tanto, una construcción ideal sin anclaje en la
realidad, sino una abstracción de las permutaciones
posibles de elementos literarios que surgen de un eje como
la Declaración de Principios, que intenta una visión
totalizadora de la historia chilena sobre la base del poder
político que refleja. En el curso de la lucha en defensa,
indiferencia o ataque del fascismo chileno, se actualizarán
estructuras concretas, obras que fijan o fijarán un número
de potencialidades. Estas concreciones cambiarán
radicalmente en el momento en que las fuerzas populares
destruyan el fascismo y, una vez en el poder, sienten las
bases de un nuevo sistema.

Para sustanciar estas hipótesis, he hecho el análisis de
dos obras posteriores al golpe militar: *Tejas Verdes* (1974)
de Hernán Valdés, y *En este lugar sagrado* (1977), de Poli
Délano. El criterio que ha guiado esta selección está en que
ambas obras se ubican en posiciones diferentes en el
horizonte de posibilidades de poetización de la ruptura
histórica causada por el golpe militar. Tanto Valdés como
Délano son escritores profesionales de sostenida
producción anterior. En estas dos obras específicas,
elaboran material de distinta relación y cercanía a su
experiencia personal. La primera es una narración del
arresto y tortura del propio Valdés, mientras que Délano
crea un mundo ficticio a través de su novela. Creo que la
gran contribución de Valdés es haber articulado una
matriz de percepción de la realidad individual y social
universalizada más allá de lo personal, mostrando una
posible área de exploración literaria y humana para la
literatura chilena. Prueba de esto es que Délano sigue una
matriz similar. ¿Es que Délano ha estudiado la obra de
Valdés? Es posible, aunque no necesario. Ambos escritores
—como cientos de miles de chilenos— reaccionan ante
una experiencia directa de la represión fascista que se
explica y orienta a sí misma, mediante discursos
ideológicos que han saturado al país, a través de los
diferentes medios de comunicación masiva.

Valdés y Délano coinciden en una valoración del cuerpo humano, en su materialidad, como base para la formulación de un compromiso ético y político, con movimientos masivos de transformación revolucionaria de la sociedad chilena. Iniciar un discurso poético sobre la materialidad corporal, obliga a aceptar, simultánea y complementariamente, aspectos de ella que en las ideologías imperantes en las sociedades capitalistas son separadas entre sí: la cotidianidad de los procesos sexuales, digestivos, glandulares y laborales en general, en oposición a la ilusoria libertad absoluta y ahistórica de los procesos espirituales que afirma la Junta Militar en su Declaración de Principios. Ambos escritores proponen una unificación de los dos factores sobre la base de la cotidianidad corporal en busca de una conciencia recta y clara del significado social de esta cotidianidad, para un trabajo político conducente a una transformación socialista dignificadora del ser humano en todos sus aspectos, tanto materiales como espirituales. La posibilidad de fusión proviene del ejemplo de compromiso ético y político de otros seres humanos con sensibilidad suficiente para responder a la injusticia e indignidad del sufrimiento humano, con la ira de quien comprende que existen armas para aliviarlo y curarlo, pero que han sido alienadas por una minoría. Este argumento contrasta radicalmente con la visión del ser humano propuesta por la Declaración de Principios. En ella, la totalidad humana es reducida a una espiritualidad animada y dignificada por lo divino. Como ser espiritual, el hombre tiende a cumplir algo llamado "bien último", también inspirado y originado en Dios, condenándose la materialidad como elemento satánico y conspirativo, que desvía al ser de su fin verdadero. El cuerpo humano, como realidad concreta de necesidades y trabajo, no aparece en este horizonte ideológico.

Esta confrontación que escamotea o exalta al cuerpo, reproduce y refuerza los términos en que se da la lucha política del momento, en Chile. Por una parte, la Junta Militar ha implementado una política de enorme depresión de los salarios y de las inversiones estatales en servicios públicos. Su objetivo ha sido el de ofrecer una fuerza laboral barata a los monopolios nacionales e internacionales, cuyas inversiones la Junta Militar necesita desesperadamente para sobrevivir. Esta política de extremos sacrificios materiales para los trabajadores, sólo puede mantenerse con un aparato represivo permanente, que desmovilice la resistencia popular. El énfasis espiritualista de la Declaración de Principios tiene, entonces, una función específica, como también la tiene su ocultamiento del cuerpo humano en arrestos arbitrarios, campos de concentración, tortura y desaparecimientos. Recuperar y exaltar al cuerpo humano, luchar por su integridad y dignidad material, laboral y espiritual, es tarea primordial de la resistencia. Hernán Valdés y Poli Délano dan testimonio de ello.

I

La Declaración de Principios afirma la apertura de "una nueva era en nuestra historia patria". Además, hace un llamado de tipo misionero, y proclama un proyecto "para la participación de cada chileno en la reconstrucción nacional". La trascendencia de este mensaje es sustentada con referencias a la espiritualidad humana originada en Dios, y en "la expresión genuina del ser de la patria", "del alma de su pueblo", "del alma nacional", "de su origen hispánico" y "de nuestra tradición chilena y cristiana". A la vez se propone un "Proyecto Nacional" de tipo técnico, administrado por un "Sistema Nacional de Planificación" que resulte en el desarrollo y la modernización capitalista en Chile. Estas dos facetas exaltan a los líderes de las fuerzas armadas chilenas, como seres en que se conjugan la sabiduría divina y la humana. De acuerdo con la primera, se otorgan a sí mismos la capacidad profética de interpretar genuinamente la voluntad de Dios, y de ser mediums de los impulsos de la conciencia y la inconsciencia colectivas de la población chilena. Esto, además de su confianza en la tecnología, les da identidad de sacerdotes-tecnócratas. Por todo esto, su visión e interpretación del pasado, presente y futuro chilenos, escapa a la historia (es decir, la narrativa de los actos humanos) para aposentarse en el mito (la narrativa de los actos de los dioses, semidioses, o de héroes cercanos a la divinidad). Con mayor precisión, la Declaración de Principios es el relato testimonial de seres superiores que atestiguan la caída y regeneración de un sector imperfecto de la humanidad. Todo mito hace una diferenciación temporal entre una sacralidad pretérita, en que el mundo recién construido por los héroes estuvo en el máximo de su plenitud y vitalidad, y una profanidad en que ese vigor ha sufrido una contaminación por lo humano y ha terminado en el desgaste. Para remediarlo, la mente mítica echa mano del ritual, ceremonia formal y prescriptiva, que intenta suspender ese desgaste reactualizando, en el presente, la plenitud originaria con una narración de lo sagrado. Para la Junta Militar, esa profanidad fue iniciada con el ejercicio de los derechos políticos que aseguran las libertades burguesas: "Varios decenios de demagogia política han pretendido hacer creer al pueblo que las recetas ideológicas podrían reemplazar al trabajo como vehículo de desarrollo económico" (p. 12). La caída fue causada por el gobierno de la Unidad Popular, descrito como "ilegítimo, inmoral y fracasado" (p. 14). Ante él, los militares levantan el recuerdo de un Chile decimonónico con "el lugar preponderante que los forjadores de nuestra República le dieron en su tiempo dentro del continente" (p. 10).

En consonancia con ese pasado de plenitud, Chile, la "morada digna", está habitada por seres dotados de una espiritualidad y de una dignidad divinas. Su perfil humano está conformado por un indefinible y nebuloso "ser último" (p. 6), que marcha a un vaporoso objetivo llamado "su plenitud" y su "plena realización personal" (p. 5) que emana del Creador y del "verdadero patriotismo" (p. 10). Estos seres forman familias y otras asociaciones más amplias, para alcanzar una meta general llamada "bien común, que equidista entre el egocentrismo individualista del liberalismo y el colectivismo socialista que desconoce la sacralidad de la persona humana, superando ambos". El bien común es "el conjunto de condiciones que permita a todos y cada uno de los miembros de la sociedad, alcanzar su verdadero bien individual" (p. 6). Sin embargo, estos seres adolecen

114

esencialmente del pecado de "la imperfección humana",
que hace que el bien individual y común siempre escapen
de ellos y "nunca puede alcanzarse completamente, como
tampoco puede lograrse la perfección personal absoluta"
(p. 6). Plantear su consecución final, es "una utopía
histórica contraria a las posibilidades reales de la
naturaleza humana" (p. 4). Es un error creado por "recetas
ideológicas" (p. 14), por los "mesianismos ideológicos" (p.
10) y "la ilusión de las palabras" (p. 11). El bien común debe
ser entendido como un "modelo" ideal al que los hombres
deben tender incansablemente, como "un permanente
desafío" que los acerca a la imagen de Sísifo.

Como actitud narrativa, hablar de "un ser último", "un
fin último", del "bien común" y del "verdadero bien
individual", supone un conocimiento de secretos
superiores e indefinibles para la palabra racional, que
aparta a los militares del resto de la sociedad chilena. Su
onmisciencia los ubica en alturas de percepción
panorámica, desde las que observan la "Historia Patria"
como totalidad de clara transparencia y dominio para su
interpretación. Esto les otorga capacidad de vates, y les
permite enjuiciar la profanidad constitucional chilena y
dar testimonio de su caída. Los términos con que se
refieren a ella, ineludiblemente establecen una
comparación con la plenitud originaria. En estos términos
comparativos, la plenitud toma un contorno descriptible.
El pasado aparece, así, como época de amor, brillo
intelectual, unión social, entereza moral y fuerte
cristiandad, que contrasta con un presente de "odios
mezquinos", "mediocridad" y "divisiones internas". La
caída es explicada según causas diversas: una de ellas fue el
"resquebrajamiento moral" que pone en peligro a la
"civilización occidental" por la "progresiva pérdida" o
"desfiguración" de la "concepción cristiana del hombre y la
sociedad" que le dio nacimiento; otra es la presencia de
"ingenuos" (p. 3) que admitieron el marxismo en el
"seno" de la morada y buscaron falazmente
"concordancias doctrinarias y prácticas, con él" (pp. 3-4);
causa no menos importante, fue la "conspiración" de las
"ideologías foráneas", "el sectarismo partidista", "el
egoísmo o antagonismo deliberado entre las clases sociales

y la invasión cultural extranjerizante" (p. 10). Como
"encargados de velar" (p. 15) por el país, los militares
observaron el aletargamiento de la fuerza vital del
patriotismo, la falta de empuje en individuos y
organizaciones para alcanzar su desarrollo natural, la
decadencia y contaminación de los valores universales que
el país antes encarnara, el parasitismo y el ocio, la insanía
de los hábitos cívicos, la ruptura de las jerarquías, de la
disciplina y del equilibrio, la alienación de las "raíces de la
nacionalidad", es decir, "la destrucción sistemática" del
edificio por "vicios" y plagas casi apocalípticas.

   Debido a esta decadencia, la Junta Militar habría dado el
golpe de Estado para redimir, recrear y retornar a Chile al
"nítido perfil que le es propio" (p. 20), buscando su
"reoriginación" "a partir de las entrañas mismas del alma
nacional" (p. 20) "para entrar de lleno en el audaz campo
de la creación" (p. 14). Esto requiere "despertar el
verdadero patriotismo" para desarrollar "el poder
nacional", impulsando a los individuos y sus asociaciones
a cumplir con sus propios fines autónomamente, dejando
atrás la "negligencia o las fallas" (p. 7). Se diseñaría un
"Proyecto Nacional" (p. 10) para "conjugar las constantes"
de la historia nacional "que forman el acervo de [la]
tradición" (p. 9) llegando así a "la integración espiritual del
país" (p. 10). Para ello se hace "imperioso cambiar la
mentalidad de los chilenos" (p. 14), restituyendo la
"sanidad" de los hábitos cívicos, iniciando "una nueva
etapa en el destino nacional" (p. 15). Se desalienaría el
espíritu chileno con un "reencuentro con las raíces de la
nacionalidad" (p. 20). Con este nacionalismo, el país
recuperaría su "vocación universalista" que lo "liga a la
civilización occidental y europea" (p. 21).

   La reconstrucción y el combate contra lo extranjerizante,
convierten el territorio chileno en los perímetros de una
fortaleza militar, en que caballeros templarios, sobrios,
austeros, y prontos al "renunciamiento personal", velan y
luchan en una cruzada contra la barbarie. Desde allí se
"combate frontalmente en contra del comunismo
internacional y de la ideología marxista que éste sustenta,
infligiéndole su más grave derrota de los últimos treinta
años" (p. 4). Al mismo tiempo, se resiste la penetración de

gobiernos que "pretenden intervenir indebidamente" (p. 20) en los problemas nacionales, luchando por establecer el "poder nacional" que es "la capacidad real y potencial del Estado, de defender y promover el interés nacional frente al resto de las naciones" (p. 20). Todo esto se haría con una disciplina interna, basada en la "despersonalización del poder" (p. 11), "sancionando drásticamente todo brote de indisciplina y anarquía" (p. 11), protegiendo al débil y "desterrando el juego" abusivo de los poderosos, "no admitiendo otra fuente de desigualdades entre los seres humanos, que los que provengan del Creador o del mayor mérito de cada cual" (p. 11).

Idealmente, la fortaleza militar está ubicada en un espacio llamado Occidente, y se yergue como alternativa entre los dos modelos sociales que se desarrollan fuera de sus parapetos. Ambos son rechazados moralmente. El primero es la "sociedad de inspiración marxista" que contradice la "tradición cristiana e hispánica" de Chile. El otro es el de "las sociedades desarrolladas de Occidente" que "han derivado en un materialismo que ahoga y esclaviza espiritualmente al hombre" (p. 3). A causa del consumismo, el ser "se siente interiormente vacío e insatisfecho, anhelando con nostalgia una vida más humana y serena", postración que "favorece la rebeldía juvenil" (p. 3). De allí que sea necesario que Chile "busque un camino... propio y original" (p. 4).

Instrumento principal de la reconstrucción y del despertar nacional es el Estado controlado por militares que rinden pleitesía a "la majestad de la ley" (p. 13). Como administradores de él, los militares pasan a ocupar la función de depositarios y árbitros de la potestad divina, guardianes de la fuente de energía vital, impulsadores de ella, demarcadores de esferas de acción humana y guardianes de compuerta para el flujo de un río sagrado. En su primera función, el Estado reconoce los derechos del hombre que "arrancan de la naturaleza misma del ser humano por lo que tienen su origen en el propio Creador" (p. 5) y los reglamenta para armonizarlos y equilibrarlos en aras del bien común. El Estado usa, además el Derecho para demarcar esferas concéntricas entre el individuo, la sociedad englobante y el Estado, pasando por sociedades intermedias como la familia, para que cumplan con sus fines específicos sin que haya invasiones mutuas de sus funciones. El Estado interviene en esas esferas directamente cuando percibe que, "por negligencia o fallas" (p. 7), su vitalidad se aletarga y no se actualiza a sí misma. Este es el "principio de subsidiariedad", ubicado en el centro mismo del "ámbito de vida" del bien común. El principio es descrito como "fuente" de energía vital de la que emana la "creación", el "esfuerzo personal", el color, la diversidad, la libertad y la amplitud de movimiento. Opuesto a este vitalismo es "el estatismo [que] genera... una sociedad gris, uniforme, sometida y sin horizontes" (p. 8).

Emanación de esa fuente de vida es la libre iniciativa que, como río, "fluye" y "se deriva" en su "forma natural" como el agua misma, la propiedad privada. Se trata de un fluido sagrado ante el cual los militares actúan como guardianes de compuertas que "consagran" la propiedad privada, "dejando abiertos" los cursos que permiten su "efectiva difusión en todas las capas de la sociedad" (p. 9) como si fueran de tierra fértil. Hay aquí un propósito mágico, ya que en el proceso de estabilización y modernización capitalista que proponen, los militares desean eliminar la única fuerza que puede dar vida, a este proceso, el proletariado. Afirman que su objetivo último es "hacer de Chile una nación de propietarios y no de proletarios" (p. 8).

Lograda la unión de fuerzas y la difusión de líquidos vitales, Chile avanzará "hacia una sociedad tecnificada y de verdadera participación social" (p. 14). Se avizora un mundo futuro en que la actividad política habrá desaparecido por el fin de las ideologías (p. 16). Sería un mundo que heredarían los tecnócratas, porque la única tarea que restaría sería el dominio de la técnica para el "desarrollo económico acelerado" (p. 14). Ello "supone una jerarquía y disciplina en las tareas productivas y en los hábitos de trabajo" (p. 18), lo cual requiere el imperio de "la palabra de los que saben" (p. 17). Chile tendrá el gobierno de sabios que organizarán al pueblo para que su voz se escuche "sin desfiguraciones partidistas y sin mezquindades que la empobrezcan" (p. 17). Los sabios enriquecerían la voz popular con una *"educación que fomente una escala de valores nacionales y espirituales propios de nuestra tradición chilena y cristiana,* q u e jerarquice cada cosa en función del fin último del hombre" (p. 19). La jerarquización se dirige al dominio de la materia por el espíritu, pues, fiel a su tradición, la chilenidad debe tener la cautela de entender que "el fuerte aumento de la producción minera, agrícola e industrial" (p. 18), con su mayor consumo potencial por parte de la población, no significa que su espíritu "se desarrolle en todas sus potencialidades". "Como lo señaláramos anteriormente, el materialismo que corroe a las llamadas 'sociedades de consumo' denuncia la existencia de un bienestar que, más que ayudar a la perfección integral del hombre, lo somete a una carrera que lo domina, en pos de una riqueza que al final deja vacío su espíritu. Que más que liberarlo, lo esclaviza" (p. 19).

Una perspectiva crítica revela, fácilmente, una extraña polarización en la Declaración de Principios. Por una parte se presenta un espacio humano congelado en la Edad Media, por otra se lo enfrenta a la aspiración de una tecnología capitalista moderna, tendiente al "desarrollo económico acelerado". Esto resulta en una fuerte dislocación de términos, en que el primer factor elimina uno esencial para el otro: la materialidad humana y natural, junto con su mediación por el trabajo del hombre.

En la mejor tradición medievalista se propone una visión de la existencia como un viaje que se inicia a partir del momento en que Dios dota de espiritualidad al hombre. El término del viaje, el "fin último", es el retorno al espíritu divino. Durante el viaje se dan tres condiciones: la realización del "Bien personal" y del "Bien común" como concreción del bien divino que impulsa al hombre; también el mantenimiento de una disciplina que niega las materialidades personal y circundante, así como el gozo de esa materialidad en fidelidad a ese origen sagrado. De mantenerse esa disciplina, el individuo disfruta de "equilibrio" interno, término por demás abundante en la Declaración. Cuando el peregrino ingenuo presta atención a la materia, se desvía del camino recto. El extraviado necesita, por tanto, de centinelas para volver a la verdadera vía y a la disciplina.

La Declaración de Principios promueve una sensibilidad que rechaza lo mundanal para afirmar ideales a los cuales sólo hay acceso místico a través de los sacerdotes-tecnócratas militares. La experiencia profana de la sensualidad corporal, sumida en el tiempo conducente a la muerte, es evitada mediante un salto directo a una sacralidad de estatismo temporal que exalta valores "eternos". Esto posibilita la estructura mítica del relato, con su ritual de retorno a los orígenes de un paraíso perdido por la ingenuidad de quienes permitieron la entrada de la sierpe de la tentación; la ruina e infertilidad de la tierra por la pérdida de contacto con las fuentes de la unión, el amor y la inteligencia; la captación y defensa de los fluidos vitales que restablecen la fertilidad de la tierra y llevan al crecimiento de las esferas del "principio de subsidiariedad", todo ello bajo la protección de caballeros templarios que han hecho fortaleza del territorio nacional asediado por lo maligno.

Si no se tuviera en mente su función de complemento del aparato represivo, este medievalismo sería un anacronismo frente al hincapié que se hace en lo tecnológico. Ciencia y tecnología son producto del trabajo humano para controlar y transformar los procesos del cuerpo, la naturaleza y la sociedad, lo cual requiere una sensibilidad mundana y sensual. El "desarrollo económico acelerado" que se desea obtener, forzosamente demanda formas diversas de aceleramiento temporal y, por tanto, una conciencia más acentuada de los procesos de la materialidad: aceleramiento en el ritmo laboral, en la producción de formas culturales, en su distribución y consumo y, fundamentalmente, en la explotación y desgaste corporal de trabajadores, cuyos salarios y servicios sociales se han reducido. Fuera de unas pocas menciones de tipo moralizante, cuerpo y trabajo no reciben tratamiento en la Declaración de Principios. Peor aún, se declara la intención "de hacer de Chile una nación de propietarios y no de proletarios". Un capitalismo sin proletariado instala a este discurso en el reino de la ciencia-ficción. En él se quisiera ensoñar que la renovación

120

tecnológica capitalista no proviene de la alienación y acumulación de plusvalía por la burguesía y arrancada a los trabajadores. La renovación proviene de la fuente de los fluidos vitales. La tecnología adquiere así un aspecto mágico en consonancia con su existencia real en los países subdesarrollados bajo el control de corporaciones multinacionales, sin nexos directos con la cultura nacional. La tecnología pareciera existir por sí misma, sin orígenes en el trabajo, administrada por sabios que conminan al pueblo a no entregarse al consumo de sus frutos.

II

Mientras los mitos y rituales militaristas ensalzan la divinidad y condenan al ser humano a la insignificancia, las obras de Hernán Valdés y Poli Délano los contaminan y sabotean con la materialidad corporal humana, para afirmar su perfectibilidad a partir de ella. *Tejas Verdes* se instala en el vértice subterráneo de la medievalidad, el tecnocratismo y la subsidiariedad abogados por la Declaración de Principios. En la política concreta de la Junta Militar, subsidiariedad significa la acción de fragmentar la voluntad popular que iniciara el movimiento hacia el socialismo en Chile. El grado de movilización masiva alcanzado durante la Unidad Popular tendía a una totalización que habría capturado el Estado para articular un gobierno centralizador de la voluntad mayoritaria. Como sabemos, la subsidiariedad implica la restauración del capitalismo en Chile bajo la tuición de un Estado fascista que vela por el crecimiento de las diversas esferas de la sociedad civil según la "libre iniciativa", sin que entre sí se intervengan, inmiscuyan o entorpezcan. Este mecanismo, que crea condiciones óptimas para la acumulación monopólica de capital, demanda el desmantelamiento de la organización y la concientización popular, objetivo logrado con la violenta despolitización represiva de las masas. Así se prepara el escenario para el atropello de los derechos humanos, de la dignidad personal, haciendo a los individuos objetos pasivos de las torturas físicas y mentales con una sistematización científica del terrorismo. El gobierno de los "sabios" opera con directivas sociológicas por las que la tortura selectiva y al azar matemático de segmentos de la población chilena puede magnificarse en su efecto en el seno familiar, los círculos de amigos y el lugar de trabajo por el temor difundido por las víctimas. Como dice Valdés, con

> todo su gigantesco aparato, los campos [de concentración] constituyen una excelente solución para los apóstoles de la limpieza. Quienes salen de ellos —después de pruebas de humillación y terror inenarrables— son en efecto seres neutralizados, 'limpios'. Ellos no volverán a abrir la boca para protestar ni pondrán sus oídos donde se escuchen protestas. En muchos casos, sus propios cónyuges no conocerán en adelante sus pensamientos. Se estima que una persona que pase por los campos implicará, por lo menos, la despolitización de una familia. En un par de años, o antes, se habrá logrado el milagro de un país de sordomudos"[2].

Los campos de concentración concretan una dislocación radical entre una superficialidad social inconsciente al sufrimiento secreto de los cuerpos torturados, sumándose a ella seres humanos brutalmente forzados a fingir una inconsciencia política. El título mismo del testimonio sugiere esa dislocación. "Tejas Verdes" era el nombre de un balneario de clase media acomodada. Después del golpe militar los turistas todavía acuden allí y se divierten despreocupadamente, pero esta superficie se ha hecho irreal e irónica por la existencia del campo de concentración que escamotea la miseria humana con la ilusión de placer de esa superficialidad: "Hay dos países ahora, y uno es subterráneo" (p. 20). Valdés afirma, además, que su libro "está destinado a quienes, en Chile, quieren conservar la inocencia dentro de su complicidad y promiscuidad con el fascismo —algo parecido se descubrió en Alemania al finalizar la guerra—, y quienes en el extranjero piensan que el golpe militar, que acabó con el gobierno de la Unidad Popular, es ya un hecho del pasado. Este libro debe recordarles que el golpe *continúa* dándose, en otras formas, cotidianamente" (p. 6).

Hernán Valdés reacciona ante la visión de mundo de la
Junta Militar perforando su velo de ilusión espiritualista
para concentrarse en la materialidad corporal y laboral. Se
distorsionaría el sentido de su obra si solamente se la
entendiera como una exposición-catálogo de la brutalidad
militar. A no dudar, eso está allí. La narración transcurre
con la detención arbitraria, la reclusión en la oscuridad, el
simulacro de fusilamiento, la incomunicación en un
campo de concentración secreto, los problemas para
dormir y defecar, la iniciación de las torturas para sus
compañeros de grupo, los golpes y descargas eléctricas que
él mismo recibe durante su interrogatorio, la suspensión
del aislamiento y, finalmente, su liberación sorpresiva en
un lugar desconocido de la ciudad de Santiago. Sin
embargo, la elaboración de estos hechos opone al
espiritualismo fascista una visión de la realidad
sólidamente anclada en un materialismo realista. Valdés
lo sugiere:

> Agradecimientos apartes, la Junta Militar, al barrer con el
> mito de la democracia chilena y al implantar en la vida real
> un fascismo que sólo conocíamos por referencias culturales, nos
> ha propuesto un abundante material de inspiración concreta, a
> los escritores que en Chile no sabíamos qué hacer con nuestra
> inaprensible y contradictoria realidad (p. 6).

A diferencia de la arquetipificación liberal del escritor
que normalmente rige expresiones como ésa, los
sufrimientos recibidos no resultan en una meditación
sobre la materialidad corporal degradada y la superioridad
libertaria del espíritu. Aún más, en el momento de su
detención, Valdés muestra cómo su identidad profesional
de elaborador de discursos —fuente de privilegios en la
tradición liberal— no lo protege de la arbitrariedad. Más
adelante, en el campo de concentración, Valdés hace
hincapié en rechazar símbolos religiosos que le habrían
traído consuelo espiritual. Desnudado de los discursos
ideológicos sobre "la condición humana", Valdés usa la
vejación del cuerpo en medio de olores de orín,
excremento y mugre como la base misma sobre la que
conserva y amplía una actitud de compromiso ético y
político. La abstracción de hablar de una "condición

humana" está en el medievalismo de la Declaración de
Principios que ofusca las dimensiones temporales y
espaciales en que se desplaza el cuerpo humano: "Como
un rebaño ciego tropezamos unos con otros, ignorantes de
la dirección que debemos tomar. Los cañones nos orientan
sin sutileza. Damos muchos rodeos, subimos pocas gradas
esta vez. Sospecho que se quiere crearnos la impresión de
que nos hallamos en un laberinto en las mazmorras de
alguna fortaleza medieval" (p. 41). Como correctivo de esta
desorientación, el acto de narrar a la distancia experiencias
de sufrimiento ya pasado, en un formato de diario de vida
que especifica el transcurso de cada día, durante más de dos
meses, busca racionalizar la historicidad de un cuerpo:
"Desde luego, muchos detalles se me escapan y
fundamentalmente, la posibilidad de transmitir la
experiencia del paso del tiempo en esa situación de
encierro sin plazos establecidos, y sin fines conocidos" (pp.
6-7).

La entrada a la "fortaleza medieval" y la permanencia
en ella, es vivida como congelación de la historia y
develamiento real de las implicaciones terroristas de la
religiosidad de la Junta Militar. Valdés se siente reducido a
una estrecha dimensión temporal de presente, sin
conexión con el pasado, y con un futuro del todo incierto.
Esta sensación proviene del desconocimiento de la razón
de su arresto. Por ello, el poder que le roba su libertad toma
aspecto de fuerza religiosa omnímoda:

> Sería fundamental, saber qué motivos nos reúnen aquí [en el
> centro de detención], cuál puede ser el desarrollo de esta
> situación, que ni siquiera ha sido explicada como la espera de
> algo. Es una situación en sí. Hay, en alguna parte, una
> racionalidad que la ha determinado y cuyos designios, como
> los de Dios, son inescrutables (p. 29);
> Hay algo de metafísico o de sobrenatural en las circunstancias
> de esta comparecencia, y yo me siento muy solo y pequeño, un puro
> objeto de culpa (pp. 34-35).

La derrota de la Unidad Popular, la detención arbitraria
y el simulacro de fusilamiento, fijan la certeza existencial
de ser cosa sin porvenir: "Hasta ayer mi vida era un
proyecto, yo creía que lo más importante estaba por hacer.

Recién comenzaba a sentirme preparado para empezarla
en serio. Ahora es un hecho consumado, no hay nada que
añadir" (p. 42). Corolario de ello es que salga del simulacro
con un cuerpo insensibilizado, que no parece pertenecerle.
Luego de su interrogatorio y tortura en el campo, Valdés
logra comprender el propósito de esa religiosidad
pervertida. Le arrancan una falsa confesión que
compromete a un grupo de amigos, llenándolo de temor
por las consecuencias que les acarrearía. Ya no hay dudas
de que la congelación temporal tiene por objeto
reemplazar sistemáticamente todo proyecto de existencia
personal por el mecanismo disciplinario primordial de la
religión: la culpabilidad:

> De hecho, éste es un buen sistema de humillación,
> incertidumbre, desconcierto. Se trata, en realidad, de mellar
> todas las defensas. Estamos perdidos y dependemos sólo de
> ellos. Sólo a través de ellos nuestros nombres, nuestras
> personalidades, pueden reencarnarse, y sólo aceptando nuestra
> culpabilidad tenemos la esperanza de salir con vida (p. 164).

Puesto que los sucesos son narrados por un literato
profesional, tiempo después de ocurridos, ese
descubrimiento no deja de ser anunciado por ciertas
imágenes que refuerzan la distorsión de ese tipo de
religiosidad. A poco de llegar al campo de concentración,
Valdés describe el terreno circundante, fijando la atención
en la figura de un Cristo. Queda claro que la figura no
inspira mayor reacción emocional en el prisionero, en
circunstancias en que quizás pudiera haber significado
refugio y consuelo. Por el contrario, resalta la
impasibilidad ante el Cristo y su contaminación por
elementos no asociados con él comúnmente:

> Ha aparecido un sol neblinoso. El cerro del frente, a la
> derecha, se ve ahora con toda nitidez. Hay una gran figura de
> Cristo sosteniendo una cruz, en cemento probablemente,
> pintada en blanco, El palo de la cruz — o el cemento, mejor
> dicho— está quebrado a la altura de los hombros, y la cruz
> misma sale hacia un lado formando un ángulo recto en relación
> al cuerpo. Más lejos hay otra figura del calvario, menos
> visible, pues esta vez es un relieve ejecutado también en

cemento pintado de blanco. Pastan algunas vacas alrededor de
los cristos (p. 54).

Esta imagen se repite después del interrogatorio y la
tortura. Sufriendo espasmos incontrolables, Valdés
observa los Cristos y las vacas sin encontrar consolación,
sino mayor conciencia de la maldad fascista. Símbolo final
de la degradación militar de la religiosidad se da después
de la tortura. Los prisioneros declarados en libre plática
combaten el hacinamiento y la inutilidad en que se ha
sumido su capacidad de trabajo tallando "rostros de cristos
muy sufrientes, con sus cruces, sus clavos, sus espinas" (p.
151). Los militares los convierten en moneda de cambio
que refleja una extraña capacidad para hacer mero
ornamento del dolor que ellos mismos causan: "Los
oficiales se disputan estas obras de arte... A cambio de ellos
[nuestros artesanos] reciben pequeños favores, un trato
tolerante, algún paquete de cigarrillos" (p. 151).

Valdés encuentra consuelo y confort real a partir de la
animalidad de su cuerpo y de la noción de que la dignidad
humana nace del respeto por él. A causa de esta certeza,
puede abrirse a la comprensión de otros seres humanos,
proponiendo tácitamente una ética materialista que no
nace de categorías mentales aprioristas u originadas en
una divinidad distante, sino del impacto moral que tiene,
sobre el individuo, la percepción de la conducta ejemplar
de otros seres humanos. Esta refundación se inicia con la
alerta animal de su cuerpo ante lo desconocido:

> Rechazo absoluto de mi organismo a toda manifestación de
> confianza, de descuido. Mis sentidos —el oído sobre todo— se
> han declarado en vigilia permanente. Los pasos, los cantos de
> los pájaros nocturnos, el viento, los disparos, que a veces
> estallan a centímetros de la cabaña, no me permiten un solo
> momento de abandono (p. 64).

Pese a identificarse como persona de físico enfermizo,
Valdés tiene la sorpresa de que su cuerpo demuestra una
resistencia increíble ante la privaciones. Se exacerba su
conciencia del espacio circundante, y así desarrolla una
curiosidad por la vida de otros seres humanos más allá del
encierro en el sufrimiento propio. Poco después aparecen

las descripciones y la comprimida problemática social y política de los prisioneros que sirven de ejemplo, fuente de ternura y esperanza y modelos de error: Ramón, el dirigente sindical de vendedores de periódicos; César, el abogado socialista; Hugo, el gurú; Manuel, el campesino; la vitalidad y dedicación humana del profesor comunista; los confusos dirigentes sindicales demócratacristianos. A través de ellos se entrevé que las ideologías no son conceptos que flotan en un azul platónico, sino seres de carne y hueso, lección a veces difícil de asimilar para un intelectual. La patencia de esto es abrumadora después del interrogatorio y tortura en el frigorífico del Regimiento Zapadores. Por contraste, reconoce que la maldad fascista no es metafísica; está materializada en los que lo golpearon, desgarraron sus carnes y le aplicaron electricidad en los órganos sexuales:

> Me quedé mucho rato allí, sufriendo espasmos que no podía contener. El sol parecía impotente para calentarme. Miraba los cristos del cerro, las vacas pastando, embrutecido por el conocimiento de la maldad. Porque lo que yo sabía de la maldad, antes, eran puras caricaturas, pura literatura. La maldad había perdido todas sus referencias morales. Ahora se me presentaba como una pura ideología (p. 147).

Resumiendo, la esencia de la proposición de una ética materialista queda plasmada en la siguiente afirmación:

> No soy capaz de pensar en mí como posibilidad, como proyecto vital. Sigo considerándome disponible para la flagelación y la abyección, y de hecho lo estoy. Aquí los compañeros tienen todo lo indispensable para rasurarse y ponerse más o menos presentables. Pero, ¿por qué habría de preocuparme de un cuerpo que puede volver a ser humillado de ese modo? (p. 150).

Estas palabras, y la ironía del título del testimonio de Hernán Valdés, señalan un paralelo cercano con la novela de Poli Délano. Su "lugar sagrado" es un W.C. en que el protagonista del relato, Gabriel Canales, militante comunista, queda accidentalmente encerrado en un cine céntrico de Santiago, por tres días, a partir de la noche anterior al golpe militar. En medio de olores a orín, suciedad de excrementos y *graffiti* a menudo obscenos,

Canales rememora su existencia. Rememorarla en un lugar sagrado implica una ceremonia ritual por la que las experiencias, el mensaje y las enseñanzas de un pasado histórico que ha condicionado el presente, son reactualizados para proyectar el significado del futuro. Es exactamente lo que hace la Junta Militar en su Declaración de Principios; de aquí que, en contraposición a ese documento, Poli Délano tácitamente propone una sátira del mito y de la épica militarista. Pero además de esta resonancia implícita, Délano explora con mayor problematicidad las posibilidades de una ética materialista. Esto se debe a la época en que se elabora artísticamente en la novela. *Tejas Verdes* se inicia y concentra en un período y un espacio que inescapablemente quedan impregnados por una aureola épica, dada su importancia inmediata para la resistencia chilena. *En este lugar sagrado* termina en el momento en que se abre una posibilidad épica para Canales, una vez liberado de su encierro en el cine. Después de visitar su casa arrasada por una patrulla militar, expresa su magnanimidad: "Intentaría localizar a alguno de mis compañeros de base, para saber qué tareas habrá por delante"[3]. Esta es la culminación de la vida de Canales, sintetizada su conciencia y su acción para el trabajo político clandestino. Atrás queda parte de su vida hundida en una sórdida cotidianidad hedonista: hambre y tedio en una pensión barata, tomateras en bares asquerosos, acoplamientos con mujeres de mal aliento y devoradoras de hombres, caficheo de viejas con plata y corrida de manos a chiquillas bien.

Se trata de una transición que se inicia cuando Gabriel, joven provinciano de Valdivia, llega a la capital para hacer inciertos estudios universitarios durante el gobierno de Carlos Ibáñez del Campo (1952-1958) y se desarrolla durante la mayor parte de la presidencia de Jorge Alessandri Rodríguez (1958-1964). Es un período de gran movilización popular a causa de una economía estancada por una baja productividad agrícola e industrial, gran desempleo e inflación, creciente deuda externa, acentuada intervención de organismos internacionales como el Fondo Monetario Internacional, progresiva desnacionalización de la economía como consecuencia de

128

esto, y gradual orientación hacia el consumismo. Desde
1948 hasta 1958, el Partido Comunista chileno quedó
confinado al clandestinaje por las presiones de la Guerra
Fría; en repetidas ocasiones, las huelgas y protestas
populares fueron reprimidas sangrientamente. El proceso
de desnacionalización económica culmina durante el
gobierno demócratacristiano de Eduardo Frei (1964-1970)
con la masiva inversión de capital por compañías
multinacionales, especialmente estadounidenses. A raíz
del triunfo de la Democracia Cristiana, Canales, que había
colaborado con el Partido Comunista en la campaña de
Salvador Allende, supera su frustración y pesimismo,
ingresando como militante. Más tarde, trabajando por el
triunfo de la Unidad Popular en las elecciones de 1970, con
su participación en las incidencias de la organización
vecinal, la lucha antifascista, y los esfuerzos por vencer el
boicot de la distribución y el mercado negro, Canales se
convierte en un "recalcitrante" de convicción suficiente
para sumarse a la lucha clandestina contra la Junta Militar,
hacia el final de la narración. La transición se demuestra
como una gradual adquisición de conciencia social y
política que perfora la gruesa costra de sordidez y
hedonismo barato, que impide a Gabriel un compromiso
con el sufrimiento humano. En una etapa previa a su
transformación, Canales describe así su insensibilidad:

...sentí llegar esa soledad que a veces me pillaba desprevenido
y me desoló por una vez la realidad de este mundo que yo era
tan ciego para ver. Pasaban las cosas ante mis ojos y no veía
nada. Todo me llegaba de oídas, como si viviera de mentiras
(p. 73).

Es claro que aquí no hay referencia a un humanitarismo
abstracto. Se trata del sufrimiento concreto de *cuerpos
humanos*: "poblaciones... arrasadas por los temporales...
dejando muertos, heridos y desalojados como saldo; niños
tragados por el canal, familias enfermas de pulmonía...".
Con el relato se hace la proposición de que la historia
revolucionaria la hacen seres humanos que pueden estar
entregados a la confusión y a la degradación, pero que, al
concientizarse entre sí, toman la dirección de sus destinos
y quedan preparados para exponer sus cuerpos a la

represión y a la violencia, dispuestos a reprimir, herir y destruir los cuerpos de sus oponentes para instituir el socialismo. Aceptado este materialismo, no es extraño que Poli Délano centre la narración en las necesidades de un diarreico que debe ir al W.C. por haber comido demasiados porotos. Igualmente se explica que Canales conozca a Teresa, su futura esposa, a la espera de su turno en un W.C. de estación ferroviaria: "es cierto que nos conocimos también por un latigazo escatológico del azar" (p. 129). Incidentes como éste revelan, además, la importancia que se da al azar en los destinos humanos. Emblema de ello es la flecha perdida que accidentalmente mata una serpiente durante un paseo infantil de Canales, suceso narrado a comienzos de la novela. Posteriormente, la vida y proceso de cambio de Gabriel, en Santiago, son moldeados por la forturna: su llegada a una pensión (podía haber sido otra) donde conoce a Julián y Juan Pablo; el encuentro con Yakopovich, húngaro refugiado de antecedentes nazistas, una tarde en camino a la pensión; su asesinato por Canales en defensa propia, y su consecuencia en el desahucio del matrimonio con Claudia; el encuentro con Teresa en el W.C. de una estación ferroviaria mientras escapa a Valdivia; la coincidencia de que al regreso a Santiago deba entregar un encargo de ropa, precisamente a una empleada doméstica que trabaja en casa de los padres de Teresa, reencuentro que le permite conquistarla; y, por supuesto, el encierro en el cine, que asegura su supervivencia después del golpe militar. No se indica con ello que no haya un movimiento necesario en la historia. La existencia de los movimientos políticos masivos, que se desarrollan como trasfondo del relato, es índice de acciones humanas que responden a leyes objetivas que articulan las estructuras económicas, sociales, políticas e ideológicas de la sociedad chilena. Esas leyes condicionan las vidas individuales a modo de escenario tanto como el espacio de la ciudad de Santiago. Dentro de él, los personajes establecen relaciones humanas libremente, reaccionando a motivaciones propias y de otros personajes que el azar pone en el horizonte personal de cada uno. Azar, voluntad personal y leyes sociales objetivas se enfrentan en un movimiento en que uno de esos factores altera la totalidad de ellos, a la vez que esa totalidad afecta a cada uno, especialmente con la presencia de Julián, Juan Pablo, Teresa y Mamerto. Los amigos influyen sobre él presentando ejemplos de búsqueda de una conciencia y una acción revolucionarias que lo incitan a superar la sórdida insensibilidad de su cotidianidad para desplazarse hacia un compromiso ético y político de dignidad. Es una tácita declaración de que en el azaroso horizonte de posibilidades que se despliegan para los seres humanos, en los parámetros del condicionamiento social, son ellos los que encarnan sus leyes a la vez que se crean a sí mismos como actores históricos, proponiéndose modelos de comportamiento para ser rechazados o emulados.

En esta creación mutua, los seres que proponen modelos de conducta, lo hacen aun en extrema contradicción con su propia voluntad personal. Julián es el primer paradigma ético-político que se decanta durante las revueltas contra el gobierno de Carlos Ibáñez. Sus intentos de articular una posición de crítica social y política, y su participación en esas revueltas, contrapesan su humillante relación con Mariela, quien lo denigra hasta la impotencia sexual. Su desaparición y muerte aparente, durante los tumultos, influyen sobre la militancia comunista de Juan Pablo y la de éste sobre la de Gabriel. Sin embargo, veinte años después, acercándose la caída del gobierno de Salvador Allende, Julián reaparece para revelar a sus amigos que su desaparición se debió a una ruptura tanto con su impotencia como con su arrranque revolucionario, la cual termina en la sordidez de su matrimonio, de su vida familiar y su inserción en la burguesía con una serie de prósperos negocios. A pesar de haber sido devorado nuevamente por la cotidianidad, su responsabilidad en el progresismo político de sus amigos es innegable. Esta complejidad se plasma en los versos que el protagonista encuentra en el W.C. de su encierro:

En este lugar sagrado
donde viene tanta gente
hace fuerza el más cobarde
y se caga el más valiente.

III

La conveniencia de considerar la Declaración de Principios de la Junta Militar chilena como eje de un sistema literario está en su utilidad como instrumento problematizador, tanto de la literatura de la resistencia como de la filofascista. El número de preguntas que se les puede dirigir, así como el de la respuestas por ser elaboradas, puede ampliarse provechosamente. Estimo que esta mayor productividad surge de la noción de matrices ideológicas manifestadas metafóricamente. Con ellas se invierte la orientación exclusivista de muchas tendencias críticas intratextuales. Mientras éstas consideran el uso de conceptos extraliterarios, en el análisis, como una intromisión indeseable, he propuesto un tipo de lectura que reconoce y explora elementos literarios en discursos ajenos a la creación de mundos ficticios. El objetivo de esta estrategia es reforzar una aproximación a las formas ideológicas como vehículos de comprensión de la cultura, en sus aspectos más vastos. Ellas tienen un contenido cognoscitivo, funcional y práctico, que revela los condicionamientos, limitaciones, distorsiones, precisiones y claridades en la visión de la realidad social, de acuerdo con los proyectos de clase. Determinar este contenido, en la manera expuesta, permite un trabajo hacia el conocimiento, evaluación y comentario de amplias áreas de la cultura latinoamericana en las luchas de liberación nacional, sin restringirse a una de sus partes, la literatura. La crítica literaria se instala en el centro de otros discursos para observar cómo se alimentan entre sí, en sus convergencias y divergencias, a modo de vasos comunicantes.

Valioso material de basamento programático futuro para la literatura chilena de la resistencia provendrá del estudio de la yuxtaposición de medievalismo y tecnocratismo que se ha observado. Este tipo de anacronismo parece ser sistémico en el momento actual del capitalismo internacional, a juzgar por la infiltración de espectáculos cinematográficos y de televisión, de enorme circulación, como son la película *Star Wars* y sus

132

secuelas, así como las series *Star Trek* y *Battlestar Galactica*.
La fuente de este anacronismo en Chile deberá ser
rastreada para que se explique cómo, después de fundarse,
articularse y cimentarse un republicanismo, los apologistas
de la Junta Militar pueden extraer de las capas más
soterradas del colonialismo criollo, vencido con la
Independencia del siglo XIX, pensamientos como el que
transcribo:

> La América española tuvo conciencia de sí misma cuando vivió
> en el imperio la línea de su destino histórico. Tan sólo entonces
> hubo en ella un verdadero sentido de unidad, de unidad
> vivificadora y fecunda que nacía del interior, no de cohesión
> panamericana que, como artificial, mecánica e impuesta desde
> afuera, es motivo de esterilidad y servilismo;
> Cultura en mera gestación, la hispanoamericana no logra su
> deseada madurez. La ola de apostasía de los propios valores...
> va segando el fuego interior de su espíritu, y la independencia
> política ha de concluir por dar muerte a los últimos impulsos
> de fecundidad[4].

La investigación, sin duda, llevará a instituciones de
diseminación   ideológica   del   franquismo   en
Hispanoamérica, a grupos intelectuales concentrados
especialmente en la Universidad Católica de Chile y a
centros norteamericanos de entrenamiento militar de la
oficialidad latinoamericana, donde se transmite la
Doctrina de la Seguridad Nacional. Además, será preciso
revelar la funcionalidad de este ideario en grupos
tecnocráticos, tanto laicos como asociados con el Opus Dei.
Quizás investigaciones como estas preparen el terreno
para la exploración artística del mundo de la burguesía
monopolista, de sus alianzas multinacionales, de las
fuerzas armadas y de la situación de la iglesia en la
coyuntura actual. Hasta ahora, estas zonas son inéditas en
la literatura chilena y demandan atención.
Aparte de estas sugerencias, quisiera terminar con
algunas observaciones sobre el carácter experimental que
tiene el tema de la ética materialista en Valdés y Délano.
Quizás por la naturaleza del material elaborado en *Tejas
Verdes*, la obra muestra una mejor articulación entre
contenido y forma. Es evidente que en el proyecto literario
de Valdés, el mensaje debe surgir de una sucinta

representación de las circunstancias en que es situado su cuerpo, con un mínimo de editorialización directa por parte de la voz narrativa. En el contexto de este testimonio, podría decirse que las intervenciones intensas de una voz narrativa para aclarar y profundizar el significado de las objetividades representadas mediante comentarios e interpretaciones intercaladas entre los motivos que hacen avanzar la narración (intervenciones que Valdés no hace), podrían haber sido negadas por su carácter idealista e ideologizante. Idealista porque las interferencias suponen que —en la dialéctica narrador-lector— las objetividades sociales no tienen sentido en sí, en un momento previo a la contemplación por la mente humana, sino en la medida en que haya un espíritu que les otorgue significado con la valoración explícita o proyectada por la voz narradora. En un modo narrativo de esta disposición, se afirmaría tácitamente que es la mente humana la que contiene las leyes de moción de la realidad y no la realidad misma, tras la cual la mente humana debe adecuarse para captar sus leyes. Ideologizante porque al enmarcarse el significado de las objetividades narradas de ese modo, se propone un elitismo según el cual la realidad sólo puede ser aprehendida a través de un intermediario de conocimiento superior.

Con su narración sucinta, enfocada sobre objetividades no editorializadas, Valdés plantea la realidad social como un misterio que la mente humana puede y debe descifrar con la experiencia directa, sin sacerdotes, vates o sabios en el medio. Esto es de importancia máxima en la actualidad chilena, tan oscurecida por discursos ideológicos como el de la Declaración de Principios. Por cierto, este énfasis primordial sobre la objetividad y la materialidad no implica una negación de lo espiritual. Como uno de los elementos de las relaciones que conforman las formaciones sociales, el cuerpo humano no puede ser apreciado diferenciándolo de los valores creados y acumulados en torno a él en la historia de la especie. El simple hecho de mentarlo y narrar sus circunstancias, dinamiza en la mente del lector el registro de patrones de reacción moral, religiosa, filosófica y legal que la humanidad ha construido como atributos del cuerpo, que garantizan su respeto y dignificación. Es indudable que el proceso de dignificación y respeto de la materialidad corporal es la historia de la cultura humana que ha permitido, a la especie, transformar el espacio social y natural para posibilitar el desarrollo de las potencialidades y la cura de los sufrimientos de los seres humanos. Por lo tanto, el cuerpo humano tiene una historia universal en la cual él mismo es instrumento y símbolo de progreso. De allí que la transgresión de los derechos humanos, por la Junta Militar chilena, movilice a seres humanos de diferentes creencias, nacionalidades, razas y culturas. La universalidad de los valores corporales, problematiza la técnica literaria usada por Poli Délano en su novela. La ritualización conmemorativa del pasado de sordidez cotidiana hecha en el W.C., no logra proyectarse del todo hacia esa universalidad. Es efectivo que Gabriel Canales alcanza la conciencia histórica que le permite sumarse al trabajo de la resistencia clandestina. Sin embargo, tanto éste como su evolución hacia él, se esfuman. Hasta el momento de iniciarse la carta a Mamerto —capítulo siete— el relato se ha dirigido a la serie de anécdotas que ilustran el hedonismo barato de la vida del protagonista, en una secuencia narrativa de gran claridad causal y mesurado detenimiento. De allí en adelante, la narración se acelera enormemente con el uso repetido de montajes que dislocan la secuencia temporal y tratan de cubrir el mayor espacio posible, seleccionándose segmentos claves en el movimiento hacia la resolución final. Esta compresión escamotea la influencia ideológica de los amigos, especialmente de Mamerto y de la esposa, Teresa, junto con los efectos transformativos de los trabajos prácticos de la militancia política[5]. Es más, se puede afirmar que, hasta muy adentrado en la narración, el lector tiene la impresión de leer las peripecias de una falsa conciencia ante el proceso revolucionario chileno. La militancia comunista aparece, por tanto, como un evento imprevisto, difícil de comprender en su verdadera dimensión. La novela queda marcada por el melodramatismo que siempre resulta de la esquematización de los procesos sociales, objetivos y subjetivos, que moldean el comportamiento humano. No obstante, la aparición de *En este lugar sagrado* revela una preocupación que otros escritores chilenos quizás desarrollarán en el máximo de sus implicaciones: la forma en que los hombres se transforman a sí mismos, en un trabajo consciente para crear la épica socialista.

NOTAS

[1]No conozco estudios sociológicos al respecto, vacío al que es imperativo prestar atención futura. Miguel Rojas-Mix ha dado un buen paso en esa dirección, con su trabajo "El Hispanismo: Ideología de la Dictadura en Hispanoamérica". *Araucaria*, Nº 2, 1978. Antecedentes útiles para una investigación más extensa son William B. Bristol, *"Hispanidad* in South America". *Foreign Affairs*, Vol. XXI, January, 1943, pp. 312-321; Bailey W. Diffie "The Ideology of *Hispanidad".* The *Hispanic American Historical Review*, XXIII, 1943, pp. 457-482.

[2]Hernán Valdés: *Tejas Verdes, diario de un campo de concentración en Chile.* Barcelona: Editorial Ariel, 1974. De aquí en adelante señalo número de páginas de esta edición.

[3]Poli Délano, *En este lugar sagrado.* México: Editorial Grijalbo, S.A. 1977.

[4]Jaime Eyzaguirre, "Prolegómenos a una Cultura Hispanoamericana". *Chile en el tiempo.* Santiago de Chile: Ediciones Nueva Universidad, s.f.; pp.78-79. Es conocida la influencia de este historiador entre los apologistas de la Junta Militar, como se atestigua en Arturo Fontaine, et. al., *Nuestro camino.* Santiago de Chile: Ediciones Encina, Ltda., 1976. Este libro reúne diversos trabajos que buscan explicar puntos fundamentales de la Declaración de Principios. En especial, ver Hector Herrera C., "Chile y la Civilización Cristiana Occidental".

[5]Bernardo Subercaseaux ha hecho una observación similar en su reseña de la novela en *Araucaria*, Nº 2, 1978, pp. 210-211.

LA AGRUPACION DE FAMILIARES DE DETENIDOS DESAPARECIDOS: METAFORAS DE VIDA*

En cualquier reunión con miembros de la Agrupación de Familiares de Detenidos Desaparecidos se observa la rapidez con que la conversación gira hacia el tema de la afirmación de la vida contra la muerte. Cuando hablan de las manifestaciones de protesta que han organizado con el correr de los años, se repiten frases como "dar la vida por la vida", "celebrar la vida", "decir que nuestros seres queridos no están vivos sería una derrota política", "vida es verdad", "nuestra vida por la vida", "nuestra vida por la verdad". Se ha hecho conocida su consiga "Por la vida y por la paz, que nos digan dónde están". Su esfuerzo por arrancar de la autoridad militar la verdad sobre el destino de sus familiares, por recuperarlos con vida y denunciar nacional e internacionalmente la violación de los derechos humanos en Chile, revela un discurso basado en la metáfora central de *la sociedad como ámbito para la vida*. Esto ubica la ideología de la Agrupación en el marco de los discursos producidos en las últimas décadas para elaborar, mantener y defender una conciencia mundial de respeto de los derechos humanos.

Un ámbito es un espacio comprendido dentro de límites determinados. Esta definición remite a un trabajo cultural que adecúa ese espacio según valores prioritarios que orientan la administración de recursos humanos, materiales y espirituales para habilitarlo. Todo esto de acuerdo con un proyecto que responde a necesidades por ser satisfechas a través de él. En este sentido, una sociedad es un ámbito en que innumerables generaciones emplean su gama de formas de comportamiento colectivo para delimitarlo. En ese proceso exploran y descubren nuevos modos de conducta que trasmiten a las generaciones posteriores, de la misma manera como legan un territorio nacional más o menos habilitado para la reproducción humana.

No sería arriesgado decir que, según las concepciones que han prevalecido en la historia latinoamericana, en nuestros países se ha tendido a dar prioridad a la consolidación del sistema capitalista por sobre la promoción y la satisfacción del potencial humano. Las concepciones difusionistas de la cultura nacional, propuestas ya desde fines del siglo XIX por grupos afines al liberalismo, siguen enfatizando el engarce óptimo de las estructuras económicas nacionales con las del capitalismo internacional. No se miden convenientemente las consecuencias internas de la transferencia cultural en sus diferentes niveles. El actual neoliberalismo militarizado es tan sólo otro episodio. En la crisis global del sistema capitalista en el presente, la urgencia del debate latinoamericano sobre el tema de los derechos humanos busca introducir una conciencia antropocéntrica en el manejo de las políticas de desarrollo cultural, conciencia que hace del ser humano beneficiario de los sistemas económicos y no instrumento al servicio de ellos. Esto requiere la reevaluación y revaloración del conjunto de condiciones morales y éticas, materiales y espirituales de una sociedad como ámbito de promoción de vida digna para los seres humanos como tales seres humanos. Ello abarca desde la elección de un estilo de desarrollo económico apropiado que objetivamente provea condiciones para el respeto de las necesidades humanas, hasta el cultivo de la paciencia, la tolerancia, el amor y la búsqueda de la comprensión mutua como ingredientes de un sistema político que complemente al económico.

Luego del catastrófico colapso de los mecanismos de transacción política del Estado de Compromiso, los elementos más esenciales de la convivencia nacional chilena han debido ser replanteados. La discusión de formas de encarnar valores al parecer tan tenues como paciencia, tolerancia, amor y comprensión, tienen un lugar prioritario en la agenda de todos los sectores democráticos de Chile. Y esto ciertamente no involucra sólo a sectores procapitalistas que perciben los peligros dictatoriales de la crisis actual del sistema. También compromete a los sectores marxistas más iluminados, que ya cuestionan la forma en que sus adherentes han hecho suyas las premisas del materialismo histórico en su actuación de las últimas décadas. En Chile se está dando una discusión crítica sobre una posible reducción partidista de la enorme complejidad del entendimiento dialéctico de la historia y del progreso social a consignas expresadas de manera simplista, para movilizar al pueblo, pero sin lograr la modulación adecuada de los grados de agudización de la lucha de clases en un contexto objetivo. Se plantea que quizás esas simplificaciones hayan acelerado conflictos en que se perdió de vista no sólo el valor de las libertades burguesas, sino, además, las consecuencias para la seguridad física de los ciudadanos de extinguirse esas garantías. La coherencia de pensamiento y acción alcanzada por la Agrupación puede entenderse como una respuesta en este sentido. Su evolución ideológica no sólo ha tenido que acomodar a personas de diferente postura marxista dentro de la izquierda chilena, sino también a cristianos, centristas y derechistas.

Las tres premisas básicas del movimiento mundial por la defensa de los derechos humanos se han hecho eje de un posible acuerdo político de las fuerzas democráticas chilenas: el derecho a ser; el derecho a vivir; el derecho a superarse. En la creación de una conciencia de respeto de la integridad corporal y espiritual de los individuos ante el Estado, como también de las naciones ante hegemonías extranjeras; en la erradicación de la pobreza y de las enfermedades; en la administración de una sociedad en que todo individuo tenga la oportunidad de expresar y cultivar sus talentos latentes, se encuentra la oportunidad de aglutinar todas las fuerzas e instituciones políticas y religiosas progresistas del país en un frente nacional de democratización. Se trata de un esfuerzo por refundar la convivencia nacional cuando no mucho tiempo atrás, ante la expectativa de una guerra civil, se dieron excesos de instrumentalización de la persona humana para hacerla herramienta y arma de conflicto.

El argumento en favor de los derechos humanos parte de la materialidad del cuerpo humano como foco de un respeto del que surgen todos los otros valores que hacen de la sociedad un ámbito de vida. Es un desarrollo discursivo inverso al de la Doctrina de la Seguridad Nacional. Esta *termina* en la materialidad corporal para hacerla objetivo y blanco presunto o efectivo de un ataque militar. Aquí está el núcleo originario del debate entre vida y muerte que caracteriza la ideología de la Agrupación. Mientras el militarismo hace del cuerpo humano el punto de clausura de un orden para la vida, la Agrupación hace del cuidado de la materialidad corporal de sus familiares, ya sea viva o muerta, la apertura de un nuevo orden. En el discurso de la Agrupación se funden dos metáforas fundamentales: el cuerpo humano y la familia como campo posible de relaciones sociales armónicas. Al crear la vida de hijos por amor, la pareja llega "a entender que el papel de padre es de una importancia tan vital como el de la madre, que ambos se funden y se complementan, que ambos dan ternura y tratan de dar amor, de educar y enseñar"[1].

> Mi compañero es una persona a quien recuerdo por sobre todo como un hombre lleno de vida, como un símbolo de vida... A mí me costó comprender este rasgo de su carácter, tal vez porque mi naturaleza es muy distinta, pero cuando logré entenderlo, y creo que logré captarlo y adquirir algo de ello, veo que es una de las características que a mi juicio es básica para quien decide asumir un papel de luchador, para quien asume un compromiso social y se compromete a ser un revolucionario... Pero esta alegría de vivir también se manifiesta a diario y en las cosas más mínimas. Se manifiesta, por ejemplo, en el saber gozar de un buen libro, en el saber gozar de un día bonito, en el saber gozar de la alegría que da un hijo... Y creo que eso es como una semillita que logró germinar en Anita Lorena [nuestra hija].
>
> Mi marido es comunista, y a mucha honra... Yo no pensaba igual que él, volvería a hacer exactamente lo mismo, yo me siento orgullosa de ser la compañera de Lincoyán. Cuando yo empecé a comprender aquello que él llamaba su ideal, cuando yo empecé a leer, cuando empecé a sentirme su compañera, creo que realmente empecé a vivir.

En esta fusión se da un desplazamiento cada vez más amplio que se inicia con los sufrimientos corporales del individuo secuestrado por los servicios de seguridad, cubre la familia a que pertenece y luego abarca la comunidad nacional como "cuerpo social" y la humanidad en general.

La metáfora familiar da una resonancia universal al sufrimiento corporal: la armonía familiar perdida con el desaparecimiento es traducida como inestabilidad nacional y como alienación de la humanidad. En última instancia, el cuerpo real del desaparecido y la familia fragmentada son regeneradas simbólicamente con la formación de familias compensatorias y figurativas como la Agrupación y la certeza de contar con la simpatía de la comunidad nacional y de la humanidad.

La detención de nuestros familiares constituye un atentado a nuestros derechos como personas y como grupo familar. La ausencia de uno de los nuestros ha repercutido en la estabilidad de nuestras familias. El desaparecimiento ha lesionado gravemente la posibilidad que nosotros, nuestros hijos y el resto de nuestros familiares más próximos, se desarrollen como un grupo libre del dolor, de la incertidumbre y de la inseguridad. Nuestros derechos han sido dañados en lo más esencial de la familia, su unidad y su seguridad.

Nosotros hemos aprendido con nuestra lucha que el respeto de uno u otro derecho está relacionado en la exigencia para hacerlo respetar y estamos seguros de haber contribuido, aunque sea parcialmente, a hacer conciencia sobre lo que los desaparecidos significan y, al menos, impedir que más familias y sectores de nuestro pueblo deban sufrir nuevos desaparecimientos.

Esta solidaridad así expresada ha seguido día a día desarrollándose lentamente en cada hogar; en cada hogar de nuestra patria se conoce y se comprende nuestro drama que es de todos.

Nuestra búsqueda es un llamado de atención a toda la humanidad. Nuestra mayor felicidad sería, después de recibir en el hogar a quienes están ausentes por largos años, saber que todo lo que hemos hecho en este tiempo ha ayudado a que una situación como la que se ha vivido en Chile no se vuelva a repetir jamás.

El reencuentro de los chilenos y la convivencia nacional necesitan obligatoriamente establecer la base absoluta de la verdad [sobre el destino de los desaparecidos]. El país no puede aceptar la subsistencia de esta situación que, mientras no sea aclarada, se convierte en un trauma que obstaculiza toda convivencia futura.

... porque con ellos no sólo han desaparecido ciudadanos dignos y queridos por sus familiares. Con ellos ha desaparecido la dignidad de las mejores tradiciones de la convivencia nacional. Nuestra Patria se ha lesionado, nuestra historia ha recibido una herida profunda, que duele y hace sangrar la conciencia de nuestro pueblo.

Y la Verdad debe conocerse. Debemos luchar por ella, nosotros, tú, porque mientras no se conozca, no podrá existir nunca una verdadera paz. La herida permanecerá abierta, sangrando siempre.

Nótese lo evidente del uso de metáforas corporales con respecto a las familias dañadas por los desaparecimientos: "lesionado", "dolor", "sufrir", "trauma", "herida profunda", "hace sangrar", "la herida permanecerá abierta, sangrando siempre". Esta reiteración es útil para recordar que una de las características de la materia corporal viva en el seno de las relaciones sociales es la dificultad de que desaparezca sin dejar huellas. Si, como se proponía anteriormente, las relaciones de la vida cotidiana son como un tejido comunicativo que se resiste a la "mutilación" y al "vacío" de la ausencia, siempre habrá testimonio de la existencia pasada y presente de un ser humano en la memoria de familiares, vecinos, conocidos, testigos y en los objetos que manipuló para mantener su vida:

¿Quiénes eran ellos? Seres sencillos y simples, sólo hombres nada más, que creían en algo. Pensaban que la vida podía mejorar, elevarse la condición humana, hacerla más solidaria y generosa. Y por ser así, los detuvieron.

Por eso no están más ni en la calle ni en el barrio; pero se siente su presencia en todas partes. Están en las cosas que tocaron; en el libro que leían y que continúa abierto en esa página esperando. En el sillón o en la banca rústica en que reposaban, en la mesa de comer donde hay una o más sillas vacías. Los vecinos que los conocieron piensan: esa es la casa en que vivieron y aquella la esquina en que los detuvieron. Ellos saben que en alguna parte están, tal vez vivos o tal vez muertos.

Yo estuve casada con él veinticinco años. *Entonces es una vida, porque él entonces tenía diecisiete años, yo tenía diecinueve años. Así que es una vida que viví junto a él. Así es que cómo no voy a saber yo quién éra él y no creo que haya sido un fantasma que vivía conmigo.*

La enumeración prolija de objetos de la cotidianidad son un esfuerzo por anclar materialmente a seres que el Estado fascista ha tratado de convertir en "ficción legal", "ficción jurídica" para "blanquear sus propios delitos" y "limpiar la responsabilidad". El Estado fascista ha tenido la desaforada audacia de proclamar que, por trámite administrativo cursado por una burocracia conspiratoria, un ser humano jamás ha existido, creando "un panorama lleno de siluetas crepusculares que nadie tiene la fuerza de sepultar definitivamente"[2]. Por orden administrativa se los ha condenado a un limbo en que jamás tendrán derecho a la muerte, así como tampoco tienen derecho a la vida. Para comprender esta situación no existe sino la categoría estética del grotesco, con su indicación de un súbito asalto de fuerzas diabólicas que arrancan al prisionero de su mundo conocido y transitado:

> Pero de repente, como tragados por el viento, desaparecieron. Fueron sacados de sus casas, del trabajo, de la universidad, o los esperaron para detenerlos en la calle solitaria y silenciosa. Desde entonces dejaron de estar, esfumándose como si nunca hubieran existido.

> No sabemos con qué afán o sentido lo callan; pareciera ser una orden más: convertir a los desaparecidos en habitantes del silencio y del olvido. No quieren darles a los nuestros ningún destino humano. Ni vivir ni morir. Para siempre la duda.

Los seres capaces de perpetrar tan grotesca ficcionalización de la persona son apodados "señores de la vida de los nuestros", "villanos de hielo", "corazones endurecidos", "sordos e insensibles" que retraen la historia humana a un pasado ignoto: "Desde luego, vivimos en una época en que referirse al diablo parece cada vez más ingenuo o más tonto; y sin embargo es imposible enfrentar el hecho de las desapariciones sin que algo en nosotros sienta la presencia de un elemento infrahumano, de una

fuerza que parece venir de las profundidades, de esos
abismos donde inevitablemente la imaginación termina
por situar a todos aquellos que han desaparecido"[3]. Su
mundo es el de la "oscuridad de la noche", "la niebla", "la
frontera del humo", "ese mundo negro" en que la
normalidad humana quedó quebrada. Allí habita como un
"ente devorador" ese "organismo en que actualmente [mi
ser querido] está desaparecido". Cuando se busca al
secuestrado, ese ente interpone "un cerco de silencio",
"murallas de cemento" que "cierran y obstaculizan los
caminos". Por su conspiración, la normalidad del mundo
ha quedado distorsionada. La realidad sufre "los extremos
de la deformación"; en la oscuridad, ese ente practica "la
distorsión de los hechos" para "alejarnos de la realidad".
Los "distintos" ángulos de ella son reducidos a la
"uniformidad" que termina en "silencio o parcialidad" y
en "rigidez del pensamiento". Prevalece "la expresión de
la mentira" y así ella "puede llegar incluso a transformarse
en 'verdad' ante la reiteración periódica de la misma"; "la
autoridad por esta vía ejecuta sus ataques a la honra y
dignidad". Son habitantes de la mugre y del grotesco que
"después de cumplir su sucio trabajo salen a la superficie y
se sientan en los mismos cafés, en los mismos cines donde
se reúnen aquellos que hoy o mañana pueden ser sus
víctimas"[4].

Desde los avernos esos seres quieren la parálisis de
quienes han sido dañados, de la persona que busca a sus
familiares "porque ellos lo que quieren es que uno se
quede en la casa sentada y no haga nada", para así zaherirla
con amenazas que contienen burlas satánicas:

En la carta dice: "Déjate de buscar a tu marido, porque sabemos
que eres comunista y él también fue comunista... Si sigues
buscándolo nosotros te vamos a liquidar"... [También me dicen
que] a él lo mataron en abril del setenta y siete y que lo tiraron
al mar[5], me dicen, con muchos otros y que la ropa de él me la
van a ir a entregar a la casa... Me llegó la otra carta en que me
dicen que tengo que ir a la Plaza Italia a buscar un reloj de
pulsera, que efectivamente yo se lo había regalado a mi
compañero, que lo había comprado en Italia, la marca era
italiana. Entonces me decían exactamente todos los detalles
del reloj y que tenía que llevar veinte mil pesos, entonces... yo
hice todas las diligencias con mi abogado para poder hacer

efectivo e ir a la Plaza Italia; pero a última hora no pudimos hacer nada de eso porque era víspera de Año Nuevo, así que era un poco difícil, así que yo no fui a esa cita, porque sería también como si ellos se rieran de uno, de que uno va a esa cita y ellos pueden estar escondidos y todo, y uno está parado ahí esperando.

Con ironía aún más macabra, la burocracia represiva espera agotar a los familiares en un laberinto infinito y costoso de trámites administrativos, de manera que ellos mismos tengan que dar muerte simbólica a sus seres queridos con la renuncia voluntaria a la búsqueda. Esperan que en esta "peregrinación" o "calvario" el agotamiento nervioso mine el compromiso de rescate y gradualmente el familiar se aletargue y acepte la muerte. El Estado fascista incluso intentó comprar la conciencia de los familiares de detenidos desaparecidos haciendo más expedito el reconocimiento de la muerte del secuestrado, la clarificación del patrimonio o montepíos dejados e, incluso, una indemnización a los sobrevivientes. Este fue el objetivo de la Ley de Muerte Presunta, cuya modificación fue discutida por el gobierno en junio de 1978. Con las protestas públicas de la Agrupación el proyecto fue abandonado. También los miembros de la Agrupación han rechazado obvios intentos de compra de su conciencia mediante ayuda económica especial dada a través del Centro de Madres (CEMA), organización asistencial dirigida por la esposa del general Pinochet, Sra. Lucía Hiriart de Pinochet:

Yo en el setenta y seis, le hice una carta a la Lucía, a la mujer del gorila Pinochet, entonces donde yo como mujer le contaba mi caso, mi problema familiar, exponiéndole mi vida como madre y como mujer, ella cómo veía mi caso, ella siendo madre y siendo mujer, donde la contestación no la tuve de inmediato. Yo a ella le escribí en el setenta y seis, ella me contestó en el setenta y siete, el tres de octubre del setenta y siete, donde me manda a mi casa a CEMA Chile. CEMA Chile estuvo en mi casa cuando yo no estaba; doy gracias a eso que yo no estaba. Los vecinos inmediatamente, cuando vieron a CEMA Chile, le contaron inmediatamente todo el problema, que yo llevaba de tantos y tantos años y de la manera que yo estaba, porque ellas se hicieron presente dentro de mi población; así yo vivo en una población muy marginal, donde todos los vecinos, el que no

tiene un problema tiene otro, la mayoría de los problemas son
de gente cesante —y me dejan una citación. Primero ella me
escribe la carta donde me manda decir... timbre por todas
partes, la Primera Dama de la Nación, la primera dama de la
nación, y esa carta me manda decir que ella, señora tanto de
tanto, yo lo siento tanto, yo lo único que le aconsejo a usted, que
usted se haga presente en CEMA Chile, como decir, para mí,
que se haga presente a la Dina... entonces, era como algo bien
tirado así del pelo se puede decir, porque cuando ella me dice
que me haga presente a la Dina ya la Dina había sido
disuelta. Entonces yo llegué y no fui cuando ella me dijo que
fuera a CEMA Chile, porque yo bajo ni un punto de vista le
había mandado a pedir una ayuda económica, sino que yo le
mandaba decir que por favor ella como mujer y como madre,
tratara de ubicar dónde estaba mi esposo que era lo que yo
deseaba saber. Una vez que yo no me hice presente en CEMA
Chile, fue CEMA Chile a mi casa... midieron mi sitio, por
fuera pudieron darse cuenta cómo era mi casa, me dejaron una
citación para que me presentara a CEMA Chile. Vine yo
inmediatamente a Vicaría, porque era una cosa como que a mí
no me cabía, consulté con abogados, consulté con compañeras,
pedí ayuda a compañeras que fueran conmigo. Además que yo
venía saliendo como recién de una operación. No me encontraba
tampoco muy bien, muy agresiva, además que no iba a ser una
conversación, sino que iba a ser un choque que íbamos a tener
ahí. Nos presentamos dos compañeras a CEMA Chile... no me
acuerdo en estos momentos cómo se llama la calle, pero sí que
queda por el lado del... de la... se me olvidó. Y nos presentamos
dos compañeras ahí, donde hemos sido atendidas por una...
Lolita se puede decir; no tendría más de dieciocho años la
asistente social que nos tocó en ese momento que nos atendiera.
Yo llevando el papel en la mano inmediatamente me hizo
pasar a una de sus oficinas muy elegantes que tienen ahí en
CEMA Chile, pensando siempre nosotros en que la compañera
que me iba a acompañar iba a quedar sola, donde fue todo lo
contrario, la hicieron pasar conmigo. Eran oficinas muy
chiquititas, que cabían dos solamente, dos personas adentro, se
trataron de acomodar muy bien y nos tratamos de acomodar las
dos personas que íbamos, a ver cuál iba a ser la respuesta y qué
lo que se traía la Lucía entre manos... Una vez llegando ahí,
me preguntó la niña esta acaso yo pertenecía a algún Centro de
Madres. Yo le digo riéndome, porque en realidad me da risa, yo
no he pertenecido jamás a un Centro de Madres... Entonces llega
y me dice: "Mire, usted para tener cualquiera ayuda de aquí,
tiene que haber pertenecido seis meses a un Centro de Madres",
y yo le digo: "Mire, a mí me perdona, pero jamás he asistido a
un Centro de Madres, ni me va a hacer asistir en estos
momentos; yo no le vengo a pedir ni una ayuda, ni menos ayuda

económica; lo que yo quiero saber qué es lo que me manda a decir esta señora"... Entonces, como que esta niña sabía algo, u otra cosa no la sabría, me dice: "¡Pero cómo!, no puede ser que usted esté haciéndome esto", —le digo yo: "No, bueno, que la realidad es lo que estamos viviendo, yo le mandé decir a la señora Lucía que lo que yo quería saber y que ella me ayudara como madre y como esposa a encontrar a mi marido; además que si yo le cuento todo mi problema es como que ella se pusiera la mano en el corazón, si es que tiene, y que dijera "bueno, esta mujer necesita su marido, y por lo tanto vamos a decirle dónde está, si está vivo, si está muerto". Una vez ya terminada la conversación, esta señorita comienza a ofertarnos cosas, primero un buen colegio para mis hijos; después en que dónde yo estaba viviendo —poco menos que me lo quiso dar a entender así, que era como un chiquero, entonces necesitaba bien cambiarme de ahí, a una buena casa, que esta casa, bueno, tenía que ser pagada por la Lucía; un sueldo por mientras mi compañero estuviera ausente y alimentación para mis hijos. Una vez que yo le contesté: "Señorita, perdóneme, pero, ¿a cambio de qué va esto?, ¿a cambio de una firma?, ¿a cambio de que yo le dé una firma para que si es que mi marido está vivo para que ustedes me lo maten? Yo no le vengo a pedirle eso; yo lo que le mandé decir que quería saber dónde estaba mi marido, yo no quiero ayuda económica, menos que venga del lado de ustedes. Si mis hijos habían sufrido hambre durante tres años, mis hijos habían podido seguir sufriendo hambre". En seguida, esta niña, fingiendo lágrimas en sus ojos me dice: "Pero, señora Carmen, por favor, un parcito de zapatos para sus hijos"... "Gracias, no los necesito, mis hijos han andado a pies pelaos, lo que yo necesito es el padre de mis hijos, el padre de mis hijos es el que tiene que darle los zapatos"... "Señora, por favor, recíbame un tarro de leche"... "No, muchas gracias, no lo necesito; mis hijos hace muchos años que no toman leche y lo pueden seguir haciendo"... "Señora, piense en el porvenir de sus hijos..." ... "Piensen ustedes lo que han hecho con mi marido. Lo que yo le mando decir... ¡escriba, por favor!, lo que yo le mando decir a esta señora... no le he mandado a pedir ayuda, no le he mandado que me ayude en cosas económicas, sino que le he mandado decir, que me mande decir dónde está mi esposo. Ella como madre, como esposa y como mujer, y como la Primera Dama que se hace decir, ¡que me diga dónde está mi esposo!" Una vez que todo esto fue rechazado, esta niña me dice: "No puede ser, de aquí usted no puede salir si es que no se lleva un paquete". "A mí me perdona, pero yo no salgo con ni una mugre de ustedes; si es que me van a tomar una fotografía que me la tomen tan igual como entré; ¡así entré y así salgo!" Esta conversación duró dos horas y media... así es que ustedes se pueden dar cuenta, yo no les quiero decir todas las cosas que ahí se dijeron, pero ahí se dijeron cosas bastante fuertes, bastante pesadas y bastante insolentes, porque me porté bien rota, como una mujer de población y una mujer chilena.

En oportunidades el lenguaje de algunos miembros de la Agrupación muestra intentos voluntarios de arrojarse al mundo de las profundidades infrahumanas para ver brevemente al amado, para "rescatarlo a la vida" o para recuperar a "hijos que nacen en la oscura realidad". Es de saber que siete mujeres desaparecidas estaban embarazadas. Así el "calvario" por el "mundo oscuro" se transforma en una tangible comunión con los seres queridos mediante el dolor corporal de la tortura compartida. Situaciones como estas son quizás los ejemplos más conmovedores de transmutación del martirio corporal en amor comunicado a través de la materialidad humana más elemental.

Yo estuve detenida desaparecida por tres meses. Donde el Comité Pro-Paz a mí me hicieron un recurso de amparo junto con la María, con el padre Daniel, donde ellos tuvieron que presentarse a hacerme un recurso de amparo junto con Vicaría; porque yo desgraciadamente no tengo familiares, por lo menos que se hayan hecho responsables en ese momento de mi persona ni de la persona de mi compañero. De ahí siguió mi calvario que fue totalmente grande, de haber visto no tan solamente a mi compañero, estuve con mi compañero, como estuve con muchos más compañeros, de haber visto dentro de ahí las torturas que se les daba a cada uno de nuestros compañeros, haber visto compañeros en muy mala situación, ya compañeros que no veían, por eso que los tenían sin venda. Las primeras torturas que recibí fueron haber sido quemada, con cigarrillos, después de haberme puesto en la parrilla, después de colocarme la plancha, después de estar colgada veinticuatro horas en Villa Grimaldi. A nosotros, el grupo que habíamos ahí, era un grupo de sesenta y ocho que estábamos en Cuatro Alamos; después nos trasladaron a Londres 38, supimos por compañeros que estaban ahí, que estábamos en Londres 38. Ya poco recuerdo, porque estaba muy mal; nos trasladaron a Villa Grimaldi. Ahí pude reconocer voces de compañeros, la voz de mi compañero me la conocía muy bien, porque aun para podernos torturar me bajaban la venda a mí para que lo viera a él de qué manera estaba siendo torturado; después le bajaban la venda a él para que viera de qué manera me estaban torturando a mí, cosa que alguno de los dos tenía que decir o dar más

nombres para que cayera más gente, y lo otro, que dijéramos
dónde estaban las armas. Yo por lo menos, no tenía ni idea de
dónde podían estar las armas, lo que siempre mis respuestas
fueron que la única arma que yo tenía, como ellos lo decían así,
era la arma que me había dado mi madre cuando yo había
nacido... Tuve como bastante fuerza de voluntad y de eso
muchas veces me siento con mi cabeza bien arriba, con mi frente
bien alta, porque cuando caí detenida, caí sola y Dios tuvo
compasión de mí; digo Dios, porque yo soy una persona
católica, creo en un Dios que va a ser la persona que nos va a
liberar algún día de lo que estamos pasando... y que pude pasar
mucho tiempo desmayada, sobre todo en las torturas más
grandes que me hicieron, donde pude perder mi dentadura,
donde por lo menos pude ver a mi compañero y estar tres meses
con él, en muy malas condiciones, pero pude verlo, pude saber
que por lo menos no me lo habían matado al tiro, sino que
todavía existía. Como existía él, existía José Flores Rojas,
existía Aguilera Peñaloza, existía Carter... existía una niña
de apellido Anita, que le decían "la negra linda" adentro...
también estaba ahí Leopoldo Muñoz Andrade, donde él lo
único que pedía era que se le avisara a su madre que él existía
con vida. De una vez que yo pude y que se corrió el rumor en
Villa Grimaldi que yo salía en libertad, los compañeros,
algunos de ellos, posiblemente casi todos, me dijeron cuáles
eran sus familias, de algunos me pude grabar su nombre, de
todos no porque éramos muchos. Las condiciones de nuestros
compañeros, no eran condiciones buenas, ahí era casi la parte
principal la parte humana, el dolor grande; nadie se fijaba en
quién era el compañero sino que estábamos sufriendo todos una
tortura por igual, uno no por ser de un lado o por ser del otro le
iban a pegar menos, todos íbamos a sufrir lo mismo. Muchas
veces yo estando desmayada, mis compañeros de dolor, mis
compañeros de sufrimiento, tenían que orinar para pasarme el
pipí por los labios. Y esto lo digo porque lo sufrí en carne
propia.

Olvidar al familiar, callar su desaparecimiento o
aferrarse a la ilusión de que vive, la ilusión de la vida, se
convierte, en estas circunstancias, en una violenta elección
entre un acto de sumisión derrotista a "los señores de la
vida de los nuestros" o de proclamación de un desafío
confiado en la victoria futura. No caben dudas sobre el
camino elegido por la Agrupación:

Quieren que madres, esposas, hijos, hermanos terminen por
matar a los suyos con olvido y silencio. La suprema

humillación es la razón de los autores. Pero tú comprenderás. Eso no es posible.

Nosotros decimos hoy nuevamente que luchamos y lucharemos por salvar sus vidas y no por un certificado de muerte presunta.

El compromiso con el recuerdo es la clave central de las elaboraciones simbólicas de la Agrupación. El recuerdo explica, además, la fijación de una sensibilidad de grupo. Indirectamente, la entrega total al recuerdo implica la pavorosa resolución de prolongar mentalmente la presencia del desaparecido *a través* de la prolongación infinita de los traumas íntimos del secuestro y de la búsqueda frustrante. La tendencia natural del ser humano es a sofocar la memoria de las experiencias dolorosas. Sin embargo, en este caso excepcional, permitirlo es aceptar la derrota. El familiar debe, por tanto, disciplinarse para evitar el encallecimiento de la cualidad corrosiva y quemante del trauma. Parte de esta disciplina es la creación de rituales cotidianos que se examinarán más adelante. El recurso principal es proyectar la imaginación constantemente a los lugares de presunta detención secreta para revivir las penurias del desaparecido como si fueran propias:

En los primeros tiempos nuestros sufrimientos los provocaba el saber que eran sometidos a los más inhumanos tratos por parte de sus carceleros, interrogadores, torturadores, porque así lo señalaba la experiencia de cientos de detenidos que fueron torturados...

En los años siguientes y en la actualidad nos atormenta el saber que permanecen secuestrados en lugares inhóspitos, el pensar que están enfermos y abrumados por el absoluto desconocimiento de lo que sucede con su pueblo, al cual le entregaron los mejores años de su vida.

La terrible agonía de días, años en que no alcanzamos a comprender que haya mente humana que pueda alcanzar tal grado de crueldad. Nuestra pesadilla no tiene fin, y se hace aún más cruel y dolorosa, cuando surgen los interrogantes: dónde estará, qué estará sufriendo, acaso podría estar enfermo, o tendrá hambre, frío, tristeza.

Recordar sin saber si hablar de pasado o presente...

Esta agobiadora disciplina para el recuerdo es un imposible psíquico. Medida de ello es que tras ese deseo se oculta la intención incompatible de organizar la regularidad de la rutina cotidiana en torno a la excepción traumática. Ya ésto muestra una contradicción insuperable, una aspiración esencialmente oximorónica. La empatía oximorónica con el ser distante, oculto y sufriente supone cargar con dos cotidianidades paralelas e inconciliables: una real, la del familiar, y otra ficticia, la forma en que éste recuerda al desaparecido. La cotidianidad del familiar contiene necesidades de trabajo, educación, amistades, compromisos, obligaciones e incitaciones de nuevos amores posibles. La rutina imaginada, la del ausente, queda congelada en la mente de quien busca como sufrimiento corporal permanente. La congelación mental del desaparecido se comprende si pensamos que nadie puede —a menos de tener alucinaciones— imaginar las opciones vitales que realmente se ofrecen a un prisionero, si es que está vivo. Nadie puede vivir imaginariamentela vida de otro *ser humano real*. Si pensamos que el ser vivo es aquel que responde con nuevos comportamientos y elecciones a las demandas de la realidad, decimos que, al imaginar al desaparecido en una congelación de sufrimiento corporal infinito, en verdad se está recreando a un muerto mentalmente. Aunque el familiar lo niegue fervientemente, en su psiquis carga con un ser muerto al que quiere mantener vivo, permitiendo que su memoria irrumpa infinita y traumáticamente en su cotidianidad. No obstante, reconocer esta carga es, para el familiar, un acto de asesinato aún más sangriento que el que posiblemente hayan consumado los servicios de seguridad. Esto porque lo está realizando un ser querido que se había comprometido al recuerdo. Quizás la profunda contradicción de todo esto se podría expresar diciendo que *el sufrimiento del recuerdo es usado para dar vida a la muerte*. Es un ciclo de pensamiento que fluye con facilidad con el sentimiento religioso: la muerte es un impulso para la creación de vida nueva. Entre los miembros de la Agrupación se han dado frases como: "la vida debe continuar, reemplazando a los que partieron un día"; "La vida, a igual que los ríos, nunca es la misma. El agua pasa y se renueva en su constante transcurrir"; "Estamos conscientes del camino que tenemos que seguir. Yo sé que como lo siento compañero a él, él nos siente compañeros y camaradas. Sabe que su semilla quedó en nosotros, y que nosotros tenemos que hacer que florezca y de eso estamos seguros".

Frases como estas desnudan una secreta aceptación de la muerte del desaparecido que, sin duda, influye y condiciona los modos de protesta, las ceremonias rituales y los símbolos que la Agrupación considera característicamente suyos: huelgas de hambre; encadenamientos a edificios de importancia significativa; cadenas; candados cuyas llaves se ocultan a la policía para obligarla a cortar las cadenas; fotografía(s) del o de los desaparecidos que el familiar lleva sobre su pecho en las acciones de protesta más formalizadas, como las huelgas de hambre y los encadenamientos; las ceremonias de devolución de llaves de candados a los familiares, una vez terminado el encadenamiento, con una flor pegada a ellas.

La huelga de hambre hecha en público revive el dolor del desaparecido supuestamente en cautiverio, prestando el cuerpo del familiar sobreviviente a su memoria. Ilustra la unidad simbólica del ser ausente y del ser presente, el pasado del desaparecido todavía viviente en el ahora de su familiar. De allí la foto del desaparecido sobre el pecho. Ponerla allí equivale a decir: con este cuerpo mío yo acompaño y comulgo con los sufrimientos de mi ser querido y lejano; este cuerpo mío es su cuerpo y yo lo exhibo públicamente para que, de estar muerto, reciba el amor, la preocupación y la solidaridad comunitarias que le han negado al ocultarlo; con este cuerpo mío, que yo expongo públicamente a la violencia represiva, yo comparto su castigo, queda expuesto como el suyo y lo muestro a todo el mundo para que los torturadores ocultos queden desnudos y la comunidad los repudie. Las cadenas usadas refuerzan esta noción. Son gruesas y las llevan cruzadas sobre el torso, con dos vueltas sobre la cintura. Con ellas se quiere decir: estas cadenas atan dos existencias, la mía propia y la de mi desaparecido a quien presto mi

cuerpo; son mi amarra a esta doble existencia de dolor que
cargo en mi cuerpo; estas cadenas son el nexo entre yo, ser
vivo, y ese ser quizás muerto por el que voluntariamente
he perdido la libertad de una vida plena; estas cadenas son
mi propia muerte al postergar yo mi vida para que se
recuerde a mi desaparecido; ellas son el puente entre estos
dos seres fundidos en uno y la humanidad simbolizada
por este edificio de las Naciones Unidas al que me
encadeno; estas cadenas son el ancla que me fija en la
historia perdida de la democracia chilena, a cuya tradición
me encadeno en las rejas del edificio del Congreso
Nacional clausurado. Y al salir de la cárcel, después de la
acción de protesta, cuando los otros miembros de la
Agrupación que permanecieron en libertad devuelven las
llaves del candado con una flor atada, se está diciendo: por
un momento expuse mi cuerpo a la represión como si
fuera el de mi ser querido y quizás muerto; como cosa
inerte, sin opciones, me hice sumisa a la violencia policial;
pero ahora, después de pasar por "el mundo negro", la
detención, el fichaje policial, el proceso judicial, y haber
enfrentado a sus habitantes, vuelvo a ser materia viva, en
que germina vida, aun en las condiciones más adversas,
así como en esta llave, en este trozo de metal duro, hay
una flor. La materia que se ha simbolizado como inerte,
sin vida, al mostrarse a la comunidad y hacerse ejemplo
ante ella, se ha hecho vida.

Del mismo modo se transmutan en verdad para la vida
los restos de desaparecidos encontrados en cementerios
secretos. En torno a ellos proliferan metáforas de cultivo
de la tierra. Con ellas los familiares que buscan se declaran
dispuestos a "seguir buscando y golpeando, arañando la
tierra" puesto que para ellos "la verdad ha ido caminando
duramente bajo tierra. Se la ha querido dejar
definitivamente enterrada y prisionera, esconderla de
cualquier modo y de cualquier manera"[6]. Pero finalmente
erupta con "remezones", "violenta y sangrienta" y "tiene
suficiente fuerza para germinar desde lo más profundo y la
fuerza necesaria como para romper la roca más dura". "La
verdad, que aun queriéndola ocultar en las entrañas de la
tierra, no ha podido dejar de germinar", renace en la
superficie con los nombres de los desaparecidos, "estos

154

nombres que florecen, perfumados como rosas". Es un
humus que ha sido "regado con sangre campesina, con
sangre obrera, con sangre de compañeras mujeres, con
sangre de profesionales". Esta eclosión de vida despeja "la
frontera del humo" y "a estas alturas del camino ya no
podríamos aceptarle a nadie la complicidad del silencio, la
pasividad del conformismo, a nadie la comodidad del
cansancio, ni la desesperación de la espera, a nadie la
tranquilidad de las disculpas ni las puras palabras que
esconden cobardía". Con la erupción de verdad y vida llega
"la hora de secarnos las lágrimas, de juntar todas las
manos y todas las sangres, ha llegado la hora de que nada
puede quedar oculto, y denunciar lo que estaba escondido,
desde los techos de nuestras casas, ha llegado la hora de
amor al extremo de dar, ahora y para siempre, la mayor
prueba de amor que es posible dar, la vida por los que se
ama". Así quedará atrás "el mundo negro" para "lograr el
mundo lindo... para que juntos... todos, todos, podamos
disfrutar de ese mundo lindo".

POR LA ILUSION DE LA VIDA

Como se observa, una disposición orgánica de las
relaciones metafóricas del discurso de la Agrupación
revela una dinámica que se tensa a partir de una
afirmación de la vida y un rechazo de la muerte. Esta
tensión adquiere caracteres oximorónicos para luego
distenderse en un tácito reconocimiento de la muerte de
los desaparecidos. Sigue después una nueva tensión, que
convoca a la ciudadanía a la afirmación de la vida
comunitaria a partir de la evidencia irrefutable de que la
muerte violenta existe y es insoslayable. Según el material
examinado, la tensión inicial es expresada como pérdida o
alteración radical de la sociedad como ámbito vital por la
invasión sorpresiva de fuerzas diabólicas que provienen
de los avernos. La argumentación que sigue es
momentáneamente oximorónica porque funde términos
metafóricos que racionalmente se consideran
irreconciliables: postergación de la vida para servir la
memoria de la muerte; fusión de una cotidianidad real

con una imaginaria en condiciones de igualdad. Esta incompatibilidad sugiere una visión alienada de la realidad por cuanto las contradicciones explícitas no son resueltas por una voluntad que elija opciones clarificadoras. Se acepta la convivencia paralela de términos que entre sí, en unión, promueven la confusión. La resolución final se da con metáforas de trabajo agrícola que restituyen una confianza en la capacidad humana de abandonar la confusión y orientarse a objetivos específicos. Los verbos usados, "regar", "germinar", "florecer", sugieren una siembra anterior en que el terror y el ofuscamiento se han transformado en voluntad templada para reconstruir un ámbito afín al cultivo de la vida.

Esta serie de términos contradictorios subyace y convive en un discurso ideológico que, en el momento de ser captado, 1981, aparece ya soldado en su aspecto superficial por la experiencia de por lo menos siete años de oposición al fascismo. Estas contradicciones reflejan tensiones no del todo resueltas dentro de la Agrupación. A pesar de existir, ellas no parecen tener un carácter antagónico que amenace con la disolución del grupo. Más bien son un factor constitutivo. Las diversas zonas conflictivas que se manifiestan en esta inestable fusión metafórica son las siguientes: a nivel político está la coexistencia de personas de diferente doctrina y participación militante antes del secuestro de los familiares, incluyendo un significativo sector sin ninguna experiencia previa en este sentido. A nivel emocional está la forma en que los miembros asumieron individualmente el trauma del arresto y la frustración de la búsqueda; aquí habría que señalar factores irracionales que se deslizan e infiltran en su conducta cotidiana. A nivel social están las incidencias represivas del Estado, ante las cuales la Agrupación ha tenido que movilizarse a través de los años. Todos estos factores están obviamente entremezclados y se condicionan entre sí hasta el punto en que es arbitrario diferenciarlos para una exposición sistemática. No obstante, intentar su diferenciación y reconstruir un bosquejo de la historia de la Agrupación aclarará aspectos cruciales para este trabajo.

Siete días después del golpe, la Junta Militar creyó legitimar la represión declarando a Chile en estado de emergencia y de sitio, afirmando que éste debía entenderse como "estado o tiempo de guerra". Echando mano de estos preceptos legales calificó a los sectores de la izquierda chilena como enemigos posibles de ser destruidos física y políticamente[7]. Tal calificación, aunque respondía a la Doctrina de la Seguridad Nacional, estuvo fuera de los marcos del derecho nacional e internacional, en que se reconoce calidad de enemigos sólo a extranjeros que amenacen la integridad del territorio nacional en nombre de otro Estado y en que los disturbios interiores no pueden ser considerados fuera de una situación de paz, a menos que sean escalados a la calidad de guerra civil, hecho que ciertamente no ocurrió en Chile[8]. "El derecho, pues, como conjunto de normas objetivas susceptibles de interpretación acorde con normas a su vez previamente establecidas desaparece simplemente o se convierte en algo distinto"[9]. Con todo, hasta mediados de 1974 se dio una primera etapa represiva que puede caracterizarse cabalmente como la invasión de Chile por sus propias fuerzas armadas. Estas abandonaron sus cuarteles para volcarse violentamente sobre la sociedad con allanamientos, concentración de tropas en lugares estratégicos como sitios de embarque, cruces carreteros, accesos y salidas de ciudades, servicios comunitarios como centrales telefónicas, eléctricas, etc. Se detuvo a masas de dirigentes estudiantiles, políticos, sindicales y periodistas asociados con el depuesto gobierno de la Unidad Popular. Los prisioneros fueron reunidos en lugares momentáneos como los Estadios Nacional y Chile y luego trasladados a campos de concentración como Tres Alamos, Cuatro Alamos, en Santiago; Puchuncaví, Ritoque, Isla Quiriquina e Isla Dawson, fuera de la ciudad.

En esta etapa la actividad militar tuvo un objetivo global: la destrucción irreparable de la organización de los sectores de izquierda. Por este motivo es que la represión se dio con una violencia desmesurada, amplia, en que la fuerza militar no sólo destruyó "objetivos" designados, sino que aprovechó la ocasión para flectar músculos. Se exhibió a la población general como leviatán irreprimible y arrollador, ante el cual toda resistencia debía juzgarse descabellada. Para ello se creó una primera impresión de falta de coordinación y descontrol de contingentes u oficiales presumiblemente tensos por la espera de una fuerte resistencia. De aquí la imaginería de invasión por lo diabólico en el discurso de la Agrupación. La represión se dio con ejecuciones ordenadas según criterio de la oficialidad *in situ* o a través de tribunales de guerra operando con procesos sumarísimos. El resultado eran penas de muerte y de prisión extremadamente graves. Por supuesto, no se pueden descontar las bajas civiles que hayan resultado de la confusión general.

La conciencia del fenómeno de los detenidos desaparecidos como designio estratégico de las fuerzas armadas se dio lentamente. Los mitos creados en torno a las instituciones castrenses por un civilismo desconocedor de sus procesos internos hacían pensar en un pronto retorno a la normalidad del país, luego de un período en que quizás se montarían espectáculos públicos de enjuiciamiento de los líderes de la Unidad Popular y del MIR. En esto, sin duda, gravitaron las ideologías legitimadoras del llamado Estado de Compromiso que, por lo menos a través de tres generaciones de chilenos, pudieron asentar una fácil creencia en la inviolabilidad de la democracia burguesa como característica esencial de la nacionalidad. Es difícil esperar que la inercia de esta concepción desapareciera súbitamente con un pronunciamiento militar cuya naturaleza verdadera nadie podía prever. Para confundir más la situación estaba el hecho de que prisioneros supuestamente desaparecidos reaparecían. A fines de 1973 el Comité de Cooperación para la Paz presentó un recurso de amparo masivo por 131 personas, de las cuales sólo 50 permanecieron en la calidad de desaparecidos. Los esfuerzos hechos en su favor por la vía jurídica fracasaron repetidamente. Sin embargo, ya durante el primer semestre de 1974 se habían acumulado pruebas de secuestro por los servicios de seguridad. Junto con los desaparecidos en el momento mismo del golpe militar, el total arrojaba una cifra de aproximadamente 400 personas. Las repetidas negativas de funcionarios de gobierno en cuanto a su detención y permanencia en poder del Estado gradualmente trajeron la sospecha de que los desaparecimientos eran parte de una conspiración concertada.

Estos secuestros y desapariciones tuvieron una relación directa con la entrada en operaciones de la Dirección de Inteligencia Nacional el 18 de junio de 1974. Según su decreto-ley constituyente, la DINA sólo tenía las funciones técnicas de "reunir toda información a nivel nacional, proveniente de los diferentes campos de acción, con el propósito de producir la inteligencia que se requiere para la formulación de políticas, planificación y para la adopción de medidas que procuren el resguardo de la seguridad nacional y el desarrollo del país". No obstante, su actuación demostró facultades ejecutivas contenidas en artículos secretos nunca publicados. La aparición de la DINA coincidió con la consolidación del poder personal del general Augusto Pinochet, presidente de la Junta Militar, y con los requisitos de pacificación social para que se comenzara a implementar el modelo económico neoliberal. Esta policía secreta fue formada con personal de todas las fuerzas armadas bajo el mando de un alto oficial de ejército, el coronel Manuel Contreras, con responsabilidad directa ante el general Pinochet. Con ella comenzó el proceso de centralización y especialización de la represión. Esto era indispensable para efectuar el vasto traspaso de riqueza social desde los sectores proletarios y medios a los sectores empresariales. El despliegue militar masivo de los comienzos debía ser reemplazado por ataques más selectivos contra los núcleos políticos clandestinos que pudieran articular una resistencia efectiva. Por ello es que, en esta etapa represiva, el objetivo central de la DINA fue la destrucción del MIR, aunque no dejaron de ser dañados los partidos de la Unidad Popular. La imagen de militarización profunda y efectiva que el MIR había cultivado lo colocó en lugar prioritario en la agenda para la neutralización militar de una posible resistencia.

En este cuadro general, la centralización y especialización represiva tuvo ventajas institucionales y estratégicas para la totalidad de las fuerzas armadas. El secreto de las actividades de la DINA permitió que funcionarios de nivel medio del gobierno y oficiales no

envueltos en la represión directamente pudieran hacer
declaraciones públicas con cierta honestidad, afirmando
que el Estado no tenía posesión de los detenidos. Se creó
así una gran confusión inicial entre grupos nacionales e
internacionales que exigían un respeto de los derechos
humanos en Chile. Los militares extendieron esa
confusión a los familiares de los desaparecidos puesto que,
al suponer ellos que quizás estuvieran vivos, se esperaba
que detuvieran su agitación a cambio de un trato más
favorable de los prisioneros. En lo institucional, la
especialización represiva protege el pundonor de la
oficialidad que de otro modo se habría resentido de
ensuciar sus manos en operaciones irregulares como las de
la llamada "guerra sucia". El refinamiento de las técnicas
de tortura acerca al militar a la crueldad perversa del
psicópata criminal[10]. Circunscribir la represión secreta para
ponerla en las manos de un personal numéricamente
reducido es una medida de conservación de la sanidad
corporativa castrense.

Así comenzó uno de los procesos más contradictorios
de la conformación ideológica de lo que más tarde sería la
Agrupación de Familiares de Detenidos Desaparecidos. Su
origen está en que las familias afectadas por la represión
contra el MIR incluyen sectores acomodados, aun
partidarios del fascismo. Al configurarse ya con claridad las
implicaciones del desaparecimiento de ciertos prisioneros,
los participantes en los grupos de apoyo organizados por la
Iglesia Católica se decantaron en dos tendencias. Por una
parte, los familiares de antigua militancia en el MIR
abandonaron los grupos para entrar directamente a los
trabajos clandestinos de organización de la lucha armada
propiciada por el Movimiento. Quedaron familiares sin
ninguna experiencia partidista, especialmente madres
antes del todo entregadas al cuidado de sus hogares, con
maridos muchas veces simpatizantes del nuevo gobierno
militar. Ellas iniciaron la búsqueda de sus familiares sin
tener entendimiento claro ni de las actividades ni de la
línea política seguida por ellos. En los Grupos de
Meditación Cristiana organizados por la Iglesia mostraron
con frecuencia un intenso catolicismo que luego
sincretizaron con la violencia política del mirismo. Esto

160

como homenaje sentimental a la memoria del desaparecido. Su radicalización se aceleraría más tarde con el trabajo de enfrentamiento con la autoridad militar y con la necesidad de convivir con las nuevas olas de familiares que se sumaron a medida que la represión se expandía. La búsqueda en 1974-75 tuvo un carácter febril, frenético. La creencia de que los familiares pudieran estar vivos y que el paso del tiempo atentaba minuto a minuto contra la posibilidad del rescate llevó a los grupos a esfuerzos inauditos. Junto con la búsqueda en campos de concentración, la pesquisa de datos y rumores, y las diligencias administrativas en reparticiones estatales, comenzó el trabajo de captación de la solidaridad de los remanentes del movimiento sindical, de las comunidades cristianas, de la opinión pública desinformada y de las organizaciones internacionales (la Organización de Estados Americanos, las Naciones Unidas, la Comisión Internacional de Juristas, Amnistía Internacional, la Cruz Roja Internacional). La Iglesia Católica y las demás denominaciones organizadas en el Comité de Cooperación para la Paz en Chile debieron ser sensibilizadas de la existencia real de los desaparecimientos. En particular la Iglesia Católica: dada la gravitación política inevitable de esta institución ante el Estado; dada la diversidad de percepciones entre los obispos en cuanto al significado del gobierno militar; dado también el hecho palmario de la inexactitud de innumerables denuncias de desaparecimiento, la autoridad eclesiástica reaccionaba con gran cautela ante los argumentos de los familiares. La censura de los medios de comunicación masiva obligó a los familiares a una interpelación directa de la opinión pública mediante acciones de protesta relámpago: arrojar panfletos en calles concurridas, sentarse al paso del tráfico motorizado para causar alboroto, protestas en las entradas mismas de los campos de concentración, colas formadas ante el edificio del Servicio Nacional de Detenidos en que se gritaron consignas y se repartieron panfletos. Este verdadero huracán de actividad se dio en momentos de máxima represión. Los familiares de detenidos tenían plena conciencia de que cualquiera de sus actos de protesta pública podía acarrearles un destino idéntico al de sus

seres queridos. Retornar al hogar luego de estas acciones
no era una posibilidad cierta. De esta radical inseguridad
surgió un fiero orgullo de haber sido los primeros en
haber "dado la cara" por la izquierda cuando todo liderato
partidista o sindical estaba oculto, asesinado o intimidado.
Aún más, los miembros de la Agrupación se atribuyen la
creación indirecta de las condiciones para la toma de
nuevos contactos entre ese liderato fragmentado con el
urgimiento constante para que se solidarizaran
públicamente con su drama. El entendimiento no fue fácil,
dada la situación objetiva de los familiares y de los cuadros
partidistas y sindicales. El contraste estaba en que, lanzados
a la búsqueda en circunstancias de extremo peligro, los
familiares ya habían desarrollado un temperamento poco
menos que suicida en su voluntad de rescate. Por su parte,
los cuadros todavía no se recuperaban de los golpes más
devastadores de la represión que, evidentemente, distaba
mucho de terminar. Innumerables miembros de la
Agrupación son escépticos ante la imagen simplista de una
clase trabajadora de espontánea adherencia y sacrificio por
la defensa de sus vanguardias. Más bien adoptan un
realismo según el cual la militancia de clase y la
solidaridad con grupos como el de los familiares de
detenidos desaparecidos es resultado de un largo proceso
de educación y urgimiento.

Las formidables tareas enfrentadas por los familiares
demandaron alguna forma de organización para coordinar
esfuerzos que ya no podían realizarse ni individualmente
ni en grupos minúsculos. La Agrupación de Familiares de
Detenidos Desaparecidos nació a fines de 1974 de este
razonamiento y de los requerimientos de la Iglesia
Católica, que había estado fomentando los Grupos de
Reflexión Cristiana. Se podría decir que la Agrupación
surgió de una ilusión: de la esperanza de rescatar con vida
a los desaparecidos. Aunque es doloroso decirlo, nada
puede objetivamente hacer pensar que eso sea o hubiera
sido posible. La razón está en la estrategia que vertebra las
actividades de servicios de inteligencia como la DINA en
las llamadas *operaciones de baja intensidad*. Al respecto ya
hay una amplia bibliografía acumulada por las naciones
coloniales o neocoloniales en sus esfuerzos por aplastar

movimientos de liberación nacional en Asia, Africa, el
Medio Oriente y Latinoamérica, desde fines de la Segunda
Guerra Mundial hasta el presente. Un conocimiento
mínimo de los principios que guían la llamada guerra
antisubversiva indica que las operaciones de la DINA los
repitieron al pie de la letra[11].
El principio fundamental es derrotar la "subversión"
ganando la pasividad de la población, de manera que el
gobierno pueda establecer los programas de desarrollo
socio-económico que considere más apropiados para su
concepción de los "objetivos nacionales". Para ello es
preciso identificar con máxima rapidez, aislar y *eliminar
físicamente* a los cuadros que dirigen a los agitadores
subversivos, antes de que puedan establecer una estructura
y redes movilizadoras de la población para la lucha
articulada. Como estas operaciones se realizan en
sociedades subdesarrolladas, de limitados recursos
económicos, el costo debe reducirse a un mínimo. Esto,
junto con la necesidad de recolectar y evaluar
técnicamente la información para identificar a los núcleos
subversivos, lleva a la formación de unidades
especializadas, de personal numéricamente limitado,
capaces de cumplir funciones de inteligencia, operaciones
"especiales" resultantes de la inteligencia, realizar
maniobras psicológicas contra los subversivos y contra la
población, desarrollar conceptos tácticos apropiados,
entrenamiento, experimentación con equipo más
adecuado, diseñar nuevas "técnicas" para obtener
información, reevaluar periódicamente la capacidad
funcional de la organización existente y, finalmente,
conectar a las diversas subunidades especiales entre sí y
con ramas regulares de las fuerzas armadas. La unidad
especial es comandada por un oficial de alta jerarquía. El
sirve de enlace con un consejo ejecutivo supremo,
compuesto por las más altas autoridades del aparato estatal
y militar. Este consejo supremo fija la estrategia
antisubversiva general en su relación con el cuadro
político y económico global de la sociedad. Por ende, es
obvio que en ese consejo debe haber un alto representante
del Poder Judicial. Es importante reproducir ciertas
disquisiciones sobre la función de ese representante, ya que

redunda en un mejor entendimiento de la situación judicial enfrentada por la Agrupación:

En términos generales, hay dos alternativas posibles [para el funcionamiento del Poder Judicial], la primera es que la justicia sea usada como un arma más en el arsenal del gobierno, convirtiéndose en este caso en una mera cobertura propagandística para deshacerse de miembros indeseables de la población. Para que esto ocurra eficientemente, las actividades de los servicios legales deben conectarse con el esfuerzo bélico del modo más discreto posible, el cual, en efecto, significa que el funcionario de gobierno responsable de la ley, bien sea parte del consejo supremo o reciba órdenes del jefe máximo de la administración. La otra alternativa es que la justicia se mantenga imparcial y administre las leyes del país sin ninguna dirección del gobierno. Naturalmente el gobierno puede crear nueva legislación para liquidar la subversión, legislación muy dura si es necesario, y una vez que se la decrete los servicios judiciales pueden administrar justicia basada en ella. Pero la situación resultante es muy diferente de la descrita como primera alternativa, porque en el segundo caso los funcionarios judiciales no reconocerían diferencia entre las fuerzas de gobierno, el enemigo o los sectores no comprometidos de la población. Quienquiera transgreda la ley sería tratado de la misma manera y el proceso legal, con todas sus salvaguardas para el individuo, operaría indiscriminadamente en favor del amigo y del enemigo. Como regla general la segunda alternativa no sólo es moralmente correcta sino también compatible con el objetivo gubernamental de mantener la lealtad de la población. Pero operar de esta manera puede resultar en demoras inaceptables si, por ejemplo, la subversión ocurre en conjunción con una invasión ortodoxa o con la amenaza de tal. Además el sistema podría resultar imposible de aplicar si se descubre que es políticamente imposible encontrar regulaciones de emergencia lo suficientemente serveras en los estatutos[12].

Se recomienda que en los mandos medios haya oficiales de ejército de rango intermedio, como mayores y capitanes, de suficiente permanencia en sus funciones como para que su análisis de la inteligencia obtenida tenga una aplicación táctica precisa. Las diferentes células operativas son dotadas de tenientes, subtenientes y suboficiales. La función de estas células es recolectar inteligencia de bajo grado —no proveniente de fuentes altamente ubicadas en el aparato subversivo— para transformarla en operaciones prácticas y desbaratar ese aparato. Esta información de bajo grado se obtiene con la observación, detención, apremio y tortura de miembros visibles, de significación baja o media en la red subversiva. Ellos pueden dar a conocer la identidad de otros miembros, entregar documentos, informar sobre los temas que preocupan a la red, su estado de ánimo y sobre sus estilos y métodos de operación. De acuerdo con las necesidades de la guerra se debe evaluar las temáticas que la subversión puede instrumentalizar para la agitación y tomar medidas o armar contraargumentos para neutralizarlas[13].

Lo expuesto permite una serie de inferencias razonables sobre la situación de la Agrupación frente al Estado Autoritario. La primera es que la esperanza de encontrar y rescatar vivos a la totalidad de los desaparecidos era, y es, nada más que una esperanza. Los descubrimientos de Lonquén, Yumbel y otros cementerios secretos en provincia parecen probarlo. La segunda es que la vía judicial para amparo y recuperación de los desaparecidos estaba condenada al fracaso desde el momento mismo del golpe militar. Aunque se ha percibido un desacuerdo entre los Ministros de la Corte Suprema, nada parece desprobar esta aseveración. De cinco mil recursos de amparo presentados durante el período 1973-1979, sólo cuatro han sido acogidos[14]. Tercera es que la temática que llevó a la formación de la Agrupación no permite que los servicios de seguridad descuiden el control del grupo. El drama de los desaparecidos tiene tan enorme potencial para una agitación contra el gobierno militar, que éste no puede desconocerlo como problema de guerra psicológica. Por una parte, debe tratar de desconocer a la Agrupación como interlocutor público válido y mantener un silencio impenetrable sobre el destino de los desaparecidos; por otra, debe intentar acallar a sus miembros con una constante hostilización, presión y quizás infiltración. Todo para evitar la posibilidad de que la oposición instrumentalice ya abiertamente el problema de los deaparecidos. No sería despistado pensar que, para estos dos últimos efectos, presión e infiltración, los servicios de seguridad mantengan vivos a un selecto número de desaparecidos para obligar a sus familiares a informar de las actividades de la Agrupación a cambio de una seguridad mínima para ellos.

Sin embargo, en contra de esta racionalidad, los miembros de la Agrupación han continuado su lucha por la vida a pesar de que ya en julio de 1975 el gobierno militar dio claras evidencias del destino real de la mayoría de los desaparecidos. Ese mes los medios de comunicación dieron a conocer una lista de 119 personas supuestamente muertas en enfrentamientos intestinos y armados de diferentes grupos "terroristas" en diversos países latinoamericanos. Esa lista era la suma de dos nóminas de desaparecidos publicadas por las revistas *O Día* de Brasil y *Lea* de Argentina. Extrañamente, estas publicaciones tuvieron ese solo número de aparición, sin domicilio ni dirección responsable. Lo burdo de esta maniobra quedó comprobado también con la reproducción en las listas de errores mecanográficos cometidos por la Agrupación al entregarlas al Ministerio del Interior como parte de sus diligencias. La reacción de la Agrupación fue un desánimo rayano en el luto franco, pero, más importante, malinterpretó el mensaje implícito en la maniobra del gobierno. Antes que reconocerla como señal de muerte, la lista fue interpretada nada más que como una maniobra confusionista, puesto que a la Agrupación constaba que los prisioneros habían sido detenidos en Chile y que se los había visto en lugares secretos de detención. Esta interpretación pareció quedar confirmada con la ida de dos familiares a la Argentina para reconocer dos cadáveres. La diligencia demostró que su identificación era inexacta. Consecuencia de estos hechos fue la primera manifestación masiva organizada por la Agrupación. En la iglesia de Lourdes de Santiago se reunieron cientos de personas para una emotiva protesta en que se mantuvieron 119 sillas vacías en homaneje a los desaparecidos.

A fines de 1975 el agotamiento de la Agrupación era visible. Muchas condiciones produjeron ese efecto: la ruina o estrechez económica acarreada por la dedicación exclusiva a la búsqueda, el daño físico y psíquico causado por el trauma, la inseguridad emocional y la actividad frenética, las tensiones sufridas por madres y esposas por abandonar al resto de la familia. Así las cosas, desde octubre de 1975 y a través de 1976, la DINA inició una segunda operación represiva, dirigida en especial contra el Partido Comunista y muy secundariamente contra el Movimiento de Acción Popular Unificada (MAPU). Importantes líderes comunistas fueron capturados en casas de reunión clandestina, a la vez que militantes de base fueron detenidos en la vía pública. En este período la DINA acentuó su sigilo, evitando en lo posible la presencia de testigos. Durante 1976 aparecieron cadáveres monstruosamente mutilados para impedir su identificación: rostros destrozados, piezas dentales arrancadas, falanges de dedos cortados con sierras. En la playa La Ballena, en el centro-norte de Chile, se encontró el cadáver acuchillado de Marta Ugarte, militante comunista.

La ola de represión anticomunista trajo una nueva promoción a la Agrupación, causando un cambio cualitativo en sus actividades. Esto se comprende por cuanto el militante comunista tiene una experiencia política fraguada en marcos organizativos más decididos, disciplinados y conscientes, que generalmente abarcan a toda la familia. Para ellos la posibilidad de prisión, tortura y muerte es un hecho inherente de su acción revolucionaria y se la prevé y discute en el seno de la familia. El impacto del desaparecimiento de un familiar no deja de producir el trauma natural. Sin embargo, hay una mayor probabilidad de que la energía psíquica del sufrimiento sea canalizada hacia una actividad social que supera el radio restringido de la individualidad doliente que caracterizó a las madres de militantes del MIR y del Partido Socialista. Al existir lazos familiares, afectivos, laborales y de militancia, en la familia comunista se conforma una ética de compromiso mucho más fuerte con el camarada y con lo que él o ella significan no sólo en la familia y el partido, sino en el curso de la historia chilena. Esta ética dio un vuelco decisivo a las acciones de la Agrupación y dio un sentido definitivamente monumental a sus manifestaciones de protesta. Ellas se transformaron en dramáticas convocatorias a la nacionalidad entera para la democratización de Chile. En el marxismo-leninismo hay una dimensión optimista y utópica que impulsa a los seres humanos a concretar en la realidad un modo de vida basado en la justicia material y espiritual. Los nuevos miembros comunistas de la Agrupación hicieron énfasis en la esperanza de la vida para la protesta contra el Estado Autoritario. Tal vez en su fuero interno o íntimo reconocieran la certeza de la muerte de sus familiares. No obstante, la instrumentalizaron como arma de combate por una sociedad regida por la justicia. De aquí en adelante los sacrificios corporales más intensos en favor de los desaparecidos se comenzaron a entender como "celebración de la vida". De este modo, la discusión de la vida en lucha contra la muerte asumió un cariz político. Sin embargo, sería del todo equivocado pensar que este problema existencial es burdamente reducido a consignas partidistas en conflicto con otras consignas partidistas.

Es preciso aclarar este último punto porque la llegada de los militantes comunistas a la Agrupación fue simultáneamente su renovación y su primera crisis profunda. Ya había un pequeño número de familiares comunistas en la Agrupación antes de 1976. Sin embargo, hasta esa fecha se habían mantenido relativamente marginados de su directiva, dadas las diferencias de estilo, actuación y experiencia política con las madres del MIR. La llegada de un contingente comunista numeroso se tradujo, en primera instancia, en desconfianza mutua y, en efecto, en la existencia paralela de dos Agrupaciones de Familiares de Detenidos Desaparecidos. El punto álgido de este paralelismo fue la primera huelga de hambre iniciada el 14 de junio de 1977 en el edificio del Consejo Económico para América Latina de las Naciones Unidas. Participaron treinta y seis personas en el ayuno y duró diez días. Fue organizado por familiares comunistas que no informaron de la acción al grupo más antiguo. Las polémicas causadas por este faccionalismo tuvieron dos resultados. Por una parte, todos tomaron conciencia de que no se podía continuar divididos; por otra, las personas más individualistas, como las madres del MIR, se vieron obligadas a desarrollar una conciencia social y política más ajustada con las proyecciones históricas del problema de los desaparecidos. Se superó una crisis que observadores ajenos a la Agrupación redujeron a una simplista lucha entre el MIR y el Partido Comunista en el seno del grupo. La huelga terminó con un compromiso contraído por el gobierno militar con Kurt Waldheim, Secretario General de las Naciones Unidas, de investigar e informar sobre la situación de los desaparecidos. Como en tres ocasiones anteriores, la promesa no fue cumplida.

El consenso práctico logrado y la reorientación del grupo sentó las bases para el fuerte aumento de las actividades durante el resto de 1977 y, especialmente, 1978. En agosto de 1977 miembros de la Agrupación demostraron públicamente con ocasión de la visita a Chile de Terence A. Todman, Subsecretario de Estado para Asuntos Latinoamericanos, lo que les acarreó breves detenciones. Debe recordarse que la defensa de los derechos humanos fue una de las plataformas de la política internacional de la administración del Presidente Jimmy Carter, lo cual hacía de importancia que la Agrupación comunicara sus preocupaciones como forma de presión al gobierno militar. En septiembre, tres mujeres del grupo viajaron a Nueva York para declarar ante las Naciones Unidas. Al volver, en enero de 1978, fueron expulsadas del país. El 17 de noviembre de 1977 la Agrupación hizo una manifestación en la Plaza Libertadores, con nuevas detenciones. Terminaron el año con una huelga de hambre iniciada el 29 de diciembre. Duró cincuenta horas, con la participación de alrededor de ochenta personas que se alojaron en la iglesia de San Francisco, en el centro de la ciudad de Santiago. En febrero y marzo de 1978 miembros de la Agrupación hicieron nuevas giras al extranjero, para hacer denuncias ante la Organización de Estados Americanos, ante la Corte Internacional de Justicia y en diferentes países europeos. Las giras son índice de la gran receptividad y conciencia internacional del problema de la violación de los derechos humanos en Chile. Se atribuye a presiones externas la baja y suspensión final de los desaparecimientos hacia fines de 1977, así como la fluctuación de otras formas de represión durante ese año. Las presiones externas e internas se aunaron, además, para permitir la ampliación de las demandas ante el Estado más allá del mero respeto de la integridad física de los ciudadanos. Se agregaron reivindicaciones socio-económicas y culturales estrechamente conectadas con la democratización de Chile. Entre los años 1973 y 1976 sólo dos organizaciones estaban en condiciones de urgir al gobierno militar para la terminación de la violencia estatal, la Iglesia Católica y el Comité de Cooperación para la Paz en Chile. En mayo de 1977 ciento veintiseis organizaciones laborales dirigieron una petición al general Augusto Pinochet solicitando un mínimo de seguridades en los niveles de subsistencia[15].

Sin embargo, en lo que respecta a los asuntos directos de la Agrupación, el Estado fascista no sólo continuó su impenetrable silencio, sino que, a la vez, avanzó metódicamente en su intento de borrar las huellas dejadas en el período más sangriento de la represión. Sin mayor aviso, el 21 de abril de 1978 se dictó el Decreto-Ley 2191, que concedió amnistía a los perpetradores de cualquier crimen de conexiones políticas en las fases primeras del estado de emergencia. La aplicación de la ley pronto demostró que, lejos de ser una providencia para crear un clima de paz y reconciliación nacional, estaba destinada, más bien, a descargar de toda culpa a los miembro de las fuerzas armadas que habían participado en detenciones no autorizadas, secuestros, desaparecimientos, tortura y masacre de prisioneros. La dictación de la Ley de Amnistía y el incumplimiento del gobierno de todo compromiso contraído nacional e internacionalmente para dar cuenta del fenómeno de los desaparecimientos hizo de 1978 el año de mayor movilización en la historia de la Agrupación. Dos hechos resaltan por su importancia: la huelga de hambre larga comenzada el 22 de mayo por cien personas en los locales de las parroquias Jesús Obrero, Don Bosco, La Estampa, de la Cruz Roja Internacional y de la UNICEF; el encadenamiento de quince mujeres a las rejas del edificio de la Comisión Económica para la América Latina (CEPAL), de las Naciones Unidas, el 6 de noviembre.

La Huelga de Hambre Larga, como la llaman los miembros de la Agrupación, resultó ser el flujo mayor del

170

grupo en su capacidad movilizadora y concientizadora de la comunidad nacional e internacional. Hubo un compromiso solidario de comunidades cristianas, bolsas de cesantes, grupos juveniles y de estudiantes, comedores populares, grupos vecinales y poblacionales y partidos políticos. Llegaron testimonios de apoyo de países latinoamericanos, Estados Unidos y Europa. Un 70% de las parroquias del Gran Santiago (Santiago mismo y comunas adyacentes) realizaron actos con referencias al problema de los desaparecidos. Decenas de sacerdotes y monjas se sumaron al ayuno aun en desacato de la jerarquía eclesiástica. Lo mismo hicieron representantes de organizaciones humanitarias extranjeras. Con ocasión del apoyo a los huelguistas se hizo pública la existencia de un grupo de acción sindical llamado Coordinadora Nacional Sindical, que desde entonces jugó un papel importante en la oposición chilena. Comunitariamente, la huelga fue un éxito en cuanto al reconocimiento público de la problemática cultural de los desaparecimientos y a las condiciones que creó para la fusión de los sectores más dispares en lo ideológico, partidario y de origen social. Pero a la vez creó intensas fricciones entre la Iglesia, la Agrupación, los partidos políticos y otras organizaciones solidarias.

La ocupación de las iglesias por miembros de la Agrupación sorprendió a la jerarquía eclesiástica y la preocupó tanto por el contenido no cristiano de llegar a las últimas consecuencias en el ayuno ("Nuestra vida por la vida")[16], como por el ineludible rumbo de confrontación con el gobierno que así quedaba trazado. También arreciaron los conflictos internos de la Iglesia al exacerbarse la polémica entre sectores afines al gobierno, sectores opositores y el deseo evidente del Cardenal Raúl Silva Henríquez de impedir la instrumentalización de la Iglesia para fines reconocidamente políticos. En la arena política se confrontaron las expectativas del MIR de que la creciente tensión nacional desembocara en un espontáneo levantamiento que derrocara al gobierno militar[17], la cautela del Partido Demócrata Cristiano, que miraba con sospechas los posibles resultados incontrolables de la huelga, pero que a la vez no quería aparecer dando apoyo indirecto al gobierno criticando la acción; y los cuidados del Partido Comunista por apoyar una acción realizada por afectados de sus propias filas, por fomentar la fusión de intereses tan dispares y la conciencia de que el proceso desatado por la huelga no podía excederse debido a la inexistencia de canales efectivos para dirigir las protestas masivas hacia un descalabro del gobierno. En este vacío de dirección se transó, reconociéndose al Cardenal Silva Henríquez como mediador entre los huelguistas y el gobierno. Las gestiones del Cardenal tendieron a un entendimiento y transacción con el gobierno para evitar una violencia incontrolable y la posible muerte por ayuno de muchos huelguistas. Esto causó malestar en miembros de la Agrupación, que percibían la Huelga Larga como el paso decisivo y final para conocer la verdad sobre sus familiares.

Prevaleció la moderación del Cardenal, lo que llevó a un muy ambiguo acuerdo de término del ayuno. A través del Ministro del Interior, Sergio Fernández, el gobierno contrajo un compromiso informal —que incluso portavoces oficiales desmintieron— de investigar los desaparecimientos e informar públicamente en un plazo de tres meses. La Agrupación acordó suspender la huelga en un compromiso *contraído con el Cardenal Silva Henríquez.* Demandaron una solución para cada uno de los casos individuales en un plazo no mayor a treinta días. El Ministro Fernández se dirigió al país por cadena nacional de radio y televisión. Negó que los desaparecidos estuvieran detenidos ocultamente por las autoridades y, en lo que se podría interpretar como una sutil indicación de su muerte, atribuyó los desaparecimientos a condiciones objetivas de guerra civil que el país habría vivido. Aseguró que el fenómeno podía explicarse con los enfrentamientos de las primeras fases del estado de emergencia con las fuerzas armadas y con el clandestinaje en que supuestamente estarían muchos desaparecidos. No se refirió a los secuestros documentados de ciudadanos por los servicios de seguridad ocurridos mucho después del 11 de septiembre de 1973. Declaró que el gobierno estaba preparado para "investigar cualquiera información seria sobre el problema".

La Huelga Larga fue contradictoria tanto en las fuerzas que dinamizó como en sus resultados. La movilización nacional e internacional obligó al gobierno militar a responder directamente, por primera vez, abandonando su posición de que el problema de los desaparecidos era una mentira, una conspiración "inconfesable" de intereses dispuestos a calumniar y desprestigiar a Chile. Por un cierto período la temática de los desaparecidos se legitimó en los medios de comunicación masiva. Aun publicaciones oficialistas pidieron una clarificación de los hechos. Esto permitió a la Iglesia preparar un extenso material de corroboración de los desaparecimientos. Ello tomó el resto del año 1978, involucrándose en el proceso la totalidad de los obispos, incluso los simpatizantes del gobierno militar.

La avalancha de información provista al gobierno por la Iglesia —619 casos de desaparecimientos por secuestro comprobado— sorprendió a las autoridades. Sin embargo, el esfuerzo de reunirla eludió el punto fundamental de todo el proceso: no se puede esperar que un gobierno basado en la Doctrina de la Seguridad Nacional se investigue a sí mismo y se encuentre culpable de violaciones de los derechos humanos planeadas por sus propios servicios de seguridad. Esto fue expresado extraoficialmente repetidas veces por diferentes autoridades gubernamentales en el curso de discusiones con representantes eclesiásticos. Los personeros estatales fueron específicos en señalar que eran "ilusos" los que esperaban que no se amnistiara a los militares que se excedieron en la represión. Esto reivindicó el escepticismo de la Agrupación en su trato con el gobierno y marcó una profunda crisis entre los miembros. Para la opinión pública la "semipromesa" de investigación hecha por el gobierno pareció solucionar definitivamente el problema de los desaparecidos. Los sucesos posteriores mostraron a la Iglesia que la total falta de iniciativa de la Corte Suprema significaba que el gobierno no haría ninguna investigación y que, a lo sumo, pretendería quejarse de la torpeza con que el Poder Judicial seguía sus directivas. La jerarquía eclesiástica llegó así al convencimiento de que la mayoría, si no todos los desaparecidos, estaban muertos y que, por tanto, sus esfuerzos por aclarar su destino no tenían ninguna efectividad. En resumen, el gobierno militar no había perdido un ápice de su poder.

La crisis en el seno de la Agrupación parece haberse gestado en los miembros más radicales que vieron en la Huelga Larga la solución definitiva de su búsqueda, sin reparar en los avances concientizadores logrados mediante esa acción. Para ellos el acuerdo con la Iglesia tuvo que haber sonado a maniobra de doble fachada, improductiva y frustrante. De doble fachada porque la Agrupación aparecía públicamente en actitud victoriosa por haber forzado al gobierno a una investigación, cuando en realidad éste no había contraído ningún compromiso que tuviera la intención de cumplir. Se produjo una polarización y debate entre optimistas que incluían en sus juicios los avances logrados y los pesimistas que veían una derrota de la Agrupación. La modificación de la Ley de Muerte Presunta anunciada por el gobierno en junio de 1978 movilizó de nuevo y con efectividad a la Agrupación para derrotarla. El grupo pasó incluso a la ofensiva con una querella criminal presentada contra el coronel Manuel Contreras, director de la DINA, campaña seguida por una segunda denuncia pública en la Plaza Libertadores, con la entrega de una carta admonitoria al Ministro del Interior, Sergio Fernández, con una acción para detener el tránsito en las calles centrales de Bandera y Compañía, con el encadenamiento de quince mujeres al edificio de la CEPAL y una gira de un mes por España, Venezuela, Colombia y Estados Unidos.

El suceso más conmovedor de 1978 fue el descubrimiento del cementerio secreto de los hornos de Lonquén, a fines de noviembre.

Hay un ritmo creciente en los sucesos relacionados con los derechos humanos en Chile durante el año 1978, que culminaron con ese descubrimiento. El año se inició con la noticia de la implicación de la DINA en el asesinato de Orlando Letelier, ex-ministro del gobierno de la Unidad Popular, en Washington el 21 de septiembre de 1976. Luego se conoció la declaración de la Ley de Amnistía, siguió la movilización sindical para celebrar el 1o. de mayo, la visita de sindicalistas norteamericanos de la AFL-

CIO para observar la situación sindical en Chile, la Huelga de Hambre Larga, la entrega al gobierno de antecedentes sobre desaparecimientos reunidos por los Vicarios Episcopales, y el comienzo en septiembre del Simposio Internacional sobre los Derechos Humanos, parte del programa preparado por la Iglesia cuando declaró a 1978 el Año de los Derechos Humanos en Chile.

El 30 de noviembre comenzó una serie de incidentes que reveló públicamente lo ocurrido en Lonquén. Ese día el Cardenal Raúl Silva Henríquez invitó a diversas personalidades a una reunión por realizarse al mediodía en La Vicaría de la Solidaridad. Concurrieron Enrique Alvear, Obispo Auxiliar de Santiago; Cristián Precht, Vicario de la Solidaridad; Javier Luis Egaña, Secretario Ejecutivo de la Vicaría; Alejandro González, abogado jefe del Departamento Jurídico de la Vicaría de la Solidaridad; Jaime Martínez, director de la Revista ¿Qué Pasa?, publicación favorable al gobierno, que durante la Huelga Larga pidió la clarificación del problema de los desaparecidos; Abraham Santibáñez, subdirector de la Revista Hoy, crítica del gobierno; y Máximo Pacheco, abogado y dirigente del Partido Demócrata Cristiano. El Cardenal Silva Henríquez les informó de "la existencia de un cementerio de cadáveres en la localidad de Lonquén"[18] y les solicitó que verificaran los hechos. Un sacerdote había recibido la información bajo secreto de confesión y había sido autorizado para comunicarla a la autoridad eclesiástica.

Dado el ritmo creciente de los sucesos relacionados con los derechos humanos durante 1978, el hallazgo de Lonquén aparece como una coincidencia extraordinaria, que hace pensar en una divulgación controlada del secreto confesional. Y así fue. La jerarquía eclesiástica había recibido la información dos o tres meses antes, pero decidió guardarla. No quiso exponerse a acusaciones por parte del gobierno de manipular la noticia durante la celebración del Simposio Internacional.

De este modo se inició la segunda fase de los sucesos de Lonquén. Allí la comisión inspeccionó la parte inferior de uno de los hornos y comprobó la existencia de "un cráneo que tenía adherido un trozo de cuero cabelludo, liso y de color negro; un hueso, aparentemente un fémur; trozos de telas y piedras impregnadas de una materia aceitosa, algunas de las cuales tenían adheridas materia orgánica y cabellos humanos", así como un "hacinamiento de huesos entrelazados y un cuerpo humano cubierto de una tela muy oscura, cuyo deslizamiento era impedido, al parecer, por un estrechamiento del interior del horno en su parte inferior"[19]. Comprobaron también que la chimenea estaba sellada por una losa de cemento. Al día siguiente, Alvear, Precht, González y Pacheco presentaron un escrito a la Corte Suprema para asegurar una investigación. La Corte Suprema instruyó al Juzgado del Crimen de Mayor Cuantía de Talagante para que iniciara un sumario. Después se designó un Ministro en Visita de la Corte de Apelaciones. Bajo la supervisión de estos magistrados se procedió a las mediciones topométricas del lugar, la exhumación de osamentas, la recolección de trozos de vestimenta, los peritajes dental y médico y el examen y reconocimiento de las vestimentas por familiares. Se determinó que los restos pertenecían a los Maureira, los Hernández, los Astudillos y cuatro jóvenes.

En su deposición ante el Ministro en Visita[20], el oficial [de Carabineros] Lautaro Castro declaró que había decidido el arresto de los dirigentes campesinos por rumores de reuniones clandestinas que ellos habrían estado organizando después del golpe militar del 11 de septiembre de 1973. Indicó que, durante el allanamiento de las casas, un subalterno había encontrado el croquis para el asalto de la Tenencia de Isla de Maipo en posesión de uno de los Maureira. El documento tenía el nombre de los varones de las otras familias, lo cual había precipitado su arresto. Castro señaló que el interrogatorio en el cuartel había confirmado las sospechas. Además, el teniente dijo haber averiguado que los detenidos habían recibido entrenamiento paramilitar de un individuo de Santiago nunca identificado. Castro declaró que había dispuesto el traslado de los prisioneros al Estadio Nacional de Santiago la misma noche de los arrestos. Momentos antes de la partida, uno de los detenidos había informado al oficial de la existencia de un arsenal secreto en una mina cercana. Por ello había decidido investigar una mina en Naltagua.

Al no encontrar armas, había ordenado el registro de los hornos de Lonquén. En la marcha a pie hacia los hornos habían sido atacados en la oscuridad por individuos premunidos de armas largas. Castro informó que, en el corto intercambio de fuego, habían muerto todos los prisioneros, sin que los policías sufrieran bajas. En el interrogatorio los policías indicaron que habían reconocido el lugar desde donde se les disparara sin encontrar allí ni muertos ni heridos ni vainillas de las balas usadas por los atacantes. En sus deposiciones los subalternos corroboraron la versión del oficial.

El 4 de abril de 1979 el Ministro en Visita se declaró incompetente para proseguir la causa por presunciones de delitos cometidos por miembros de las fuerzas armadas durante estado de sitio. En el oficio de traslado del sumario a la Justicia Militar, el Ministro hizo notar los puntos siguientes: los "elementos de juicio a que ya se ha hecho mención, obligan a pensar que los hechos investigados consisten en múltiples delitos de homicidio perpetrados, presuntamente en un mismo acto"; que el oficio con que el teniente Castro transfirió a los prisioneros al Estadio Nacional "no se ajusta a la realidad de los hechos"; que la explicación de las muertes dada por el oficial "resulta intrínsecamente inverosímil (y lo mismo cabe decir de las declaraciones de sus subordinados). En efecto, no cabe imaginar que, en el supuesto enfrentamiento ocurrido en medio de la oscuridad los proyectiles contrarios hayan alcanzado tan sólo a los detenidos y no a los funcionarios policiales que se encontraban prácticamente junto a ellos, y que los impactos hayan sido tan certeros que, uniformemente, causaran la muerte instantánea de las víctimas, sin dejar, por lo demás, rastros o huellas en ninguna parte"; que "conviene puntualizar que en ninguno de los quince restos esqueléticos [...] se comprobaron señales de perforaciones, fracturas u otro tipo de vestigios que pudieran relacionarse con proyectiles de armas de fuego, impactando un organismo vivo, por lo que las muertes de las quince personas hay que atribuirlas a otras causas"[21]. En el informe forénsico preparado por el Instituto Médico Legal y terminado a fines de febrero, se afirmaba que trece de los masacrados habían sido enterrados vivos. Por causas desconocidas se lo rehizo²².

La madre de los Maureira, la esposa de Enrique Astudillo y la hermana de los Hernández presentaron una querella criminal contra los carabineros implicados. Los cargos hechos fueron privación ilegal de la libertad de sus familiares, falsificación de un instrumento público (la minuta de traslado de los prisioneros al Estadio Nacional firmada por el teniente Lautaro Castro) y asesinato masivo con premeditación y alevosía.

El punto culminante de la investigación realizada por la Segunda Fiscalía Militar de Santiago fue la confrontación del entonces capitán Lautaro Castro y el ex-funcionario de Carabineros Pablo Nancupil Raguileo el 28 de junio de 1979. Mientras el oficial mantuvo su deposición anterior dada al Ministro en Visita, el ex-policía aportó datos que contradijeron radicalmente su versión de los sucesos. Como comandante del operativo que arrestó a los Maureira y a los Astudillo, Nancupil negó terminantemente que se hubiera encontrado armas o documentos incriminatorios en las casas alllanadas. Atestiguó que los prisioneros permanecieron en la Tenencia de Isla de Maipo tres días después de su arresto. El supuesto traslado al Estadio Nacional sólo había ocurrido la noche del tercer día entre las 22:00 y las 02:00 horas. Ya que no había participado en este operativo, tiempo después Nancupil había tratado de obtener información sobre la suerte de los prisioneros. Los fuertes rumores sobre su desaparecimiento habían sido acicate para ello. Uno de los policías le había dicho "qué van a aparecer estos huevones si los matamos"²³.

El 2 de junio de 1979, vistos los antecedentes, el juez militar declaró reos al oficial y a sus siete subordinados como autores del delito de "violencias innecesarias causando la muerte en las personas mencionadas"²⁴. Sin embargo, amparados por el Decreto-Ley 2191 del 18 de abril de 1978, el Segundo Juzgado Militar "sobreseyó total y definitivamente" a los reos el 16 de agosto de 1979. Esta resolución fue confirmada el 22 de octubre de 1979 por la Corte Marcial frente a una apelación presentada por los abogados de los querellantes.

Todo el período de los sucesos de Lonquén es una compleja crisis para la Iglesia, el gobierno y la Agrupación. A estas alturas, la esperanza de rescatar con vida a los desaparecidos había perdido fuerza movilizadora. Los resultados de la Huelga de Hambre Larga convencieron a la jerarquía eclesiástica de la ineficacia de sus gestiones ante la creciente evidencia de muerte. Los recursos asistenciales de la Iglesia, siempre limitados ante necesidad tan grande, quizás requerían una reorientación de prioridades para el alivio de otras consecuencias de la represión estatal. No es tarea fácil, sin embargo, plantear esa reorientación a los afectados para una institución cuya base fundamental de acción es la sensibilidad solidaria con el sufrimiento humano, particularmente después de la deflación de ánimos suscitada en la Agrupación por la Huelga Larga. La Iglesia readecuó su actividad en torno al problema de los desaparecidos según la consigna de que uno solo de ellos que estuviera vivo justificaría todo esfuerzo. La presión de los servicios jurídicos de la Vicaría de la Solidaridad sobre el Estado continuó. El 4 de noviembre de 1978 la Vicaría presentó a la Corte Suprema una petición para la reapertura de los procesos por desaparecimientos. El 9 de noviembre, sin embargo, el Arzobispado de Santiago hizo una declaración pública concediendo que "...sino todos, la mayoría [de los desaparecidos] están muertos". Esto ocurrió veintiún días antes de la revelación del secreto de Lonquén que sólo fue informado por la prensa el 5 de diciembre.

Con estos datos se podría proponer la hipótesis de que el magisterio de la Iglesia con respecto a las implicaciones culturales de los desaparecimientos había cambiado. En círculos eclesiásticos se hablaba de la necesidad de que Chile tuviera una catarsis de la que surgiera el autoperdón de la población. No se necesita especular mucho para llegar a la conclusión de que esa limpieza y purga de lo que enferma al cuerpo social es la contemplación de la *verdad*, por muy dolorosa que sea. Es decir, el reconocimiento de la muerte como hecho masivo en la historia chilena reciente y la imperiosa necesidad de regenerar la convivencia social sobre la base de la demanda de justicia. Quizás esto explique la cercanía de los trámites judiciales de comienzos de noviembre con la revelación de Lonquén postergada varios meses. Quizás se esperaba que el conocimiento de la masacre provocaría un fermento nacional que ayudaría a desnudar la conspiración estatal y crearía condiciones comunitarias para la expresión de un clamor de justicia. La noción de una catarsis colectiva hace de la justicia una preocupación de toda la comunidad, no exclusivamente de un grupo afectado por la ausencia de justicia, como la Agrupación. Es posible pensar que la jerarquía eclesiástica también haya tenido en consideración el daño psíquico y físico sufrido por los miembros de la Agrupación en su entrega total y obsesiva a la búsqueda de sus seres queridos. El encierro mental y social a un estrecho círculo afín como el de la Agrupación obliga al abandono de otras incitaciones de la vida que fluye. Es válido atribuir a la Iglesia la intención de provocar un duelo nacional como vía para la catarsis.

La Agrupación entró en crisis por tan violenta confrontación con la muerte, hecho radicalmente adverso a la afirmación y celebración de la vida que constituyó su visión de mundo como grupo. Ni las más cerebrales argumentaciones político-doctrinarias son capaces de aminorar tal impacto. Las reacciones más viscerales de personas que se han jugado la vida por la expectativa de la vida de sus seres queridos rechazan la certidumbre racional de su muerte. La irrupción de esta irracionalidad se dio con el pedido del Departamento Jurídico de la Vicaría de la Solidaridad para que la Agrupación cooperara en la preparación de fichas antropomórficas. La acumulación de datos, marcas y rasgos corporales y dentales característicos ayudaría al Ministro en Visita para el reconocimiento de la identidad de los restos de Lonquén. Sólo a fines de enero y comienzos de febrero de 1979 se supo la época de muerte y la cantidad de los enterrados en los hornos. En los días intermedios los miembros de la Agrupación fueron torturados por la posibilidad de que los restos fueran los de sus familiares. Quince cadáveres tomaron el significado simbólico de cientos, si no de miles de desaparecidos. Preparar las fichas antropométricas reactivó vivencias primarias de amor mutilado: madres y padres debieron recordar huellas dejadas en los cuerpos de sus hijos por enfermedades que los desvelaron mientras les prodigaban cuidados; esposas y esposos debieron rememorar el cuerpo amado según lo conocieron en el tacto minucioso de la intimidad de su matrimonio. Madres y esposas debieron revisar la ropa de los ausentes, su talla, el género, para recordar una vez más la forma en que los vieron en el momento del secuestro. Volver a vivir este trauma convirtió a la Vicaría de la Solidaridad en un campamento de familiares que, para saber más datos sobre Lonquén, llegaban allí con su histeria, su neurosis y su depresión agudizadas.

Pero aún más críticas fueron las consecuencias de Lonquén para las relaciones de la Agrupación con los grupos solidarios. Las circunstancias de la revelación causaron sospecha y desconfianza hacia la Iglesia: ésta parecía saber de la muerte de los desaparecidos y quizás cuántas cosas más que no revelaba. En los grupos sindicales, vecinales, poblacionales y profesionales la Agrupación se encontró con una creencia similar a la de la Iglesia en cuanto al destino real de los desaparecidos. Se reiteraba la convicción de que ya el problema de los desaparecidos, precisamente por su importancia, debía ubicarse en una perspectiva global de la cultura chilena y no sobreprivilegiarlo, puesto que su solución vendría sólo de cambios estructurales de toda la sociedad. Este giro de concepción se vivió internamente en la Agrupación como una traición que provocó fuerte desánimo. Se exacerbó por ello la resolución de negar al Estado la victoria de verse forzados a reconocer la muerte de sus seres queridos. Sin embargo, en el fuero interno, sectores ya más numerosos de la Agrupación, aunque siempre minoritarios, aceptaron ya un hecho tan irreductible. El distanciamiento de la Agrupación por miembros incapaces de contener su frustración llegó a su nivel máximo. No se trató ya del abandono de los trabajos del grupo por agotamiento nervioso y físico, como antes. Ahora la aceptación permitía un duelo que potenciaba la entrada a otro ciclo de afirmación de la vida: la vuelta al trabajo regular, deseos de reemprender los estudios abandonados, el cultivo de relaciones humanas más amplias y normales. Dentro del Partido Comunista se debatió acaloradamente la medida de lealtad hacia los desaparecidos que todavía se podía esperar de esposos y esposas militantes de la Agrupación.

Lonquén trajo, entonces, la crisis más profunda sufrida por la Agrupación. Fue una crisis de fragmentación, desánimo y desconcierto ante nuevas tendencias de desarrollo de la cultura chilena. Claramente la misión del grupo, en la forma en que se la había orientado, requería una reflexión y un replanteamiento. La primera romería a Lonquén y el encadenamiento a las rejas del Congreso Nacional pueden entenderse como un esfuerzo por refundir energías y fuerzas y una acción para recuperar confianza, mostrando que todavía quedaban ánimos para una nueva protesta monumental.

NOTAS

*Este texto es un capítulo de *Dar la vida por la vida: La Agrupación Chilena de Familiares de Detenidos Desaparecidos (Ensayo de antropología simbólica)*. Minneapolis, Minnesota: Institute for the Study of Ideologies and Literature, 1982.

[1]Esta reconstrucción del campo metafórico creado por la Agrupación ha sido preparada sobre la base de entrevistas individuales y colectivas hechas y grabadas por mí, grabaciones proporcionadas por la Agrupación, transcripciones de grabaciones hechas por miembros de ella y panfletos que me proporcionaron. Tres de ellos han sido impresos: *¿Dónde Están?*. Santiago de Chile: Agrupación de Familiares de Detenidos-Desaparecidos, 1981. Se trata de una reproducción de fotos faciales de detenidos desaparecidos en la zona sur de Santiago entre 1973-1977. Las fotos están agrupadas por años. Hay una introducción titulada "¿Dónde Está Tu Vecino?", de rico contenido metafórico, y un epílogo titulado "Negación del Olvido", escrito por el escritor argentino Julio Cortázar para el Coloquio Internacional "La Política de Desaparición Forzada de Personas". París, 31 de enero-1º de febrero, 1981. El panfleto tiene un total de sesenta páginas; Pamela Pereira, "Obstáculos de la Verdad". *Mensaje*. Santiago de Chile, vol. XXX, septiembre, 1981, Nº 302; "Palabras de la Señora Sola Sierra, Representante de la Agrupación de Familiares de Detenidos-Desaparecidos, Chile". *Encuentro con sectores de la comunidad nacional (Simposium Internacional sobre Derechos Humanos, 1978*. Santiago de Chile: Vicaría de la Solidaridad, 1978. En adelante cito de este material.

182

²Julio Cortázar, "Negación del Olvido". Sus metáforas quedan incluidas aquí por cuanto el texto reproduce pensamientos y sentimientos de la Agrupación. De allí que se lo haya incluido en *¿Dónde están?*

³*Ibid.*

⁴*Ibid.*

⁵En el *Informe del experto sobre la cuestión de la suerte de las personas desaparecidas en Chile.* Comisión de Derechos Humanos, 36º Período de Sesiones, 2 de febrero de 1980, Naciones Unidas (Documento E/CN. 4/1363), se aportan datos sobre el modo de liquidar a personas concentradas y torturadas en la Villa Grimaldi, principal base de operaciones de la DINA en Santiago: "Parece que entre los elementos que intervenían en la decisión de trasladar a un preso o matarlo figuraba el de si la persona había sufrido daños físicos graves y duraderos como resultado de la tortura, y el que hubiera habido o no testigos de su detención, o que hubiese cooperado o no con la DINA durante el interrogatorio. A las personas enviadas a la torre se las sacaba por la noche en camiones, a veces en grupos de hasta 20, y se utilizaban palabras en clave para indicar si se los eliminaría en tierra ('Puerto Montt') o se los iba a tirar al mar ('Moneda'). Estos detalles los determinaba la jefatura de la DINA." (p. 36).

⁶Estas metáforas, y las que siguen, han sido tomadas del discurso pronunciado por un miembro de la Agrupación en los funerales de los desaparecidos de Laja, 27, 28 de noviembre de 1979.

⁷Hugo Frühling E., "Disciplinando a la Sociedad. Estado y Sociedad Civil en Chile, 1973-1978". Documento no publicado, presentado a la primera Conferencia de la Asociación Chilena de Investigaciones para la Paz, Santiago de Chile, julio 2-3, 1981, p. 11.

⁸Hernán Montealegre, *La seguridad del Estado y los derechos humanos.* Santiago de Chile: Academia de Humanismo Cristiano, 1979.

⁹Frühling, "Disciplinando...", p. 11.

¹⁰Ver: *La tortura en el Chile de hoy.* Boletín (Asociación de Abogados Pro Derechos Humanos en Chile), Nº 1, noviembre de 1980, segunda edición.

¹¹La información que sigue ha sido tomada de Frank Kitson, *Low Intensity Operations, Subversion, Insurgency, Peace-keeping.* London: Faber and Faber, 1971. En círculos militares, este Brigadier del ejército británico es considerado como uno de los más importantes gestores de una síntesis de experiencia personal en Malaya, Kenia y Chipre como también en otros lugares del mundo, Argel en especial. En su libro

LA AGRUPACION DE FAMILIARES DE DETENIDOS **183**

demuestra una clara noción de la utilidad de la síntesis para contrarrestar las luchas de liberación nacional que se avecinaban a comienzos de la década de 1970, en que aparece la obra. De allí la relevancia que se le asigna en este estudio.

[12]*Ibid.*, p. 70.

[13]Impresiona la semejanza de este esquema organizativo propuesto por Kitson con lo que se ha podido averiguar de la organización de la DINA. Ver el documento antes citado del Experto de las Naciones Unidas sobre derechos humanos en Chile (E/CN. 4/1363, del 2 de febrero de 1980, pp. 33-37).

[14]De un escrito presentado por treinta y dos abogados a la Corte Suprema. *Hoy* (Santiago de Chile), semana del 26 de diciembre, 1979, al 1º de enero de 1980, p. 13. Habría que agregar, además, algunos juicios del Vicario de la Solidaridad en su *Presentación con motivo de la Inauguración del Año Judicial, Marzo, 1978.* Santiago de Chile: Vicaría de la Solidaridad, 1978, mimeo. Ellos corroboran una cooperación entre el Poder Judicial y el gobierno militar en las líneas sugeridas por Kitson. En las pp. 19-20 se lee: "En los casos en que se han presentado denuncias y querellas por personas desaparecidas se observan serios vacíos en la forma como se han llevado a cabo las diligencias judiciales. Suscintamente expresado, el cuadro es el de una larguísima tramitación de las diligencias; apresurados sobreseimientos de las causas en que aparece claramente acreditado el cuerpo del delito; negativa de los tribunales a oficiar directamente, ni siquiera en casos especiales, a los servicios de inteligencia, sea la Dirección de Inteligencia Nacional (DINA), o Central Nacional de informaciones (CNI) o de los diversos institutos armados, como también negativa de estos funcionarios a comparecer cuando se les cita a través del Ministerio del Interior, sin expresión de causa; negativa del tribunal a constituirse en lugares públicos de detención; apresuradas declaraciones de incompetencia en ocasiones, incumplimiento de diligencias decretadas por tribunales ordinarios y que deben practicarse por tribunales militares; casos en que se decreta sobreseimiento omitiéndose el trámite de la consulta; ausencia completa de iniciativa por parte de los tribunales para utilizar sus facultades de actuación de oficio. El resultado es que hasta el momento [comienzos de 1978], los tribunales ordinarios del crimen, a través de más de 500 presentaciones, no han entregado averiguaciones que aclaren en forma fehaciente la suerte de alguna persona desaparecida y la eventual sanción de los responsables".

[15]Frühling, "Disciplinando..." p. 11.

[16]Como índice de la preocupación eclesiástica, véase Vicaría de la Solidaridad, *La huelga de hambre por los detenidos desaparecidos: alcances morales.* Santiago de Chile: Vicaria de la Solidaridad,

184

Colección Reflexión, 1979, Nº 9. Se trata de un debate en torno a la
iniciativa de la Agrupación de realizar tal acción, desde el punto de
vista de tres teólogos morales. Por su apoyo desde una perspectiva
progresista se destaca el sacerdote José Aldunate; por su crítica
opositora se destaca el sacerdote Hernán Alessandri.

[17]Existe un análisis de la Huelga de Hambre Larga hecho por autor o
autores desconocidos, sin título ni fecha de redacción. Consta de un total
de 114 pp. mecanografiadas, divididas en tres partes. La primera, de 24
pp. intenta un análisis político del contexto en que se realizó la acción.
La segunda, de 59 pp., hace una cronología diaria de la huelga,
registrando las reacciones de la Agrupación, el gobierno, la Iglesia,
organizaciones comunitarias, internacionales y la prensa. La tercera, de
31 pp. recoge testimonios de huelguistas, hace una cronología de los
cuatro años de búsqueda de la Agrupación y termina con un balance de la
huelga. En la versión que poseo faltan cuatro pp. de la tercera parte. De
gran importancia es, también, el Boletín Nº 7 del Seminario
Latinoamericano, Centro de Documentación (SELADOC), noviembre de
1978, Facultad de Teología de la Universidad Católica. En este
documento se hace una cronología de las gestiones de la Agrupación por
averiguar de sus familiares y luego se recoge la documentación
producida por el grupo y diversos organismos de la Iglesia como reacción
a la Huelga del Hambre Larga.

[18]Máximo Pacheco G., *Lonquén*. Santiago de Chile: Editorial
Aconcagua, 1980, única exposición existente de la masacre. El libro fue
censurado por el gobierno militar y ha tenido una limitada circulación
clandestina. Se trata de una selectiva compilación de actas del sumario
por Lonquén efectuado por el Ministro en Visita Adolfo Bañados Cuadra,
p. 7.

[19]*Ibid.*, p. 9.

[20]*Ibid.*, pp. 260-269.

[21]*Ibid.*, pp. 226-230.

[22]Dato aportado por las mismas fuentes a que hiciera referencia en
las notas 21 y 26 de la sección II de este trabajo. Cito directamente: "En el
informe primitivo, que estuvo listo a fines de febrero, y que
posteriormente fue rehecho, cambiando su contenido, se dice que
mediante el análisis de las ropas se detectó abundante cantidad de
excrementos, en circunstancias de que los muertos no defecan, pero sí al
morir por asfixia, pues se les suelta el esfínter".

[23]*Lonquén*, p. 273.

[24]*Ibid.*, pp. 278-279.

EN TORNO A
DE AMOR Y DE SOMBRAS DE ISABEL ALLENDE:
UNA APRECIACION SOCIO-HISTORICA

La aproximación socio-histórica a la narrativa de Isabel Allende que ofrezco tiene sentido en relación a la tarea primordial que este tipo de crítica debería asumir ante la crisis cultural chilena iniciada con el golpe militar de 1973: la de elaborar las premisas y la lógica de los criterios con que un texto puede o debe ser incluido en el canon de las obras con que se ha monumentalizado la evolución de la cultura literaria chilena y, por extensión, latinoamericana. Dadas la circunstancias históricas, estimo que esa elaboración no debe obedecer a criterios exclusivamente literarios, sino también a la forma en que una obra incluida en un programa de enseñanza académica puede contribuir a la reconstrucción del universo simbólico de una nacionalidad que ha quedado profundamente dividida a partir de las luchas que llevaron a la instauración del fascismo. Creo que la legitimación para este conjunto de tareas está en el hecho de que el fascismo debe ser considerado como una catástrofe cultural. Su instauración en cualquier país implica la mutilación, distorsión y pérdida de sentido de las antiguas identidades y proposiciones éticas de la sociedad anterior que, en términos generales, fuera compartida como comunidad y como colectividad de diversidades sociales y culturales consensualmente cohesionadas. Por ello es que, a mi juicio, dos categorías pueden servir de ejes centrales para este tipo de crítica literaria. Una de ellas es literaria: el realismo; la otra es ética: la defensa de los derechos humanos.

Todo intento de articular socialmente las tareas de una crítica literaria está obligado a exponer las estrategias de argumentación que regirán su discurso. Sin embargo, para mayor claridad solicito que se me conceda una postergación de este requisito hasta el final de mi exposición. La ventaja está en que, una vez planteado mi pensamiento, el sentido de esa estrategia quedará patente.

186

Al explicar el fundamento histórico de mis proposiciones es indispensable considerar que actualmente Chile se caracteriza por un vacío de poder político. Este ha impedido el surgimiento de un bloque de poder hegemónico que dé una conducción decidida a la cultura nacional para la reconstrucción económica, social y política en democracia. La oposición ya mayoritaria no ha logrado concertar un programa de acción común. Sectores de la oposición de centro-derecha se ven duramente presionados por el Departamento de Estado norteamericano para buscar fórmulas de redemocratización que excluyan a la izquierda marxista-leninista. A raíz de ese vacío político, el régimen militar ha podido mantenerse primordialmente por el uso de la violencia selectivamente aplicada. Oculta en el fondo de esta fragmentación está la preocupación de sectores conservadores sobre el destino del sistema capitalista en Chile luego del fracaso de la política económica del neoliberalismo militarizado. Para los sectores del centro y de la derecha desafecta al régimen militar, la única garantía de continuidad del sistema está precisamente en las fuerzas armadas, por lo que están dispuestos a negociar con ellas una transición gradual a la democracia formal. Los sectores marxista-leninistas critican esta aproximación haciendo notar que ella cae en la lógica restrictiva de la política impuesta por el régimen militar, lo cual le permite al régimen maniobrar coyunturalmente para neutralizar sus avances, como lo han demostrado los sucesos de los últimos años. Para los marxista-leninistas la vía a la redemocratización de Chile está en romper con esa lógica restrictiva mediante una fuerza de insurrección nacional que abarque a todos los sectores democráticos. Sin embargo, puesto que está en juego la conservación del sistema capitalista en Chile, los sectores de centro-derecha desplazan la discusión hacia un acalorado debate sobre la no-violencia activa y la violencia políticamente administrada como formas legítimas de la oposición y la resistencia antimilitar.

Estimo que, a nivel de representación discursiva, este apretado haz de contradicciones que dinamizan y configuran la actual cultura nacional chilena sólo puede ser captado de acuerdo con las categorías de una estética realista. Obviamente deseo distanciarme de las nociones caricaturescas que frecuentemente dañan irreparablemente una discusión fructífera del problema con la reducción del realismo a una representación fotográfica de la realidad material. Más bien, al usar el término realismo tengo en mente la concepción lukacsiana de la producción de conocimiento como fenómeno social. Lukács propone que la captación del sentido de la acción humana sólo puede darse en la medida en que se produzca un conocimiento que represente la lógica sistémica de las estructuras globales de la sociedad, de manera que se pueda situar en ellas las teleologías de los proyectos individuales o colectivos como lógicas de la acción posible, probable o deseable. Entendido así, el realismo también incluye la opción de recursos característicos del vanguardismo para la representación de culturas radicalmente dislocadas por un poder dictatorial.

El factor ético implícito en la defensa de los derechos humanos interviene en cuanto sólo el realismo puede iluminar los condicionamientos que hacen de la represión y de la consecuente violación de los derechos humanos una necesidad orgánica y funcional para la reproducción y mantenimiento de un orden social. La tesis que propongo es que la eventual redemocratización de Chile pondrá el problema de la justicia en una agenda prioritaria para la colectividad. Por lo tanto, en ese momento la crítica literaria podría contribuir a la reconstrucción del universo simbólico nacional chileno reformulando la institucionalidad de la literatura en torno a una meditación sobre los derechos humanos.

Son estas consideraciones las que atraen mi atención sobre *De amor y de sombra* (Madrid: Plaza y Janés Editores, S.A., 1984), puesto que Isabel Allende enmarca la narración precisamente en esas dos preocupaciones: una representación realista de la consecuencia de sucesos relacionados con el desaparecimiento de campesinos. Como se sabe, Isabel Allende introduce la narración con un sesgo testimonial diciendo que se trata de una historia "que he llevado en la memoria cuidándola para que el tiempo no la desgaste y es sólo ahora [...] cuando puedo

188

finalmente contarla. Lo haré por ellos y por otros que me confiaron sus vidas diciendo: toma, escribe, para que no lo borre el tiempo". Este enmarcamiento coincide con aspectos clásicos del realismo: la justificación del relato responde al imperativo de conservar en la memoria histórica sucesos de la experiencia social juzgados de valor para la identidad colectiva. Sin duda, esto los sacraliza. A su vez, esta legitimación de la voluntad realista implica que la narradora asume la enorme responsabilidad moral de apropiarse individualmente y codificar narrativamente una experiencia social colectiva que no le pertenece. En el análisis de estas formas de apropiación se encuentra el fundamento ético que convalida los juicios que pueda emitir una socio-crítica literaria como la que propongo.

Isabel Allende ha codificado su realismo siguiendo dos grandes tendencias: la primera es lo que Alejo Carpentier llamara "lo real maravilloso" y está focalizada en torno a la conducta de las figuras campesinas, particularmente de la familia Ranquileo; la segunda es la del género romance y gira en torno a la gestación y consumación del amor de Francisco Leal e Irene Beltrán. Ambos códigos tienen un referente semántico en el tratamiento ficticio de un dato histórico real: la masacre de campesinos perpetrada por la policía en la región de Talagante, cerca de Santiago de Chile, y el ocultamiento de sus cadáveres en el horno de tratamiento de cal de una mina abandonada de Lonquén, localidad aledaña. Este hecho histórico es el que otorga sentido social al conjunto de códigos usados. Isabel Allende utiliza el romance para apropiarse de ese sentido. Por su parte, lo real maravilloso tiene una función subsidiaria, ya que sirve de mecanismo gatillador de las peripecias que expeditan la culminación de ese romance. Puesto que es el dato histórico el que otorga la significación social del relato, es preciso iniciar este análisis a partir de sus implicaciones ideológicas. Así se puede exponer la propiedad con que Isabel Allende pueda haber codificado artísticamente su sentido y significación históricas.

El 30 de noviembre de 1978 el Cardenal Raúl Silva Henríquez invitó a su oficina a personalidades eclesiásticas, políticas, periodísticas y de defensa de los derechos humanos para solicitarles que comprobaran la existencia de un cementerio secreto de campesinos masacrados por la policía inmediatamente después del golpe militar de 1973, según una denuncia hecha a un sacerdote bajo secreto de confesión. La comitiva cumplió con este encargo trasladándose a los hornos de Lonquén. Allí comprobaron la veracidad de lo informado. Al día siguiente presentaron una denuncia formal ante la Corte Suprema. Existe evidencia[1] de que la autoridad eclesiástica sincronizó intencionadamente la divulgación pública de la noticia para obtener un efecto máximo dentro de la cadena de eventos políticos ocurridos en 1978, fecha declarada por la Iglesia Católica como Año de los Derechos Humanos en Chile. Con anterioridad al descubrimiento del cementerio de Lonquén, la oposición antimilitar había dado una larga serie de luchas. Las más importantes fueron tres: primera, las protestas contra el Decreto-Ley 2191, que concedió amnistía a los perpetradores de cualquier crimen relacionado con lo político en los días inmediatos y siguientes al golpe militar, decreto percibido como maniobra para exonerar a agentes de la violencia militar; segunda, la Huelga de Hambre Larga de mujeres, parientes y simpatizantes de la Agrupación de Familiares de Detenidos Desaparecidos para arrancar al gobierno la verdad sobre el destino de sus familiares; tercera, el Simposio Internacional sobre Derechos Humanos organizado por la Iglesia Católica con la participación de altos dignatarios de organizaciones mundiales. La revelación de la masacre de Lonquén exacerbó a altos niveles esta movilización, en lo cual la oposición antidictatorial alcanzó grandes triunfos por el impacto en la opinión pública internacional y nacional. 1978 fue el año en que por primera vez el gobierno militar reconoció la existencia de desaparecimientos, hecho que hasta entonces había negado rotunda y sistemáticamente.

Estos eventos demuestran la forma en que durante largo tiempo se desarrolló la lucha política en condiciones de máxima represión. Bajo el alero de la Iglesia Católica y en defensa de los derechos humanos se movilizaron todas las fuerzas políticas del espectro doctrinario. En complejos rituales y ceremoniales realizados apresuradamente en lugares públicos, interpelaron simbólicamente a la conciencia moral de la colectividad nacional. Es obvio que esos rituales sólo podían llevarse a cabo por la existencia de instituciones políticas de efectiva capacidad movilizadora y de concertación de algún grado de acción colectiva, por mucho que estuvieran situadas en la clandestinidad. En estos sucesos surgió el liderato de las mujeres afectadas por el desaparecimiento, ejecución, tortura y exilio de parientes. Ellas actuaron como agentes de apertura de los únicos espacios para la lucha política reivindicativa disponibles en ese entonces. Posteriormente, las actividades sindicales y de grupos de reivindicación comunitaria rearticularon y reconstruyeron canales de acción y de comunicación pública precisamente a través de los espacios de interpelación abiertos por las mujeres, especialmente las de la Agrupación de Familiares de Detenidos Desaparecidos.

El propósito de esta reseña de los contenidos sociales implícitos en el eje realista que asume Isabel Allende es este: llamar la atención sobre el radical estrechamiento de su magnitud en el momento en que la autora los traspone a un esquema de romance. Sucesos que realmente fueron gestados por vastas agencias sociales masivas, implicadas en el riesgoso aprendizaje de una nueva lógica de la lucha política en condiciones de represión antes desconocidas en la historia chilena, quedan reducidas por Isabel Allende a las peripecias del amor de Irene Beltrán y Francisco Leal. No quiero decir que esta reducción no haya respondido con cierta verosimilitud a la lógica de la dinámica cultural: el surgimiento de la mujer como agente efectivo y masivo de lucha social está realmente plasmado en el proceso de emancipación de Irene de todas las cortapisas que su origen pequeñoburgués imponía al desarrollo de los potenciales de su personalidad. Este proceso es concurrente con el nacimiento de un compromiso político que finalmente la obliga a exiliarse de Chile. No obstante, es preciso reconocer que esta afirmación de una identidad feminista resulta extremadamente estrecha al asumírsela según *un marcado hedonismo individualista*. Mi hipótesis central es que Isabel Allende no comprendió la lógica de la actividad oposicionista y que, por tanto, no queda sino caracterizar su estética como un seudorealismo que esquematiza radicalmente una compleja realidad social.

Pruebas al canto. Para llegar al esbozo de ese hedonismo individualista en primer lugar mostraré la matriz genérica del romance que articula la novela. Por la escasez de tiempo y espacio, esta parte es necesariamente muy limitada. Northrop Frye[2] muestra que el mundo del romance está dividido entre un *arriba* de esperanza utópica y un *abajo* de fuerzas infrahumanas que amenazan nuestro derecho a la felicidad. Esta tensión divide radicalmente a los personajes entre héroes y villanos. Se nos invita a aposentar nuestra imaginación en esa felicidad futura para que experimentemos la ansiedad de las amenazas infrahumanas. Indicios de esa felicidad se encuentran en una cotidianidad entendida como superficie en que quizás algún día sea posible vivir la felicidad, la seguridad, la paz, lo juvenil, la primavera, el verano, las flores, la luz y el sol. Sería un mundo idílico si es que se llegara a depurarlo de los aspectos humanamente distorsionadores que introduce el orden social establecido. En la novela de Isabel Allende esos aspectos son los valores pequeñoburgueses afirmados por la familia de Irene. Ellos impiden la expresión de sensibilidades masculinas y femeninas más refinadas y humanizantes. Estas sensibilidades de mayor perfección quedan planteadas en Francisco e Irene, en quienes se trasluce un fuerte deseo de liberación del machismo.

En el mundo inferior del romance siempre ocurren aventuras interesantes, pero que involucran sentimientos de soledad, separación, humillación, dolor y amenaza de un dolor aún mayor. Es el mundo de lo demoníaco, de la oscuridad equivalente a lo nocturno. Como el título mismo de la novela lo indica —*De amor y de sombra*—, el movimiento narrativo zigzaguea entre el mundo potencialmente idílico y lo demoníaco-nocturno. Así se somete a los personajes a otra polarización, la de la vigilia racional y lúcida versus estados oníricos o similares a ellos por la perturbación mental. Este es principalmente el espacio campesino representado en torno a la figura de Evangelina Ranquileo. La tensión dramática se crea cuando el zigzagueo narrativo trae alternativamente la expectativa del cumplimiento del deseo y el hundimiento en la angustia, la pesadilla, la locura y la muerte. A su vez, estas incidencias traen consigo otras polaridades asociadas con cada uno de los mundos en conflicto: el mundo de lo idílico y de la vigilia es potencialmente lo real, lo sereno, la bondad, la libertad y el espacio de las personalidades psíquicamente bien establecidas, asentadas dentro de lo que en cada cultura se considera ciencia —las aspiraciones socialistas, en este caso. Al mundo de lo demoníaco-nocturno corresponde lo ilusorio, que está asociado con la angustia, la crueldad, el horror, la paranoia, la tiranía y la identidad problemática y fluctuante, aspecto muy relacionado con lo mítico. En la novela de Isabel Allende esto tiene un énfasis especial en la conducta de los militares. Generalmente en el comienzo de todo romance se produce la inmersión en lo demoníaco y hacia el fin ocurre un rebote que marca el retorno a la promesa de lo idílico. Esto queda marcado con algún tipo de suceso de carácter ritual, como matrimonios, inauguración de monumentos conmemorativos, funerales, etc. Estos rituales tienen una significación socialmente religiosa, en el sentido latino de *religio*, es decir, unión, cohesión social, sentido directamente conectado con la posible fundación de un nuevo orden social. Como se recordará, la novela de Isabel Allende termina con la recuperación de la salud de Irene luego de un atentado militar contra su vida y la marcha a un exilio en que ella y Francisco podrán vivir su amor con plenitud, liberados de lo demoníaco, aunque lamentablemente lejos de su país. El relato mismo de sus aventuras y unión final constituyen un monumento al amor que debe guardarse en la memoria colectiva como fuerza de unificación social. De aquí creo que surge la motivación de la voz narrativa para legitimar su relato.

En mi modo de ver la novela, el instante más revelador de la restricción ideológica del referente histórico en el realismo de Isabel Allende se da en ese momento de rebote: las figuras centrales del romance comienzan a ascender nuevamente al mundo del amor y de la mayor sanidad luego de haberse hundido en lo más profundo del mundo de lo demoníaco-nocturno. Me refiero a la secuencia en que Francisco e Irene hacen el amor luego de descubrir la sepultura secreta de Evangelina. Como se recordará, allí también estaban los cadáveres de los campesinos desaparecidos, conocimiento que luego llevará a Irene a su compromiso político. Cito pasajes para mejor esbozar mi pensamiento:

> Cuando Francisco se quitó la ropa fueron como el primer hombre y la primera mujer antes del pecado original. No había espacio para otros, lejos se encontraba la fealdad del mundo o la inminencia del fin, sólo existía la luz de ese encuentro [...] Irene no había amado así, ignoraba aquella entrega sin barreras, temores ni reservas, no recordaba haber sentido tanto gozo, comunicación profunda, reciprocidad. Maravillada, descubría la forma nueva y sorprendente del cuerpo de su amigo, su calor, su aroma. Lo exploraba conquistándolo palmo a palmo, sembrándolo de caricias recién inventadas. Nunca había disfrutado con tanta alegría la fiesta de los sentidos, tómame, poséeme, recíbeme, porque así, del mismo modo, te tomo, te poseo, te recibo yo [...] Francisco sonrió en completa dicha, porque había encontrada a la mujer perseguida en sus fantasías desde la adolescencia y buscada en cada cuerpo a lo largo de muchos años: la amiga, la amante, la compañera [...] Despertaron con las primeras luces de la mañana y el alboroto de los gorriones, deslumbrados por el encuentro de los cuerpos y la complicidad del espíritu. Entonces recordaron el cadáver de la mina y recuperaron el sentido de la realidad. Con la arrogancia del amor compartido, pero aún temblorosos y asombrados, se vistieron, subieron a la motocicleta y recorrieron el camino a casa de los Ranquileo (pp. 191-192).

El incidente marca la liberación de Irene de los valores familiares y de clase. Estos la habían tenido atada al amor del capitán Gustavo Morante, suma del mito machista del guerrero, simplemente por convención e inercia rutinaria de relaciones sociales. Por el contrario, debido a la cercanía en el trabajo periodístico, se había estado perfilando la posibilidad de un amor mucho más satisfactorio con Francisco. La parsimonia del carácter de éste, su fina sensibilidad, su dulzura y su respeto por la mujer, que a la vez se conjugan con la pasión con que la ama, indican que en él Irene encontraría una pareja purificada de la masculinidad avasalladora de Morante. Sin duda un matrimonio con Morante habría limitado el desarrollo de su personalidad. Lo interesante, sin embargo, es el modo

con que el pasaje evidencia un feminismo que predica la
liberación de la mujer a partir de su recuperación del
erotismo sexual sin una capacidad posterior para trazar
proyecciones de tipo político más amplio. Sin duda existe
evidencia sociológica y antropológica para probar que la
recuperación del erotismo sexual es efectivamente uno de
los primeros pasos de la liberación femenina. Sin embargo,
en la novela no queda clara constancia del modo en que
ese primer paso proyectará esa liberación femenina a algún
grado de trascendencia social. Todavía más, la lucha real
de las mujeres chilenas por revelar la verdad de las
masacres y de los desaparecimientos en unión con sectores
sociales masivos, en la novela aparece como privilegio
exclusivo e individual de esta joven. Luego del
descubrimiento de los cadáveres restantes, un pasaje de la
novela dice:

> Al cabo de una semana la noticia de Los Riscos había cedido su
> lugar a otras, barrida por el afán de alimentar la curiosidad
> del público con tragedias nuevas. Tal como lo pronosticó el
> General, el escándalo comenzaba a olvidarse, ya no ocupaba la
> primera página de los periódicos y sólo aparecía en algunas
> revistas opositoras de circulación restringida. Así las cosas,
> Irene decidió buscar pruebas y agregar detalles al caso para
> mantener vivo el interés y la esperanza de que el clamor
> popular fuera más fuerte que el miedo. Señalar a los asesinos y
> encontrar los nombres de los cadáveres se convirtió para ella en
> una obsesión (pp. 229-230).

Aunque el juicio pueda sonar extremadamente duro,
plasmar de este modo las luchas actuales de la mujer en
defensa de los derechos humanos a través de Irene
equivale prácticamente a decir que, en la lógica de este
mundo ficticio, esas luchas se dieron para que esta joven
pudiera gozar su erotismo sexual irrestringidamente y se
convirtiera ella solita en el último baluarte de la verdad.

Además de esta, en la novela de Isabel Allende hay otra
evidencia de una inmadurez de pensamiento político que
dañan el código realista elegido por la misma autora. Me
refiero al uso del todo desplazado que ha hecho en este
texto de las premisas de lo real maravilloso. Recordemos
la indicación que hice en los comienzos de esta discusión
en cuanto a que el mundo campesino mostrado en torno a

la familia Ranquileo es usado para gatillar las peripecias
que llevan a la consumación del amor de Francisco e
Irene.

Creo patente la evidencia de que en Isabel Allende hay
una marcada subsidiariedad de la obra de Gabriel García
Márquez, dato ya reiterado por la crítica. A esto habría que
agregar, sin embargo, que en la narrativa del colombiano
la asunción de la lógica de lo real maravilloso responde
orgánicamente a una profunda comprensión histórica de
las distorsiones que introduce el imperialismo en la
estructura de las sociedades satelizadas. Como se sabe, esas
distorsiones corresponden a lo que se ha llamado
desarrollo desigual y combinado en un capitalismo
dependiente. Es decir, el capitalismo trasnacional
introduce en las sociedades subdesarrolladas segmentos de
producción altamente desarrollados que conviven con
modos de producción atrasados —incluso precapitalistas—
preservándoselos y reconstelándoselos para el apoyo y
mantenimiento de esa producción altamente tecnificada.
Aquí está el origen de lo que Carpentier llamara *contextos
ctónicos* e *ideológicos* para mostrar las grandes
dislocaciones de mentalidad existentes en Latinoamérica.
Según esto, las ideologías más avanzadas y científicas
cohabitan con mitologías de una magia primitiva. De allí
que se pueda afirmar que el uso de lo real maravilloso en
García Márquez es expresión de una madurez de
pensamiento político que le ha permitido afirmar que sus
obras son profundamente realistas, a pesar de su estilo:
para ser fidedigna, la representación de una realidad
histórica distorsionada no tiene otra alternativa que ser
grotesca. En Isabel Allende, sin embargo, ese nucleo central
del significado cultural de lo real maravilloso queda
desplazado a la categoría de mecanismo gatillador de una
liberación femenina entendida como hedonismo
individualista. Aún más, me parece que el anecdotario
mágico que en García Márquez es manifestación orgánica y
soporte de una concepción de la historia, en esta novela de
Isabel Allende queda reducido a ornamento exoticista.

Para mejor perfilar un debate, quiero dar
intencionalmente a estas notas una clausura súbita. Aquí

paso a explicar la estrategia de una crítica literaria socio-histórica que propongo.

En primer lugar creo necesario un deslinde de responsabilidades: la problemática que he planteado no compete a la autora sino a la crítica literaria. Sin duda hay miles de lectores que disfrutan y continuarán disfrutando la obra de Isabel Allende. Además, al escribir su obra ella ha cumplido rectamente con los urgimientos de su vocación artística y su compromiso con la cultura chilena. Más bien esa problemática compete a una crítica literaria culturalista que aspira a tener alguna trascendencia en la reconstrucción de símbolos nacionales de recongregación democrática en una sociedad que ha sufrido desintegraciones no superadas. Desde la perspectiva de este prejuicio estimo que su forma de elaborar la historia chilena reciente hace de la novelística de Isabel Allende una obra menor.

Esto me lleva al planteamiento central: este tipo de crítica literaria no puede ser entendido como ejercicio de funcionarios de una Gran Inquisición que dispensan valor o quitan mérito. Su tarea está, más bien, en encontrar los modos de problematizar y promover la discusión de cualquier obra que pueda llevar al estudioso chileno —y latinoamericano, en general— a tomar y comunicar una conciencia de los condicionamientos sociales que promueven las violaciones o la defensa de los derechos humanos. Por los argumentos expuestos anteriormente se podrá colegir que personalmente no tengo el mismo entusiasmo por la obra de Isabel Allende como el que han manifestado otros colegas. Sin embargo, estimo que lo importante no es ni la mayor o menor calidad de la obra de esta autora ni la naturaleza de mis prejuicios críticos: lo crucial está en el hecho de que discutir la obra de Isabel Allende permite ese ejercicio de meditación cultural tan necesario hoy en día. Por este motivo creo que todos debemos estar profundamente agradecidos de Isabel Allende.

NOTAS

[1]Hernán Vidal, *Dar la vida por la vida: La Agrupación Chilena de Familiares de Detenidos Desaparecidos.* Minneapolis, Minnesota: Institute for the Study of Ideologies and Literatures, 1982.

[2]Northrop Frye, *The Secular Scripture. A Study of the Structure of Romance.* Cambridge, Massachusetts: Harvard University Press, 1982, 5th ed.

DISCURSO CULTURAL CHILENO:
CIENCIA SOCIAL MILITARIZADA
Y REDEMOCRATIZACION FEMINISTA

Desde 1976 en adelante ha aparecido en Chile una serie de obras que han hecho interpretaciones globales de la cultura nacional después de la ruptura institucional de 1973, tanto desde una perspectiva afín al régimen militar como desde la oposición. Esto se explica si tomamos en cuenta que el militarismo expresó la intención de refundar la cultura chilena para impedir que en el futuro se repitiera la posibilidad del desmantelamiento del sistema capitalista en el país. De allí la serie de reformas "modernizadoras" que introdujera en lo económico, educacional, previsional, en lo administrativo, en la organización de las corporaciones sindicales y gremiales, culminando este proceso con la promulgación de la nueva Constitución de 1980. En cuanto a la oposición, esto se explica por su necesidad de tomar conciencia y redefinir los espacios y condiciones para su actividad bajo la represión, en circunstancias en que las instituciones que tan claramente habían definido y expresado "lo popular" en el pasado —los partidos políticos y las organizaciones sindicales— estan en receso, en el clandestinaje o directamente intervenidas. Suspendido oficialmente el juego de las relaciones políticas públicas, numerosos intelectuales producen un flujo de versiones sobre la conducción óptima de la cosa pública, bien sea como independientes, como asociados con organizaciones internacionales o eclesiásticas de estudios sociales o como participantes en corporaciones privadas fundadas en apoyo de la gestión militar o como extensión más o menos directa de los partidos políticos.

En la exposición que sigue deseo llamar la atención sobre dos textos diametralmente opuestos en su argumentación sobre el sentido de la cultura chilena: *El carácter chileno* (1976), del sociólogo Hernán Godoy[1], e *Historias testimoniales de mujeres del campo* (1983), recopiladas por un colectivo de antropólogas del Programa de Estudios y Capacitación de la Mujer Campesina e Indígena (PEMCI)[2] formado por Ximena Valdés, Sonia Montecino, Kirai de León y Macarena Mack. La lectura contrapuesta de ambas obras tiene el interés de mostrar dos alternativas de articulación de discursos sobre la cultura nacional. Estas alternativas surgen a partir de la situación común para ambos autores de enfrentarse a circunstancias en que la noción de colectividad se ha hecho en extremo problemática por la clausura e intervención militar en las intituciones mediadoras entre la sociedad civil y el Estado.

Compartir una visión problemática de la comunidad nacional como conjunto de fuerzas que se organizan para la proposición de proyectos colectivos de conducción de la cultura chilena puede explicar, además, una similitud de actitudes retóricas centrales en la concepción del tema tratado por ambos autores. Tanto Godoy como el colectivo PEMCI conciben la historia chilena como una analogía de estratos en que la superficie ha llegado a ocultar los aspectos más genuinos de ella, siendo preciso volver a captarlos para dar a la historia un sentido de rectitud que ha perdido por ese sepultamiento. Por tanto, el cientista social, individuo aislado o reducido al contacto con un escaso número de colegas, aparece como una especie de geólogo que, con la penetración de su mirada, es capaz de traspasar los estratos superficiales para recuperar los valores sepultados y exhibirlos ante la comunidad nacional, iluminando así criterios correctivos para una historia desviada. Pero aquí termina la similitud: la obra de Hernán Godoy contribuye al esfuerzo militar por redefinir la cultura chilena para refundarla, sentando las supuestas bases para la larga vigencia de esta reinstitucionalización, mientras los testimonios del colectivo de PEMCI se exhiben como evidencia de una exploración sobre la posibilidad de revivir con una base de apoyo popular el movimiento feminista chileno que se comenzara a organizar desde 1915 por iniciativas burguesas y pequeñoburguesas y se autodisolviera poco después de 1949. En última instancia, la intención de

Godoy es insuflar nueva vida en los más rancios mitos de la historiografía conservadora chilena, dándoles una pátina de renovación pseudocientífica; el discurso feminista de las antropólogas, por el contrario, busca perfilar el surgimiento de una identidad renovada en las luchas por la transformación de la cultura chilena, identidad que nace de la transformación que sufren intelectuales y campesinas en el encuentro mutuo.

EL CARACTER CHILENO: LOS MITOS DE UNA PSEUDOCIENCIA MILITARIZADA

Esta discusión de *El carácter chileno* plantea tres etapas de análisis: una sincrónica, en que describo la teoría de los estratos que distingue Hernán Godoy en la conformación de una estructura social y las relaciones entre estos estratos; una segunda etapa diacrónica, en que el estatismo de la primera etapa queda superado por la periodización propuesta por Godoy para explicar la dinámica de las relaciones estructurales de la sociedad chilena a través de su historia; y, finalmente, el proyecto histórico de transformación y administración social que se desprende de esa teorización y periodización.

Hernán Godoy reconoce tres estratos en la conformación de una sociedad. El primero es superficial, constituido por el *ethos y la institucionalidad social*. Se evidencia mediante los códigos, mitos, credos, autoimagen, conciencia nacional, estilos políticos y modelos de organización institucional, cuyo sentido puede ser captado con el estudio de "las formas y concepciones generalizadas expresadas por la literatura, el arte, el pensamiento y la política" (p. 21). El estudio de ese estrato superficial es entendido como una lectura sintomática que tiene el objetivo de revelar un segundo estrato, más profundo, llamado *comunidad nacional*. Existe una comunidad nacional cuando la población se identifica con y encarna un "conjunto de actitudes, creencias y valores congruentes con las instituciones básicas y sostenidas en común por los miembros de una sociedad o por la más

202

amplia parte de ellos" (p. 21). Esta cohesión y coherencia ética es descrita en términos organicistas con una metaforización que habla de la comunidad nacional como si fuera un cuerpo humano que nace, crece, toma conciencia de sí mismo, se desarrolla, busca concretar sus potencialidades y entra en períodos de crisis o de corrección de crisis en el devenir temporal. A su vez, la organicidad corporal del ethos nacional debe ser entendida como manifestación del estrato más profundo y fundamentalmente constitutivo de la sociedad, el *carácter nacional*, el cual es definido como

> los rasgos y valores más generalizados y recurrentes en las conductas y actitudes, aquellos rasgos que las sociedades nacionales imprimen, como un cuño o un sello, a los miembros que la componen y que constituyen el tipo común: el carácter prevalecente y congruente con las instituciones sociales y el ethos cultural (p. 20-21).

El carácter nacional conforma una especie de matriz de rasgos homogéneos que se manifiestan a pesar y a través de las diferenciaciones sociales y culturales de las sociedades modernas. Esta matriz otorga una identidad diferencial, una imagen colectiva y una fisonomía histórica a los pueblos, asegurando su continuidad y estabilidad como conglomerados comunitarios. Los rasgos distintivos de un carácter nacional se gestan en un proceso acumulativo a través del tiempo, cuyo factor determinante es la experiencia histórica vivida por la población dentro del espacio territorial que le corresponde y las tradiciones, valores y costumbres surgidas de ella. Por una parte, la imagen colectiva es un proceso consciente de producción de autoimágenes y exoimágenes construidas tanto por nacionales como por extranjeros en su esfuerzo por definir los rasgos comunitarios, imágenes que se decantan en símbolos, emblemas, en la historiografía y la literatura del país, en las opiniones, actitudes, aspiraciones expresadas por la población, sus formas de socialización, la conducción de la política, las configuraciones conductuales en lo general y lo particular de las clases sociales, los sectores ocupacionales, los grupos generacionales. Su análisis global debe ocupar a los psicólogos sociales[3], los antropólogos, los cientistas políticos y los sociólogos. En la etapa de aplicación práctica de su teorización al análisis del carácter nacional chileno, Hernán Godoy introduce una dimensión irracional en esa acumulación de imágenes. Repetidamente se refiere a la fascinación obsesiva que parecen experimentar los observadores extranjeros al tratar de describir el carácter chileno. Utiliza frases como "Había algo en la sencillez de la sociedad y en la cordialidad de su gente que los atraía particularmente"; "Había también algo en el clima y en el paisaje que contribuía a las alabanzas del viajero" y habla de lo geográfico como elementos que explican "la curiosa atracción que Chile ejercía en los viajeros" (pp. 170-171) dando la impresión de que los extranjeros se sentían hipnotizados por la contemplación de una fuerza numinosa que no lograban captar y verbalizar cabal y racionalmente.

Factor decisivo en la estabilización del carácter nacional es la actividad de los héroes culturales, fundadores y conductores del pueblo, "cuyos rasgos o virtudes, reales o imaginarias, son incorporados a la tradición y trasmitidos como modelos y paradigmas del *ethos* de su pueblo" (p. 16). Ellos moldean y rearticulan la experiencia histórica de la colectividad, modificando sus tradiciones, valores y costumbres con los atributos de su personalidad en la labor de conducción. La influencia de estos héroes a través de la historia de la comunidad nacional es también parte del componente irracional de las argumentaciones de Hernán Godoy. Nunca se explica las formas en que la población absorbe y prolonga las características de la personalidad colectiva que los héroes contribuyen al proceso acumulatorio. Típico de este irracionalismo es la afirmación que se hace de Pedro de Valdivia, el conquistador que colonizara a Chile:

La impronta de Pedro de Valdivia se advierte en varios de los rasgos que van a ser atribuidos a los chilenos, como la sobriedad, el esfuerzo heroico, la serenidad ante el desastre y el patriotismo, así como también en algunas características de Chile como nación: sentido del orden, respeto del derecho,

204

acatamiento de la jerarquía y sobre todo en "la voluntad de
ser", de que hablará Gabriela Mistral. [...] La misma divisa
del escudo de armas de Valdivia —"La muerte menos temida
da más vida"— constituye un simbolismo para la nación que
fundara (p. 30).

Implícito en la forma como se constelan los rasgos del
carácter nacional hay un proyecto de acción histórica que
Godoy designa con términos como *ideal colectivo,
proyecto de realización* y *utopía*, proyecto al cual los
pueblos se orientan en la medida en que logran mantener
la organicidad comunitaria, la cual está, a su vez,
relacionada con la forma en que la población nacional
respeta los rasgos de la conformación de su carácter. En
otras palabras, la conducción de la actividad política y la
organización institucional de un país deben mantener una
congruencia con el carácter nacional para que la estabilidad
comunitaria perdure y se prolongue. De no ser así, se
producen períodos convulsivos en que la fisonomía
histórica de una nación entra en crisis,

momentos en que las raíces propias parecen olvidadas y en que
la identidad nacional se vuelve desvaída [y los diversos
sectores del pueblo aparecen] divididos por odiosidades y
antagonismos y [experimentan] la sensación de estar impelidos
hacia un destino incierto, de espaldas a lo propio y esencial (p.
13).

Es entonces cuando "la autoimagen tradicional debe ser
reinterpretada para comprender el presente y orientar el
futuro" (p. 16). Con esto queda sugerido el proyecto de
transformación y administración social implícito en esta
teorización, pues dada la valoración que se hace de la
importancia histórica de los héroes conductores de
pueblos, es preciso que entren en acción los expertos en el
estudio del carácter nacional como secundadores de los
líderes, proporcionándoles estudios caracterológicos que
servirán de apoyo para la corrección de toda actividad
social que se desvíe de su esencia. En otras palabras, la
ciencia social entendida y practicada en la forma en que lo
hace Hernán Godoy contiene una agenda represiva afín al
militarismo chileno. Esta afinidad se hace evidente si

ahora examinamos la diacronía evolutiva de la historia chilena.

Para Hernán Godoy, el momento de la consolidación del carácter chileno se da en el período de la república conservadora, entre 1831 y 1861, en que se realza la influencia del ministro Diego Portales en la estabilización del nuevo Estado después de la Independencia. Por ello, el supuesto carácter nacional encuentra equivalencia total en las ideologías conservadoras de la época. Esas tres décadas toman rango de "edad clásica" de la historia chilena, en que se dio el equilibrio óptimo de dos polos, "la 'voluntad de ser' con la 'aspiración al orden' [que] se expresa en tres aspectos del carácter nacional: un estilo político propio, un credo nacional coherente y una conciencia nacional bien arraigada". "Valores centrales del estilo político de Chile son el orden jurídico y el respeto a la ley. [...Se] subraya la impersonalidad del poder y el papel del jefe del estado como árbitro supremo, que no se identifica con los intereses de una clase o de un partido, por estar sobre ellos" (p. 214). "En cuanto al credo nacional de Chile, éste se caracteriza por la afirmación y la búsqueda de una ecuación entre la libertad y el orden, entre la igualdad y el mérito, entre la razón y la fuerza" (p. 215).

La congruencia de los estratos de la identidad nacional permitió una plenitud de ser que se mostró a través del surgimiento de "un grupo de nuevos empresarios de gran visión y energía, que abandonan los caminos rutinarios, para explorar el desierto, descubrir riquezas y organizar industrias" (p. 210); "los artífices de esta edad clásica de Chile fueron una falange diversificada de estadistas y letrados, de hombres de acción e intelectuales, de modestos provincianos meritorios y de hombres de abolengo, que construyeron el Estado, orientaron su marcha y difundieron el dinamismo en los sectores populares [...] Es decir, los miembros de la *élite* dirigente, unidos por un espíritu de familia, arraigados a la tierra y representativos de una poderosa individualidad nacional" (p. 218). El aislamiento insular del país —rodeado por el mar, las cordilleras y el desierto— permitió la cohesión de clases bajo el liderato de esta élite. La difícil comunicación con el

resto del mundo promovió una gran homogeneidad
cultural entre sus habitantes.

Contrapuestos a este período "clásico", de orden,
prosperidad, espíritu de inciativa, estabilidad y
continuidad, se dan períodos "románticos", caracterizados
por crisis convulsivas y disolutorias de la cohesión
nacional. Causante de esas crisis es el debilitamiento
progresivo de las élites clásicas por el cultivo de un estilo
político no realista, forjado de acuerdo con doctrinas
foráneas, incompatibles con el carácter nacional,
introducidas en Chile por la creciente infiltración de
extranjeros y de su cultura, los cuales introducen, además,
el prurito por la ganancia desmedida y desconsideradora
de la identidad nacional.

Godoy perfila como románticos dos períodos de la
historia chilena: primero, el de la República Parlamentaria
(1891-1920), que va desde la caída del Presidente Balmaceda
en la guerra civil de 1891 a la elección de Arturo
Alessandri, cuya presidencia inicia la gravitación política
de los sectores medios. Segundo, el período de 1950 a 1974,
descrito como de exacerbación de la organización política
de las masas iniciada en las décadas anteriores.

Para captar el sentido de la interpretación de Godoy de
cada uno de estos períodos basta citar ciertos párrafos
claves. En cuanto a la República Parlamentaria:

> La aristocracia transformada en plutocracia se hace más rica y
> el proletariado se pauperiza. La distancia creciente entre
> ambos estratos se visualiza en el contraste del palacio y del
> conventillo. Mientras se acrecienta el lujo y la ostentación de
> unos pocos, se acentúa la desnutrición y la desorganización
> familiar en la base popular (p. 287); Esta quiebra del consenso
> social se advierte en un indisimulado desprecio por el roto y
> por el pueblo y en la consecuente desvalorización de sus
> imágenes, por parte de los grupos dirigentes europeizados [...]
> La falta de fe en el pueblo hace buscar ansiosamente
> inmigrantes europeos. La enajenación de los grupos dirigentes
> se traduce en el vestuario, el menaje, la vivienda y las modas
> europeas; en los viajes al Viejo Mundo y en las facilidades
> indiscriminadas otorgadas al capital extranjero. El abismo
> entre las clases sociales se evidencia en 1910 (p. 288).

En cuanto a la llamada sociedad de masas:

...las comunicaciones de toda índole y la aviación contribuyen, en los últimos veinticinco años, a esfumar las fronteras de la isla que era tradicionalmente Chile [...] La influencia conjunta del cine, la radio, la prensa y la televisión, con su diseminación diaria a través del territorio, de indiscriminadas sugestiones, estilos, modas y modelos, contribuye a desvanecer en la sociedad de masas las imágenes nacionales y los valores tradicionales de Chile (p. 412); La discrepancia entre el lento crecimiento económico y el aumento de las aspiraciones de consumo ha estimulado el sentimiento de frustración en vastos sectores de la población. La movilización política los ha llevado a apoyar programas que les ofrecen cambios más o menos radicales de las estructuras vigentes (p. 411); De este modo, la hipertrofia política llega a anular la autonomía del poder espiritual, y el predominio partidista lleva al eclipse social de las personalidades sobresalientes en el campo del pensamiento, la ciencia y la cultura [...] Las tendencias anteriores se intensificaron y agravaron a partir de 1970. Surge la violencia y los síntomas de desintegración de la conciencia nacional [...] Se oficializa la lucha de clases y la violencia. Inundan el país miles de extremistas extranjeros, que ejercen de activistas de la revolución o de asesores políticos, culturales y tácticos de los hombres y partidos de gobierno. Al caos económico le sigue la quiebra jurídica e institucional. A la negación radical del carácter de Chile, la inspiración en el trópico [obviamente Cuba] [...] Se abandonó cabalmente el credo y el estilo de Chile [...] El fracaso de la vía marxista lleva al gobierno a las cuatro instituciones de las Fuerzas Armadas, como alternativa de la guerra civil. Con el nuevo régimen viene la búsqueda de nuevos fundamentos para enfrentar una crisis de muchos años (pp. 412-413).

Hernán Godoy es parco en palabras al referirse a la intervención militar del 11 de septiembre de 1973 que dio término al gobierno de Salvador Allende y de la Unidad Popular. Sin embargo, dada la teorización anteriormente expuesta, queda implícito que atribuye el golpe de estado al surgimiento de héroes con voluntad de reafirmar el carácter chileno y la identidad nacional, según los términos que emplea. Por lo demás, es necesario mencionar que, antes de llegar a este punto de su

208

argumentación, Godoy ha venido haciendo una callada exaltación de la guerra y de las fuerzas armadas como circunstancia y poder capaces de vigorizar el carácter nacional y de detener momentáneamente las oscilaciones introducidas en la historia chilena por las etapas románticas.

Así es como valora la guerra contra la Confederación peruano-boliviana de 1836-1839:

> La curiosidad intelectual que apuntó en la época de la independencia, con la afirmación de la personalidad criolla, se unió con la experiencia de la campaña contra la Confederación. El ensanche de mundo que significó vivir otras situaciones y conocer otros paisajes, además de la victoria militar, contribuyó a dar al chileno un sentimiento de confianza y seguridad antes desconocido [...] Terminado el conflicto bélico, quedó la experiencia de la movilización en los hombres de todos los sectores sociales, y empezaron a mostrar signos de acción e impulsos de aventura antes inusitados (p. 217).

Al referirse a la Guerra del Pacífico (1879-1883), hecho ocurrido en la etapa de declinación de la élite nacional conservadora, Godoy dice:

> La guerra del Pacífico entre Chile y la coalición de Perú y Bolivia significa una tregua en la escisión política y el antagonismo social [...] Ella provoca un estallido de solidaridad y de patriotismo. Hombres de todas las condiciones sociales se enrolan espontáneamente en los cuarteles. Los sacrificios compartidos y las proezas de heroísmo de los rotos soldados y de los oficiales los hacen confraternizar. La conciencia del propio esfuerzo y del valor militar incrementa el sentimiento de nacionalidad y de confianza en sí mismo (pp. 255-256).

Este militarismo queda acentuado aún más si tomamos en cuenta el origen de la ciencia social que Hernán Godoy intenta practicar en su análisis caracterológico. Ese origen está especialmente en los esfuerzos de cientistas sociales norteamericanos durante la Segunda Guerra Mundial y la llamada Guerra Fría por captar un perfil psicológico, axiológico y conductual de los ciudadanos y súbditos de las naciones enemigas. Su propósito era contribuir al diseño de campañas de agresión psicológica que minaran su resistencia y su adhesión a los gobiernos conductores de las estrategias bélicas, para así debilitar su resistencia militar y derrotarlos[4].

Puesto que era imposible basar esos estudios en observaciones directas con trabajo de campo en el territorio enemigo, se utilizaron técnicas de análisis de *cultura a la distancia* para predecir el comportamiento de diversos sectores de esas poblaciones en circunstancias especiales y bajo estímulos de la guerra psicológica. Para ello, los investigadores más notables en este tipo de estudio —Margaret Mead, por ejemplo— utilizaron extensos archivos de material impreso en áreas como psiquiatría, educación, organización familiar, relaciones institucionales y burocráticas, literatura, cine, filosofía, etc., para determinar regularidades conductuales a todo nivel. Además, reforzaron este material con gran número de entrevistas y tests psico-clínicos dados a individuos de los países bajo estudio.

Margaret Mead insistía en la necesidad de que estos estudios se llevaran a cabo por equipos interdisciplinarios de investigadores u otras formas de supervisión para someter cada variable de análisis utilizada a la más escrupulosa verificación en cada una de las áreas de competencia de las diferentes disciplinas de las ciencias sociales[5]. En cuanto a criterios de verificación, es preciso recalcar que el aspecto más importante de los cuidados de la antropóloga norteamericana por validar la irreprochabilidad de sus métodos investigativos ante ataques críticos fue el de neutralizar toda sospecha de que en ellos se manejaran entelequias ahistóricas, inverificables empíricamente, como lo hace Hernán Godoy en su teorización de un estrato nuclear constituyente del carácter chileno.

Vale la pena citar extensamente a Margaret Mead:

> En esta aproximación se presume que los niños comienzan su vida en toda sociedad humana —de tamaño comparable— con un registro comparable de habilidades y potencialidades. Se presume que las diferencias de que han informado todos los

210

investigadores de sociedades humanas entre una cultura y otra
—diferencias de lenguaje, organización social, creencia
religiosa, etc.— de ninguna manera se relacionan con
características raciales de los miembros de estas sociedades,
sino que deben ser aprendidas por cada generación. Se presume
además que, mientras la forma particular de la cultura de una
sociedad [...] debe ser relacionada con una larga secuencia de
hechos históricos producidos en un contexto geográfico
particular, el hecho de que un grupo determinado de miembros
adultos de una sociedad den cuerpo a una cultura
históricamente desarrollada debe referirse a la circunstancia
de que ellos bien han sido criados en esas formas culturales
particulares o que han emigrado y que posteriormente han
llegado a dominarlas. Debido al equipo psico-fisiológico
común del ser humano, es posible explorar la forma en que las
diferentes culturas son aprendidas por seres humanos de
habilidades comparables y así aprender algo del carácter
cultural de aquellos que perpetran una cultura y participan en
los cambios revolucionarios o evolucionarios que tienen lugar en
esa sociedad. Cuando ocurren estos cambios, especialmente los
drásticos cambios que acompañan a una revolución exitosa, es
posible relacionar estos cambios con el comportamiento
adquirido existente y preguntar, ¿cómo se comportarán los
individuos que dieron cuerpo a la antigua cultura dentro de las
nuevas formas revolucionarias? ¿A qué clases, o tipificaciones
de personalidad, o formas de experiencia se puede relacionar
la insistencia en un nuevo comportamiento y el repudio del
antiguo? ¿Cómo puede contribuir a nuestra habilidad para
comprender y predecir el uso del conocimiento de la forma en
que la antigua cultura era aprendida o cómo se adquiere la
nueva cultura emergente— cuando se coloca esta información
contra el trasfondo de conocimiento comparativo de cómo
aprenden los niños y los adultos?[6.]

Compulsar los cuidados extremos de una Margaret
Mead para la validación de las conclusiones de su trabajo
—el emprendimiento de este tipo de investigación sólo
dentro de los marcos corroborativos interdisciplinarios
más estrictos; la neutralización de toda sospecha posible de
ahistoricismo— tiene un doble efecto sobre el trabajo de
Hernán Godoy: por una parte, su abandono de toda
medida verificatoria da pábulo a la sospecha de que este
sociólogo realmente ha usado vagamente las premisas del
análisis cultural a la distancia para dar aspecto científico a
una justificación apriorista del militarismo chileno

tomada de la historiografía conservadora. Dejar constancia de esto nos autoriza para hablar de *El carácter chileno* como de una pseudociencia. Por otra, ese compulsamiento desnuda la situación insólita pero sintomática de una pseudociencia social que se dirige a su objeto de estudio, la propia cultura nacional, enmarcándola en premisas teóricas y metodológicas que la conciben como ente distante y enemigo, que debe ser maliciosamente manipulado, cuyo acceso sólo es posible por los medios indirectos que permite una situación bélica.

HISTORIAS TESTIMONIALES DE MUJERES DEL CAMPO: LA NOSTALGIA DE UN AGENTE HISTORICO COLECTIVO

Confrontar la obra de Hernán Godoy con la forma en que fueron recolectados y expuestos los testimonios por el colectivo de PEMCI ayuda a perfilar más nítidamente las implicaciones tipológicas de ese distanciamiento bélico en el trabajo del sociólogo. La contraposición realza el hecho de que, para Godoy, la cultura no es producción de todo ser humano que, al proponerse la consecusión de un proyecto de transformación personal a partir de su cotidianidad, dentro de y en conjunto con los actores colectivos existentes, se transforma a sí mismo y a la colectividad. Para el sociólogo la cultura chilena es producto exclusivo de una élite burguesa y pequeñoburguesa ilustrada, urbana, social y étnicamente homogénea, masculina, proveniente de la zona central del país, élite que se expresa exclusivamente a través de la palabra escrita. Por lo tanto, su metodología de estudio de textos escritos ya canonizados en la tradición literaria chilena les otorga aspecto de monumentos de un museo sacralizado. Ello marca su visión de la cultura chilena con una perspectiva temporal de pasado, puesto que un monumento literario sólo puede ser reconocido como tal luego de que su discurso ha sido incorporado a las temáticas recurrentes en las preocupaciones sociales de la élite productora y receptora. Esa perspectiva pasadista es corolario de la premisa de que la comunidad nacional tiene su núcleo identificador en los atributos de un carácter nacional conformado y consolidado en una época anterior, de acuerdo con el cual todo suceso histórico posterior debe ser certificado en cuanto a su beneficio o malignidad. Interpretar el signo positivo o negativo de esos sucesos requiere la mediación de pseudocientistas sociales con la videncia capaz de captar intuitivamente las esencias del carácter nacional chileno para luego interpelar a sus conciudadanos y hacer conciencia de sus desviaciones de esas esencias.

Por el contrario, el texto de los testimonios campesinos del colectivo PEMCI no está mediado por ningún aparataje teórico ni metodológico expreso. A excepción de tres páginas de prefacio dedicadas a una declaración de propósitos y dos en que se explica escuetamente el procedimiento de edición del material, las voces femeninas surgen con inmediatez aparentemente directa. El acto de abrir de este modo un espacio para la expresión de voces campesinas puede ser leído como intento simbólico de señalar que la cultura es producto indefectible de todo ser humano que, por ser tal, lleva a cabo proyectos vitales en que debe reproducir su propia vida, la de su familia y su comunidad en el trabajo de lograr sus sueños e ideales. Por lo tanto, su dimensión temporal es de futuro. Esto se comprueba con la obvia organización de las entrevistas de acuerdo con pautas idénticas y generales para todas las mujeres, las cuales llevan adelante la conversación en un movimiento de expansión concéntrica: inicialmente las campesinas se refieren a su medio familiar y a las relaciones dentro de él, y luego a sus relaciones con el medio ambiente, con el sexo masculino, y sus expectativas ante la vida, captándose en toda su resonancia social el juicio filosófico sobre ella que posee todo ser humano por haber experimentado su propio proyecto vital.

La inmediatez de los testimonios y la exposición de la cultura producida por personas normalmente no reconocidas ni valoradas en los panteones escriturados que Hernán Godoy privilegia, hacen que el discurso cultural de PEMCI tenga un sentido democrático e integral radicalmente opuesto a ese elitismo excluyente. Ese integralismo democratizante amplía los parámetros espaciales, étnicos, geográficos y comunicativos de la actual cultura chilena en su versión oficialista. Demuestra la voluntad de incluir la expresión oral de una clase social subordinada, de grupos étnicos marginados de la conciencia nacional, como los aymarás, o sólo simbólicamente incorporados a ella, como los mapuches, y la totalidad geográfica del territorio nacional, a diferencia de la restricción que hace Godoy de la cultura chilena al reducirla a un verdadero enclave geopolítico dentro de la zona central del país.

Anteriormente decía que, en el texto, las voces de las campesinas surgen con una inmediatez aparentemente directa. En las páginas explicatorias del "Procedimiento", sin embargo, leemos que sus "testimonios fueron grabados y luego transcritos integralmente. Seguidamente, iniciamos una fase de montaje y composición literaria de los textos que no significara transformar la lógica de los discursos, ni su lenguaje, sino que ordenara el relato para lograr su fácil comunicación escrita." Es preciso meditar sobre las implicaciones de este proceso de captación y edición del material porque en ellas hay un programa de acción social tácitamente esbozado.

Tan igual como Hernán Godoy, las antropólogas de PEMCI tienen una base urbana, poseen la palabra escrita y manejan una tecnología acopiada en Chile por la cultura oficialista. Ellas mismas son producto intelectual de la cultura oficialista. Tan igual como Hernán Godoy, consideran que la historia chilena contiene identidades que han quedado soterradas. Decíamos que esta comunidad de percepción hace que ambos autores conciban la historia del Chile actual como una estratificación en que la superficie oculta la visión de una raíz más profunda. No obstante, a diferencia del distanciamiento que busca el sociólogo para hacer que aflore la entelequia abstracta, numinosa y mítica que llama carácter chileno, las antropólogas buscan una cercanía extrema que capte la materialidad viva de las identidades campesinas como realidad concreta. Inicialmente las campesinas se presentan a estas mujeres pequeñoburguesas como un otro profundamente diferente, que protege la defensa que encuentra en su opacidad rehusando constituirse en sujeto para su mirada inquisitiva: "Al principio las mujeres nos decían que todo lo de ellas carecía de importancia, que sus vidas sólo podían hablar de trabajo y lucha, de ausencias" (p. 10). Las antropólogas hablan de las vidas de este ente extraño como de una "historia de silencio y exclusión, una palabra negada, desestimada" (p. 9). Para ellas las mujeres campesinas son seres subterráneos, borrosos, postergados, fragmentados. Pero, una vez iniciada la recopilación de testimonios, estas personas socialmente divergentes se fusionan en el diálogo y encuentran un lugar común que las homogeniza. Las antropólogas y las campesinas se transforman mutuamente en su contacto y llegan a reconocerse como seres humanos dotados de palabra y de proyectos vitales: "Luego el diálogo y la auto-reflexión abrieron la puerta a una dimensión profunda; lo que antes era pensado sin interés adquiría una nueva perspectiva: quiero que me escuchen, deseo que mi palabra se haga audible" (p. 10). Aún más, para las antropólogas las campesinas se transforman en espejo que refleja, a pesar de su diferenciación social, la común represión de su sexo: "Nosotras, como interlocutoras asistimos también a un proceso nuevo: la realidad que las mujeres nos contaban modelaba prejuicios, nos dolía una voz que devolvía a nuestra propia condición la necesidad de quebrar el silencio, de romper cadenas" (p. 10).

La convivencia y el descubrimiento de una identidad común en su feminidad reprimida provoca que las antropólogas abandonen la identidad primera de tecnócratas enfrentadas a un objeto de estudio extraño y disímil con que llegaron ante las campesinas. Por poseer la escritura y la teoría deciden convertirse en conductos de transferencia de esa historia soterrada a la superficie de la cultura oficial chilena y allí aspirar a la nueva función de ser sus representantes e intérpretes, ofreciendo esa historia como una de las formas más genuinas de la tradición nacional. La historia de las campesinas es para ellas a la vez una memoria perdida y un conservatorio de un modo de ser tradicional que, "a pesar de estar constantemente tensionado por las transformaciones del mundo rural y por los cambios de la sociedad en general, conserva rasgos originales, producto de su pertenencia étnica, de su desarrollo histórico o cultural" (p. 14). Animadas por una sensación de urgencia, las antropólogas hablan de la necesidad de que esa historia de silencios "estalle" y "explote":

> Pensando y sufriendo nosotras mismas el dolor de ese silencio, quisimos que él estallara con la voz de un sector de mujeres aún más olvidadas y excluidas: las del campo. Aquellas que aisladas en el altiplano, rompiendo los surcos del valle central, animando los ritos mapuches, poblando los campamentos forestales y tejiendo bajo las lluvias de Chiloé, hacían sus vidas calladas. Multiplicidad rural que queríamos consignar más que en sus definiciones académicas, en la cadencia del sonido modulado por los labios de las mujeres que la pueblan (p. 9).

La actitud y misión final de estas antropólogas permite suponer que aspiran a reactualizar una función semejante a la de los partidos de vanguardia proletaria con la fusión de intelectuales progresistas y miembros del proletariado para constituir un nuevo tipo de actor social. En circunstancias como la del Chile actual, en que se vive una profunda crisis del significado de la nacionalidad como proyecto cultural colectivo, fragmentación causada por el desmantelamiento de las organizaciones de masas que expresan los intereses y aspiraciones de cada sector social, sin duda los intelectuales pequeñoburgueses progresistas poseen una mayor conciencia global de las limitaciones estructurales que opone el capitalismo dependiente militarizado para la rehumanización del ser. En su encuentro con trabajadoras capaces de verbalizar su vivencia directa de la deshumanización se produce en las intelectuales una crisis de conciencia que las lleva a fundir sus propias aspiraciones sociales con un otro disímil sobre la base de un lugar común que aúne sus fuerzas para un movimiento emancipatorio, en este caso la común opresión de la mujer. Producida esa fusión, surge una

216

agenda que debe sentar bases organizativas fundamentales, tanto de tipo ideológico como institucional, que permita a este nuevo tipo de agente social constituirse e identificarse como tal con un acceso y un reconocimiento colectivo en el espacio de los debates y las luchas públicas por la conducción y transformación de la cultura nacional. El sentido de lo que detectamos queda expresado en dos párrafos claves del prefacio introductorio. El primero dice:

> ¿Cómo hacer que explote su silencio? La pregunta urgente, ansiosa de respuesta aparecía nítida y demandante. Era preciso encontrar el modo en que fuera oída, por muchos, las historia postergada de esas mujeres, conocida su presencia, dibujada su fisonomía, entendidas sus necesidades (p. 9).

El segundo párrafo contiene un lenguaje metafórico que relaciona la constitución de este nuevo actor social con la materialidad del cuerpo humano:

> Cuando por fin la idea del libro se hizo realidad en este texto, la necesidad de algo que fuera hecho por mujeres, para las mujeres, se hizo carne. Queremos que este esfuerzo se inscriba en la virtual conquista de un espacio femenino, que muchas mujeres encuentren en él su propia voz, ya no silenciada sino desplegada y libre, que las vivencias y diversidad de realidades converjan en un futuro donde la historia sea escrita por quienes la hacen y sufren (p. 11).

A nivel ideológico, la posibilidad de penetrar en los espacios públicos demanda que el microcosmos de la experiencia y conciencia individual, limitada y fragmentaria que las campesinas tienen de la cultura nacional sea totalizada en un discurso macrocósmico de su sentido actual, a la vez instalando dentro de este discurso la proposición de una utopía emancipatoria para el agente social representado. Dada la condición actual de las mujeres campesinas es imposible que la producción de ese discurso provenga de su propia clase ("...un futuro donde la historia sea escrita por quienes la hacen y la sufren."). De allí que las antropólogas se asignen a sí mismas la labor momentánea de suplir esa carencia intelectual produciendo ese discurso totalizador en nombre de las campesinas. El lenguaje en que las antropólogas exponen su función discursiva es rico en metáforas conjuntivas que subrayaremos:

> Moviéndonos en una extensa geografía, cada día era un microcosmos de denuncia, de experiencias y sentimientos. Mundo de mujeres que se desplegaba como un *mosaico*. El registro personal *se hilvanaba a otro* para *configurar un cuerpo* : el libro de los testimonios de las mujeres del campo, *sutura de las voces* que en conjunto nos restituirían una memoria colectiva (p. 11).

CONCLUSIONES PARA UNA OBSERVACION FUTURA

Además de ilustrar la producción de significaciones sobre el concepto de cultura nacional en las actuales circunstancias de Chile, las dos obras estudiadas pueden servir de índice para una observación de tendencias futuras. En torno a obras como la de Hernán Godoy, sin duda habrá una intensa lucha ideológica para neutralizar los efectos que hayan tenido en el sistema educacional, especialmente si la redemocratización chilena se da, como en el caso uruguayo, a través de transacciones políticas que no garanticen el cumplimiento de la justicia después de la represión. En cuanto a la recopilación de testimonios por la antropólogas de PEMCI, ella puede servir de índice sobre la forma en que se vislumbra la regeneración futura de las organizaciones masivas.

El irracionalismo que articula los argumentos de una obra como *El carácter chileno* no puede sino llevar a una meditación sobre el estado actual de los estudios culturales en Chile. Particularmente en lo que respecta a la sociología, su institucionalización como disciplina científica desde fines de la década de 1950 fue una lucha por superar dos problemas centrales[7]: en primer término, el ensayismo personalista practicado desde el siglo pasado por miembros de las profesiones liberales, quienes comentaban sobre los aspectos más visibles de la organización social, sin apoyatura en un aparataje teórico riguroso, haciendo planteamientos desde la perspectiva de

218

su experiencia social más directa y cercana, para abogar por su reforma; en segundo término, la tendencia a la importación indiscriminada de teoría y metodología desde los países capitalistas más avanzados, sin relacionarlas orgánicamente con los problemas nacionales. Hernán Godoy estuvo asociado con las primeras gestiones por introducir la "sociología científica" en Chile. Actualmente ocupa el cargo de Decano de Ciencias Sociales en la Universidad Católica de Chile. Su ofuscación irracionalista de los problemas históricos chilenos implica una distorsión de esos desarrollos en la medida en que retorna al intuicionismo ensayístico más flagrante, a la vez que lo disfraza de ciencia con la aparente aplicación de principios teóricos importados, de muy discutible propiedad para el análisis de los conflictos internos de una comunidad nacional. Sin duda este tipo de mixtificación será enérgicamente combatida en los círculos educacionales en la eventual redemocratización de Chile, quizás recibiendo una atención similar a la que demandará la Doctrina de la Seguridad Nacional, ideología que el militarismo también ha diseminado otorgándole rango científico, con la que la obra de Godoy guarda estrechas relaciones.

Para medir sus posibles implicaciones, el trabajo testimonial de PEMCI debe ser situado en el contexto del desarrollo anterior del movimiento feminista chileno. Al respecto conviene tener en mente consideraciones hechas por Paz Covarrubias, sobre su historia [8].

Luego de trazar su organización gradual a partir de 1915 en múltiples grupos de mujeres que superaban "cualquier diferencia entre ellas, sean estas de clase social, credo religioso o posición política" (p. 28) para llegar al momento de máxima convergencia con la formación de la Federación Chilena de Instituciones Femeninas, Covarrubias aporta material suficiente para inferir una contradicción irresuelta en el feminismo chileno entre las necesidades específicas del movimiento como órgano de captación de problemas exclusivos del sexo y preocupaciones más amplias, usualmente canalizadas a través de los partidos políticos, relativas a asuntos globales de la comunidad nacional. Esa irresolución se manifestó en la paulatina desintegración de la Federación a partir del 8 de enero de 1949, fecha de promulgación de la Ley de Sufragio Femenino. Una vez conseguido el derecho a voto general, las mujeres activas en el movimiento trasladaron masivamente su gestión a los partidos políticos, entrando en crisis la concepción de que "Cada organismo tiene su función; para la lucha de clases están los sindicatos; para lucha política, los partidos, y para las luchas femeninas, las organizaciones femeninas"[9]. La Federación se debilitó aún más "al decidir la exclusión de los partidos políticos en su organización..." (p. 26).

De allí en adelante las organizaciones femeninas que surgen tienden a restringirse a "fines culturales, sociales [=actividades de recreo] o gremiales [=que respondían a intereses más sectoriales]" (p. 26). Dentro de este contexto histórico, es posible leer la relación de las antropólogas de PEMCI con las mujeres campesinas entrevistadas como síntoma de la existencia de un grupo feminista interesado en revivir el feminismo con la formación de un partido político de mujeres exclusivamente dirigido a la tarea de reivindicar a su sexo, al margen de los otros partidos establecidos, lo cual ya tiene antecedentes en la historia del movimiento. Paz Covarrubias habla de la fundación del Partido Femenino en torno a María Inés de la Cruz en 1946. Su declaración de principios decía: "Mujeres de todas las ideologías religiosas, de todas las tendencias políticas, reunidas en torno a un ideal común de perfeccionamiento individual y de armonía social, creemos llegado el momento de iniciar una gran cruzada de dignificación de la mujer, a fin de reivindicar para ella derechos y responsabilidades que, hasta ahora, no se han reconocido..." (p. 20). El surgimiento de un partido como este se explica por el horizonte populista de la época. Sin embargo, si es que la forma de aproximación de las antropólogas a las campesinas es índice de algo, en el futuro será interesante observar las posibilidades políticas de una intelectualidad que se estila vanguardia partidista proletaria y que, no obstante, basa su acercamiento al proletariado primordialmente sobre una identificación sexual.

220

NOTAS

[1]Santiago de Chile: Editorial Universitaria, 1976; citamos de la edición aumentada de 1981.

[2]Santiago de Chile: Programa de Estudios y Capacitación de la Mujer Campesina e Indígena - PEMCI; Círculo de Estudios de la Mujer; Academia de Humanismo Cristiano, 1983

[3]De hecho, concepciones como las de *El carácter chileno* en 1976 parecen haber servido de pauta para la investigación de dos psicólogos sociales, Mimí Marinovic y Víctor Jadresic, que resultó *en Sicología del chileno, estudio exploratorio de la personalidad nacional a través del arte* (Santiago de Chile: Ediciones Aconcagua. Colección Lautaro, 1978), obra de grandes paralelos con la de Hernán Godoy.

[4]Johannes Fabian, "Circumventing Coevalness: Cultural Relativity." *Time and the Other. How Anthropology Makes Its Object.* New York: Columbia University Press, 1983; Margaret Mead, "National Character." Sol Tax, ed. *Anthropology Today. Selections.* Chicago: University of Chicago Press, 1962; George A. De Vos, "National Character." David Sills, ed. *International Encyclopedia of the Social Sciences*; n. p.: The Macmillan Company and The Free Press, 1968; Margaret Mead and Rhoda Metreaux, eds. *The Study of Culture at a Distance.* Chicago: University of Chicago Press, 1953.

[5]Mead, "National Character", pp. 412-416.

[6]Margaret Mead, *Soviet Attitudes Toward Authority. An Interdisciplinary Approach to Problems of Soviet Character.* New York: Mc Graw Hill Book Company. The RAND Series, 1951, pp. 6-7.

[7]Edmundo F. Fuenzalida, "The Reception of 'Scientfic Sociology' in Chile", *Latin American Research Review*, Vol. 18, No. 2, 1983.

[8]Paz Covarrubias, "El Movimiento Feminista Chileno" (Mimeo). Santiago de Chile: Academia de Humanismo Cristiano, 1981

[9]Palabras de Elena Caffarena, antigua dirigente de la Federación, citadas por Paz Covarrubias, p. 14.

El 14 de septiembre de 1983 se iniciaron en Santiago las actividades de un grupo llamado Movimiento Contra la Tortura con una manifestación frente a uno de los cuarteles secretos de la Central Nacional de Informaciones (CNI) —el aparato secreto de represión del régimen militar chileno— ubicado en la calle Borgoño. Aproximadamente setenta personas se ubicaron ante ese edificio con un lienzo que decía: AQUI SE ESTA TORTURANDO A UN HOMBRE. Detuvieron el tránsito de la zona, realizaron una ceremonia de protesta que incluyó gestos alusivos, canto, recitación de letanías, lanzamiento de volantes. Todo culminó con el arresto de algunos de los participantes. Los detenidos se entregaron pacíficamente. Con esta acción se inauguró en Chile una nueva modalidad de acción por la defensa de los derechos humanos. Mientras los organismos ya existentes para este efecto mantenían su actividad en circuitos cerrados de estudio de la represión y de desarrollo de estrategias para la defensa jurídica, la búsqueda de la verdad y la atención médica, educacional y el bienestar de los afectados, con protestas callejeras ocasionales, los miembros de ese Movimiento Contra la Tortura más bien optaron por dirigir su acción al fin exclusivo de irrumpir en los espacios públicos para crear conciencia sobre la práctica de la tortura como política de Estado en Chile, agitando y movilizando a la opinión pública para exigir su suspensión. Cerca de dos meses más tarde, el 11 de noviembre de 1983, Sebastián Acevedo, trabajador de la construcción de cincuenta años de edad, se prendió fuego de espaldas a una cruz elevada ante la Catedral de Concepción, de cara a la Plaza de Armas de esa ciudad, como acto de presión a la autoridad para que diera a conocer la situación de sus dos hijos —María Candelaria y Galo Fernando—, que llevaban tres días desaparecidos luego de su arresto por la CNI. Al conocerse esta noticia en Santiago, el grupo de protesta resolvió unánimemente

222

llamarse Movimiento Contra la Tortura "Sebastían Acevedo" (MCTSA).

Tanto la iniciación del Movimiento Contra la Tortura como la inmolación de Sebastián Acevedo se produjeron en los momentos más intensos de la Protesta Nacional iniciada en el mes de mayo de 1983. La noticia del sacrificio de Sebastián Acevedo provocó una preocupación que llevó a la conciencia nacional al nivel más alto que alcanzara en cuanto al conocimiento y a la aceptación de que el régimen militar chileno ha hecho de la tortura una práctica masiva. ¿Qué importancia tiene esta convergencia de sucesos en la cultura nacional?

* * *

La inmolación de Sebastián Acevedo puede alcanzar un sentido pleno ahora que conocemos la intención y actuación del Movimiento Contra la Tortura. Su mito y su ritual, elementos anteriores a la inmolación de Sebastián Acevedo, ubican su sacrificio individual en coordenadas de significación simbólica más amplias, que sin duda involucran a toda la comunidad chilena y, finalmente, a la humanidad, en la medida en que la defensa de los derechos humanos es empresa que ha comprometido y sigue comprometiendo no sólo a instituciones expresamente dedicadas a este efecto, sino también a las grandes organizaciones y foros internacionales de congregación y pactos específicos de los Estados nacionales. Pero, a la inversa, y muy enfáticamente, es necesario reconocer que la muerte de Sebastián Acevedo aporta significados aún más ricos y complejos a esos mitos y rituales de congregación nacional y humana, particularmente en lo que se refiere a la noción de sacrificio, que en la parte anterior sólo quedara esbozada. Para comprender ese aporte y ese sacrificio se hace necesaria una meditación sobre la repentina trascendencia colectiva que alcanzan en Chile —o en toda sociedad en que se impide la libre expresión comunitaria— actos de sacrificio extremo, absolutamente individuales, procedentes de individuos que, como decía el Vicario

Cristián Precht en su presentación a la Corte Suprema chilena, "son personas comunes y corrientes, sin relevancia especial ni representatividad [...] perfectamente intercambiables". Paradójicamente, en circunstancias de normalidad social el individuo pareciera disolverse en una masa anónima, pero ahora, bajo estados de excepción, recupera un potencial histriónico de comunicación social incalculable. El de Sebastián Acevedo es el único caso de inmolación de que se tenga noticia en la historia chilena. En lo que sigue se verá que el significado de esos actos y sacrificios individuales está estrechamente unido a las aspiraciones de verdad y justicia vividas como experiencias comunitarias, lo cual nos obliga a captar el sentido social de la verdad y la justicia como condición previa. En este sentido, la inmolación de Sebastián Acevedo es un *Kairós* supremo.

CULTURA NACIONAL, VERDAD Y JUSTICIA

La sociedad, decíamos anteriormente, es un ámbito para la vida habilitado por incontables generaciones pasadas y presentes. Constituidas en agentes sociales masivos, esas generaciones han ido desarrollando proyectos de utilización de los recursos humanos, materiales y espirituales existentes, decantándolos en la ordenación de objetos, espacios, horarios, símbolos, jerarquías, instituciones, formas de comportamiento, reglas y providencias morales, éticas y jurídicas que afectan nuestra cotidianidad aun en nuestra mayor intimidad y privacidad, seamos conscientes o no de ello. En estos parámetros cotidianos, entender "lo verdadero" equivale a la posibilidad y capacidad individual y colectiva de reconstruir el sentido de esos proyectos que tan directa y permanentemente nos afectan. No tener la posibilidad de reconstruir esa arqueología condena a los individuos y a los grupos a la derelicción en el presente, a un no poder orientar inteligiblemente la actividad con que reproducen sus vidas, puesto que no logran captar la forma en que su ser social tuvo, tiene o toma sentido dentro de los movimientos sociales en desarrollo. En otras palabras, el ámbito social se convierte en espacio pleno de significación real y potencial sólo en la medida en que se pueda definir en el mayor grado posible la actuación individual y colectiva en relación con aquellos aspectos de la realidad que deben ser aprehendidos por las conciencias prácticas para concretar los proyectos de dirección comunitaria.

El problema del conocimiento se convierte en un problema político en la medida en que la experiencia histórica acumulada por los proyectos sociales pasados y presentes circule libre y ampliamente entre los diversos sectores que participan en el proyecto global, de manera que ese conocimiento les permita constituirse en agentes de cambio social con profunda conciencia de la historia colectiva y, por ende, con un mayor número de recursos a la mano. A su vez, esto facilita una mayor conciencia de las opciones y alternativas de acción abiertas dentro del proyecto social hegemónico que se dirime.

En esencia, esto es lo que se llama democracia. La institucionalización democrática del conocimiento surge de la premisa de la existencia de un poder político que establece todos los canales administrativos indispensables para que la acumulación de conocimiento para la acción sea amplia, fácil y libremente puesta a disposición de quienes tengan necesidad de acceso a ella, evitándose situaciones de control social de un grupo sobre otros basadas en restricciones de un conocimiento que debiera estar homogéneamente disperso. La noción de justicia social está conectada con la democratización del conocimiento, por cuanto su circulación libre permite a los participantes en el proyecto global una visión de los logros materiales obtenidos en el trabajo colectivo de toda la sociedad, anterior y presente, creando las estrategias y los mecanismos necesarios para validar sus peticiones y derecho a la parte o porción solicitada.

La problemática del conocimiento de la sociedad bajo el fascismo está en que, por la naturaleza de su proyecto global —la entrega del proceso de acumulación de capital a los sectores financieros transnacionalizados— la diseminación de "lo verdadero" para la buena conducción del proyecto debe quedar en manos extremadamente minoritarias, mientras se recaba y exige la participación y el apoyo de las mayorías en términos de una fe y de una pasividad que permita a los cuadros técnicos la administración e implementación del proyecto con el mínimo de "distorsiones" posibles, es decir, de demandas de los sectores que han producido la riqueza material socialmente acumulada. De allí que los regímenes fascistas establezcan una estricta separación de la actividad económica y de la política, dándosele a la primera un cariz tecnocrático y científico prestigioso, mientras se menosprecia y vilipendia a la segunda. Por otra parte, la historia anterior es condenada a la categoría de politiquería ínfima y despreciable que debe ser destruida. En términos de adquisición de "lo verdadero", el fascismo es un sistema de ordenación social que no puede mostrar claramente las reglas de su juego real, por lo que debe enmascararse tras escisiones radicales de la vida cotidiana, administrando cuidadosamente los espacios públicos y la totalización del conocimiento social, dando al conocimiento necesario para la conducción económica y política de la sociedad la categoría de secreto de Estado ultrarreservado para la minoría de los altos rangos financieros, burocráticos y militares.

Desmantelados por el fascismo los mecanismos mediadores entre la sociedad civil y el Estado anterior para la elaboración de múltiples visiones alternativas para la conducción de la cultura nacional; intervenidos los órganos de diseminación de información, a nivel de cotidianidad se da una actitud escéptica ante el valor de la información administrada central o delegadamente por el aparato estatal, desconfianza que involucra tanto a los sectores profascistas como a la oposición. El ciudadano siente que puede emitir juicios fidedignos únicamente sobre su medio cotidiano más cercano. Aún más, en su campaña por desmovilizar a los sectores sociales no directrices en su proyecto, el fascismo busca una despolitización de la sociedad civil. Esta se implementa en la medida en que la ciudadanía acceda a despreocuparse de problemáticas sociales de tipo global y se allane a "disfrutar de los beneficios de la paz social", es decir, que acceda a reducir su horizonte al de su cotidianidad más inmediata.

226

De acuerdo con las ideologías tecnocráticas promovidas por el fascismo, se incita a los ciudadanos a dejar la discusión de esas problemáticas globales en "manos competentes", de los expertos y de la burocracia designada. Sin embargo, la necesidad de un conocimiento global de los procesos culturales en términos de una experiencia comparativa es necesidad vital para la ciudadanía. De allí que, bajo los regímenes fascistas, se exacerbe el rumor como mecanismo compensatorio de las distorsiones y compulsiones introducidas al conocimiento por la canalización oficial de la información; de allí que se busque y atienda cuidadosamente a relatos testimoniales de primera mano y que la ciudadanía tienda a sobreinterpretar la noticia circulante, dándole a los datos expuestos la categoría de síntomas que realmente remiten a contextos ocultos en la subterraneidad, reproduciéndose síndromes paranoicos.

SEBASTIAN ACEVEDO: UN PADRE EN EL LABERINTO

La sensibilidad paranoica se exacerba hasta los límites de lo posible para los familiares de víctimas de la represión. Para ellos, tener acceso a la verdad de lo ocurrido a seres queridos que han sido detenidos, que han desaparecido, que han sido torturados, que son buscados por los servicios de seguridad militar no son dato de elucubración antropológica, sino necesidad de inmediatez intensísima. Los familiares se convierten súbitamente en la encarnación material más cercana e irreductible de los modos fascistas de enmascarar su administración de las relaciones sociales. Cuando, para saber la verdad, se ven forzados a entrar en el laberinto inhumano de viajes de una ciudad a otra, de un lugar a otro, de una dependencia administrativa a otra, de una diligencia judicial o policial a otra, de un testigo a otro, de un burócrata a otro, cargando con su angustia, con sus temores, su desesperación y la premura y esperanza paroxísticas de recuperar a sus seres queridos con el menor daño posible, esos familiares se convierten en símbolo concreto y totalmente expuesto a la luz del día, en la superficie social más desnuda, del

significado de lo humano, del valor de la persona
humana. Por eso es que los familiares espontáneamente
esperan y demandan un apoyo moral y emocional de la
comunidad; por eso es que encontramos natural que
adopten posturas, hagan gestos y emitan un lenguaje
sobrecargado de símbolos y referencias trascendentales que,
en ocasiones normales, consideraríamos repelentes por su
melodramatismo y truculencia; por eso es que los testigos
de su traumática situación y de su búsqueda desesperada
—ya sean profascistas, opositores al fascismo o
espectadores neutrales o pasivos— no pueden dejar de
emitir algún juicio solidario o conmiserativo. Es el
momento en que descubrimos —como el MCTSA lo ha
ilustrado tan fehacientemente— que como seres humanos
somos una comunidad unida por nexos aún más
fundamentales y antiguos que el presente o el pasado de
nuestra colectividad social políticamente entendida. Es el
momento en que sacralizamos la situación de los
familiares deseperados y queremos usar un lenguaje que
convierta el laberinto de sus viajes y diligencias para
obtener la verdad en un "vía crucis", en "una
peregrinación" dolorosa de significación más
trascendental. Aun los agentes mismos de la represión
llegan a reconocer esa sacralidad en algún grado, y aceptan
estoicamente de esos familiares los insultos más incisivos.
    Dentro de los diagramas laberínticos de la retención
fascista de la verdad como secreto de Estado, dentro del
escepticismo creado por la forma en que la administración
militar dosifica la información social, dentro de la visión
de mundo emocionalmente encallecida de quienes deben
trabajar como informadores sociales o prestadores de
servicios de asistencia social —ya sea porque como
profascistas no les importa el destino del enemigo o
porque, como simpatizantes de la oposición antifascista,
han contemplado ya tanto sufrimiento humano por la
represión que han llegado a tomar actitudes burocráticas
ante él como mecanismo emocional de defensa y
supervivencia—, Sebastián Acevedo intentó encontrar la
verdad que le era necesaria para mantener intacto, por
sobre toda otra consideración, su proyecto existencial de
padre cariñoso.

Tiempo después de las seis de la mañana del miércoles 9 de noviembre de 1983, Sebastián Acevedo, persona de altura media, cuerpo macizo, de cincuenta años, esperaba un bus a una cuadra de su domicilio en el número 680 de la calle Uno Oriente, en la población Villa Mora de Coronel, para dirigirse a su trabajo en la Constructora Lago Ranco de Concepción. Hacia las 6:45 observó el paso de cuatro furgones civiles que se dirigieron con gran conmoción hacia su domicilio. Alrededor de veinte individuos de civil descendieron para tomar rápidas posiciones, incluso en los techos de las casas de madera de las cercanías, en la intersección de calles. Sebastián Acevedo volvió apresuradamente a su domicilio. Allí encontró unos quince hombres de civil, que usaban como distintivo amarrado al brazo derecho un brazalete amarillo con un círculo azul y en el centro una estrella blanca, todos portando metralletas, que habían entrado violentamente a una pequeña casa de no más de cuatro piezas. Sebastián Acevedo se introdujo a la casa a la fuerza, con gran dificultad. Los invasores preguntaban por María Candelaria Acevedo Sáez —una de las tres hijas de Sebastián Acevedo—, joven de veinticinco años, madre de dos hijos pequeños, Cristián y Jessica Andrea, separada. Cuando ella se presentó, le exigieron su carnet de identidad y le dijeron que la andaban buscando: "—Tú sabes por lo que es". No obstante, no declararon los cargos que se le hacían ni mostraron orden de arresto competente. Sólo llevaban unos formularios en blanco que llenaron en el lugar y que resultaron ser un acta de allanamiento. A Sebastián Acevedo le dijeron: "—Nos llevaremos a sus hijos porque son terroristas". Para neutralizar su oposición, Sebastián Acevedo fue duramente golpeado, lo botaron al suelo y le apretaron el cuello con una silla. Luego de registrar rudamente toda la casa, amarraron las manos de María Candelaria y la condujeron con la vista vendada a uno de los furgones. Nadia, una de sus hermanas, observó que dos de los individuos del operativo colocaron un artefacto "o no sé lo que sería" en el patio. Sebastián Acevedo fue obligado a firmar el acta de allanamiento. Después él y su esposa

Elena Sáez, de 55 años, quedaron en el domicilio llorando de impotencia y desesperación.

Más tarde, Galo Fernando, uno de los cuatro hijos, casado, padre de un niño pequeño, fue detenido en Concepción, en su trabajo en la empresa Constructora Lago Ranco. Sebastián Acevedo se informó de esto al volver de la presentación de un recurso de amparo en favor de María Candelaria.

Para la familia y amigos comenzaron así tres días de intensísima e incansable actividad para ubicar a María Candelaria y Galo Fernando. Visitaron comisarías de Carabineros, autoridades civiles y militares de la zona sin que obtuvieran información de su estado y de su destino. María Candelaria y Galo Fernando estaban desaparecidos. El 10 de noviembre la Intendencia Regional reconoció que los prisioneros estaban en manos de la CNI. Entonces comenzó para la familia la tarea de recuperarlos para asegurarles un proceso público, con mayores garantías de supervivencia, si es que se comprobaba su culpabilidad. La mañana del viernes 11 de noviembre, Sebastián Acevedo, su esposa Elena y otras dos mujeres —Rosa Moreno Godoy e Inés Moreno Godoy, tía y madre de otro detenido desaparecido en esos días, Ramón Pérez Moreno— se dirigieron a Concepción para entregar una carta al Intendente Regional, brigadier general Eduardo Ibáñez Tillería, en el edificio administrativo ubicado a un costado de la Plaza de Armas de Concepción. En ella decían:

> Al Señor Intendente:
> Le hacemos llegar la presente carta como un último y desesperado intento por saber de nuestros queridos familiares, que se encuentran detenidos en lugares secretos, en manos de la CNI, como lo ha reconocido oficialmente esta Intendencia.
> El caso más dramático es el de Ramón Pérez Moreno, detenido el 2 de noviembre de 1983 en su domicilio, el cual va a completar nueve días en poder de la CNI, y sin embargo no se sabe absolutamente nada de él.
> Queremos saber en forma urgente la situación de los siguientes detenidos, los cuales se encuentran en poder de la CNI.
> -Vilma Cecilia Toledo (7. 11. 83)
> -Mario Fabriano Ramos Muñoz (7. 11. 83)
> -Ubildo Iván Parra Mora (7. 11. 83)

230

-María Candelaria Acevedo Sáez (9. 11. 83)
-Galo Fernando Acevedo Sáez (9. 11. 83)
Por testimonios de detenidos que se encuentran en libertad y que estuvieron con ellos en lugares secretos de detención y por los innumerables casos en que la CNI se ha visto involucrada en hechos en que se atenta gravemente contra los derechos humanos y la vida de las personas, es que tememos fundamentadamente por su vida e integridad física y psíquica.
Por ser usted la autoridad máxima en esta región y como representante directo y único del Poder Ejecutivo, es que venimos a solicitarle lo siguiente:
1. Saber de su paradero y estado de salud.
2. Saber las causas de su detención.
3. Su inmediata libertad en caso de no haber casos concretos.
4. Nos conceda una entrevista en el día de hoy a sus familiares directos.
Sabiendo que lo que pedimos es lo mínimo que puede solicitar un familiar en estas condiciones y apelando a vuestra buena voluntad, esperamos acoja favorablemente nuestras peticiones.
Le saludan atentamente a Ud. los siguientes familiares de detenidos:
Rosa Moreno Godoy, Inés Moreno Godoy, Elena del Carmen Sáez Retamal, Sebastián Acevedo Becerra.

Aunque la carta fue timbrada como recibida oficialmente por los burócratas y se les dieron palabras de esperanza, no hubo reacción inmediata.

Durante el resto de la mañana, Sebastián Acevedo intentó conseguir el apoyo de periodistas. Ante un reportero de la *Crónica* de Concepción se quejó doloridamente de la forma en que la prensa había calificado a sus hijos de terroristas:

Yo creo que no se puede emplear ningún calificativo [...] porque, según me explicó una abogada hace poco, aún no se reconoce el paradero oficial de mis hijos [...] me parece que la forma en que se da publicidad a los hechos es malintencionada. No lo digo solamente por mis hijos, por muchos más. No se pueden decir cosas que puedan justificar en última instancia cualquier medida en contra de ellos. Se adjetiva. Yo espero que no sean cosas influyentes en el ánimo del juez, sea militar o no, ya que éste debe actuar de acuerdo a las pruebas que se le presenten.

Al corresponsal del periódico *La Tercera* y de la revista *Hoy* de Santiago le dijo:

Se trata de algo breve. Hace tres días que no como ni duermo. Tres días de sufrimiento. No puedo comprender por qué mantienen escondidos a mis hijos. Esto es lo peor de mi vida. No pueden hacerme esto. Temo que los maten.

Luego pidió:

Ayúdeme. Quiero ver a mis hijos. Si tienen algún delito, que los procesen los tribunales y los condenen, pero que la CNI los entregue. Si antes de las 18 horas no me entregan a mis hijos, me crucificaré... me quemaré vivo.

Aunque sus palabras tuvieron gran impacto, no fueron creídas y no se le concedió la ayuda inmediata que solicitara.

A las 13:00 horas se dirigió al Departamento Arquidiocesano de Comunicación Social del Arzobispado de Concepción, ubicado en una calle adyacente a la Plaza de Armas, para hacer un último intento de ser oído. Por lo tardío de la hora, las oficinas estaban por cerrar para el almuerzo. Se le pidió que volviera a las 15:30 para ser entrevistado y también grabar un testimonio para los programas radiales del Arzobispado. Ya desesperado por tanto burocratismo, dijo que se quemaría para llamar la atención y recibir una respuesta acerca del paradero de sus hijos. Fue en busca de los dos bidones con diez litros de una mezcla de bencina y parafina que había preparado y compró un encendedor en una tienda de la Galería Alessandri.

A las 15:30 volvió al Arzobispado con los dos bidones. En la portería los dejó en custodia junto con su chaqueta de color azul, mientras subía al segundo piso para hablar con alguien y dar un mensaje. Al bajar vació uno de los bidones sobre su cuerpo y después salió apresuradamente del edificio en dirección a la Plaza de Armas, que está a la vuelta, llevando el segundo bidón. Caminó dando grandes voces, demandando información sobre el paradero de sus hijos. Junto a él marchaba el sacerdote Juan Bautista Robles, secretario general del Arzobispado, rogándole encarecidamente que no cumpliera su palabra.

Era un día transparente, de luminosa primavera, de cielos azules y de calor. Sebastián Acevedo se detuvo bajo una gran cruz blanca de madera que había sido instalada en la explanada de acceso a la puerta principal de la Catedral de Concepción para celebrar el Año Santo y de la Reconciliación en Chile. Allí terminó de vaciar sobre su cuerpo todo el combustible restante. Dando la espalda hacia la cruz y la Catedral, levantó su brazo izquierdo y continuó gritando para reclamar noticias sobre sus hijos en poder de la Central Nacional de Informaciones.

En frente, la Plaza de Armas estaba llena de personas sentadas en los escaños, transeúntes que caminaban en dirección a las tiendas, oficinas y reparticiones públicas que rodean el lugar. En la vereda opuesta a la iglesia hay un paradero permanente de taxis, con varios de ellos siempre estacionados, con sus conductores siempre alertas para conseguir pasajeros. Los gritos, protestas y reclamos de Sebastián Acevedo ya habían causado curiosidad. La atención del público quedó fija sobre las gradas que suben a la Catedral. Ante su intención declarada de quemarse, varias personas trataron de acercarse para impedirlo. Sebastián Acevedo los alejó haciendo una raya con tiza blanca ante sí; aseguró que sólo podrían pasarla quienes tuvieran información sobre sus hijos. Con el encendedor fuertemente apretado en su mano derecha, prometió quemarse si se aproximaba cualquiera otra persona.

Un joven oficial de Carabineros, en servicio en el lugar, se acercó resueltamente para poner fin al disturbio del orden público y lo conminó a que abandonara el lugar. Sebastián Acevedo le respondió: "Si usted cruza la línea enciendo el fuego. No lo haga. Les pido que dejen a mis hijos en libertad. Sólo eso. Confío en la palabra de Dios, crean en Dios". El oficial avanzó. Sebastían Acevedo cumplió su palabra, accionó el encendedor y se prendió fuego inmediatamente. Personas que al parecer conocían a este oficial, más tarde comentaron que estaba recién egresado de la Escuela de Carabineros, que tenía la voluntad de excesiva afirmación personal característica del novicio que comienza a ejercer una posición de autoridad. Según hoy se rumorea, no ha podido reponerse de las consecuencias de su acción, su personalidad ha quedado

desquiciada y ha sido dado de baja del Cuerpo de
Carabineros.

El cuerpo de Sebastián Acevedo estalló en fuego y
humo. Ya eran casi las 16:00 horas. Nadie pudo acercarse a
él por la furia del fuego. Luego, con los brazos en alto,
convertido en una pira de fuego furioso, todavía gritando
en favor de sus hijos, Sebastián Acevedo bajó lentamente
las gradas de la Catedral y cruzó la calle Caupolicán hacia la
Plaza de Armas. Su intención era marchar hasta el edificio
de la Intendencia Regional, que se encuentra en el costado
opuesto de la Plaza, para confrontar a la autoridad militar
con el testimonio de que sí había estado dispuesto a hacer
todo lo posible por salvar a sus hijos y urgir su conciencia
moral. El daño sufrido hasta ese momento se lo impidió,
sin embargo. Apenas alcanzó a cruzar la línea de taxis
estacionados y se desplomó boca abajo sobre las baldosas,
cerca de uno de los escaños de la acera sur de la Plaza,
junto a los árboles. En su camino había tratado de abrazar a
un Carabinero que se le aproximó tratando de prestarle
ayuda. Varios taxistas habían sacado los pequeños
extinguidores de fuego de sus coches y corrieron tras
Sebastián Acevedo vaciando el escaso contenido sobre su
cuerpo, sin poder sofocar el fuego. Un muchacho de
mandados de oficina se quitó su guardapolvos y lo lanzó
sobre el cuerpo yaciente. Cientos de personas que ya se
habían congregado en el lugar observaban los hechos sin
poder articular palabra, mientras otras gritaban
histéricamente. Muchos lloraban abiertamente. Por
coincidencia, la propia esposa del Intendente Regional,
general Eduardo Ibáñez, iba conduciendo su coche por la
calle Caupolicán en el mismo instante en que Sebastían
Acevedo se prendió fuego. Días después su marido confesó
lo afectada que ella había quedado por lo presenciado.

Finalmente las llamas fueron sofocadas. El cuerpo
estaba totalmente negro, sus ropas y su pelo destruido.

A todo esto, personal del Departamento Arquidiocesano
de Comunicación Social llegó al lugar, avisado por la
portería. El sacerdote Enrique Moreno Laval, periodista, se
encuclilló junto a Sebastián Acevedo con una máquina
grabadora y tomó sus palabras en el momento de
administrarle la extremaunción, quedándose luego para

234

orar junto a él: "—Quiero que la CNI devuelva a mis hijos... Quiero que la CNI devuelva a mis hijos... Señor, perdónalos a ellos y también perdóname a mí por este sacrificio". El funcionario que había transportado la grabadora hasta el lugar la mantuvo abierta todo el tiempo, mientras lloraba incontenidamente.

Los Carabineros que convergieron al lugar tuvieron serios problemas para ordenar el tumulto que siguió. Algunos pedían a gritos que se llamara una ambulancia. Otros pedían una frazada para cubrir el cuerpo carbonizado de Sebastián Acevedo. La muchedumbre, indignada al tomar conciencia del motivo de la inmolación, comenzó a insultar violentamente a los Carabineros. Alguien dijo: "Esto no puede ser, ya es hora que este país se arregle, porque hemos llegado a límites increíbles".

La ambulancia no llegó. Por último, el coronel Prefecto de Carabineros, llamado al lugar, usó un furgón de su institución para coordinar la evacuación de Sebastián Acevedo, increíblemente vivo todavía y despidiendo humo, rodeado de un repelente olor a carne asada, hacia el Hospital Regional.

Al pie de la gran cruz blanca del Año Santo de la Reconciliación en Chile, lugar de inicio de la inmolación, quedó una mancha aceitosa, negra, viscosa, que también ardió largos minutos.

Sebastián Acevedo llegó al Hospital Regional a las 16:30. Los médicos que lo atendieron indicaron que su cuerpo estaba quemado en un 95%. En estos casos, dijeron, se produce "una suerte de anestesia general" en la víctima, "por lo que no debe haber sufrido mucho dolor". Sebastián Acevedo vivió siete horas más. Los médicos declararon que durante todo este período estuvo totalmente lúcido y tranquilo. Por el contrario, el personal hospitalario vivió momentos de dolor, tensión y drama. El capellán que le administraba los últimos sacramentos tuvo un principio de ataque cardíaco y debió ser atendido médicamente.

Los doctores Juan Zuchel y Gustavo Valenzuela, que estuvieron con Sebastián Acevedo desde su ingreso al hospital, lo interrogaron para determinar su capacidad de orientación y posibles antecedentes de enfermedad mental. La información periodística consigna lo siguiente:

Sólo le hicimos consultas para averiguar su orientación en tiempo y espacio, para saber su grado de conciencia, la que estaba bien, y también de su razón. La víctima sólo había bebido jugo. Cuando se le consultó si había estado en tratamiento psiquiátrico se indignó y respondió: "¿Para qué quieren embolinar la perdiz? Yo nunca he estado loco". Y dio a conocer que había trabajado hasta el día anterior. Y como hombre de trabajo aseguró que su intención era permanecer de pie en el lugar que había marcado para protestar por la desaparición de sus hijos. El sólo quería saber dónde estaban, que se los mostraran. Recuerdo que dijo: "Me rocié el cuerpo con una mezcla de bencina y parafina y compré un encendedor en la Galería Alessandri para utilizarlo si es que no se cumplían mis deseos de que me mostraran a mis hijos. Un oficial de Carabineros se rió de mí. No creyó mis palabras, atravesó la raya y yo como hombre de palabra tuve que cumplir lo que había prometido. Por eso prendí el encendedor y me quemé". El doctor Zuchel asegura que le consultó si guardaba rencor hacia el oficial. El médico dijo [...] que Sebastián Acevedo no guardaba rencor y le envió el siguiente mensaje: "Debe creer en la palabra de Dios y en la palabra de los hombres". Siempre se mantuvo consciente y durante gran parte de su conversación hizo saber que su mayor preocupación fue que se terminara con las detenciones por organismos que no fueran ni Carabineros ni Investigaciones. Se le preguntó si quería la libertad de sus hijos y, según el relato del doctor Zuchel, dijo que no: "Si son culpables [...] lo único que quiero es que sean llevados a un lugar público de detención y luego sean juzgados por un tribunal competente".

Mientras tanto, María Candelaria Acevedo, la hija, fue puesta en libertad por la CNI a las 17:00 horas. Había estado detenida en un lugar secreto donde se la había interrogado constantemente sobre sus actividades políticas. Se la mantuvo permanentemente con la vista vendada. Sólo el primer día de arresto, el 9 de noviembre, se le permitió dormir. De allí en adelante fue sometida a interrogatorios y torturas sostenidas. Durante los períodos en que no se la agredía físicamente se la obligaba a permanecer de pie por horas, en un patio, al sol, junto a muchas otras mujeres. Los golpes recibidos y la exposición al sol le acarrearon terribles dolores a una pierna y fuertísimas jaquecas. Un doctor y un practicante examinaban a los prisioneros y les daban aspirinas para que pudieran seguir tolerando los interrogatorios y la tortura. Súbitamente, sin embargo, se la sacó de su celda y, sin mayores explicaciones, se le permitió un aseo general, se le devolvió su ropa y se la obligó a firmar un documento en que declaraba no haber sido maltratada. Su vida fue amenazada si comunicaba datos y detalles de su detención. Un vehículo la condujo a su casa en la población Villa Mora.

María Candelaria sólo pensaba en volver a su hogar para abrazar a su hijo Cristián Alejandro, de 6 años, quien vive con ella, a sus hermanos, familiares, padres y amigos. Allí, sin embargo, se enteró de la inmolación de su padre. María Candelaria fue llevada rápidamente al Hospital Regional para que viera por última vez a su padre. Se le impidió entrar a la unidad de cuidado intensivo. Se comunicó con Sebastián Acevedo a través de un citófono. En su lucidez, Sebastián Acevedo temió que una triquiñuela de la CNI lo engañara:

—Papá, soy María. Estoy libre. Quiero verte pero no puedo.
—Cómo sé yo que eres mi hija, me pueden engañar.
—No, soy María.
—A ver, dime cómo te decía cuando chica y cómo le digo a tu hermano.
—Me decías Candelaria como a la virgen y mi hermano es Gualo.
—Ahora sí que te creo. Hija, perdona lo que te hice, lo hago por todos los padres que tienen hijos detenidos en el mundo. Cúidate. Cuida al niño. Críalo derechito. Estudia y lucha para que él sea un buen hombre y tenga una profesión. Ayuda a la casa.

Sebastián Acevedo murió a las 23:45, sin dolor, sin odio:

Murió sin odiar a nadie. Por el contrario, los perdonó a todos.

El sábado 12 de noviembre, Galo Fernando Acevedo fue sacado del centro secreto de tortura de la CNI y públicamente fue puesto a disposición de la Fiscalía Militar y luego conducido a la Cárcel Pública.

EL SACRIFICIO DE UN CRISTIANO

Un hombre que muere sacrificándose por sus hijos en nombre de todos los padres del mundo que tienen hijos detenidos; un hombre que en los instantes más dramáticos y culminantes de su vida apela a Dios diciendo "confío en la palabra de Dios, crean en Dios"; que en su conciencia absuelve a los perpetradores del sufrimiento que lo llevó al sacrificio diciendo, "Señor, perdónalos a ellos y también perdóname a mí por este sacrificio"; que se dirige al oficial que lo llevó a encenderse fuego legándole palabras como "Debe creer en la palabra de Dios y en la palabra de los hombres" es irrebatiblemente un cristiano. De acuerdo con la teología, un cristiano es un ser humano capaz de asumir en su más inmediata cotidianidad los principios éticos que le permiten vivir a semejanza e imitación de la vida de Cristo, que se sacrificó por redimir a la humanidad de sus pecados.

La teoría antropológica ha acumulado una tipología sobre el significado y función social del sacrificio[1]. Se lo define como un ritual con forma dramática, artística, creída por quienes lo realizan en cuanto a sus efectos sobre los participantes y la comunidad humana que representan. Se lo realiza en momentos de grave crisis para los individuos y los grupos o periódicamente, según el consejo sacerdotal para mantener o recuperar el bien común. El ritual de sacrificio se fundamenta en la creencia de un poder o poderes suprahumanos, de los que el ser depende, y se lo realiza con la esperanza de influirlos de manera causal para obtener algún resultado beneficioso para el individuo o la comunidad que lo realiza. La comunicación, es decir, la comunión con esos poderes, se realiza a través de un ente mediador —sea un ser humano, animal, vegetal u objeto— que posee una energía afín con la naturaleza de los poderes suprahumanos, energía esencial que debe ser liberada mediante la destrucción ceremonial del ente que la contiene. El objetivo de esa comunión es lograr la intervención de esa suprahumanidad para que el individuo o la comunidad puedan desprenderse o purificarse de un poder, presencia o cualidad maligna que

238

los ha contagiado y ha llegado a habitarlos. El ente sacrificado es, por tanto, un sustituto que reemplaza, que representa indirectamente a los afectados. Su destrucción simboliza al individuo o grupo que realiza la ceremonia; la destrucción está alejada de ellos en cuanto a que no son ellos mismos los destruidos, sino algo o alguien en su nombre. Por otra parte, la destrucciónn tiene un sentido catártico, puesto que el ritual mismo expone públicamente a la comunidad la noción de una falta cometida por individuos o grupos en contra de la suprahumanidad, ya sea porque se la ha olvidado, porque los individuos o los grupos se han alejado de ella y ahora se necesita que se la acerque nuevamente, que se la aplaque, para que intervenga y restituya su favor en pos del bien colectivo.

Si se aplicara tal tipología, no quedarían dudas de que Sebastián Acevedo realizó un sacrificio religioso, máxime cuando cumplió con las etapas que se han reconocido en el desarrollo de este tipo de ceremonia[2]: la *presentación* y *consagración* del sacrificio en nombre de la divinidad, para lo cual Sebastián Acevedo gastó tiempo en la actividad característica de estas etapas, es decir, en la alocución declamatoria en que se explica la situación que ha provocado la necesidad del sacrificio, en lo cual se hacen aseveraciones descriptivas y no súplicas, para dar paso de inmediato a la *inmolación* , es decir, a la muerte ritual.

Sin embargo, es necesario realzar la naturaleza cristiana del sacrificio realizado por Sebastián Acevedo. Según ella, él no buscó alejar de sí mismo la destrucción del ente sacrificial para darle un sentido simbólico que no lo tocara directamente. Muy lejos de esto, Sebastián Acevedo mismo asumió la función de ente sacrificial para purificar la malignidad que afecta a su comunidad y directamente cumplió con la ejecución ritual de sí mismo. Por comodidad y gozo de los bienes materiales que puedan derramarse en una sociedad en que la evidencia de la explotación humana no se ha hecho del todo patente, hay cristianos que podrían cuestionar la "literalidad" de esta concepción del sacrificio para reducirla simplemente a un plano simbólico, sin comprometer su materialidad corporal, simbolismo, por tanto, ni real ni concreto:

¿Qué debemos pensar de la relevancia de estos símbolos para 'el hombre moderno'? Hay quienes arguyen que la cristiandad implica esencialmente una "espiritualización" del sacrificio, un alejamiento del énfasis original de la correcta implementación de los rituales sagrados [...] Si este fuera el caso, quizás la conclusión lógica sería abandonar lo ritual totalmente[3].

No obstante, el realismo del pensamiento cristiano apunta a un compromiso material ineludible:

Para los cristianos, el sacrificio de Cristo es clave para el entendimiento de la vida, y por lo tanto de todo otro sacrificio. Para ellos, la vida y la muerte de Cristo es el sacrificio central, final y universal, del cual otros intentos de sacrificio pueden ser atisbos directos o indirectos. Cristo es concebido como "cordero sacrificado desde la fundación del mundo" (Revelación 13:8). Para los cristianos, este sacrificio integra muchos de los significados que se han atribuido al sacrificio: donaciones u ofrecimientos a Dios; restauración del orden contra las fuerzas de la muerte y el mal, mediada por el Divino Rey; la sustitución de una vida por otras vidas; la precondición de la última cena 'del Reino'; la compleja relación del poder y la vida con el sufrimiento y la muerte[4].

En los comentarios del Nuevo Testamento referidos a las tradiciones de Cristo, la teología de San Pablo y la noción de sacrificio en otros documentos de la misma obra, la teología cristiana ha demostrado que, con la muerte de Cristo, emerge una nueva concepción de la vida religiosa. Con ella el sacrificio toma un significado último en cuanto obliga a una consideración de la calidad particular de la vida de Cristo y de la narrativa de su muerte realizada como memorial de un nuevo pacto en la relación de Dios con los seres humanos. Cristo es el fundamento de toda forma de vida cristiana, la materialidad corporal de los cristianos es la materialidad del cuerpo de Cristo, toda la congregación de cristianos *es* el cuerpo de Cristo. El bautismo cristiano es una unión con El en su muerte, con vistas a la total participación en su Resurrección, puesto que los sucesos de su vida y de su muerte proveen el horizonte y los objetivos vitales de sus discípulos. Cuidar amorosamente de los intereses del prójimo es el propósito de toda vida dedicada a la vida de

Jesús. La vida del cristiano no puede considerarse, por tanto, como dedicada totalmente al cumplimiento de la ley social de su tiempo, sino al significado ético superior de la crucifixión personal con Cristo. En el universo simbólico del cristiano, la muerte de Cristo es la culminación de su sacrificio por amor al prójimo. Es un sacrificio que los cristianos deben reproducir en sus propias vidas, presentando sus propios cuerpos como sacrificio aceptable a Dios: "En el universo simbólico cristiano estos sacrificios pierden significado metafórico en la misma proporción en que el de Cristo fue real"[5]. El sacrificio de Cristo se convierte en situación paradigmática para toda vida humana en el futuro, intercediendo continuamente con su sangre sacrificada por los pecadores ante Dios. Sebastián Acevedo asumió estas normas éticas hasta sus últimas consecuencias.

EL SACRIFICIO DE SEBASTIAN ACEVEDO

En la descripción de los sucesos que llevaron a la muerte de Sebastián Acevedo, la prensa empleó los términos "suicidio", "inmolación" y "autoinmolación", muchas veces usando todos ellos en una misma información, sin discriminar. Que sepamos, en ningún caso los periodistas trataron de analizar los hechos para determinar la propiedad del lenguaje usado, por lo que razonablemente podemos suponer que esos términos fueron usados de acuerdo con sus significados cotidianos y no técnicos. Según el *Diccionario de la lengua española*, suicidarse es "quitarse violenta y voluntariamente la vida", mientras que inmolarse es "dar la vida, la hacienda, el reposo, etc., en provecho u honor de una persona o cosa". Ahora bien, quien elige morir en público —y de manera tan ceremonial como lo hizo Sebastián Acevedo— está realizando, por sobre todo, *un acto de comunicación social, ya que señala algo de sí mismo y de su circunstancia a la colectividad, elige un espacio y un momento específicos y simbólicamente apropiados para el acto mismo*. De allí que, aunque el término "suicidio" parece tener un significado de precisión del todo transparente, en el momento en que se lo utiliza para captar el sentido de un suceso como el que nos preocupa, se puede observar de inmediato la ineficacia de la palabra. El hecho es que el término suicidio está sobrecargado de suposiciones prejuiciosas y abstractas, demasiado cercanas al estereotipo, lo cual, sin duda, impide o distorsiona el entendimiento del sentido de ese acto de comunicación social.

Por ejemplo, a nivel fenomenológico o semántico, la palabra suicidio no clarifica si es que la persona en efecto tenía la voluntad inquebrantable de ultimarse; no explica si es que sólo intentó suicidarse o amenazó suicidarse; no dice si la muerte misma fue resultado no deseado, acarreado por factores concomitantes y no por la voluntad del suicida. Por otra parte, tras el término se deslizan de inmediato suposiciones tales como un posible estado de depresión anterior a la muerte; una posible historia de problemas mentales, quizás de constantes tendencias a la autodestrucción; el deseo de escapar de algún problema. Estas presuposiciones nacen de que *somos nosotros, los que conservamos nuestras vidas, los llamados a explicar, a dar un veredicto y a enjuiciar las motivaciones que llevan al suicidio. Esto lo hacemos comúnmente sin contar con todos los elementos de juicio, que sólo el suicida podría aportar, y a partir del prejuicio fundamental de que la vida humana es sagrada y que la muerte aparentemente sin lógica pone en peligro nuestra confianza en el orden humano, por lo que la autoeliminación sólo puede entenderse como violación a esa norma. Es decir, es una anormalidad.* El efecto final es que la descripción de la muerte de Sebastián Acevedo como suicidio tiende, directa o indirectamente, consciente o inconscientemente, a trivializar la magnitud y profundidad de su gesto y a ofuscar su perfil significativo tras los prejuicios y estereotipos que la palabra contiene. Recordemos los frecuentes intentos del régimen militar por trivializar las acciones de la oposición.

La dimensión de esa trivialización y de ese ofuscamiento puede medirse si consideramos que el sacrificio de Sebastián Acevedo fue primordialmente un acto político y secundariamente un acto religioso: la simbología cristiana que empleó fue el arbitrio con que comunicó su intención política. Su sacrificio fue un acto genuina e inobjetablemente político en cuanto a que con él buscó modificar la forma en que el régimen militar utiliza la represión y la tortura a través del Estado nacional para implementar un proyecto que impone una particular forma de administrar la economía, las relaciones de clases, la institucionalidad política y los criterios para excluir o validar otras opciones posibles de desarrollo social. Sebastián Acevedo llevó a cabo ese objetivo político luego de una calculada consideración de diversos factores: el desinterés o la incapacidad del Poder Jurídico para proteger a los ciudadanos de las violaciones de sus derechos legales por otras ramas del Estado, particularmente en períodos de excepción de la legalidad como era la triple vigencia del Estado de Peligro de Perturbación de la Paz Interior, del Estado de Emergencia y del Estado de Sitio. Esto lo pudo comprobar durante sus dos días de infructuosa búsqueda de datos sobre el paradero de sus hijos; la inexistencia de canales no intervenidos para la expresión individual y comunitaria, como lo constató en sus visitas a varios medios de comunicación masiva; la falta de receptividad de la autoridad estatal —quien, de acuerdo con la ley, está llamada a implementar el cumplimiento de las disposiciones legales— y de la Iglesia Católica, única institución con poder y prestigio para ser escuchada por el gobierno, según lo demostraron sus visitas a la Intendencia Regional y al Arzobispado de Concepción. Fracasadas sus diligencias a través de los conductos regulares, Sebastián Acevedo estimó que sólo quedaba abierta la opción de manifestar sus preocupaciones a la colectividad según métodos extraordinarios, fuera de cauces regulares, comunes y acostumbrados.

Debido a su profundo cristianismo es que eligió manifestarse ante la comunidad frente a la Catedral, de espaldas a la cruz del Año Santo de la Reconciliación en Chile, frente a la Plaza de Armas de Concepción. El que haya ido allí para interpelar a los transeúntes, recabando de ellos información sobre sus hijos desaparecidos indica que concebía las relaciones humanas en términos idénticos a los expresados por el MCTSA: como lazos comunitarios de solidaridad en que todos somos responsables y en que todos estamos comprometidos. De allí que se dirigiera a esa Plaza, donde espacialmente están en cercanía comunidad y autoridad gubernamental. De hecho venía a reclamar una atención tácitamente reconocida en el concepto de comunidad y en la noción de ciudad como espacio en que se han concretado históricamente los derechos humanos porque allí se han aposentado los modos de conducta que colectivamente han satisfecho las necesidades que hacen del ser humano tal ser humano. De hecho convirtió el espacio que ocupó en la Catedral, frente a la Plaza, en una *audiencia*, que en la tradición legal hispánica implica la constitución de un acto y de un espacio en que el soberano y la autoridad oyen a las personas que exponen, reclaman o solicitan algo en justicia. Indirectamente, por tanto, fracasadas sus diligencias ante la autoridad militar y gubernamental, al interpelar a la comunidad para averiguar datos de sus hijos, Sebastián Acevedo retornó al pueblo comprometido como soberano desde el que genuinamente emana la soberanía nacional. Así restableció tácitamente el criterio de *lo popular* violado y abandonado por el Estado fascista.

Pero no fue allí necesariamente para matarse, según declaró en el Hospital Regional antes de morir, sino para arrancar una respuesta de la autoridad, saber la verdad, "saber donde estaban" sus hijos, "que se los mostraran". En otras palabras, Sebastián Acevedo parece haber jugado conscientemente el riesgo de la muerte como movida calculada, de consecuencias terribles pero aceptables, con tal de saber de sus hijos, recuperarlos para un proceso judicial normal y denunciar a la colectividad prácticas represivas que la autoridad militar desea mantener en secreto. No existe evidencia para pensar que la inmolación haya sido un curso de acción tomado por Sebastián Acevedo de manera irracional, apresurada, impremeditada. Por el contrario, la decisión del sacrificio fue largamente discutida con su esposa, decidida una vez que Sebastián Acevedo comprobó que se agotaban sus recursos y luego cuidadosamente preparada hasta el extremo de prever la mezcla altamente combustible y adherente que se utilizaría —bencina y parafina—, elegir el momento en que se la compraría, además de haber

244

elegido cuidadosamente el sitio del posible sacrificio de acuerdo con sus propias convicciones y las potencialidades de expresividad simbólica del lugar.

Cierta información de prensa dio a conocer testimonios que avalan nuestras suposiciones[6]:

> Durante tres largas noches permanecieron despiertos, conversando en el dormitorio que compartieron por espacio de 25 años. Así pretendían que la mañana llegara más pronto, para salir a la calle en busca de sus dos hijos: María Candelaria y Galo Fernando. Ella, Elena Sáez Retamal, tenía la certeza de que su esposo, Sebastián Acevedo, quería sacrificarse por sus hijos. "Yo sabía —dice entre sollozos, mientras permanece en cama— que él quería hacer eso. Y yo le decía que no lo hiciera, que esperáramos, que los niños tenían que aparecer. Y él me reprochaba que yo quería que aparecieran muertos". La última vez que lo vio —relata con voz entrecortada— fue a la hora del almuerzo, el viernes: "Fuimos donde una tía a almorzar, después de haber andado en oficina tras oficina. El me engañó para partir solo. Me dijo que iba a pagarse a la firma donde trabajaba y de ahí no lo vi más. Sólo cuando escuchamos en la radio que se había quemado una persona, supe que era él... ¡Lo supe de inmediato!" El día antes, en la noche, mientras los cónyuges conversaban "aquí sentados en esta misma cama", Acevedo le dijo a su esposa: "Si es la única manera, hija... Sacrificarme por mis hijos" [...] De esas tres largas noches que compartieron por última vez, dice: "Estábamos aquí, nos abrazábamos llorando. '¿Qué vamos a hacer?', me decía. Y yo sólo le podía responder que me sentía desconcertada por completo. Lo único que pensábamos era en que amaneciera luego para partir a buscarlos. Así anduvimos todos esos días... Hasta a pies pelados anduve un día, para poder caminar mejor en Concepción. Preguntábamos en todas partes para que nos dijeran dónde estaban, y nadie nos daba una respuesta...¡Nadie!"

Por su parte, Bernard Hurault, sacerdote francés, párroco de la población Villa Mora, dio testimonio del conocimiento personal que tenía de Sebastián Acevedo y de la forma mesurada con que había asumido los sucesos ocurridos a sus hijos, dado que él tenía la responsabilidad de la búsqueda, para lo que necesitaba un ánimo calmo. Ese testimonio también apoya nuestras suposiciones:

"Era un hombre de mucha bondad, que se entregó entero a las tareas de la Iglesia. En el último tiempo se esmeraba por participar en las lecturas bíblicas los días domingo y jueves. Aparte de ello participaba bastante con la comunidad y tenía muchas inquietudes. Buscaba también en la conversación profundizarse en algunos temas importantes de la religión". Sobre la actitud que observó en Sebastián Acevedo en los últimos días de su vida el religioso recuerda que "en general se le veía bien, sin alteraciones. En un momento me comentó que estaba asimilando bien el problema que tenía, es decir la detención de sus dos hijos, sin saber dónde se encontraban. Decía que él se daba cuenta que como padre tenía que mantener la calma y que lo estaba logrando bien, que las cosas tendrían que evolucionar y que llegado un momento debía empezar a volver a la normalidad". ¿Notó algún gesto sobre la actitud que tomó más tarde? "En un momento me pareció notarlo diferente. Fue el día jueves antes de su decisión. Mi impresión es que en ese momento quizás pensaba de una manera distinta a la anterior". El sacerdote Bernard Hurault agregó otros conceptos que hablaban de Sebastián Acevedo como un hombre recto, responsable, que se estaba entregando enteramente a las cosas de Dios. Dijo que en Sebastián Acevedo se perfilaba claramente un líder u orientador católico.

La inmolación no dependió de la voluntad de Sebastián Acevedo, aunque sí puede haber certeza de que él estaba preparado para asumirla como opción posible y necesaria. La inmolación fue impuesta por el joven oficial que, con un tono a todas luces despectivo y prepotente ("Un oficial de Carabineros se rió de mí. No creyó mis palabras...") se acercó a él para obligarlo a retirarse. Es necesario detenerse en este incidente, pues es el momento trascendental del sacrificio.

Hasta ese instante, en que la búsqueda de la verdad sobre los hijos había sido infructuosa, la autoridad represiva se había exhibido a Sebastián Acevedo como potencia distante, inalcanzable, silenciosa, remota. Es la estrategia característica con que los militares dan cara a la población civil que desean amedrentar, confundir y neutralizar como opositores. Como técnica represiva, los desaparecimientos están diseñados para sumir a los familiares, amigos y miembros posibles de una red subversiva en la incertidumbre sobre el destino del desaparecido, de manera que se agoten física y emocionalmente en la búsqueda, que se obsesionen con la incógnita, que posterguen toda otra expectativa de acción social para fijar una atención enfermiza en la memoria del detenido desaparecido, además del hecho de que la misma ausencia inexplicada es una señal de amedrentamiento potencialmente desestabilizadora de cualquier voluntad de rebeldía. Nunca podrá la red familiar y política del desaparecido solventar del todo el dilema de actuar enérgicamente para recuperar al prisionero o callar pasivamente, indicando con ello a la autoridad militar que así se transa tácitamente para asegurarle una mayor posibilidad de supervivencia.

Por lo tanto, en esta maniobra de guerra psicológica la autoridad que teóricamente podría aclarar el destino del desaparecido debe distanciarse del contacto con los familiares afectados, prolongar sus expectativas y sus búsquedas laberínticas, callar y enmascararse, pero sin dejar de dar algún indicio de esperanza que los incentive a continuar el juego hasta que queden exhaustos. Por ello es que la autoridad interpone un gran aparato burocrático entre sí misma y los que se lanzan a la búsqueda de los desaparecidos. Los burócratas pueden presentarse amablemente; con estricto ajuste a la verdad pueden declarar que no hay registro oficial del prisionero buscado, el jefe superior puede continuar la maniobra dando un rostro comprensivo y una palabra de apoyo moral, si es que los familiares tienen la suerte de llegar hasta ese nivel de la cúpula de mando.

Es decir, el desaparecimiento es quizás la forma más brutal de la represión en la medida en que la personalidad de quienes buscan una respuesta sobre el destino del desaparecido puede verse hundida en una situación que promueve la disolución gradual de su energía física y emocional, de su voluntad y de su resolución, de sus recursos materiales y espirituales en un laberinto burocrático anónimo, impersonal, inmutable, inconmovible, en que ilusoriamente la responsabilidad parece difuminarse a través de todo el sistema represivo y no estar alojada en ningún cuerpo humano, en ningún rostro identificable.

Sin embargo, en el momento en que el joven oficial se acercó a Sebastián Acevedo para ejercer su autoridad sobre él, repentinamente el anonimato y la impersonalidad de todo el sistema represivo cesó y se materializó en ese cuerpo que se erguía ante él desafiantemente, en ese rostro particular y específico que estaba haciendo mofa de ese padre doliente y sufriente para exhibir el orgullo de quien se inicia en el poder recién adquirido. En ese preciso instante ese oficial se convirtió en la corporización puntual, situacional, específica de todo el sistema represivo. Los datos existentes permiten pensar que ese oficial no se aproximó a Sebastián Acevedo para prevenir una emergencia de suicidio posible, sino, más bien, para reprimir a un subversivo. Según procedimientos policiales rutinarios, adoptados por cuerpos policiales que los basan en un entendimiento psicológico del problema del suicidio, un policía no debe acercarse a la persona porque, con su precipitación, podría causar una reacción incontrolable[7]. Se recomienda mantener una distancia apropiada, desde la que se pueda tener un diálogo que presente al suicida alternativas de solución del problema que lo ha impulsado a tomar su decisión. Se debe presuponer que todo suicida realmente tiene imágenes ambivalentes ante su propia muerte, no está totalmente seguro del paso que está tomando, por lo cual se lo puede llevar a una discusión que gane el tiempo necesario para evaluar sus sentimientos y emociones, y, por sobre todo, la eficacia del método que ha elegido para eliminarse. Todo esto debe hacerse adoptando una actitud y una expresión que comunique al suicida la sensación de que el policía interlocutor está genuinamente interesado en su dilema. Su intervención debe lograr datos suficientes no sólo para quizás neutralizar la amenaza directamente, sino, también, para tratar de obtener datos de un posible mediador de la confianza del suicida que pueda llegar al sitio de los sucesos, calmarlo y hacerlo desistir. A la espera de estos resultados, el diálogo debe establecer un compromiso humano entre las dos partes, que comprometa al suicida en un pacto por el cual no llevará a cabo su acción sin antes avisar al policía. Ciertamente ésta no fue la opción elegida por el oficial. La información existente revela que

> Ahí pasaron como 20 minutos y hasta el lugar llegaron varias personas, entre ellos un sacerdote y un periodista, pero él [Sebastián Acevedo] no los dejó pasar y no pasaron. En cambio, un oficial de Carabineros no le hizo caso [...] y cruzó la línea y ahí él encendió el encendedor. En ese momento el oficial salió arrancando y [Sebastián Acevedo] también, para impedir que la gente apagara el fuego.

Sebastián Acevedo dirigió hacia el oficial toda la frustración, la furia, el temor y la esperanza que se habían acumulado en él sin encontrar hasta entonces un objetivo específico. Toda esa energía potencialmente destructora del otro, que debió haber terminado en y con el otro, fue desviada hacia él mismo en virtud del cristianismo de Sebastián Acevedo, el cual le impedía disponer de la vida ajena. Quizás en ese momento este padre comprendió que con su acto descargó un terrible golpe moral sobre ese ser humano, puesto que, al sacrificarse ante él, transformó al joven oficial en una especie de altar maligno ante quien debía oficiarse la muerte ritual para purificarlo en nombre de toda la comunidad nacional. Ese fue el momento en que la indefensión de ese padre ante la fuerza armada se convirtió en superioridad moral, ya que redefinió allí mismo el rol del poder social que hasta entonces se ejercía por la represión y violentamente descargó sobre los hombros del oficial la responsabilidad de tener que jugar la máscara ceremonial de todas las culpas de su institución, el Cuerpo de Carabineros, en un acto teatral expiatorio. Quizás una intuición como esta haya llevado a Sebastián Acevedo a comprender que tanto él mismo como ese joven y todo el aparato represivo se merecían el perdón que necesita todo aquel ser humano que, de un instante a otro, se ve arrancado del anonimato de su intimidad y de su privacidad individual e intransferible para verse envuelto en la teatralidad de un drama en que se dirime la sacralidad de los valores colectivos. Tal vez por esto Sebastián Acevedo haya dicho "Señor, perdónalos a ellos y perdóname a mí por este sacrificio". Sebastián Acevedo no fue el único sacrificado; también lo fue ese oficial joven, a quien el sistema represivo había preparado para jugar automáticamente —sin medir consecuencias, sin buscar alternativas humanitarias y humanistas para solucionar crisis de vida o muerte— la máscara de la prepotencia y del desdén por el débil. Si los rumores son exactos, el precio que parece haber pagado fue el de su desquiciamiento mental.

Todo esto atrae la atención sobre el proceso de transfiguración que ocurre en todo ritual de trascendencia colectiva. Al respecto conviene considerar la meditación "clásica" que han hecho Hubert y Mauss[8] sobre la función social de esa transfiguración:

> Pero si el sacrificio es tan complejo, ¿de dónde proviene su unidad? Se debe a que, fundamentalmente, bajo las diversas formas que pueda tomar, siempre consiste en un mismo procedimiento, que puede ser usado para los propósitos más divergentes. *Este procedimiento consiste en establecer un medio de comunicación entre los mundos sagrado y profano a través de la mediación de una víctima, es decir, de algo que es destruido en el curso de una ceremonia* [...L]a víctima no llega necesariamente al sacrificio con una naturaleza religiosa ya perfecta y claramente definida: es el sacrificio mismo el que se la confiere. El sacrificio puede impartir por lo tanto a la víctima los poderes más variados y de esa manera la hace apropiada para cumplir las funciones más variadas, bien sea mediante rituales diferentes o durante el mismo ritual. Asimismo la víctima puede traspasar un carácter sagrado propio del mundo religioso al mundo profano, o viceversa. Es indiferente a la dirección de la corriente que pasa a través de ella. Al mismo tiempo, al espíritu que se ha desprendido de la víctima se le puede confiar la tarea de llevar una oración a los poderes celestiales, se la puede usar para pronosticar el futuro, para redimirse de la ira de los dioses traspasándole a ellos una porción de la víctima, y, por último, disfrutando de la carne sagrada que ha quedado. Por otra parte, una vez que la víctima ha quedado diferenciada [por la transfiguración del sacrificio ritual], tiene cierta autonomía, sin que se pueda hacer nada al respecto. Es un foco de energía del cual se desprenden efectos que sobrepasan el propósito restringido que el sacrificante ha asignado al ritual.

A partir de una lectura materialista histórica, de esta meditación quisiéramos relevar el hecho de que la trascendentalidad que la comunidad otorga a la ceremonia ritual del sacrificio provoca descargas de energía psíquica colectiva que será elaborada de las maneras más diversas por los sectores sociales, tanto en lo sagrado como en lo profano, de manera que hasta los no creyentes, en el momento en que reconocen la trascendencia social del sacrificio, pueden "disfrutar" del cuerpo sacrificado. Es decir, pueden identificarlo con sus aspiraciones más queridas y deseadas. A nivel epistemológico, esto significa que los diversos sectores sociales que reconocen la trascendencia de un sacrificio lucharán por apropiarse de él como factor emblemático, reelaborando ideológicamente su significación en estrecha cercanía con sus propios valores.

La lucha ideologica en torno a Sebastian Acevedo

Esa lucha ideológica se dio simultáneamente en tres niveles: como apropiación a nivel institucional, a nivel semántico y a nivel de acción popular espontánea. A nivel institucional, tanto por parte de la oposición como del régimen militar, esa acción se dio con diversos grados de coordinación centralizada.

En términos generales, la información difundida a través de todo el país por los medios masivos de comunicación se restringió a la prensa y dos radios de alcance nacional, Cooperativa Vitalicia y Radio Chilena. La televisión no participó, hecho que se explica por el grado mucho más intenso de censura que se le impone. En cuanto a la prensa, la información más copiosa, amplia y con diversidad de contenidos circuló en los diarios *El Sur* y *Crónica* de Concepción, lugar de la inmolación. En estos dos periódicos la información más importante fue de tipo testimonial, entregada por reporteros que fueron contactados directamente por Sebastián Acevedo en su busca de apoyo para obtener datos sobre sus hijos, o que estuvieron presentes en la inmolación. Sus informes están fuertemente cargados de contenido emocional.

La información de los periódicos de Santiago fue mucho menor en cantidad y apareció en *El Mercurio, La Tercera de la Hora, Las Ultimas Noticias* y la *Segunda.* En ella se adoptó un tono de mayor y aparente objetividad. Si se compara el contenido y las estrategias de presentación del material en estos periódicos con la información entregada por los de Concepción, se podrá comprobar una mayor manipulación ideológica favorable a las estrategias del régimen militar. *La Nación* , diario perteneciente al Estado, no se sumó. De las revistas semanales o quincenales de circulación nacional sólo *Hoy*, publicación de oposición demócratacristiana, dedicó un artículo central a la inmolación, mientras que otras publicaciones opositoras de izquierda como *Apsi, Análisis, Fortín Mapocho*, y *Cauce* no lo hicieron, quizás por estar sometidas a mayor censura bajo los estados de excepción existentes al momento. Extrañamente, *Mensaje*, revista de la Iglesia Católica, fuertemente crítica del gobierno, no publicó información al respecto. Esta desinformación provocó una protesta del Dr. Pedro Castillo, presidente de la Comisión Nacional Contra la Tortura en cuanto a que "significa un ocultamiento que encierra una grave complicidad". Las participaciones de mayor claridad crítica y denunciatoria fueron las de las dos radios; una de ellas, Radio Chilena, pertenece a la Iglesia Católica.

Las primeras reseñas informativas de la inmolación aparecieron el sábado 12 de noviembre de 1983. En Concepción se publicaron largos artículos de periodistas-testigos, las que fueron acompañadas de cortas notas complementarias, con escaso número de fotos. En Santiago se publicaron notas cortas y muy parcas en su descripción de los hechos. La gran profusión informativa se dio durante los días domingo 13, lunes 14 y martes 15, decreciendo considerablemente los días miércoles 16, jueves 17 y viernes 18. De allí en adelante, los diferentes periódicos no publican grupos de artículos de alguna coherencia. No obstante, dos artículos de relevancia aparecieron en la revista *Hoy*, en su edición del 23 al 29 de noviembre de 1983. Uno se titula "El Impacto de la Inmolación" y el otro "Hemos Pedido la Disolución de la CNI", entrevista al Obispo de Concepción, monseñor Alejandro Goic. Finalmente, con ocasión de una visita de María Candelaria Acevedo y de su madre, Elena Sáez, a la sede de la Comisión Chilena de Derechos Humanos en

Santiago, aparecieron notas los día 22 y 23 de noviembre en *La Segunda, El Mercurio, Las Ultimas Noticias* y *La Tercera.*

A nivel de acción popular espontánea, la primera reelaboración fue la de convertir el sitio de la inmolación de Sebastián Acevedo en una "animita", culto a los difuntos que consiste en la creencia de que sus espíritus pueden actuar en el mundo de los vivos para beneficiarlos o perjudicarlos. Se ha señalado que esta forma de religiosidad "en el medio marginal toma sobre todo el carácter de utilización personal de un poder superior que viene a socorrer al poblador obteniéndole beneficios que la sociedad no le da, o bien consolándolo en su frustración"[9]. Al parecer, se trata de una religiosidad primitiva de origen precristiano:

> El culto de gran parte de las religiones primitivas se dirigía a los diversos dioses del panteón, pero poco a un lejano dios del cielo, poderoso creador de todas las cosas. La evangelización cristiana exije que el culto se dirija a Dios o a su Hijo Jesucristo, y las peticiones pueden dirigirse a los santos como a mediadores, reprimiendo la forma religiosa primitiva. Ante la represión el culto se dirige ahora a personas (o sus espíritus o sus imágenes) que están más cercanos a nuestras necesidades que Dios o su Hijo (p. 68).

La prensa informó que

> En la Catedral, en el sitio donde Acevedo se inmoló, una romería de centenares de personas ha desfilado desde el instante mismo en que ocurrió el hecho. Un matrimonio dejó una carta rogando a Sebastián que ante Dios le pida ayuda para sanar una hija que tiene cáncer. Fue motivación para que otras personas se sumaran pidiendo milagros. También llamaron la atención las coronas y las flores depositadas a los pies de la cruz;
> El fervor popular ya transformó el significado del lugar donde intentó inmolarse a lo bonzo el obrero Sebastián Acevedo [...] Allí se hincaban, oraban, depositaban dinero, flores y encendían velas al que la gente considera ya como un mártir. A las diez de la mañana se acercó el vicario general del Arzobispado, padre René Inostroza, para comunicar a la gente que se designaría un comité encargado de recoger los dineros, con la finalidad de evitar que sean sustraídos [...] Los rezos y los llantos de las mujeres ponían un marco sobrecogedor a este

nuevo sitio de reunión popular, en pleno centro penquista. Junto a la improvisada alcancía alguien escribió con lápiz de pasta en una hoja de papel el siguiente mensaje: "Sebastián, tú que fuiste capaz de dar la vida por tus hijos, te ruego que ahora intercedas ante El por nuestra hija que padece de cáncer y yo no puedo ayudarla por encontrarme cesante hace un año y medio. Además, te rogamos por nuestros hermanos de sufrimientos, por pan, trabajo, justicia y libertad. Siempre tus hermanos de fe y de lucha. A.C. y C.C.".

Una frase como "pan, trabajo, justicia y libertad" sitúa esta religiosidad en un plano muy cercano al de la política, pues ella es una de las consignas que se cantan en las demostraciones masivas de la oposición al régimen militar. Este "nuevo sitio de reunión popular" es convertido, entonces, en eje de una expresión espontánea que se guarece y se aprovecha de la resignificación sagrada del espacio para manifestarse al nivel más básico de opinión cotidiana cargada de emoción, sin mayor elaboración intelectual. Una "dueña de casa" se expresa diciendo: "lamento mucho lo que ha pasado. Estamos muy mal en nuestro país. Parece que ya nada es bueno. Es para no creer que tengamos un nuevo mártir. Todavía no me puedo convencer. Este hecho lo llevaré en mi corazón y rezaré para que Dios acoja en su Santo Reino a este hombre que murió por sus hijos"; un ciudadano comenta que "ha sido terrible. Esta acción no tiene nombre. Se obliga a la gente a cometer este tipo de cosas. Todo ha sido producto de la desesperación de un padre, de la falta de humanidad. Ya se puede esperar cualquier cosa"; un estudiante dice: "ésto ha sido un acontecimiento histórico. Ha sido el resultado de la desesperación de un padre que agotó todos los medios para saber el paradero de sus hijos detenidos. Pienso que cristianamente debería ser perdonado por su acción. Es un nuevo mártir"; otra persona se expresa con mayor lucidez: "Esto afecta la conciencia de todos los ciudadanos de la región y del país. Nadie de nosotros puede sentirse liberado de culpa. Todos, unos más que otros, la tenemos. ¿Cuándo terminará la crisis moral de las detenciones?".

La primera reacción institucional fue de la Iglesia Católica, a través del Arzobispado de Concepción. A las

06:30 Radio Chilena, en su programa "Primera Plana", difundió información general y una entrevista con el sacerdote Enrique Moreno Laval, testigo de la inmolación, en que entregó su testimonio de los hechos. A las 07:00, en ese mismo programa intervino el Obispo de Concepción, monseñor Alejandro Goic, con una fuerte denuncia de los efectos disociadores sobre la comunidad nacional de la actividad represiva de la CNI. Con esta denuncia se inició una campaña nacional que demandó la disolución de la CNI.

En sus partes más medulares, monseñor Goic declaró:

> Ha habido veinticuatro detenciones, y desde el año pasado que en esta región no operaba directamente la Central Nacional de Informaciones. Fueron informaciones de aquellos que salían libres por falta de méritos, después de haber estado dos o tres días detenidos, en algunos casos más, los maltratos, las torturas —incluso, algunas de ellas denunciadas ayer por el Colegio Médico de Concepción— las que provocaron en este hermano Sebastián una angustia tan grande que lo llevó a esta determinación tan trágica y tan sobrecogedora, que llegó a inmolar su vida para tratar de saber sobre dónde se encontraban sus hijos [...] Creo que esta situación refleja lo enferma que está nuestra nación, y especialmente, organismos como esta Central Nacional de Informaciones, que tanto daño ha hecho y continúa haciendo, torturando atrozmente a la gente [...] Yo creo que esto es lo que siente la inmensa mayoría del pueblo, por encima de ideologías políticas. No es posible, en un país que se dice perteneciente a una civilización occidental y cristiana, que se mutile así, cruelmente, a personas por supuestos delitos que, finalmente, salen en libertad, y no han hecho nada. Y si hubieran hecho algún delito, lo lógico es que pasen a los Tribunales, y que sean los Tribunales los que juzguen la magnitud del delito que se supone hayan cometido [...] Yo pido a Dios y a todos los que tienen el poder, en nombre de Dios y de su Iglesia hago un llamado para que volvamos a la cordura, y para que realmente cese la represión, cese la tortura, cese el daño a la dignidad de los hombres. Yo confío en que este hecho tan dramático pueda ser un signo —terrible sí—, pero un signo que nos haga reflexionar a todos, por encima de posiciones políticas partidistas, de que tenemos que trabajar todos por reencontrarnos como hermanos, y por superar estas situaciones, y ojalá creo que será una de las peticiones que haremos, que se disuelva este organismo que tanto daño ha hecho a la convivencia nacional.

De allí en adelante se sumaron líderes sindicales y gremiales a la petición de que se disolviera la CNI. La información de prensa existente tiende a mostrar que esas reacciones fueron totalmente desarticuladas, muchas de ellas dadas sólamente a través de declaraciones de individuos, lo que refleja la fragmentación de los sectores de oposición en la época. Rodolfo Seguel, presidente de la Confederación de Trabajadores del Cobre expresó su solidaridad con la familia Acevedo e "instó a los chilenos a no dejarse influir por el clima de violencia". En parte de su petición y denuncia, la Agrupación Nacional de Empleados Fiscales (ANEF), uno de los gremios más poderosos de Chile antes del golpe militar, se declaraba:

> Estos hechos innobles, que llenan de vergüenza a toda la Nación chilena, se suman a otros que vienen sucediéndose en todo el ámbito del país, como los [cementerios secretos] de Laja y Lonquén, y otros muchos que visten de luto la historia de la patria, y el [asesinato] de TUCAPEL JIMENEZ [dirigente de la ANEF], cometido con ensañamiento, premeditación, alevosía y sobre seguro, sin que después de 21 meses se haya descubierto a los autores de tan horrendo crimen. Del mismo modo nos avergüenza que algunos órganos de difusión hayan silenciado esta atroz noticia, en una actitud que no puede menos de ser calificada de encubrimiento.

La Asociación Gremial de Educadores de Chile (AGECH), expresó su "más enérgico repudio a la escalada de detenciones emprendida por organismos de Seguridad, en condiciones y formas atentatorias contra la dignidad de los ciudadanos y contrarias a normas y atribuciones propias de los tribunales de Justicia". Califica la inmolación de Sebastián Acevedo como hecho "sin precedente en la vida nacional, reviste para el país un suceso catastrófico que sobrepasa todo marco de racionalidad conocido" y pide la "disolución del organismo inconstitucional llamado CNI y con ello el término de actos de barbarie científicamente organizados, que en su mayoría quedan en la impunidad y sin sanción judicial".

Otras organizaciones como la Agrupación de Estudiantes Secundarios, Pastoral Universitaria, la Pastoral de Profesionales de Concepción, la Unión Democrática de

256

Tabajadores, la Coordinadora Regional Sindical de Concepción y 27 organizaciones de defensa de los derechos humanos se plegaron también a la demanda de disolución de la CNI. A nivel de Consejos Provinciales se pronunciaron también la Juventud del Partido Radical y del Partido Demócrata Cristiano. El Consejo Regional de Concepción del Colegio de Abogados unánimemente pidió a la Corte de Apelaciones que designara un Ministro en Visita para investigar la violencia represiva desatada en la zona. Dirigentes de otros gremios de clase media y media alta, tales como el presidente del Colegio Médico de Chile, Dr. Juan Luis González, y del Colegio de Ingenieros, Eduardo Arriagada, hicieron declaraciones sólo a título personal, de orden estrictamente moral, sin involucrar a sus instituciones, reflejando la actitud de compromiso distanciado que este tipo de gremio mantuvo durante todo el proceso de la Protesta Nacional. El tenor de sus declaraciones queda reflejado en palabras de Eduardo Arriagada:

> Aquí ha habido un problema de que la conciencia nacional, y en eso incluyo muy especialmente a los profesionales, ha estado bastante dormida al respecto. Creo que evidentemente no se ha hecho lo suficiente ni ha habido un movimiento que hubiera impedido que estas cosas pasaran. Creo que en esta "anestesia" a la conciencia nacional que ha existido participan en parte muy activa algunos medios de comunicación muy importantes.

Es evidente que el impacto regional de la inmolación de Sebastián Acevedo obligó a los periódicos de Concepción a dedicar más espacio a la información, sin duda con autorización de los delegados militares, lo que para ellos ha tenido que significar un cierto grado de retirada defensiva frente a la opinión pública. Las reseñas más valiosas para un estudio como el que nos preocupa fueron publicadas por *El Sur* y la *Crónica*. Sin embargo, para observar la elaboración ideológica de la inmolación de Sebastián Acevedo es preciso resaltar la ambigüedad con que fue tratado el tema. Esa ambigüedad se expresa sintomática y simultáneamente en el uso indiscriminado de los términos "suicidio" e "inmolación" y en el tono testimonial, cotidiano con que se informó. Es obvio pensar que bajo condiciones de intensa intimidación y censura ningún periodista puede fácilmente asumir el riesgo de poner en perspectiva el hecho puntual de la muerte de Sebastián Acevedo dentro del cuadro global de conducción de la cultura nacional en la política del neoliberalismo militarizado. Reconocido esto, que los reporteros hayan informado con cierta amplitud, aunque muy emocionalmente, y que hayan abierto un espacio en sus periódicos para recoger la "voz de la calle" fue un aporte importante para el conocimiento de una grave situación nacional. No obstante, el hecho de que en algunas de las reseñas de mayor importancia se usara en un mismo artículo palabras como "suicidio" e "inmolación" implican una cierta incapacidad o incertidumbre valorativa sobre la significación real de la muerte de Sebastián Acevedo. Todo intelectual formado en una cultura fundamentalmente católica, como es la chilena, puede distinguir entre el valor de ambos términos, puesto que la Iglesia condena fuertemente el suicidio y niega la misa al suicida en los momentos de su sepelio. En caso de dudas, un periodista concienzudo debió haber hecho averiguaciones al respecto con la autoridad eclesiástica. Sin embargo, Mario Aravena, corresponsal en Concepción de importantes publicaciones de Santiago, autor de un impactante artículo aparecido en la revista *Hoy* en su edición del 16 al 22 de noviembre de 1983, a pesar de esos reparos, publicó en la edición del domingo 13 de noviembre del diario *La Tercera de la Hora* una nota en que claramente se presenta a Sebastián Acevedo como desquiciado mental, acentuando la imagen estereotípica del suicida y no de quien se sacrifica por un ideal superior.

La nota se intitula "Era un Hombre Preocupado y Triste" y trata de la entrevista que Sebastián Acevedo tuvo con él la mañana del día de su inmolación, una de las varias que el padre hizo ese día con periodistas. Contra el trasfondo del término "suicidio" que rápidamente puede asociarse con los hechos, ya el título mismo parece afirmar categóricamente una personalidad agobiada por antiguos problemas mentales. Las palabras iniciales del texto acentúan esta impresión: "Sebastián Acevedo Becerra era al menos hasta el viernes 11 un hombre preocupado y triste". Más adelante se trata de crear una imagen de incoherencia, de confusión, de inseguridad de propósito: "Antes de sentarme, Acevedo trató de hablarme. No le entendí. Luego se me aproximó y estirando su mano derecha quiso nuevamente saludarme. Yo, de pie, sentí su piel húmeda [...] Acevedo estaba sudoroso. Su nerviosismo era evidente".

Sin duda la elaboración de esta imagen contrasta diametralmente con la capacidad de articulación y coherencia que Sebastián Acevedo demuestra en otra entrevista, en la que pudo protestar con toda energía, decisión y lucidez en contra del amañamiento de la noticia de la detención de sus hijos por la prensa al usar lenguaje que daba por sentada su culpabilidad en actos terroristas. Un periodista no identificado de *El Sur*, en una nota del día anterior, sábado 12, relata:

> Habíamos puesto la grabadora. Estuvo ahí, frente a nuestro escritorio. Se veía tenso al hablar. Hilvanaba con claro nerviosismo las frases. Su hálito fluía con energía al hablar. Había pasado muchas horas con deseo de decir algo. Era más que evidente. "No se puede emplear ese calificativo porque, según me explicó una abogada hace poco, aún no se reconoce el paradero de mis hijos. Otra cosa: me parece que la forma en que se da publicidad a los hechos es una forma malintencionada. No lo digo por mis hijos, por muchos más. No se pueden decir cosas que puedan justificar en última instancia cualquier medida en contra de ellos. Se adjetiva. Yo espero que no sean cosas influyentes en el ánimo del juez, sea militar o no, ya que éste debe actuar de acuerdo con las pruebas que le presenten".

Parte de esta grabación fue usada en el programa radial con que el Departamento de Comunicaciones del Arzobispado de Concepción dio la noticia de la inmolación de Sebastián Acevedo el 12 de noviembre de 1983. Al escuchar sus palabras no quedan dudas de que lo asistía una gran calma, mesura y lucidez.

¿Qué llevaría a un periodista como Mario Aravena a propalar tan descuidadamente imágenes como esas de un hombre que ya para ese día tenía conmovida a la opinión pública y suscitaba una intensa lucha ideológica? Es de notar que su publicación del 13 de noviembre en *La*

Tercera de la Hora termina con un franco sentimiento de culpabilidad:

> Ya solo nuevamente, pensé. No lo creí, sinceramente. En los últimos días nuestro trabajo había sido de bastante tensión. Me dije que posiblemente pasaba Acevedo por un instante crítico y que a lo mejor quería llamar sólo la atención. Después, cuando conocí la tragedia, me tomé la cabeza con las manos. Como cristiano pensé: "Que Dios me perdone". Desde esos instantes sus palabras me han dado vueltas. Durante el reporteo comprendí que a veces nos ponemos insensibles.

En el articulo de *Hoy*, aparecido tres días después, Mario Aravena evita cuidadosamente el uso de ambas palabras, "suicidio" e "inmolación".

En general, a excepción de *Hoy*, la prensa de Santiago introdujo en la información ángulos sutilmente negativos sobre la inmolación, a veces desacreditando el estado mental de Sebastián Acevedo, a veces distorsionando o tergiversando los hechos. En las dos únicas notas aparecidas en esa ciudad el 12 de noviembre, *El Mercurio* señaló muy escuetamente los hechos, terminando la breve nota con datos de que los hijos de Sebastián Acevedo habían sido detenidos por pertenecer a una célula terrorista del Partido Comunista a la que se atribuían diversos atentados en la zona. Es interesante mencionar que el corresponsal usó el término "inmolación" en su despacho. Por su parte, *La Tercera de la Hora*, sin duda con un texto preparado por Mario Aravena, informó con un parco lenguaje que "Cuando ya su cuerpo estaba en llamas, llegó personal del cuerpo de Carabineros que trasladó al hombre hasta el Hospital Regional...". No se menciona aquí la responsabilidad del oficial de policía que llevó a Sebastián Acevedo a prenderse fuego. Por otra parte, se acentúa la imagen de desequilibrado mental a quien "la angustia le llevaría a cometer un acto de suicidio", lo que habría hecho agobiado por la culpa: "Mientras su cuerpo ardía pidió perdón a Dios por la acción que cometería". Esta nota fue seguida por otra breve, en que se reproducían algunas palabras de una entrevista a María Candelaria Acevedo. Al siguiente, domingo 13 de noviembre, *La Tercera de la Hora* publicó un largo artículo, en que se informaba ampliamente y se terminaba con una nota de simpatía por el drama humano similar a las publicaciones de Concepción. Quizás este cambio de orientación haya correspondido a la experiencia sufrida por Mario Aravena: "En la Catedral, en el sitio donde Acevedo se inmoló, una romería de centenares de personas ha desfilado desde el instante mismo en que ocurrió el hecho. Un matrimonio dejó una carta rogando a Sebastián que ante Dios le pida ayuda para sanar una hija de cáncer. Fue la motivación para que otras cartas se sumaran pidiendo milagros. También llamaron la atención las coronas y flores depositadas a los pies de la cruz".

El domingo 13 de noviembre *Las Ultimas Noticias* publicó dos notas relacionadas con la Iglesia, la primera de ellas relacionada con declaraciones del Cardenal Juan Francisco Fresno. La segunda informa sobre la demanda del Arzobispado de Concepción de que se disolviera la CNI. La cercanía de ambas notas desvirtúa esta demanda, por cuanto las declaraciones del Cardenal Fresno parecen ser favorables al gobierno. Aunque no se lo especifica, las palabras recogidas de monseñor Fresno demuestran la creencia de que Sebastián Acevedo se suicidó por un problema emocional: "Todos estamos doloridos por algo tan espantoso. Es posible que estas cosas sucedan cuando en un momento de desesperanza no siempre se juzgan con paz y tranquilidad los acontecimientos". Estas frases aparecen en el contexto mayor de declaraciones hechas en la misma ocasión por monseñor Fresno justificando a sacerdotes párrocos de la población de Pudahuel —espacio de fuerte confrontación popular contra la policía durante la Protesta Nacional— que, según una carta de denuncia de mujeres progobiernistas, habrían estado haciendo agitación política: "quiero establecer desde ya que nuestros sacerdotes están con un ánimo verdadero de servicio a su pueblo y de expresar el verdadero deseo de que todos están buscando la verdad. Y conociendo la verdad la pueden poner en práctica. Si acaso se pasan en algunas obligaciones que cumplir antes de recibir los sacramentos, no es por molestar. Por el contrario, es por hacer el mayor bien posible, construyendo de este modo un verdadero pueblo de Dios". Más adelante, monseñor Fresno aparece desasociándose de una carta —y, por tanto, desautorizándola— que el presidente de la Conferencia Episcopal, monseñor Carlos González, había enviado al gobierno pidiendo que se terminara con el exilio de chilenos: "yo no he estado en la redacción de la carta". Por lo tanto, dentro de este contexto de aparente simpatía cardenalicia al régimen militar, la creencia de monseñor Fresno en un posible suicidio de Sebastián Acevedo desacredita indirectamente el verdadero mensaje de su sacrificio.

En cuanto a la segunda nota de información relativa al Arzobispado de Concepción, ella viene después de lo anterior y con un título que dice "Arzobispado Penquista Condena los Ultimos Hechos de Violencia". Se puede comprobar una dislocación entre el título y el texto teniendo en mente que, para periódicos oficialistas como *La Ultima Hora*, el término "violencia", "violentismo" o "violentistas" es aplicado exclusivamente a la resistencia antimilitar, de manera que un lector poco cuidadoso podría desatender un texto que, en realidad, se refiere a desmanes de la CNI:

El Departamento de Derechos Humanos de nuestro Arzobispado ha constatado que continúan registrándose detenciones arbitrarias de ciudadanos, por personal que no se identifica y que no exhibe órdenes de detención. Ante esta evidencia, no podemos sino condenar una vez más la práctica de la tortura con las palabras del Papa Juan Pablo II: "La Iglesia se interesa por la suerte de los sometidos a la tortura, sea el que fuere el régimen político, pues a sus ojos nada puede justificar este envilecimiento que, desgraciadamente, va acompañado con frecuencia de vejámenes bárbaros y repugnantes [...]" A lo anterior se suman otros hechos: la muerte de una persona en dudosos enfrentamientos con personal de seguridad hace algunos días; y la muerte dramática y sobrecogedora del trabajador y padre de familia, Sebastián Acevedo Becerra, en un intento desesperado por reclamar noticias de sus hijos secuestrados por la CNI, autoinmolándose por medio del fuego [...] Estos hechos, reflexionados serenamente en la fe, nos llevan con renovada urgencia a exigir el término de este tipo de situaciones inhumanas y anticristianas; a exigir que quienes sean sospechosos de culpabilidad sean puestos en manos de los tribunales de justicia para que sean ellos mismos quienes determinen

262

responsabilidades; a exigir la disolución de la CNI, porque sus actuaciones han dañado profundamente la convivencia de nuestro país.

En lo que se refiere a la aparente creencia de monseñor Fresno en el suicidio de Sebastián Acevedo, es de especial importancia señalar que, en su entrevista a *Hoy* del 23 al 29 de noviembre, monseñor Alejandro Goic, Obispo de Concepción, declara enfática y fehacientemente que la Iglesia no había considerado suicidio la inmolación de Sebastián Acevedo:

> No hemos hablado de suicidio porque inmediatamente después que se inmoló, y en las largas horas de su agonía, en que conservó su lucidez, dio ejemplo de amor, de fe y de una capacidad de perdón extraordinarias. Le dijo al sacerdote que le dio la absolución sacramental, lo que para nosotros significa morir en gracia: "Señor, perdónalos a ellos". Se refería a la CNI que tenía a sus hijos. "Y también perdóname a mí por este sacrificio". Dejemos a Dios, el único capaz de penetrar en las profundidades del corazón humano, el juicio definitivo. Objetivamente, este hombre murió en amistad con El, reconciliado y rogando por quienes estaban haciendo daño a sus hijos. Eso es cristianismo puro.

El domingo 13 de noviembre tanto *El Mercurio* como *Las Ultimas Noticias* publicaron notas sobre la reacción del Arzobispado de Concepción ante la CNI, y sobre el destino de Sebastián Acevedo y el de su familia. La de *El Mercurio* tiene un título por demás claro —"Arzobispado de Concepción Exige Disolución de la CNI"— e informa con objetividad sobre la muerte del inmolado y la liberación de María Candelaria. Sin embargo, se refiere a ella como "hija del suicida", para luego dar espacio a la demanda del Arzobispado sobre la disolución de la CNI, reproduciendo argumentos de esa demanda en cuanto a la violencia usada contra ciudadanos por ese servicio. Idéntica objetividad se encuentra en la nota de *Las Ultimas Noticias* titulada "Calcinado Habló con su Hija y Murió". Allí se entrevista a María Candelaria Acevedo, quien relata su detención y su estadía e interrogatorio en un lugar secreto de la CNI. Ante esta objetividad es importante acotar que, al día siguiente, Radio Santiago, a las 07:15, en su programa "Show de Noticias", transmitió una protesta de periodistas de *El Mercurio* en que se quejaban de la presión que habían recibido del editor del diario en cuanto al tratamiento de la noticia. Reproducimos las partes más relevantes de ese espacio:

Para el diario *El Mercurio*, lo ocurrido en Conce es algo supuesto.

Indignación entre los periodistas que trabajan en *El Mercurio* causó la orden que dio el propio director y dueño del diario, el Duni Edwards.

[...]

—Mire, ésto ya no es periodismo, el Duni es un banquero.

Les dijo:

—Lo de Concepción no lleva ningún llamado en primera página, tampoco un título que pueda decir algo, y a una columna en párrafos chicos.

El sábado el diario colocó un pequeño [trozo] en páginas interiores y ayer domingo, también muy perdido, informó de esta manera: Declaración del Arzobispado de Concepción.

Y en la información todo se daba como posible y supuesto.

El Duni llamó al jefe de regiones y le dijo:

—En esto hay que tener mucho cuidado porque no podemos prestarnos para perjudicar al gobierno, o sea hable de presunto suicidio a lo bonzo como protesta por la presunta detención de dos de sus hijos.

—Mire, disculpe, pero tal vez sería mejor decir suicidio y no presunto, porque hasta la información oficial habla de suicidio.

—Bueno, ponga que se suicidó, pero que fue por la presunta detención de sus hijos y que vaya bien perdido entre muchas informaciones.

En el Canal 13 [de televisión] también recibieron órdenes desde muy arriba de suprimir toda la información acerca del trágico hecho que en estos momentos no sólo conmueve a Chile, sino que a todo el mundo. El Canal 11 también recibió orden de no dar ni una mención.

El Canal 13 tenía un despacho completo enviado por su filial de Concepción y debió guardarlo. Curiosamente, la BBC de Londres dio para los ingleses y norteamericanos vía satélite la escena del padre de los dos jóvenes en el momento en que se ha convertido en una antorcha humana. Por eso un periodista del Canal 13 dijo:

—Pero en Chile mismo eso está prohibido, y aquí hay democracia más completa, que Chile está con más libertad de expresión. Tiene toda la razón el Ministro Secretario General de Gobierno, Márquez de la Plata, en afirmar que en Chile hay absoluta libertad de expresión.

Lo único embromado es que, según los colegas de la tele, fue el Ministro Márquez de la Plata el que dio esa orden.

La ironía de la últimas frases citadas es evidente. Dentro de pautas similares, en los días siguientes se publicaron notas de mayor o menor extensión. La Segunda (periódico perteneciente a la cadena de El Mercurio) habló el 15 de noviembre de la petición de los abogados para que se nombrara un Ministro en Visita para investigar los arrestos ocurridos en Concepción y cortos extractos de una entrevista a la abogado Marta Werner, del Arzobispado, en que ella habla del trasfondo de arrestos en que se dio la inmolación de Sebastián Acevedo, la liberación de María Candelaria y su conversación final con su padre. El 17 de noviembre tanto El Mercurio como Las Ultimas Noticias dedican dos breves notas al sumario que había iniciado el Consejo General del Colegio Médico de Chile contra el doctor involucrado en torturas en lugares secretos de detención de la CNI en Concepción. Por último, los días 22 y 23 de noviembre de 1983, La Segunda, Las Ultimas Noticias, El Mercurio y La Tercera de la Hora dedicaron cortas notas a la conferencia de prensa que Elena Sáez, esposa de Sebastián Acevedo, y su hija María Candelaria dieron en el local de la Comisión Chilena de Derechos Humanos. En ellas se recoge tanto información sobre el arresto y "apremios" de la joven como el énfasis que ella hizo sobre el hecho de que Sebastián Acevedo no era un desequilibrado mental, sino un padre que se sacrificó por sus hijos.

A todo esto, las autoridades de gobierno mantuvieron su estrategia pública acostumbrada, de silencio, cierto grado y selectividad de censura de los medios comunicativos y finalmente, desvirtuar el sentido de los hechos y restarles importancia trivializándolos. Las primeras palabras expresadas por el Intendente Regional, general Eduardo Ibáñez Tillerías, sólo se dieron el 13 de noviembre, muy crípticas y sólo a título individual, "como cristiano", ante requerimiento de los periodistas y no como declaración formal. Aquí ya se plantea el tema que los militares reiterarían de allí en adelante una y otra vez

—Sebastián Acevedo fue una figura que merece lastima y comprensión, pero su sacrificio sólo puede ser entendido como suicidio, aberración del cristianismo:

> [El general Ibáñez] Hizo saber su pensamiento como cristiano y recordó que "nadie debe hacer a los otros lo que no quieren que le hagan a uno". Frente a la acción de Sebastián Acevedo Becerra, expresó que se sentía "dolido por algo así, porque creo que cualquier cristiano y ante cualquier persona que tome una determinación como esta, nosotros nos sentimos bastante dolidos y estamos rogando a Dios" para que lo perdone,"porque nosotros los cristianos no aceptamos el suicidio".

Parte de esta declaración individual del Intendente fue reproducida en Santiago al día siguiente, ocasión en que se recogió el aspecto moral:

> "Lo más que puedo dar, en este momento, es mi pensamiento en el aspecto humano. Creo que no podría hablar de otra cosa que no sea el sentimiento que siento como hombre, como humano, como cristiano, ante un hecho de esta naturaleza. Estaba en Santiago cuando recibí la noticia. En ese momento me pareció algo raro, fuera de lo normal, de que hubiese acontecido algo así en este país". Dijo que el hecho le impactó. "Yo me siento bastante dolido y apesadumbrado. Cuando llegué, noté a mi mujer emocionada. Ella iba pasando en el auto cuando ocurrió esto y le tocó ver, sin ánimo de morbosidad, y lo vio y le impactó mucho".

En frases como "me pareció algo raro, fuera de lo normal, de que hubiese acontecido algo así en este país" se desliza subrepticiamente una noción sustentada en la Doctrina de la Seguridad Nacional —que organiza la lógica de la represión militar— de considerar los disturbios sociales como hechos originados por agentes del comunismo internacional, del todo extraños a la cultura y al "alma" nacional". De allí que en las publicaciones oficialistas, especialmente de Santiago, se hiciera tanto énfasis en que la muerte de Sebastián Acevedo había sido un "suicidio a lo bonzo".

El descrédito del sacrificio de Sebastián Acevedo se hizo ya postura oficial el 14 de noviembre, con declaraciones tanto del Presidente de la República, general Augusto Pinochet, como del Ministro Secretario General de

Gobierno, Alfonso Márquez de la Plata. El general Pinochet hizo una muy corta declaración sobre Sebastián Acevedo, al pasar, para una periodista de Radio Cooperativa Vitalicia, palabras que fueron reproducidas al día siguiente:

> Que le puedo decir, pos, señorita; la gente reacciona de diferentes maneras. Casi siempre en estos casos hay una falla cerebral, en consecuencia no puedo pronunciarme ni decir sino que lamento mucho la muerte de este hombre.

En cuanto a las demandas de disolución de la CNI, el general Pinochet usó palabras que contenían veladas amenazas para el Arzobispado de Concepción:

> Los que piden la disolución del CNI son aquellos que tienen alguna situación que los pueda afectar. Me explico, especialmente los comunistas, los socialistas, marxistas y otros más que están envueltos en todas estas cosas. Entonces para ellos es más cómodo no tener ningún control y actuar como si no hubiera nada, entonces causar todos los daños que causan cuando están sin control. Ahora este organismo le da seguridad a usted que puede dormir tranquila, a usted que duerma tranquilo y a usted.

La declaración del Ministro Márquez de la Plata fue del todo trivial: "no hay ningún chileno que no esté impactado por la actitud de Sebastián Acevedo Becerra".

Estas formas de descrédito de la muerte de Sebastián Acevedo quedan, finalmente, asentadas en las palabras del Intendente Metropolitano de Santiago, brigadier general Roberto Guillard, el 17 de noviembre:

> Lamentable, es totalmente lamentable que una persona... me imagino yo que una persona que se quema en esas condiciones tendrá que tener un trastorno mental, porque no me lo explico. Creo que lo realizado no es solución para los hijos y menos para la situación que se está viviendo en estos momentos. Lo considero un acto muy lamentable, muy doloroso, muy penoso que suceda una cosa así [...] Esto pasa en otros lugares del mundo, el otro día sucedió en Moscú, pero creo que en Chile nunca había ocurrido un acto así. A lo mejor es gente que copia estas cosas. Además, que me extraña profundamente por cosas que he leído y las creo, porque incluso vi los documentos que este señor firmó; la orden de aprehensión que hicieron

elementos de seguridad, en su caso, de sus hijos; él firmó
conforme [...] O sea, él sabía por qué los detenían, dónde los
tenían y qué es lo que estaba pasando con sus hijos; entonces
quemarse lo encuentro un acto que no está dentro de la
mentalidad mía, ni tampoco de los chilenos.

SEBASTIAN ACEVEDO, COMUNISTA CRISTIANO

La cuestión más problemática en la evaluación de esta
lucha ideológica está en que no trascendió a la opinión
pública de todo el país el hecho de que Sebastián Acevedo
había sido militante comunista de ya larga trayectoria. Por
lo demás, tanto su padre como su madrastra habían sido
militantes que habían ocupado cargos municipales en
Coronel como representantes elegidos por el Partido
Comunista. Sin duda este dato era conocido por la
autoridad militar —que lleva fichas personales de aquellos
que los servicios de seguridad   mantienen bajo
vigilancia—, del mismo modo como lo sabían los vecinos
y religiosos de la parroquia de la población Villa Mora, sin
que éstos cuestionaran su sinceridad cristiana. Por el
contrario, hay testimonios de que el padre Bernard
Hurault tenía especial respeto por la convicción religiosa
de este individuo que se había hecho parte importante de
la actividad catequística de la parroquia.

El conocimiento de su militancia política podría
explicar el modo en que los militares desacreditaron la
inmolación de Sebastián Acevedo. De acuerdo con los
postulados de la Doctrina de la Seguridad Nacional, que
guía su actividad represiva, en la actualidad las sociedades
"occidentales y cristianas" se oponen a la Unión Soviética
en una guerra cuya característica principal no es el
enfrentamiento militar directo, sino la infiltración
ideológica a través de los Partidos Comunistas locales.
Cualquier ciudadano de aspecto común e inocente, un
profesor, un doctor, un sacerdote, una monja podrían ser
agentes de esta conspiración. Esto justifica, entonces,
mantener en pie permanente toda una burocracia
represiva para neutralizar y eliminar esa infiltración que
corroe "la voluntad nacional" en la consecución de sus
objetivos de fortalecimiento. De allí que la autoridad

militar considerara la inmolación de Sebastián Acevedo como suceso extraño a la conciencia del chileno.

Sebastián Acevedo Becerra era hijo de Vicente Acevedo, obrero de ferrocarriles y militante del Partido Comunista. Desde joven Vicente Acevedo había mostrado una gran preocupación por la causa de los desposeídos, motivado no sólo por su propia pobreza e infortunios, sino también por el espectáculo de la miseria permanente en que viven los mineros del carbón y las perturbaciones económicas acarreadas a Chile por la gran depresión de la década de 1930. Ingresó al Partido Comunista cuando tenía veinte años. Sebastián Acevedo fue criado por su madrastra, Ana Aguilera Botros, mujer de la ciudad de Coronel, profunda creyente que comenzó su militancia en el Partido Comunista motivada, a su vez, por el ejemplo de dedicación social de su esposo. Durante el gobierno de Gabriel González Videla tanto Vicente como Ana fueron elegidos por votación a cargos municipales en Coronel, él como regidor y ella como alcaldesa, en un período en que la tradicional influencia del Partido Comunista entre los obreros carboníferos había alcanzado uno de sus más altos grados. Sebastián Acevedo siempre expresó la gran influencia en su vida de los ejemplos de compromiso político y religioso de su padre y de su madrastra y conscientemente modeló su existencia en cercanía a ese ejemplo.

Al comenzar la represión anticomunista instigada por González Videla, Vicente Acevedo entró en la clandestinidad y vivió varios años como fugitivo acosado. Ana fue detenida tempranamente y vivió relegada en el campo de concentración de Pisagua, miserable caleta ubicada en el Norte Grande chileno. Años después, emocionada, contaría a la familia de sus experiencias como prisionera: "Mueren hombres en mis brazos, compañeros de lucha nuestros". También en Pisagua estuvo destacado el capitán de ejército Augusto Pinochet, a cargo del campo de concentración. Años después, el general Pinochet haría el siguiente comentario sobre su experiencia en Pisagua:

> Las mayores dificultades para efectuar control y poder mantener la disciplina en ese lugar provinieron de las mujeres

comunistas, que no vacilaban en producir incidentes con el objeto de alterar el orden que debía existir allí para la buena convivencia. La mayoría de ellas eran mujeres de cierta edad, muy violentas y exageradamente vehementes [...] Mientras más conocía a estos relegados, cuando escuchaba sus planteamientos y a la vez avanzaba en la lectura de Marx y Engels, me iba formando un concepto totalmente diferente de lo que nosotros habíamos pensado del Partido Comunista. No era un partido más. Había una diferencia grande y muy profunda. La forma como analizaban las diferentes materias, revelaba un sistema que lo trastocaba todo sin dejar fidelidad ni creencia algunas. Con cuanta razón S.S. Pío XI calificó a esta doctrina de "intrínsicamente perversa". Confieso que desde ese momento sentí un profundo deseo de adentrarme y estudiar dichos conceptos y conocer sus finalidades, pues mucho me inquietaba que estas ideas tan perniciosas y contaminadoras continuaran difundiéndose en Chile[10].

Sebastián Acevedo, apenas un adolescente, fue detenido y torturado varias veces para arrancarle información sobre el paradero de su padre. Cuando finalmente lo capturaron, los detectives fueron en busca de Sebastián a su escuela, lo sacaron de allí a patadas y lo forzaron a contemplar la tortura de su padre. Vicente no claudicó. A pesar del durísimo castigo no delató a otros comunistas. Estas experiencias marcaron la vida de Sebastián Acevedo e influirían en su conducta a propósito del arresto de sus propios hijos.

Sebastián Acevedo y Elena Sáez se habían conocido y enamorado durante sus estudios de Liceo, cuando él tenía diecisiete años. Ella, sin embargo, se casó más adelante con un funcionario del Cuerpo de Carabineros, con el que tuvo cuatro hijos, Jenny, Verónica, Glía y José Luis Ocares Sáez. Cuando supo de su viudez, Sebastián buscó a Elena inmediatamente para renovar su amistad. Se casaron en 1958 y tuvieron cuatro hijos, María Candelaria, Nadia, Galo Fernando y Erika Acevedo Sáez. Todos los hijos fueron criados juntos, sin distinciones de afecto familiar.

Sebastián Acevedo fue autodidacta de curiosidad intelectual insaciable. Leía constantemente y discutía los temas de su interés con sus hijos, en los que también influyó política y religiosamente. Con este ejemplo y el de los abuelos, casi todos ellos ingresarían a las Juventudes

Comunistas. El gran orgullo moral de Sebastián Acevedo, que pudo transmitir a sus hijos, fue el de que su palabra de compromiso ético y social coincidiera intachablemente con sus actos concretos. Repudiaba la posibilidad de que alguien pudiera ser, como decía, "farol de la calle y oscuridad del hogar". Hasta el día de su inmolación tuvo importante participación en las actividades de la parroquia de los Sagrados Corazones cercana a su domicilio, donde se había convertido en un pilar del movimiento apostólico.

Después del 11 de septiembre de 1973 la familia fue nuevamente perseguida. La casa de los Acevedo fue allanada. En 1974 el abuelo Vicente fue detenido y estuvo desaparecido por seis meses. Los militares conspiraron para desorientar y confundir a la familia en su búsqueda. Por último, Vicente fue ubicado en el campo de concentración de la marina chilena en la Isla Quiriquina. Poco tiempo después fue dejado en libertad. Al salir, por las torturas infligidas, este anciano había perdido la visión en el ojo derecho, el oído derecho, respirar era para él un tormento por las múltiples fracturas en las costillas.

La represión en la ciudad de Concepción durante los días anteriores a la inmolación de Sebastián Acevedo había alcanzado grados que sin duda revivieron sus más duras experiencias durante su adolescencia. Al parecer, luego de un período de inactividad en Concepción que databa desde el mes de septiembre de 1981, la CNI de Santiago había destacado allí un comando especial para enfrentar la fuerte actividad de oposición generada durante las jornadas de Protesta Nacional, en un área minera e industrial que en los años de prosperidad anteriores al régimen militar había logrado altos niveles de organización social y sindical. El gran desempleo regional causado por la ruina de la industria textil y de la loza, consecuencia de la política neoliberal de libre importación, y las aún más míseras condiciones de vida de los mineros del carbón explican la gran actividad política y paramilitar de la oposición en Lota, Schwager, Coronel, Penco, Tomé, Chiguayante y Concepción. Desde el 1 de noviembre de 1983 comenzó una serie de arrestos que, por la irregularidad del procedimiento, efectuado por agentes no identificados, sin mostrar orden de arresto competente, pueden ser calificados como secuestros, argumento que los abogados defensores aportados por el Comité de Defensa de los Derechos del Pueblo presentarían más tarde ante la Corte de Apelaciones.

Los secuestros se iniciaron con el de René Osvaldo Castillo, auxiliar de servicio del hogar de hombres de la Universidad Católica de Talcahuano. Individuos de civil, enmascarados, portando metralletas se presentaron a ese domicilio alrededor de la medianoche y violentamente sacaron de allí a René Osvaldo Castillo, llevándolo a un lugar secreto de detención donde fue torturado e interrogado durante veinticuatro horas. El interrogatorio de Castillo da una clave del objetivo de la CNI: a través de él se quiso saber de las actividades políticas de los estudiantes alojados en el pensionado. Los secuestros e interrogatorios posteriores demuestran que el operativo especial estaba dirigido a detectar y desbaratar la red clandestina de las Juventudes y el Partido Comunista en la Región del Bío-Bío.

Hasta el 15 de noviembre los arrestos habían sido veinticinco; luego de dos o tres días de interrogatorio y tortura, aproximadamente un tercio de los arrestados fue puesto en libertad sin que se les hicieran cargos, mientras otros pasaban a disposición de la Segunda Fiscalía Militar. Sin embargo, un núcleo especial de cinco detenidos continuó en prisión indefinida, sin que se informara ni de su condición ni de su paradero, de acuerdo con un decreto exento especial promulgado por el Ministerio del Interior. Ellos eran Ramón Pérez Moreno, Vilma Cecilia Rojas Toledo y Uberlindo Parra Mora, además de María Candelaria y Galo Fernando Acevedo Sáez, detenidos el 9 de noviembre. Los tres primeros eran asociados por la CNI con recientes asaltos a mano armada contra la compañía lechera Soprole y la Embotelladora del Sur.

De acuerdo con deducciones basadas en la línea de interrogatorio seguida por los agentes de la CNI con María Candelaria y Galo Fernando y otros detenidos, personas entendidas en la situación política del momento llegaron a la conclusión de que ese organismo de seguridad, con esos arrestos, creía haber detectado a la jerarquía superior del Partido Comunista en la región o que, por lo menos, estaba en vías de obtener pistas que lo acercara a ella. Anteriormente el comando especial de la CNI había sufrido un fuerte revés en ese objetivo con la muerte de Víctor Hugo Huerta Beiza, de 52 años, alto dirigente del Partido Comunista. Al parecer, Huerta había viajado a Concepción desde Santiago para realizar diligencias relacionadas con la coordinación de la actividad comunista en la zona. Su identidad ya había sido detectada en Santiago y había sido seguido a Concepción, donde fue arrestado a las 17:00 del jueves 3 de noviembre de 1983, con un allanamiento del lugar donde alojaba. Huerta fue salvajemente torturado en las horas que siguieron, para arrancarle información sobre la red que venía a supervisar. Los esfuerzos de los interrogadores fueron inútiles y, finalmente, fue asesinado con un disparo entre los ojos. Luego se formó un operativo nocturno para deshacerse de su cadáver en el barrio Pedro de Valdivia de Concepción, en la Avenida Sanders, fingiéndose un enfrentamiento con agentes de seguridad. Dos días después, el sábado 5, el parte oficial de la Intendencia Regional decía que Víctor Huerta había muerto en un enfrentamiento armado a las 22:45 del jueves 3, mientras otros dos "extremistas" habían logrado huir: "En su poder se encontró un revólver, abundante material propagandístico del Partido Comunista incitando a la subversión armada".

Fracasados los esfuerzos de la CNI a través de Víctor Huerta, su segunda opción de importancia era, aparentemente, Ramón Pérez Moreno, quien tampoco fue quebrado en los interrogatorios. Sin embargo, trazando su red de relaciones visibles, Pérez fue conectado con María Candelaria y Galo Fernando, razón por la que fueron arrestados, interrogados y largamente torturados.

Puesto que Sebastián Acevedo era militante comunista conocido, sabía de estos hechos y estaba extremadamente preocupado de que sus hijos fueran eliminados en falsos enfrentamientos, como le ocurriera a Víctor Huerta. Indudablemente los sufrimientos causados por la persecución política durante su juventud tuvieron un papel decisivo en la determinación de jugarse el riesgo que finalmente lo llevó a la muerte.

Estos datos nos obligan a reabrir la cuestión sobre los motivos que pudieran haber llevado a la autoridad militar a guardar total silencio sobre la militancia comunista de Sebastián Acevedo. Quizás la razón esté en el hecho de que la sinceridad cristiana de su sacrificio no podía ser puesta en duda, en circunstancias en que la opinión pública había quedado profundamente conmovida con su holocausto. Haber informado sobre la militancia comunista de Sebastián Acevedo habría desacreditado uno de los principales pilares ideológicos con que las Fuerzas Armadas han legitimado su dictadura: la defensa de la civilización cristiana. Con mayor amplitud, es necesario señalar que buena parte de la lucha ideológica que hoy en día desarrollan las fuerzas procapitalistas en Latinoamérica tiende a impedir el acercamiento de cristianos y marxistas-leninistas, como ha ocurrido en Nicaragua. Una fusión de voluntades de esta naturaleza acarrearía la formación de una fuerza revolucionaria tal vez incontenible.

Esto explica la vehemencia con que aquellos ideólogos que intentan impedir tal acercamiento se refieren a la absoluta incompatibilidad de ambos términos. Tengamos en cuenta nuevamente palabras de una eminente autoridad en este intento, el general Augusto Pinochet. En su panfleto titulado *Repaso de la agresión comunista a Chile*[11] afirma:

Para comprender la fuerza de las convicciones marxistas, que hace de sus verdaderos prosélitos peligrosos fanáticos, hay que tener en cuenta que el marxismo es una cosmovisión integral del hombre, del mundo, de la sociedad y de la política; es una fe, una mística que, en sus auténticos adeptos, tiene las características de un sustituto secular de la religión. Pero, extrañamente, es el polo opuesto de cualquier religión por constituir un pensamiento esencialmente ateo y materialista, lo que lo hace inconciliable con toda creencia espiritual. Vano y estéril es el intento de quienes, en su afán revolucionario, han pretendido conciliar el marxismo con el cristianismo. Donde el primero postula el ateísmo, el materialismo, el determinismo, la lucha de clases y el odio como incentivo de la lucha revolucionaria, el segundo nos habla de Dios, del alma inmortal, de la libertad humana, de la fraternidad y del amor. No puede haber ninguna coincidencia ideológica entre dos doctrinas totalmente opuestas, de las que puede afirmarse, con toda propiedad, que cada una de ellas es la antítesis de la otra.

¿Era posible que los militares revelaran la militancia comunista del inmolado y trajeran este tipo de afirmación a la opinión pública en momentos en que, mediante su sacrificio, Sebastián Acevedo había dado testimonio de la más profunda sinceridad cristiana, hasta el extremo de comprometer su propia vida por la revitalización de toda la colectividad chilena, incluyendo a los propios torturadores de sus hijos? Creemos que no. Nuestras suposiciones tienen apoyo en la violenta lucha que se generó en torno al funeral de Sebastián Acevedo.

EL FUNERAL DE SEBASTIAN ACEVEDO

Obviamente, dadas las fuerzas en juego, el velorio y el sepelio de Sebastián Acevedo debían convertirse en importante símbolo, a la vez comunitario y político. Debido a la algidez alcanzada en la zona por la Protesta Nacional, para comunistas, miristas y socialistas agrupados en el Movimiento Democrático Popular, el funeral se transformaba naturalmente en símbolo para mostrar a la colectividad nacional su presencia continua, su voluntad de supervivencia a pesar de la terrible represión sufrida en la zona y su capacidad organizativa para seguir resistiendo y combatiendo, en idéntica medida en que su camarada Sebastián Acevedo había estado preparado para inmolarse por sus hijos y sus convicciones cristianas y marxista-leninistas.

Para las Fuerzas Armadas el funeral era símbolo de una historia que debía ser reprimida y condenada al olvido de lo sin trascendencia. Para ello diseñaron una estrategia múltiple: aislar la ciudad de Coronel para que no pudieran converger allí las multitudes que querían rendir homenaje al mártir; amedrentar sistemáticamente a la población del lugar para que se mantuviera alejada de las ceremonias; coordinar maniobras de provocación entre el Cuerpo de Carabineros y agentes de los diferentes servicios de seguridad militar y el CNI infiltrados entre las multitudes; permitir en la Región del Bío-Bío una información velada de los desmanes policiales en torno al velorio y el sepelio e impedirlos en el resto del país.

Esta lucha se inició el sábado 12 de noviembre con una misa en la Catedral de Concepción, dirigida por su Obispo, Alejandro Goic, la cual coincidió con el envío de los restos de Sebastián Acevedo a Coronel en una carroza. Frente a la Catedral se reunieron pacíficamente más de dos mil personas que rodearon el vehículo. Oraron por el sacrificado e instalaron innumerables pancartas que pedían la disolución de la CNI y la excomunión de los torturadores y del general Pinochet. Grupos cantaban la consigna "Se va a acabar, se va a acabar, esa costumbre de matar".

En el interior de la Catedral escucharon una emocionante homilía sobre el compromiso de la Iglesia en la defensa de los derechos humanos. La homilía de monseñor Goic daba a las ceremonias relacionadas con la muerte de Sebastián Acevedo el inevitable significado político que la autoridad militar quería impedir y borrar:

> Nuestra misión es anunciar la buena nueva de Jesucristo con todas sus consecuencias, es decir, que el hombre es sagrado, que el hombre merece el respeto y la dignidad. La Iglesia también le dice a sus fieles, y yo les digo a ustedes, que tienen el legítimo derecho a tener opiniones diferentes frente a la cosa pública. Ningún obispo, ningún sacerdote les va a decir ni tiene derecho a decirles que ustedes tienen que militar en tal o cual agrupación, favorable u opositora a este sistema o al que pueda venir el día de mañana. Ustedes los laicos y los cristianos son libres para elegir aquel sistema o aquel proyecto social que más los interprete. Hay algunos criterios para los cristianos, eso sí, que es el proyecto de dirigirse a las grandes mayorías, a los pobres, porque así lo hizo Jesús. Es muy probable que entre los que están aquí esta mañana nos una una cosa por sobre todo, que es la fe en Jesús, aunque haya diferentes opciones políticas, diferentes opciones frente a lo que pasa. Pero lo que sí está claro, mis hermanos, lo que está absolutamente claro, es que ningún cristiano, ningún católico puede aceptar que se pisotee la dignidad del hombre. Allí sí que tenemos que estar de acuerdo los que estén a favor o en contra de este gobierno o del que pueda venir mañana. Nada ni nadie nos puede apartar de la lucha apasionada por defender la sagrada dignidad del hombre, aunque ese hombre sea el peor de los delincuentes de

este mundo, aunque tenga una ideología que entre en contradicción con la mía; es un hombre, un hijo de Dios y por eso merece nuestro respeto.

Sin duda estas severas amonestaciones no estaban dirigidas únicamente a la acción de los militares, sino también a los partidos marxista-leninistas del Movimiento Democrático Popular. Además de la expresión de un punto de vista ideológico, es también posible encontrar en esas palabras la necesidad de la Iglesia de mostrar públicamente una imagen de independencia frente a los actores políticos del momento inmediato, ya que la autoridad militar había estado reiterando su preocupación de que el funeral fuera "usado políticamente". En realidad, la aplicación del criterio más mínimo de objetividad hace imposible pensar que hubiera habido otra alternativa de interpretación de los hechos que ocurrían más allá y fuera de lo político: el sacrificio mismo y su impacto posterior en la colectividad nacional eran ya de naturaleza ineludiblemente política. Por lo tanto, esa reiteración no podía sino ser interpretada como un anuncio de que la autoridad militar estaba dispuesta a aplicar todo su rigor a las manifestaciones. Esto, a su vez, podría explicar la reacción de monseñor Alejandro Goic a la huelga de hambre indefinida que se declaró al mediodía de ese sábado. Inmediatamente antes de la misa, dieciseis personas, familiares de personas detenidas, ocuparon la Catedral y declararon la huelga, exigiendo que fueran puestas a disposición de los tribunales de justicia, haciendo frecuentes comunicados de prensa denunciando la continua hostilización de la familia Acevedo por elementos policiales, pidiendo el cese de la represión y llamando a la ciudadanía a participar en los funerales de Sebastián Acevedo. Monseñor Goic manifestó públicamente su desacuerdo a través de un comunicado oficial del Arzobispado: "A través de los dos vicarios informantes dejé constancia de mi desacuerdo con esta acción que se pretendía iniciar". Quizás pensaba que esa acción estaría recargando una situación ya de sí tensa, atrayendo sobre la Iglesia ataques de parcialismo por parte de la autoridad.

Desde el anochecer del sábado 12 de noviembre se inició el plan represivo concertado por el Cuerpo de Carabineros y la CNI. Carabineros de la Tenencia de Coronel comenzaron, temprano en la tarde, a controlar la entrada al pueblo mediante un puesto de interdicción instalado en la avenida principal de ingreso. Además, buses de Carabineros con personal especializado en control de disturbios masivos estuvieron patrullando la localidad. Ya desde la noche anterior había aumentado el número de amedrentamientos en Coronel. Desconocidos habían estado haciendo disparos en la oscuridad cerca de las poblaciones. Individuos no identificados cometieron actos sacrílegos contra tres iglesias de mineros y contra sacerdotes y monjas.

A las 19:30 del domingo 13 de noviembre, en la parroquia de Villa Mora monseñor Alejandro Goic ofició una misa de desagravio por los sacrilegios sufridos por las iglesias y los amedrentamientos de sacerdotes y monjas. En la capilla adyacente se velaban los restos de Sebastián Acevedo. La misa fue escuchada o presenciada por alrededor de mil quinientas personas. Las que no cupieron en el recinto se congregaron en los jardines de la iglesia y fuera de ella, en la Avenida Manuel Montt. Terminado el oficio, el obispo volvió a Concepción a las 21:15.

Quince minutos más tarde, hacia las 21:30, frente a la parroquia todavía quedaban congregadas pacíficamente alrededor de docientas personas, especialmente jóvenes, niños y mujeres. Un furgón de Carabineros pasó tres veces ante ellos, de una manera que la gente estimó provocativa; le comenzaron a gritar consignas en contra del gobierno. Al parecer, alguien lanzó piedras. Más adelante, el cura párroco, Bernard Hurault, declararía que "hay provocadores que pretenden crear estos enfrentamientos. Aquí ha habido algo muy planificado, porque no es nuestra gente, ni tampoco quienes gritan consignas contra el gobierno los que generan estos hechos. Se trata de algo muy planificado, con gente infiltrada. Ya no es la primera vez que ocurre".

Una tropa de policías bajó de un bus estacionado a corta distancia y arremetió contra el grupo. No se detuvieron cuando los fugitivos buscaron refugio en el interior de la iglesia, cuyos portones encontraron cerrados. En la capilla, alrededor de ciento cincuenta personas oraban, rendían sus respetos al cuerpo de Sebastián Acevedo y daban sus condolencias a la familia. Los Carabineros rodearon la iglesia, subieron al techo, rompieron los vidrios de los ventanales y lanzaron entre ocho a diez bombas lacrimógenas al interior de la capilla. Simultáneamente la luz se apagó. El recinto de la capilla no es muy grande. Ciertamente la cantidad de gas acumulada tenía que causar efectos devastadores. Se produjo el pánico general. Tumultuosamente el público corrió despavorido a las salidas para escapar o respirar aire puro. Carabineros entraron violentamente a la capilla y lanzaron más bombas de gas, ahora contra las mujeres que se habían refugiado en la iglesia, que desde el interior está comunicada con la capilla. En la oscuridad hubo caídas serias, cuerpos pisoteados y cortados por los vidrios, gente arrodillada vomitando, gran número de resbalones por la sangre derramada y los vómitos. Un bebé estuvo a punto de morir de asfixia. Un número de personas intentaron subir al segundo piso de la parroquia, pero los Carabineros que estaban en el techo también lanzaron allí sus bombas lacrimógenas. La urna de Sebastián Acevedo se desplomó estrepitosamente y se abrió, su cuerpo cayó fuera; las coronas y flores que lo rodeaban fueron desparramadas y pisoteadas en gran desorden. Una de las hijas de Sebastián Acevedo tuvo un shock nervioso. A todo esto, Carabineros ya había acordonado el edificio; mientras algunos policías esparcían más gas con mangueras, otros, apostados en las salidas, hicieron arrestos y disparos contra quienes escaparon por el sitio ubicado detrás de la iglesia. Un joven deportista que en esos momentos pasaba por la calle cayó herido de bala.

Al día siguiente, a las 11:30 del lunes 14, día del sepelio, monseñor Goic pidió una entrevista con el Intendente Regional, general Eduardo Ibáñez, a la que fue acompañado por el vicario diocesano, René Inostroza. Su propósito fue exponer a la autoridad su preocupación por la violencia que se estaba desatando. Sin duda le preocuparía todavía más que en el sepelio, que tendría lugar a las 16:00, ella pudiera hacerse incontrolable. Con el objeto de pacificar los ánimos, le solicitaron al Intendente que los detenidos en manos de la CNI fueran puestos a disposición de los Tribunales a la brevedad posible. A juzgar por las declaraciones que ambas partes hicieron inmediatamente después a la prensa, su intercambio de opiniones fue muy tenso, pues ambos hicieron duros cargos. Al parecer, el general Ibáñez cuestionó la misa oficiada inmediatamente antes del disturbio, en lo que él, sin duda, vio una relación de causa y efecto. De allí que el primer punto tocado por monseñor Goic ante los periodistas que esperaban a la salida haya sido una explicación aclaratoria de la razón de esa misa:

La misa que oficié estaba programada con antelación, era por desagravio a la violación de varios templos y ataques a sacerdotes, religiosas y laicos. La misa fue normal y después hubo lamentables sucesos. Al señor Intendente le manifestamos nuestra preocupación y le pedimos medidas de seguridad para esta tarde, para que los restos de Sebastián Acevedo puedan encontrar cristiana sepultura.

El general Ibáñez obviamente objetó la versión de los sucesos dada por la Iglesia, dando credibilidad al informe del coronel prefecto de Carabineros de Concepción. Este declaró que

efectivamente Carabineros actuó anoche en Coronel para disolver a la gente que estaba en la misa y que salió a la calle para tratar de iniciar un desfile [...] hubo, incluso, una entrevista previa entre la gente que hacía de cabeza entre los manifestantes con el comisario, mayor Berríos, y ante la negativa el comisario sufrió una lesión en la cabeza al recibir una pedrada. Se hizo uso de disuasivos químicos y muchos manifestantes huyeron hacia la parroquia, pero no se disparó al interior. No lo hemos hecho en Concepción donde han ocurrido incidentes mayores, menos lo habríamos intentado en este caso. La gente entró en tropel hacia la iglesia, pero no se lanzaron disuasivos al interior.

El prefecto alegó que el joven herido había recibido una pedrada y no una bala. De allí que el Intendente dijera:

Aquellas cosas que se dicen tan directamente no pasan de ser subjetivas. Pero a raíz de esto, pedí que no se hiciera

280

aprovechamiento político por parte de la Iglesia y de algunos interesados. Monseñor prometió que no lo va a haber de parte de ellos. Aseguré que aunque hubiese gritos, en contra de autoridades o determinados organismos, Carabineros se mantendría alejado en lo posible.

El general Ibáñez fue mucho más claro en su opinión de que la Iglesia estaba haciendo uso sedicioso y propagandístico de los sucesos en connivencia con otros "interesados" al llamar la atención sobre el artículo 149 del Código Sanitario, el cual prohibe que un cadáver esté insepulto más de 48 horas, salvo lo estime conveniente el Servicio Nacional de Salud: "Consideramos nosotros que se ha hecho un aprovechamiento de esto, desgraciadamente. El día domingo no daba muchos dividendos enterrar en las condiciones en que [Sebastián Acevedo] se quitó la vida".

Por su parte, dada la airada reacción del general, monseñor Goic parece haberle sugerido que estaba perdiendo el control de sus subordinados. La reacción del general Ibáñez hace transparente su enojo:

Le di mi manera de pensar, y la he mantenido siempre, por más de 33 años, seis trabajando en el gobierno del interior (primero gobernador, ahora intendente). Soy enemigo declarado de la tortura, totalmente declarado, y del abuso de autoridad, y hay constancia. Ustedes pueden testificarlo, si lo desean, de la cantidad de veces que he tenido que actuar cuando se han aplicado normas que no son las que no corresponden.

Los asistentes al funeral convergieron a Coronel desde tempranas horas de la mañana del día lunes. Llegaron delegaciones sociales, sindicales y gremiales de la zona —Concepción, Lota, Chiguayante, Penco, Talcahuano—, de más al sur —Cañete, Curanilahue, Valdivia—, y de Santiago. Innumerables grupos tuvieron dificultad para entrar a la ciudad, dado que Carabineros detuvo el tránsito y lo desvió. Un individuo desconocido, que fue calificado como "de aspecto raro", llegó a casa de la familia Acevedo a tempranas horas de la madrugada con la falsa noticia de que Carabineros habían intervenido por segunda vez en la capilla de la parroquia y se habían llevado el ataúd. Esto obligó a los familiares a permanecer el resto de la noche haciendo guardia a las puertas de la iglesia. A las seis de la mañana retornaron a su hogar. Ya a esa hora se estaba congregando gente para el sepelio

A las 16:00 comenzó la misa por el alma de Sebastián Acevedo. En parte de su prédica monseñor Alejandro Goic, refiriéndose al inmolado, dijo:

> ¿Cuál era, mis hermanos, su angustiosa pregunta y búsqueda? ¿De qué se acusaba a sus hijos? En su larga, dolorosa y ejemplar agonía de fe, esperanza y amor, le manifestó a un médico que quería saber de sus hijos. Si habían hecho algo negativo que los juzgaran los tribunales y que si hubiera culpa que el castigo fuera justo y que el juicio fuera corto. ¿Puede pedirse algo más honesto y justo que esto? Sin embargo, no hubo respuesta. El silencio y sólo el silencio que aumentaron su angustia y su dolor de padre amante y sacrificado. Y en esas circunstancias brota su decisión. Motivada por amor, quiere dar la vida por sus hijos, por aquellos que más ama. ¿Cuál era su honda intención? ¿Su profunda motivación? Nos parece ver un gesto heroico de amor. Pero dejemos a Dios —que penetra las profundidades del corazón humano— el juicio definitivo. Nosotros recogemos con emoción las palabras que le dirigió al hermano sacerdote que le confortó en la fe y en la oración. Así dijo Sebastián, yacente, sacrificado e inmolado por querer saber, por el derecho a la verdad: "quiero que la CNI devuelva a mis hijos... quiero que la CNI devuelva a mis hijos... Señor, perdónalos a ellos y también perdóname a mí por este sacrificio [...] Ya pueden llevarme a la cárcel, que nosotros les seguiremos amando. Ya pueden lanzar bombas contra nuestras casas, amenazar a nuestros hijos, que les seguiremos amando a pesar de todo. Ya pueden mandar mercenarios a nuestra vivienda a medianoche para que nos den una paliza y nos dejen medio muertos, que les seguiremos amando. Y estén seguros que con nuestra capacidad de sufrimiento triunfaremos sobre ustedes. Algún día lograremos la libertad. Pero no la habremos ganado sólo para nosotros. Seguiremos apelando a su corazón y a su alma hasta conquistarles. Y entonces nuestra victoria será doble".

El cementerio de Coronel dista aproximadamente dos kilómetros de la parroquia de Villa Mora. La mayor parte del recorrido es a tráves de una avenida relativamente ancha, Manuel Montt. Sin embargo, el acceso al cementerio mismo es difícil porque está ubicado en un alto cerro que domina la bahía. El movimiento hacia el lugar fue de gran lentitud, por ese motivo y por el hecho de que se congregaron entre veinte y veinticinco mil personas en la procesión misma, además de las muchedumbres que miraban desde las aceras, llenaban las intersecciones de las calles y se instalaron en los techos de las casas, sobre muros y en segundos pisos. Agentes de la CNI se mezclaron en el desfile. Algunos de ellos fueron reconocidos y se les enrostró su conducta. Carabineros se mantuvo a la distancia.

Junto a la tumba hablaron representantes de trabajadores mineros, del Movimiento Democrático Popular, del Comité de Defensa de los Derechos del Pueblo, de la Coordinadora Regional Sindical y del Sindicato de la Construcción, al que Sebastián Acevedo había pertenecido. Se leyeron mensajes de la junta de vecinos del barrio Pedro de Valdivia, en que vive la familia Acevedo. Nadia Acevedo habló en nombre de la familia: "Recordó el pasaje bíblico del pastor que por ir a buscar una oveja dejó otras noventa. Seguidamente puntualizó que 'yo no lloro, porque mi padre nos había dicho que si moría no lloráramos por él. Yo tengo que ser fuerte para acompañar en el dolor a mi madre. Tengo que ser fuerte para luchar por la libertad de mi hermano aún detenido. Tengo que ser fuerte para defender a mi hermano Jorge Luis que se encuentra amenazado de muerte. Y tengo que ser fuerte para cuidar de mi hermana María, a quien dejaron hecha una huila. Debo luchar por todos ellos y por eso les pido calma. No queremos que nos hagan más daño'". A las 18:15 el ataúd fue bajado a la tumba, los asistentes cantaron la Canción Nacional y comenzaron a dispersarse.

Hacia las 19:00 aproximadamente quinientas personas marcharon hacia el centro de Coronel gritando contra el gobierno, siendo atacados por Carabineros con bombas lacrimógenas y golpes. Los manifestantes contestaron lanzando piedras y otros objetos. Las confrontaciones con la policía continuaron hasta la madrugada del martes 15. Los manifestantes levantaron barricadas en los caminos y detuvieron el tránsito.

En Santiago la prensa casi no informó del asalto policial a la Parroquia de Villa Mora. Sólo hay una reseña del funeral publicada en *La Tercera de la Hora* por el corresponsal Mario Aravena. Desde el miércoles 16 de noviembre, en esa ciudad predominaron las notas con información sobre los cargos oficiales contra María Candelaria y Galo Fernando por pertenecer a una célula terrorista del Partido Comunista que habría infringido la Ley Nº 12.927 de Seguridad del Estado y la Ley Nº 17.798 sobre el Control de Armas. La Dirección Nacional de Comunicación Social del Estado publicó un largo comunicado de prensa para ese efecto, el cual fue desmentido por Galo Fernando desde la cárcel.

Al parecer por los efectos de esta conmoción, la CNI suspendió momentáneamente sus operativos en la región del Bío-Bío. El comando especial parece haber sido retirado. Por más de veinte días después del funeral los enfrentamientos continuaron en la plaza de Coronel. En el lugar de la inmolación de Sebastián Acevedo grupos de personas continuaron prendiendo velas y depositando flores todos los viernes, por más de cuatro meses. Hasta hoy lo continúan haciendo, reafirmando la conversión del lugar en santuario popular. Informalmente la cuadra en que ocurrió la inmolación ha sido bautizada Paseo Sebastián Acevedo. El 30 de noviembre de 1983, a su vuelta de las conferencias de prensa dadas en Santiago por María Candelaria y su madre en la Comisión Chilena de Derechos Humanos, la joven fue detenida. Permaneció en prisión hasta el 5 de febrero de 1985, sin que existieran cargos contra ella. Las causas contra María Candelaria y Galo Fernando todavía estaban en trámite hacia comienzos de 1986. Hay información de que ellas han sido revistadas en Santiago por la autoridad judicial superior y las condenas a prisión propuestas han sido elevadas considerablemente.

SEBASTIAN ACEVEDO Y EL MOVIMIENTO CONTRA LA TORTURA

Los diferentes aspectos revistados hasta ahora permiten concluir que la adopción del nombre "Sebastián Acevedo" por el grupo de protesta contra la tortura, anteriormente formado en la ciudad de Santiago, correspondió estrechamente con su propia praxis y con su espíritu crítico. A través de las entrevistas personales hechas a miembros del MCTSA, se nos reiteró la admiración sentida por este padre que tuvo la entereza moral para unir pensamiento y acción hasta sus últimas consecuencias en la recuperación de sus hijos. Según este juicio, el gran problema que ha prolongado la dictadura, la represión y la violación de los derechos humanos en Chile ha sido la incapacidad de los ciudadanos progresistas precisamente para efectuar esa unión, a pesar de las muchas palabras a veces gastadas en la mera denuncia. Diferentes partidos de oposición, la Iglesia Católica misma, individuos afectados directamente por la represión, ya sea personalmente o a través de un familiar cercano, no han logrado reunir la fortaleza moral para actuar decisivamente en la oposición, aun a costa del sacrificio de la vida. Se asevera que si esto ocurriera, el régimen militar no tendría ni las balas suficientes ni el ánimo para enfrentarse a masas que exigen el respeto de su dignidad humana. Por tanto, la propia acción ritual no violenta de los miembros del MCTSA asume un carácter profético, según el lenguaje cristiano frecuentemente empleado, por cuanto denuncia las violaciones de los derechos humanos, urge las conciencias de los pusilánimes y muestra un camino más hacia la redemocratización de Chile mediante el sacrificio de quienes se someten pacíficamente a la represión para manifestar su rechazo de la tortura.

Esta lógica ha creado condiciones favorables para un mejor entendimiento, respeto e, incluso, una evidente admiración mutua entre militantes activos de los partidos marxista-leninistas del Movimiento Democrático Popular y los miembros cristianos del MCTSA. Estos militantes, comunistas, miristas y socialistas, ya hace tiempo tienen solucionada la contradicción entre palabra y acción, desde el momento mismo en que asumen una identidad marxista-leninista en condiciones de represión máxima. Por su parte, muchos de los cristianos —religiosos y laicos— del MCTSA tienen una larga experiencia testimonial de trabajo de servicio social en los sectores poblacionales más azotados por la represión y la miseria causada por las políticas económicas neoliberales. En diferentes ocasiones durante nuestro trabajo esos militantes se refirieron, con una gran carga de emoción en sus voces y en sus rostros, al conmovedor espectáculo de valentía mostrado por sacerdotes, monjas y cristianos laicos apaleados, maltratados, vejados y mojados violentamente por la policía, que no se retiran de las manifestaciones del MCTSA y siguen allí para enfrentar la represión, a veces de rodillas y rezando un Padrenuestro. Por su parte, estos cristianos defienden vehementemente la entereza y el valor moral y humano de los militantes que actúan concretamente, aun mediante la violencia, por sus ideales. Ese entendimiento, ese respeto y esa admiración hacen de Sebastián Acevedo una figura profética de los cambios ideológicos que parecen estar gestándose dentro de la Iglesia Católica que sirve en las poblaciones de las grandes ciudades chilenas.

Hasta el golpe militar de septiembre de 1973 existían causas concretas para el distanciamiento de la Iglesia por parte de militantes y simpatizantes de izquierda. Tanto la Iglesia como los partidos marxista-leninistas hacían énfasis en las incompatibilidades ideológicas de la religión y del materialismo dialéctico e histórico. Por otra parte, estaba la inevitable y real imagen de asociación de la jerarquía de la Iglesia con los contrincantes de la Unidad Popular, la Democracia Cristiana y diferentes sectores de derecha. De manera que, hasta entonces, la búsqueda visible de un acercamiento al parecer provenía esencialmente de los cristianos y no de los marxistas. Esto queda demostrado con el movimiento Cristianos por el Socialismo, iniciado por sacerdotes y monjas, que surgió en 1971 para dar apoyo directo al gobierno de la Unidad Popular. Basados en los principios de la Teología de la Liberación, estos religiosos formaron filiales a través de todo Chile y publicaron boletines mensuales, artículos y panfletos para comentar y justificar teológicamente la participación directa de los cristianos en apoyo de la transición al socialismo.

Sin embargo, desde septiembre de 1973 en adelante, las estructuras de la Iglesia ofrecieron tanto a militantes como a cristianos simpatizantes de los partidos de izquierda la oportunidad de trabajar por la defensa de los derechos humanos y la prestación de servicios asistenciales en torno al Comité de Cooperación por la Paz en Chile, la Vicaría de la Solidaridad y las comunidades de base organizadas en las parroquias de trabajadores. A través de estas comunidades se ha realizado un trabajo simultáneo de catequesis y solidaridad social. Los "comités de ayuda fraterna" —cocinas comunitarias, centros juveniles, de madres y de cuidado de infantes, bolsas de cesantes, comités de compra de vituallas— son dirigidos a veces por las mismas personas que tienen a su cargo el entrenamiento de personas para la enseñanza del catecismo, los estudios bíblicos y los grupos de reflexión y oración. La influencia laica en las bases de la Iglesia Católica se ha ampliado significativamente, en circunstancias en que la institución no contaba con los recursos humanos para llevar a cabo las reformas pastorales propuestas por el Concilio Vaticano II y las Conferencias Episcopales Latinoamericanas de Medellín y Puebla: descentralización de la estructura de las parroquias, promoción de pequeñas comunidades vecinales para el culto, fomento de la participación de mujeres y laicos en puestos de dirigencia, experimentación con nuevas formas de evangelización entre el proletariado.

En este panorama, una figura como la de Sebastián Acevedo podría ser interpretada como un movimiento inverso en el acercamiento cristiano/marxista-leninista. Si es que este padre tiene significación social de mayor trascendencia que su propia individualidad, ahora este acercamiento proviene de marxista-leninistas, aunque, en realidad, para él la cuestión no parece haber sido un problema asumido como intelectual, sino como personaje del pueblo que vivió esa síntesis de acuerdo con la tradición sincrética del cristianismo popular. Y, en realidad, existe evidencia de que Sebastián Acevedo representa, más allá de su individualidad, una tipología social. Estudios sociológicos hechos en poblaciones de Pudahuel, en Santiago, por la Vicaría Oeste del Arzobispado de Santiago, hablan de que un 37% de los entrevistados tenían una orientación política hacia el socialismo. Se los describe del siguiente modo:

Proporcionalmente [son] más [numerosos los] hombres. En su mayoría tienen más de 41 años aunque también se concentran entre los 31 y 40 años de edad. Son principalmente asalariados o bien trabajadores por cuenta propia inestables ("pololeros"). Principalmente se concentran aquí los de más baja escolaridad: no más allá de la enseñanza básica. Participan, en términos proporcionales, mucho en organizaciones sindicales; luego lo hacen en organizaciones solidarias y centros de padres. Algunos de ellos participan en la comunidad cristiana. No están de acuerdo en que se discrimine socialmente por escuelas para ricos y escuelas para pobres. Piensan que en Chile no existe la justicia porque ésta está con el gobierno o favorece a los poderosos. Sus aspiraciones fundamentales son el perfeccionamiento moral y, en general, el futuro de sus hijos[12].

Aquí nos encontramos con trazos que perfilan la personalidad de Sebastián Acevedo, en la forma en que hemos llegado a conocerla y exponerla en este estudio. Sin duda el inmolado, tan igual como en su sacrificio, llevó adelante ese perfil hasta sus últimas consecuencias, puesto que su conciencia política y moral lo llevó a la fusión de cristianismo y marxismo-leninismo.

A nivel popular, es del todo probable que esa fusión responda a tendencias de una religiosidad no purificada ni aceptada por la teología católica oficial, aunque sí por la Teología de la Liberación. No cabe duda, sin embargo, que responde tanto a necesidades espirituales como a la de encontrar una identidad para una rebelión que conduzca a la recuperación de la dignidad entre los sectores más desposeídos de los habitantes de poblaciones marginales. De ello existen estudios que tienden a reforzar la noción de que Sebastián Acevedo es más bien una figura típica que emerge de lo popular y no una figura cuyo mensaje se agota en su individualidad. En esto, según veremos inmediatamente, la figura de Sebastián Acevedo alcanza reverberaciones sacrificiales de gran impacto social, aún mucho más amplias dentro de la historia chilena reciente.

Eduardo Valenzuela, en *La rebelión de los jóvenes*[13], estudio sociológico de la juventud en esas poblaciones, señala el significado casi religioso que ha tomado entre esos jóvenes la memoria de Salvador Allende, el otro gran mártir surgido de septiembre de 1973:

288

... el peso de las masas populares excluidas del empleo y de la participación política se ha redoblado: terreno propicio e ineludible para la reaparición del radicalismo político, vale decir, para la crítica global de las instituciones. Es cierto que se ha tenido la precaución suficiente para conservar y fortalecer la alianza entre las masas marginalizadas y el poder sindical (y el rol que ha jugado la dirigencia sindical en la movilización social así lo confirma). No obstante, el peso que han adquirido los jóvenes desproletarizados en la lucha social es un signo del nuevo carácter que asume la movilización política, cuya tendencia hacia el radicalismo se acentuará día a día mientras perduren las condiciones de opresión y exclusión que la han hecho surgir [...] Esta disposición hacia el radicalismo entre los jóvenes se expresará, antes que por la adhesión a liderazgos institucionales, por la reaparición de un mito sacrificial como principio de identidad: el allendismo [...] La paradoja del allendismo es extraordinaria. Fue el dirigente más representativo de la izquierda institucional; para los estudiantes radicales del setenta, el símbolo de la política tradicional, parlamentaria y constitucionalista. Aquella generación fue militantemente antiallendista. El carisma histórico de Allende, sin embargo, proviene de su muerte trágica, de sus últimos momentos. Hoy Allende es un símbolo épico, reforzado por la censura y la persecución que el gobierno militar ha hecho de su memoria. Para una generación que no conoce las formas institucionalizadas de participación y representación, la epicidad de Allende es atributo adecuado: es la dignificación a través del combate, aun con el riesgo de la derrota y de la muerte. Esta dimensión sacrificial del allendismo está contenida plena y dramáticamente en la consigna que los jóvenes más radicales gritan por doquier: "Morir, luchando, de hambre ni cagando".

Luego Valenzuela agrega términos que, indirectamente, a través de la mitificación popular de la figura de Salvador Allende, iluminan aún más el significado político del sacrificio de Sebastián Acevedo:

El allendismo juega un papel central: funda (o refunda) a través del sacrificio colectivo la noción de "pueblo". Esta lógica sacrificial, desde luego, no se realiza sólo a través de la invocación del nombre de Allende, sino que se actualiza en la representación cotidiana de la muerte, tan intensamente presente en el curso de las movilizaciones sociales del último tiempo. El sacrificio funda, en efecto, los valores y la identidad, pero lo hace fuera del mundo de las instituciones sociales. La pretensión de las sociedades modernas fue, por el contrario, eliminar el sacrificio, y más exactamente introyectarlo o privatizarlo: eliminar la representación colectiva de la muerte, de la incertidumbre y la desintegración. Tal es justamente la función que cumplen las instituciones sociales: definen el sentido que constituye el orden social y evitan la anomia, cuya expresión máxima es, sin duda, la presencia de la muerte. Existen momentos, sin embargo, en que el mecanismo de las instituciones falla por completo: son incapaces de cumplir esta función "nómica", de establecer los sentidos apropiados y de eliminar la incertidumbre y el caos. Este es el momento en que la representación sacrificial se restituye como experiencia colectiva[14].

De acuerdo con esto, Salvador Allende, el socialista, y Sebastián Acevedo, el comunista, podrían quedar estrechamente ligados en el acercamiento con los cristianos dentro de un posible universo simbólico renovado por la comunidad histórica chilena, en la medida en que el pueblo lucha por la redención de su dignidad mediante personas-símbolos cuyo sacrificio rememora el de Cristo, fundiendo así la necesidad política con la religiosa.

Situaciones como esta han llevado a Brian Smith, investigador de los desafíos que debe enfrentar la Iglesia Católica chilena en el presente, a comentar:

> Por lo tanto, a la vez que la Iglesia chilena ha hecho significativos avances desde el golpe de Estado en el refuerzo de sus compromisos entre los sectores pobres de la población que anteriormente tenían poco o ningún contacto con la Iglesia, hay problemas formidables que todavía quedan por resolver. La utilización masiva de laicos y monjas para implementar la mayoría de los nuevos programas sociales y religiosos patrocinados por la Iglesia entre los grupos de ingresos bajos está generando nuevas actitudes sociales y religiosas a nivel de base en la institución que no corresponden con las políticas oficiales de la cúpula jerárquica. A menos que se desarrollen métodos de planificación y evaluación junto con canales de comunicación más adecuados, probablemente surgirán serias tensiones entre la jerarquía y los dirigentes locales especialmente cuando la represión general decrezca. Una nueva Iglesia se está claramente formando a nivel de las bases. Para que los obispos puedan guiarla efectivamente en el futuro, deberán afrontar su vitalidad y sus frustraciones de manera más honesta de lo que lo han hecho hasta ahora[15].

290

NOTAS

*Este texto es la Parte II de *El Movimiento Contra la Tortura "Sebastián Acevedo": Derechos Humanos y la producción de símbolos nacionales bajo el fascismo chileno.* Minneapolis, Minnesota: Institute for the Study of Ideologies and Literature, 1986.

[1]Para un panorama general, ver: Th. P. Van Baaren, "Theoretical Speculations on Sacrifice". *Numen*, IX, January, 1964, pp. 1-12.

[2]E.E. Evans-Pritchard, Chapter 8, *Nuer Religion*. Oxford: Clarendon Press, 1956.

[3]S. Barrington-Ward and M.F.C. Bourdillon, "Poscript: A Place for Sacrifice in Modern Christianity". *Sacrifice*, M.F.C. Bourdillon and Meyer Fortes, eds. London: Academic Press, 1980; p. 129. Las traducciones son nuestras.

[4]*Ibid.*, p. 128.

[5]S.W. Sykes, "Sacrifice in the New Testament and Christian Theology" *Sacrifice*, p. 76.

[6]Con el propósito de establecer sucintamente un criterio de corroboración, señalamos que toda referencia o cita tomada de periódicos o radios usada en esta segunda parte proviene de las fuentes mencionadas durante la discusión.

[7]Ralph L. Rickgarn, *The Issue is Suicide*. Minneapolis: University of Minnesota, 1983.

[8]Henri Hubert and Marcel Mauss, *Sacrifice: Its Nature and Function*. Chicago: The University of Chicago Press, 1964 La traducción del inglés es nuestra.

[9]Cristián Parker Gumucio, Wenceslao Barra Carmona, Marco Antonio Recuero del Solar, Pablo Sahli Illanes, *Rasgos de cultura popular en poblaciones de Pudahuel* (mimeo). Santiago de Chile: Arzobispado de Santiago, Vicaría Zona Oeste, 1981, p. 71.

[10]Augusto Pinochet Ugarte, *El día decisivo, 11 de septiembre de 1973*. Santiago de Chile: Editorial Andrés Bello, 1979, pp. 24 y 29.

[11]Augusto Pinochet Ugarte, *Repaso de la agresión comunista a Chile*. Santiago de Chile: Diario *La Nación*, 1986, p. 32.

[12]Cristián Parker, et al., *op. cit.*, p. 252.

[13]Eduardo Valenzuela, *La rebelión de los jóvenes (un estudio de anomia social)*. Santiago de Chile: Ediciones Sur, Colección Estudios Sociales, 1984, pp. 115-116.

[14]*Ibid.*

[15]Brian Smith, *The Church and Politics in Chile. Challenges to Modern Catholicism*. Princeton, New Jersey: Princeton University Press, 1982, p. 345. Toda traducción de citas de esta obra es nuestra

UNA RELECTURA DEL TEATRO DEMOCRATACRISTIANO INICIAL: VODANOVIC, WOLF Y EL PROBLEMA DE NUESTRA ETICA COLECTIVISTA

Proponer una relectura del teatro inicial de orientación demócrata cristiana, como lo hago aquí, supone una serie de premisas previas: la historia de la literatura también está constituida por los significados que se atribuyen a los textos literarios producidos en una sociedad. En su lectura gravitan las preocupaciones que diferentes grupos sociales tematizan comunitariamente, a nivel ético y político. Señalar que toda lectura tiene como referente a grupos sociales siempre en procesos de convergencia y divergencia, es señalar que no existen lecturas ideológicamente "asépticas". Esto es particularmente válido para el teatro chileno contemporáneo, que en su desarrollo ha demostrado una permanente preocupación por aspectos contingentes del devenir social. La recepción del espectáculo teatral o la lectura de un texto literario son, por tanto, actos individuales condicionados por la colectividad. Ya descontada la lectura "aséptica", queda por decir que la lectura profesional del crítico literario intenta sistematizar, desde su perspectiva, las relaciones significativas entre el cúmulo de preocupaciones colectivas y el texto literario, bien sea que este acto responda directamente o no a esas preocupaciones. En este último caso, la lectura crítica se convierte en acto fundador, puesto que propone fusiones y determina convergencias de otras significaciones que, de no postularse, serían imperceptibles. Así la crítica literaria renueva la vigencia del acervo literario de una cultura al replantear a sus textos literarios inquisiciones más cercanas a las necesidades contemporáneas de una sociedad. Demás está decir que en la historia actual de Chile, esto se transforma en necesidad urgente.

Para esta propuesta he seleccionado *Discípulos del miedo* (1958), de Egon Wolff, y *Deja que los perros ladren* (1959), de Sergio Vodanovic. No sólo son estos autores los representantes más destacados del movimiento teatral que acompañó al surgimiento del Partido Demócrata Cristiano como fuerza política de influencia en el Chile de fines de la década de 1950. Además, estas dos obras tuvieron un enorme impacto emocional en el auditorio de la época. En una situación nacional de fuerte disolución moral en los círculos gubernamentales precedentes y del momento, en un largo período de estagnamiento productivo, de alto desempleo, de gran expansión de la burocracia estatal improductiva, de alta inflación y de desbocados apetitos consumistas entre los sectores medios, estas dos piezas teatrales aparecieron con una gran coherencia temática y comunidad de motivos estructurales para proponer la movilización hacia una utopía de regeneración moral que, a la vez, demandaba la puesta en marcha de las fuerzas creativas de la nación en estado durmiente. Tras esta utopía literaria estaba el trasfondo partidista demócratacristiano, que abogaba por la modernización del capitalismo chileno. La modernización capitalista aparecía como proyecto de renovación social y de redemocratización, por cuanto buscaba liberar fuerzas productivas obstaculizadas por una estructura económica en que el latifundio anticuado tenía demasiado poder político.

Pero hoy volvemos a esas obras y revistamos ese proyecto político para la cultura nacional chilena con la mediación de casi un cuarto de siglo: entre 1964 y 1970 la Democracia Cristiana misma, ya en el poder, agotó la credibilidad de su potencial utópico inicial con las claudicaciones económicas y éticas de todo proyecto social basado en un capitalismo dependiente. La movilización popular activada por la Unidad Popular incitó las divisiones del Partido Demócrata Cristiano, de las que surgieron el MAPU y la Izquierda Cristiana, partidos que integraron la Unidad Popular. Por otra parte, largos años habrá de debatirse la participación de la Democracia Cristiana en la ruptura institucional iniciada el 11 de septiembre de 1973. Como colectividad populista compuesta por sectores de diverso interés social y económico, el Partido Demócrata Cristiano reaccionó con divergencias sintomáticas: sectores derechistas y tecnocráticos asociados con el gran capital chileno y extranjero dieron y mantuvieron su apoyo al pronunciamiento militar; representantes de sectores medios y profesionales denunciaron la tesis de que la ruptura de la democracia representativa fuera un proceso necesario e inevitable. Mientras tanto, miembros de la alta dirigencia del Partido, enfrentados a un movimiento militar cuya naturaleza nadie conocía o preveía, le dieron apoyo inicial. Tenían la expectativa de que el poder gubernamental se les entregaría por ser, supuestamente, la única fuerza de alternativa democrática garantizadora del orden burgués.

Estas ambigüedades, junto con la capacidad convocatoria dentro de la cultura chilena de quienes se asocian con esa colectividad, plantean un problema metodológico: una relectura actual del teatro indicado está inevitablemente mediada por otras dos lecturas anteriores, ancladas ellas en dos coyunturas históricas diferentes: la lectura que corresponde al horizonte de estagnación y desánimo nacional en que las piezas fueron estrenadas; la relectura que se hizo imperativa a raíz de la conducta demócratacristiana ante los sucesos de septiembre de 1973. La relectura que encara la historia actual no puede desconocer las anteriores. Pero, a la vez, desde nuestra posición en el momento presente, es ineludible anclarlas en el "foco septiembre de 1973". Esto por cuanto la recepción posible en la época de estreno de las obras ya es significación muerta: como chilenos, en la actualidad nuestra preocupación prioritaria es la redemocratización del país. En la fase actual de acumulación transnacionalizada de capital, el sentido humanista de la modernización capitalista se ha hecho dudosa; por otra parte, la opción hacia el socialismo ha quedado postergada. De allí que sea inevitable que en las lecturas previas se tracen la ambigüedades demócratacristianas ante el fascismo para exponer sus implicaciones éticas en un debate recto y sano. He llamado *Lectura Catártica* a la fusión de esas dos lecturas anteriores. Ella sienta las bases para una *Lectura Reconstructiva* en que se cuestionan significaciones relacionadas con la situación actual de Chile. Ya que la obra de Vodanovic representa en términos

296

más vastos la historia chilena y sus actores, comienzo el análisis con ella, a pesar de ser más tardía que la de Wolff.

LECTURA CATARTICA

Sergio Vodanovic: *Deja que los perros ladren* (1959)

Deja que los perros ladren puede ser discutida a partir del reconocimiento de cuatro niveles de significación: el más evidente es el de la secuencia de incidentes que constituye la acción dramática de la obra; el segundo tiene que ver con la serie de referencias históricas hechas en el curso de la acción, especialmente a la influencia de Diego Portales en el desarrollo institucional chileno; tercero es la discernible estructura de parábola moral que condiciona arquetípicamente la relación mutua de los niveles anteriores; cuarto, la perspectiva final que el título mismo de la pieza arroja sobre las significaciones previas con su origen en *El Quijote* de Cervantes. De todos ellos el nivel fundamental es el tercero. Iniciaré la discusión a partir de él.

Vista como parábola, la obra representa la tentación y caída en el pecado de un padre que así causa la desunión temporal de su familia. Como recurso pedagógico, la parábola tiene un sentido preventivo más que correctivo. Por lo tanto, mostrada la caída, se abandonan rápidamente las consecuencias últimas a que se podría haber llegado, para luego abrir la posibilidad del arrepentimiento y del retorno instantáneo a la virtud perdida. Virtud significa la espontánea y natural demostración y flujo del amor, la armonía y la unidad familiares. Estas tres categorías reciben tal énfasis, que las relaciones extra-familiares son del todo oscurecidas. Al comienzo de la obra el padre parece vivir sólo para y en el núcleo familiar. Las influencias laborales, económicas y políticas de la sociedad no parecen condicionar ni afectar esencialmente esas relaciones. Se postula una radical diferenciación entre espiritualidad y materialidad social, según la que lo espiritual es concebido como sustancia previa a la inmersión en la sociedad. Esto permite la caracterización del padre como inocente mayúsculo, que ha podido hacer carrera en una burocracia estatal medularmente corrompida, sin siquiera percatarse de ello, manteniendo la creencia y la fe inmaculadas en su probidad y méritos personales como razón de su ascenso. A partir de esa espiritualidad es fácil entender que se señala un modelo ideal de conducta superior en contraste con la corrupción de la materialidad social. Ese modelo ideal está ubicado en el pasado, en la "tradición". De acuerdo con él se menciona una cadena que se renueva generacionalmente, en que padres e hijos ocupan idéntica profesión, posición burocrática y domicilio, para reactualizar idénticos lazos de amor, armonía y unión familiar. Se configura un estatismo social por el que la historia aparece como calco de un pasado de virtud primordial desde el que han arrancado las raíces del presente. Se valora la perspectiva histórica que mira al pasado. El presente y el futuro están preñados de dinamismos que acarrean el peligro de la caída. La única forma en que el presente degradado y el futuro amenazador pueden ser encarados es mediante una cruzada de regeneración moral que les transfiera la solidez de los valores del pasado. Octavio, el hijo, quien por su juventud está llamado a luchar por la renovación social, se lamenta:

> —Que no se puede ser joven hoy en día en este país, que es una locura ser joven, que tener espíritu juvenil es como ser monstruo de dos cabezas o algo así, para ser llevado a un museo y ser exhibido como rareza. Lo único que podemos hacer es aprovechar, aprovechar la vida lo más posible, antes de que se acabe. Tener más cosas, vivir mejor, ganar dinero y que el resto reviente... ya sé que no es hermoso ni dignificante hablar así, pero yo no tengo la culpa, es el ambiente, la época... ¡Si hubiera tan sólo una causa por la que luchar! Una pequeña y noble causa, yo sería el primero en tomar mi posición, pero no la hay, mamá. No la hay...[1]

La caída se produce porque en el seno de la virtud se ha introducido la semilla de la perversión ética por el deseo de consumir artículos de lujo. La virtud se mantendrá mientras estos apetitos materiales sean controlados espiritualmente. Debido a este potencial de corrupción, las relaciones humanas tienen un leve tono grotesco, por lo

que los seres humanos toman aspecto de objetos
mecánicos y los objetos mecánicos adquieren aspecto de
seres humanos. Carmen, la madre, se considera a sí misma
mercadería comprada por su marido, Esteban, en el
matrimonio ("ya es tarde para devolver la mercadería",
pp. 10-11); Clarisa, la sirvienta, es comparada con un
aparato doméstico que se bota cuando está viejo ("ya no
nos sirve", p. 11); Esteban proyecta sobre su auto Ford
modelo 1930 el afecto que se confiere a una persona ("más
que un auto, es un amigo", p. 8; "... no te permito que
desconfíes del Ford", p. 11). Variación mayor de este
grotesco es el fetichismo en el que continuamente caen
Esteban y Octavio. Los objetos que poseen o quisieran tener
les sirven de referencia indirecta para las tensiones
generacionales entre padre e hijo. Por ejemplo, se dirime
una rivalidad según los méritos de un Dodge de último
modelo o de un Ford anticuado y la eficiencia de una
antigua máquina fotográfica de cajón.

Dada esta simiente de perversión, el camino está
preparado para la entrada del demonio de la tentación que
se encarna en el Ministro. Su entrada esboza con mayor
claridad otra característica del discurso de la obra en su
nivel parabólico: la diferenciación de significado entre lo
interno y lo externo. Lo interno es el hogar, cuya virtud lo
asemeja a un paraíso espiritual resguardado por cuatro
paredes contra la exterioridad, con su craso materialismo
consumista, fragmentación social y egocentrismo
diabólico. El transcurso de la acción dramática traerá los
embates cada vez más intensos de esa exterioridad
corrupta sobre el hogar. Esta intrusión hace mella en la
familia porque Esteban considera que su deber es dar
comodidad material a su mujer y a su hijo. El Ministro
sugiere el camino, abriendo un circuito de conflicto en que
la mente del padre contrapone tradicionalidad histórica
versus modernidad. Ante las sugerencias venales del
Ministro, Esteban revela tener una concepción profesional
de la burocracia como representante de un Estado
impersonal, depositario del bien comunitario,
impermeable a la presión de intereses particularistas,
administradora técnica de la voluntad nacional soberana
expresada en la Constitución y en el Código Civil,

guardián y árbitro justiciero, imparcial y distante de la sociedad civil.

Esta concepción complementa y expande las raíces metafísicas sobre las que se apoya la familia. Por una parte se muestra un estrecho vínculo entre padre y Estado, lo que, a su vez, asocia nación y familia. Por otra, burocracia, reglamento y ley aparecen como instrumentos concretos para la implementación del amor, la unión y la armonía natural, en lo que se atisba un origen divino. La orden ministerial de que se cierre el periódico de oposición (convenientemente llamado *La Razón*) implica una degradación de la moral, la ética, la burocracia, el reglamento y la ley a meros utensilios de una política contingente que busca la satisfacción de intereses personales egocentristas. Tal instrumentalización de los valores espirituales encuentra asidero en la semilla de perversión ética familiar ya discutida. Vencidos los tapujos primeros, Esteban responde a incitaciones materialistas aventajadamente, gozando lujos, mujeres y un poder prepotente. Más tarde lo acompaña Octavio, para quien el padre deja de cumplir su función de ejemplo moral. Esto significa un desplazamiento del foco desde la interioridad familiar a la exterioridad corrompida. Por esa circunstancia, arrastrada por los compromisos de contacto social —cócteles, comidas, etc.— la familia se reúne rara vez.

Pero, puesto que *Deja que los perros ladren* está escrita a partir de la premisa de que el edificio social está construido sobre el amor, la unión y la armonía de origen divino, la corrupción de los protagonistas sólo puede considerarse como fenómeno pasajero. Ello supone, a su vez, que los seres humanos se dividen en esencialmente buenos, esencialmente malos y, en medio, seres momentáneamente anestesiados por el mal, por lo que pierden la experiencia de su propia naturaleza. Quienes pertenecen a las dos primeras categorías son evidentes: la malignidad del Ministro se enfrenta a la benignidad de Esteban, Carmen y Octavio. El periodista, Cornejo, paradigma de cinismo, es parte de los anestesiados tanto como Esteban y Octavio, mientras éstos se dejan influir momentáneamente por el mal. Por ello es que, cuando la parábola inicia su súbito retroceso a la virtud perdida, junto con el retorno a la armonía familiar se sientan las bases para una campaña de regeneración moral de toda la sociedad, por la cual se redimirán todos los seres beningnos capaces de contemplar la verdad de su naturaleza.

La verdad es así incorporada como nuevo ingrediente ideológico a una cadena conceptual que toma el siguiente aspecto en su descenso desde las alturas metafísicas a las particularidades sociológicas: divinidad = virtud = amor = armonía = unión = naturaleza = estatismo = verdad = tradición = ley/reglamento = Estado = burocracia = paternidad = familia.

La verdad parece tener efectos de talismán invencible en la cruzada porque los impulsos humanos hacia la restauración del amor, la unión y la armonía natural son irreprimibles y triunfarán por sobre la maldad y el vicio en una avance arrollador que une a todos los seres humanos honestos y virtuosos. Los impulsos irreprimibles tienen el vigor necesario para destruir los ocultamientos de la verdad a que se dedican los seres malignos, lo que evidencia en la pieza un importante juego de apariencias versus realidad/verdad. Los seres esencialmente virtuosos pueden ser momentáneamente anestesiados y caer en la maldad porque sus enemigos tienen la habilidad para manipular las circunstancias de tal modo, que lo real puede ser percibido desde escorzos ilusorios. La virtud es paralizada y confundida el tiempo necesario para caer en el pecado. No obstante, esta temporalidad brevemente degradada es indefectiblemente redimida por la verdad eterna.

Como factor estructural, la parábola de la caída funciona a manera de trasfondo semi-subliminal en relación al desarrollo de la acción dramática que ahora paso a discutir. Las imágenes arquetípicas de la parábola están dispuestas de tal modo que se podría afirmar que están allí para producir súbitas iluminaciones mentales no mediatizadas por la razón. A lo teológico se agrega lo irracional y su consecuencia es la mutilación de la lógica del desarrollo dramático aristotélico que predomina durante la década de 1950. La disposición de conflicto en términos de comienzo/desarrollo/desenlace queda reducida a dos actos divididos en dos y tres cuadros respectivamente. Este modelo teatral que evita un discurso lógicamente organizado corresponde a una acción iluminada irracionalmente. Aún más, en la implícita dialéctica escenario/espectador, la falta de un tercer acto sugiere que son los espectadores los responsables de llevarlo a cabo en su vida diaria, adhiriéndose a la cruzada de regeneración moral planteada.

Desde el comienzo mismo de la acción dramática (Primer Acto, Cuadro I) se manifiesta el sentido problemático de lo material en la obra. En las acotaciones iniciales el mobiliario de la casa es descrito en términos metafísicos. Son objetos "cuidadosamente conservados", con los que se desea detener el tiempo. Se hace hincapié en que pertenecen a "diversos estilos y épocas", "pasados de moda"; se señalan "viejas litografías y retratos familiares". Más adelante se sugiere que Esteban aspira aun a congelar la naturaleza, tomando fotos de procesos naturales con "una antigua máquina fotográfica de cajón", transformándolos en "manchas blancas y negras" que amontona en un álbum. En esta conservación se percibe una ambigüedad según la que, por una parte, se establece una tradición familiar que asegura la permanencia en el flujo temporal. Por otra, se hace referencia a lo maligno al indicarse que los muebles están caracterizados por la "ausencia de unidad" que afecta a la familia al entregarse a los apetitos consumistas.

La ambigüedad se mantendrá durante el resto del Cuadro, hasta la entrada del Ministro, quien provocará el dominio de la materia caída. Hasta ese momento conviven el amor espontáneo de la familia que prepara un picnic que la llevaría al contacto con la naturaleza, junto con el potencial de corrupción consumista que hace mercancía de Carmen y Clara y ser humano del auto Ford. El Ministro inclina la balanza instrumentalizando radicalmente las relaciones humanas. Reduce a Esteban a simple utensilio político con su orden de que clausure *La Razón* y convierte su amistad en intercambio de favores cercano al chantaje. Al revelar que el puesto burocrático de Esteban se debe a sus maquinaciones políticas produce aún más daño, desnudando a Esteban de la ilusión de sus méritos personales y del peso de la tradición familiar. El Ministro perfora la abstracta inocencia de Esteban introduciendo por primera vez en su isla de felicidad personal la gravitación del mal que aqueja a la sociedad. El signo más intenso de la maldad es que los reglamentos y las leyes, fruto de la tendencia natural de los seres humanos a la armonía (".. el único medio para evitar el abuso del físicamente más fuerte, del económicamente más poderoso, del que detenta la fuerza y el poder... ", p. 22), también han quedado pervertidos para convertirse en instrumentos del poder político corrompido. Simbólicamente el impacto de estos atentados queda marcado por la decisión de Esteban de suspender el picnic, lo cual, a nivel parabólico, significa suspender la comunión familiar con la naturaleza. Sin embargo, para compensar esta alteración, en la escena final del Cuadro I se rinde pleitesía al Código Civil chileno, supuesta manifestación de la armonía social que emana de la "voluntad soberana".

Veremos que este homenaje tiene repercusiones en cuanto a las bases ideológicas de la obra por apuntar directamente —junto con otras referencias— a la influencia del Ministro Diego Portales y al gobierno del Presidente Manuel Montt durante el desarrollo institucional chileno en el siglo XIX. Analizaré la importancia de estas referencias al hablar del nivel de significado histórico en la pieza de Vodanovic. Sin embargo, creo necesario preparar el camino para esa discusión señalando que el Cuadro II del Primer Acto sirve, en parte, como exposición indirecta del ideario portaliano sobre la función del Estado y de la burocracia estatal en el orden social. Esto se da con ocasión de la llegada del periodista Ramón Cornejo, quien viene donde Esteban para asegurarse de que no clausure su periódico a cambio de un pago ilegal.

La maldad del mundo exterior ya ha penetrado en el paraíso familiar con las insultantes llamadas anónimas y la hostilidad que ha recibido Octavio en la universidad. Secuaces del gobierno los acosan por no haber cedido a la presión ministerial. El flujo del amor en el hogar ha quedado desquiciado. Para describir la nueva situación de los personajes recurren expresiones como "refleja angustia"; "con cierto temor"; "nerviosamente"; "sobresaltada"; "aspecto fatigado"; "extrañado"; "tratando de disimular"; "mintiendo"; "con violencia"; "pronta a llorar". Ante los ataques, Esteban encuentra refugio en el mensaje de la tradición portaliana que afirma la transpersonalidad de la ley y su irreductibilidad a instrumental de intereses personales: "... la ley me protege. Nada me puede ocurrir si obro de acuerdo con la ley. Eso es lo que me decía siempre mi padre. La ley, la ley, la ley..." (p. 26). Con esta fe enfrenta el cinismo de Cornejo demostrándole la impersonalidad y probidad de su acción como administrador de la ley: aparenta no reconocer el nombre de Cornejo como dueño de *La Razón*; se niega a discutir con él las órdenes internas del Ministerio; no acepta el pago ilegal: "le quiero decir que si no he clausurado su diario es porque no hay motivo legal alguno, de la misma manera en que no vacilaría en clausurarlo a pesar de todas las presiones, si sus talleres no contaran con la suficiente seguridad higiénica" (p. 29). La tradición y la ley impersonal tienen poder de fetiche mágico que, al ser exhibido ante los seres humanos, instantáneamente suspende el imperio del mal sobre ellos y despierta su encallecida potencialidad de virtud y de amor. La entrevista termina con la obvia simpatía mutua de Esteban y Cornejo, quienes, en su franqueza, han reconocido que la verdad puede fluir entre ellos ("Esteban: —Pero al menos habla de frente, no como los otros" (p. 31)) para una acción social común inspirada por el bien ("Cornejo *(después de reflexionar breves instantes)*: —¿Sabe, señor Uribe? Usted es un hombre muy especial" (p. 29)). Vemos aquí que la posible redención de los seres moralmente endurecidos alimentará la futura cruzada de regeneración social y hará de Esteban y Cornejo aliados naturales. En esta coyuntura se añade, además, la introducción del concepto demócratacristiano de la "sociedad comunitaria". El propone una sociedad construida con una institucionalización que permite el pluralismo, la cooperación y la participación populista, en que el Estado juega una función limitada pero tendiente a la integración de los diversos sectores sociales para alcanzar el bien común[2]. Esteban hace referencia a este concepto: "Hasta ahora estaba convencido de que conmigo estaban los demás, que detrás de mí estaba... la sociedad, sí, eso que en la Escuela de Derecho llamábamos 'la sociedad', la comunidad de personas con las que uno vive" (pp. 31-32).

No obstante, la lucha por la regeneración moral sólo se abrirá cuando la familia se haya fragmentado, corrompido y tome conciencia de su caída. La fragmentación se produce tanto por el juego de apariencias con que la maldad exterior que oculta la realidad penetra en el hogar de los Uribe, como por la debilidad de Esteban ante el apetito de consumo. Secuaces del gobierno han manipulado el problema de la clausura para dar la impresión de que Esteban pertenece a la conspiración inmoral de los dueños de pasquines, de los que se dice que recibe dinero y regalos. Octavio trae esta interpretación al hogar y las botellas de whisky enviadas por Cornejo en su intento de comprar a Esteban parecen confirmar las apariencias. Desde ese momento el hijo duda de la honestidad de su padre. Además, como la mente del joven ha quedado dominada por la dislocación apariencia/realidad con que ha sido engañado, es capaz de transferir esa dislocación al reino de la ley, postulando una división entre ley y moral. Dado el origen divino que se atribuye a ambas, esto tiene una dimensión de blasfemia: "Ya pasaron los tiempos en que el Derecho era la voz de Dios. Ahora es lo que discurren unos cuantos hombres que actúan presionados por pequeños intereses" (p. 33).

Estas palabras tienen fuerte impacto sobre el sentido de responsabilidad del padre, quien las conecta con la magra situación material de la familia. Súbitamente su probidad parece ser culpable de su limitada capacidad de consumo. Así es como una actitud correcta se convierte en mal ilusorio y Esteban queda al borde de la caída: "Me quejo de mí, de la vida que te he dado, de la vida que le he dado a mi hijo. Veo a mis demás compañeros de la Universidad. El que tengo más cerca es Ministro de Estado; los otros han hecho fortuna" (p. 35); "Me pregunto si todos mis sentimientos de honradez no son sino una excusa a mi mediocridad y yo, cobardemente, las revisto con el ropaje de las grandes virtudes" (pp. 35-36). La caída queda consumada con la entrada del Ministro en la escena final del Cuadro II, Primer Acto. El Ministro viene a hacer el último esfuerzo para que Esteban firme la clausura bajo amenaza de despido de su cargo. El padre cede, alegando hacerlo por el bienestar de Carmen y del hijo. El brindis por la clausura es símbolo de compromiso con el camino de la maldad por el que Esteban ha debido optar. Beben el whisky de Cornejo y el Ministro ve en el uso del licor de la víctima un signo de insospechada inteligencia perversa en Esteban. Ya entregado al mal, y para no desmerecer, Esteban se ve forzado a hacer suya esta nueva máscara:

> -Ministro: —Eres más inteligente de lo que yo suponía, Esteban.
> -Esteban: —Ya me conocerás mejor... mucho mejor.

Los extremos a que llega en este nueva línea de conducta se revelan con la iniciación del Segundo Acto, dos años después del período cubierto en el anterior. Al subir el telón Esteban aparece despreocupado de su mujer y concentrado en los planos de la casa que proyecta construir con sus mal adquiridas ganancias. Ni siquiera le dirige la mirada a su mujer. El interés por la propiedad ha reemplazado el deseo de conservar el cariño de las relaciones familiares. Este cambio queda acentuado con la compra de mobiliario que se señala en las acotaciones. Esteban viste, además, "una elegante bata de casa". Todo apunta a una crisis de las funciones familiares, la cual se muestra como falta de flujo comunicativo. Esteban oculta a Carmen la índole de sus negocios con el Ministro; se ha distanciado de Octavio. A pesar de sus protestas de cercanía, no sabe que el muchacho ha abandonado sus estudios de leyes. Falto de guía, Octavio se mantiene alejado del hogar evitando la comunión familiar de las cenas. La conciencia crítica de Carmen, guardiana de la unidad familiar, es desarmada por Esteban, quien busca relegarla a la exterioridad, al goce pasivo de una prosperidad obtenida de la noche a la mañana: "Puedes salir, visitar amigas" (p. 40).

Sin embargo, la visita del Ministro remueve la
conciencia adormecida del padre. La emotividad de las
conminaciones de Carmen para que recobre su función de
guía familiar contrasta con la brutal frialdad de la
transacción comercial propuesta por el visitante. El
negocio no sólo está basado en el abuso egocentrista de las
funciones estatales, sino también en la sospecha y en la
desconfianza mutuas. La brutalidad de este choque hace
atractiva la invitación de Carmen a un retorno a la virtud
original: "Trata de ser [...] como eras antes, como todavía
eres, Esteban" (p. 43). La arrolladora eficiencia criminal del
Ministro desnuda la inexperiencia de Esteban en la
maldad, exponiendo su virtud innata. Después de dos
años de negocios sucios, súbitamente siente la
incomodidad de la falsa máscara de su malignidad, con sus
aventurillas extramaritales y la extorsión a dueños de
periódicos. Su incomodidad anuncia la restauración del
libre flujo de la virtud. Este curso de la acción dramática
queda asegurado con la conducta de Octavio quien, con su
entrada, demuestra la magnitud de la infiltración de las
fuerzas demoníacas en el seno familiar. Su "desenfadada
arrogancia" y su "afectada desenvoltura" conllevan una
pérdida de respeto por los padres, por las generaciones
mayores, por la convicción en los méritos del trabajo
sostenido, por la tradición familiar. Las relaciones sociales
que le ha abierto el Ministro han acarreado todo esto.
Octavio despierta definitivamente la naturaleza
bondadosa de su padre al devolverle cínicamente, en su
cara, las justificaciones que Esteban había estado usando
para gozar de la corrupción que el Ministro había puesto a
su alcance: "Estoy siguiendo tus pasos, pero no seré tan
cándido como tú. Hay otras cosas que dejan más dinero
que clausurar unos diarios y después cobrar para
levantarles la clausura" (p. 52).

En su hijo, espejo de sí mismo, Esteban reconoce el
colapso de la disciplina espiritual. Para los efectos de mi
discusión final de la significación histórica de *Deja que los
perros ladren*, quiero llamar la atención sobre el hecho de
que la pieza asocia la actividad política con el colapso de las
virtudes de disciplina laboral, generacional y tradicional.
Octavio declara que para "ser triunfador" es necesario

dedicarse a la política abandonando los sacrificios implícitos en los modelos que el padre ofreciera en el pasado. Esto corresponde a la campaña de desprestigio de la actividad política emprendida por la derecha en la época de estreno de la obra. Si entendemos que es la actividad política de los diferentes grupos sociales la que dinamiza la historia de una sociedad, la obra propone la parálisis de su transcurso. Es sugerente que quien inicie a Octavio en esta actividad sea la figura satánica del Ministro. Nuevamente nos encontramos con una apología del estatismo divino en los asuntos humanos.

La contemplación de tanta corruptela finalmente moviliza a Esteban a la acción correctiva, siguiendo a Carmen en su deseo de retorno al pasado: "¿Qué he hecho de ti? ¿Cómo he estado tan ciego que no lo había visto antes?" (p. 52). Su voluntad recuperada se concreta con el castigo físico de su hijo. En su reacción vengativa Octavio usa una palabra que iniciará el retorno, según la estructura parabólica de la pieza: "Sigues siendo un ingenuo, papá" (p. 52). La palabra "ingenuo" hace referencia a una de las premisas ideológicas de la obra: la división entre seres virtuosos y malignos. Con esta palabra Esteban toma conciencia de su identidad verdadera: "¡Si pudiera volver a ser ingenuo!" (p. 53). La pata del sillón desprendida accidentalmente —como en el pasado— refuerza la ilusión de que el deseo correcto puede alterar subjetiva y arbitrariamente el cauce de la materialidad social.

La premisa de que los seres humanos virtuosos y temporalmente anestesiados por el mal pueden despertar y unirse para combatirlo es lo que lleva a Esteban a buscar la ayuda del periodista Ramón Cornejo: "Y si usted puede simpatizar con los ingenuos y no los desprecia es porque en el fondo de usted hay un idealista" (p. 55). Ambos reconocen que el único modo de evitar una vida "eternamente disfrazados" por el mal es destruir el control de las apariencias creadas por los seres corruptos y comunicar la verdad liberadora. Llegan a este acuerdo porque, en la medida en que sus hijos han sido infiltrados por la maldad, esta se reproducirá indefinidamente, en un ciclo inacabable de servidumbre y degradación social. Prueba de esto es la tergiversación del Ministro en su interpretación de la fraudulenta sociedad comercial formada con Esteban para la venta de artículos de escritorio al propio Ministerio que él dirige. Las acaloradas protestas de Octavio —quien, con los planes de denuncia pública del padre ve destruido su futuro político— hacen patente la necesidad de una acción inmediata. A pesar de las amenazas del Ministro, Cornejo tiene la valentía de comprometerse a publicar la denuncia, a riesgo de ruina. Desafiar a la autoridad corrupta restablece la armonía entre Esteban y Carmen. Esta será la fuerza que permitirá a la pareja prepararse para la dura batalla que se aproxima. La fortaleza readquirida resulta naturalmente en la reafirmación de las funciones del liderato familiar alteradas. Esteban declara: "Creo que todos tenemos una responsabilidad, una tremenda responsabilidad: actuar de acuerdo con nuestras conciencias. Vivimos en una sociedad y una sociedad no es algo abstracto. Está compuesta de hombres, cada hombre forma parte de ella, cada hombre es... un ejemplo para los demás" (p. 61). Esteban tiene ahora la autoridad para disciplinar a Octavio y conminarlo a elegir entre los beneficios materiales que le ofrece el Ministro y la redención moral por la vía dolorosa que él le ofrece. Con la espera de la resolución de esta disyuntiva termina el Cuadro II del Segundo Acto.

El Cuadro III y final de *Deja que los perros ladren* ata los diferentes niveles de significación que he reconocido en este análisis. La acción dramática tiene su desenlace con la incorporación consciente de Octavio al proyecto familiar de regeneración moral de la sociedad chilena. Su integración se da con un retroceso súbito y arbitrario del desarrollo dramático, en un esquematismo melodramático que muestra con máxima intensidad la gravitación del nivel parabólico de la pieza como elemento estructurante. La decisión de Octavio resulta de un análisis de la historia de Chile que postergaré brevemente.

Después de la intensidad emocional de los Cuadros anteriores, la escena primera del Cuadro III muestra una repentina relajación. Contiene un diálogo entre Octavio y Carmen en el que el joven expresa su visión del momento histórico chileno. El sentido de la conversación es acentuado por una serie de símbolos subliminales que refuerzan la idea del retorno. Madre e hijo saben que la lana, el tejido, la preocupación maternal por el calor y la protección de los seres queridos retraen la imaginación a un momento de total predominio de la autoridad de los padres:

> -Carmen *(pasándole las madejas):* —Ayúdame a hacer un ovillo.
> -Octavio*(extendiendo entre sus manos la madeja):* —¿Como cuando era chico?
> -Carmen: —Era la única forma para que te quedaras quieto (p. 64)

Ya desde el comienzo del diálogo se anuncia esta solución. Octavio sugiere que despierta a un nuevo día en que los sucesos de la noche anterior —y, por extensión, los de los dos últimos años, en general— son pesadillas que pueden ser superadas: "Anoche dormí muy mal. No dormí, más bien" (p. 62).

En su discurso el joven entrega la impresión de que en Chile no hay causas grandiosas a las que la juventud pueda plegarse para vivir momentos de exaltación romántica. A la vez expresa las condiciones que él estima imprescindibles para que se pueda sumar a una actividad política válida. Puesto que bajo sus propias narices Esteban y Cornejo están dando un combate monumental contra la politiquería, Octavio demuestra una ceguera a primera vista incomprensible. La razón de esta ceguera es que el muchacho concibe su presente como vacío de estímulos épicos, mientras que la generación del padre había vivido un compromiso histórico intenso y total. Octavio ve que esa sensibilidad apasionada y aventurera contrasta con la mediocridad y baratura de la política del momento. Por sobre todo, valora el paroxismo emocional que ofusca la diferencia entre una acción social progresista o una reaccionaria. Lo mismo da apoyar un movimiento popular democrático como el Frente Popular —que en Chile llegó al poder en 1938— que un movimiento de putschismo fascista ("Hubo gente joven que murió en el Seguro Obrero" p. 64)[3]. Tácitamente Octavio desea asumir su identidad política sin voluntad propia, sino de acuerdo con el pasado mitificado de su padre. La manifestación de lo nuevo debe tomar las apariencias de lo viejo: "Que no se puede ser joven hoy en día en este país, que es una locura ser joven, tener espíritu juvenil es como ser un monstruo de dos cabezas o algo así, para ser llevado a un museo y ser exhibido como rareza" (p. 65).

La lucha social presente debe ser vivida según la "tradición", lo paterno. Por esta postergación Esteban y Cornejo hacen de vanguardia en la cruzada moralista, mientras Octavio es incapaz de comprender la trascendencia de sus actos. Al integrarse a la acción de una familia unida, Octavio sólo tiene un papel secundario frente a los mayores, a pesar de lo importante de su contribución: tiene experiencia en los manejos del Ministro; trae un sentido realista a los objetivos del padre; da ánimo a su padre y a Cornejo cuando se consideran neutralizados por el ostracismo de amigos temerosos de la venganza del Ministro; promete conseguir cartas que muestran la verdadera participación del Ministro en el negociado de la venta de artículos de escritorio. Sin embargo, no deja de ser mero apoyo. Esteban es quien cierra la obra con palabras de confianza combativa en el triunfo de una minoría de bien: "Es necesario que nos ladren los perros. Eso nos estimulará... ¡Que ladren! ¡Que sigan ladrando! Es señal que avanzamos".

Anteriormente hablaba de que, en su trasfondo ideológico, *Deja que los perros ladren* presenta una cadena conceptual que desde las alturas teológicas atraviesa la metafísica para aterrizar en la concreción social: divinidad = virtud = amor = armonía = unión = naturaleza = estatismo = verdad = tradición = ley/reglamento = Estado = burocracia = paternidad = familia. El desenlace de la obra acentúa definitivamente lo concreto con su llamado a la regeneración de Chile: Esteban y Cornejo, con toda su espiritualidad recuperada, deberán preocuparse de cosas tan materiales como imprimir panfletos y distribuirlos por las calles. Lo ahistórico debe tomar cuerpo histórico. Lo importante ahora es dilucidar la forma en que la pieza plantea la intersección de estos niveles. En realidad, es extraño hacer esta diferenciación, pero la obra la hace. Estos estratos quedan interpenetrados en un movimiento por el cual, en un extremo, se destaca la divinidad que se

concreta en hitos específicos de la historia chilena; a la
inversa, estos hitos, mediatizados por la reverencia a la
tradición, son elevados a categoría divina.

Esto implica enfrentar el nivel de significación histórica
de la obra. En su estudio me veré forzado a hacer una serie
de paréntesis historiográficos que nos alejarán
momentáneamente de lo literario. Con ello espero
amplificar las resonancias de las referencias históricas
hechas durante la acción dramática. Antes de proceder,
sugiero que no se pierda de vista el planteamiento central
de la pieza que, en términos escuetos, afirma lo siguiente:
la burocracia estatal tecnocrática, representativa de la
tradición histórica chilena encarnada como familia, tiene
la responsabilidad de un comportamiento funcionario de
virtud moral que tiene sus raíces en un Estado nacional de
origen divino. Este Estado tuvo su manifestación más
vigorosa en el pasado. La burocracia debe hacer de
vanguardia en la reactualización del vigor perdido en la
crisis moral del presente.

Los ideales presentados en ese comportamiento, las
referencias a la Constitución y al Código Civil localizan esa
vitalidad en la época de consolidación de la república
conservadora que se inició en 1831 y culminó en 1860 con
el decenio de gobierno del Presidente Manuel Montt.
Figura política fundamental en esa consolidación fue
Diego Portales, quien ocupó los cargos de Ministro del
Interior (1830-1831) y de Guerra y Marina (1835-1837).
Historiadores conservadores han exaltado su influencia
política atribuyéndole la creación del Estado chileno con
un criterio formulado en una conocida frase de su
epistolario: "La República es el sistema que hay que
adoptar [...] un gobierno fuerte, centralizador, cuyos
miembros sean verdaderos modelos de virtud y
patriotismo, y así enderezar a los ciudadanos por el
camino del orden y de las virtudes"[4]. Se habría tratado de
un sistema político paternalista, pluriclasista,
meritocrático, formador de una burocracia disciplinada y
honesta, sistema promotor del progreso económico más
allá de intereses particularistas, dedicado a la buena
administración y a la supresión de la politiquería estéril y
divisiva. El Estado consolidado trajo a Chile una temprana

312

estabilidad política en comparación con otros países
latinoamericanos tanto tiempo en desorden por guerras
intestinas. La estabilidad sirvió de condición para el rápido
desarrollo y exportación de la minería de la plata, del
cobre, del carbón y de la agricultura, con la consecuente
construcción de servicios camineros, telegráficos,
ferrocarrileros y marítimos, la reforma y modernización
de los sistemas jurídico, administrativo, militar y
educacional. Chile habría tenido así un desarrollo
capitalista autónomo, expresión del genio pragmático del
patriciado chileno encarnado en Portales. El habría llevado
al país a la enorme influencia económica, política y militar
que tuvo hasta finales del siglo XIX en la zona del Pacífico.
Parte decisiva de esa influencia fue la victoria del ejército
chileno en la guerra contra la Confederación Peruano-
Boliviana en 1839. La guerra fue promovida por Portales
porque de ella surgiría la hegemonía comercial del puerto
de Valparaíso. A este conflicto se atribuye considerable
importancia en la solidificación del espíritu nacionalista
chileno.

Esteban Uribe intenta, entonces, reactualizar la visión
de un pasado idealizado por el conservadurismo chileno.
Sin embargo, como ocurre con todo discurso ideológico,
este argumento revela mayores verdades por la realidad
no mentada que por las patencias selectivamente dichas.
Lo que *Deja que los perros ladren* oculta es que la utopía
pretérita que se propone fue producto de una dictadura
organizada por comerciantes importadores después de una
empresa monopólica fracasada.

Los antecedentes se remontan a agosto de 1824, en que
el gobierno liberal del general Ramón Freire concedió el
estanco del tabaco, barajas, té y licores extranjeros a un
grupo de comerciantes denominado Portales, Cea y Cía., a
cambio del servicio de una cuantiosa deuda contraída por
el Estado chileno con la firma bancaria londinense de
Hullet Brothers. Se trataba de una empresa arriesgada, ya
que ese monoplio, instituido por primera vez en 1753,
durante el período colonial, había sido enormemente
impopular y requería grandes capitales y un fuerte sistema
policíaco privado para impedir el contrabando. El negocio

fracasó; el servicio de la deuda quedó impago; el monopolio fue disuelto en 1826.

Las hostilidades de ciertos sectores del mismo liberalismo que concedió el estanco y la necesidad de presionar por una liquidación ventajosa de él, impulsó a los comerciantes a constituirse en un grupo de presión política apodado *los estanqueros*. Sus representantes principales fueron Diego Portales, Diego José Benavente, Manuel José Gandarillas y Manuel Rengifo, grupo que luego tendría papeles importantes en la dictadura y que unía actividades de agitación periodística a su comercio. Después de la liquidación del estanco, Portales inició la publicación de los periódicos *El Telégrafo* y *El Vigía* en Valparaíso, y *El Hambriento* en Santiago. Con ellos comenzó la agitación en protesta por los daños causados al comercio por la inestabilidad política de Chile. Entre los años 1826 y 1829 se dio la sucesión de nueve Directores Supremos. En torno a los estanqueros como vanguardia se articularon conservadores, o'higginistas, carrerinos, federalistas y liberales aristocratizantes. Unidos por la necesidad pragmática de una alternativa de estabilidad, no estructuraron una ideología cohesionadora[5].

Luego del triunfo de esta coalición en la batalla de Lircay (17 de abril de 1830), Diego Portales fue Ministro en las presidencias de José Tomás Ovalle entre 1830-1831 y en la de José Joaquín Prieto desde 1835 hasta su muerte en 1837, a manos de oficiales del ejército sublevados. Durante todo ese período se le atribuye una influencia sin contrapeso en el gobierno. Ejerció una violenta dictadura que neutralizó la oposición con grandes encarcelamientos, exilios y ejecuciones forzadamente legalizadas. En ello fue de utilidad la red de espionaje formada durante el estanco[6].

Con este bosquejo histórico quiero demostrar que el modo en que Sergio Vodanovic propone la regeneración chilena lleva implícito la imposición de un régimen dictatorial. Por otra parte, su reactualización del vigor inicial de la república es una utopía reaccionaria, por cuanto las relaciones de clases del Chile de las primeras décadas del siglo XIX simplemente no corresponden a las del capitalismo de la década de 1950. Los sectores comerciales-latifundistas constituidos en una "oligarquía tradicional" estaban en descenso ante una burguesía industrial cimentada durante la década de 1930 con la industrialización sustitutiva de la importación iniciada en la gran depresión mundial. Chile también contaba con un proletariado con conciencia de clase y experiencia política organizado significativamente en un movimiento sindical que responde a líneas de clase, representado políticamente por los Partidos Comunista y Socialista especialmente, colectividades de profundas raíces en la clase trabajadora. El portalismo planteado en *Deja que los perros ladren* está basado en una razón histórica concreta sólo en la medida en que la derecha política chilena, fundamentalmente monopolista, necesita justificar sus intereses subjetivos instrumentalizando adecuadamente el pasado.

En este plano legitimador, el subjetivismo burgués debe dar un salto irracional por sobre las objetividades de la sociedad chilena expuestas arriba. Testimonio es la imagen irracional de Diego Portales cultivada por historiadores conservadores en estrecha consonancia con la obra de Vodanovic. Francisco A. Encina en *Portales* (1934)[7] no trepida en afirmar que el

> sentido común, más clarividente que la razón, tratándose de políticos, porque está más próximo que ella de la corriente cósmica, ha presentido siempre el genio de Portales. Desde el gañan incapaz de conciencia vigilante hasta el político de instinto, no ha habido quien no haya advertido en Portales algo extraño, enigmático, misterioso, que no se encuentra en los demás hombres inteligentes. Confusamente, todos han creído divisar algo así como un adivino, un mago, un loco superior, un apostol de la realidad, un genio (p. 166).

Corridos los velos de lo ignoto, luego Encina procede a crear un mito racial: "Portales sería la exteriorización del genio político godo. Se sabe que, diseminada en el grueso fondo íbero del pueblo español, circula todavía, en cierta proporción, la sangre goda, que mostró una extraña rebeldía a la fusión definitiva con el aborigen celtíbero. Chile, como consecuencia de la selección con sentido social engendrada por la guerra de arauco, es el pueblo de origen español que contiene más alto porcentaje de sangre goda" (p. 176). De manera que la estabilización del Estado chileno

UNA RELECTURA DEL TEATRO DEMOCRATACRISTIANO   315

habría sido labor de un genio que "adivinó la función de las sugestiones del alma colectiva" (p. 182). Las fuerzas políticas que lo sostuvieron en adelante fueron hipnotizadas "a través del espacio y del tiempo" (p. 183), "en un sentido que no era el suyo, impulsados por una especie superior de sugestión ambiente, emanada de un genio hermético que predicó sólo con el ejemplo, sin recurrir jamás a la palabra ni al gesto" (p. 186). Estas palabras nos dan una comprensión más concreta de las motivaciones subyacentes en la conducta política de Esteban Uribe dentro del campo ideológico en que se desplaza. Quedan sentadas en ella, además, las conexiones de la obra de Vodanovic con el concepto de Hispanidad, de enorme importancia en el fascismo chileno, lo cual lleva a fijar la atención en el último nivel de significación que reconociera, aquel que conecta la pieza con *El Quijote* de Cervantes.

Deja que los perros ladren, título de la obra, fue tomada de esa novela[8]. Su elección como elemento significativo no es fortuita, por tanto, y se enraíza en una simbolización del hidalgo popular en círculos chilenos simpatizantes del fascismo franquista. Como se sabe, la problemática de *El Quijote* es la del anacronismo del hidalgo, quien enfrenta la realidad social de la España declinante, en que afloran ya formas de relación capitalista, con una conciencia social del todo dislocada, tratando de reactualizar ideales caballerescos medievales. En ello hay una ironía realista que se concreta en una dialéctica que opone contradictoriamente diversos estratos de la narración: lo que don Quijote dice de sí mismo y de los demás/ lo que don Quijote efectivamente hace/ lo que el resto de los personajes dicen de sí mismos y de don Quijote/ lo que don Quijote y los personajes dicen de su mundo/ lo que el narrador dice de don Quijote, de los otros personajes y de su mundo. Este conflicto de perspectivas es el que otorga a la narración su realismo, ya que la intersubjetividad de percepciones da testimonio de la existencia de objetividades en dinámico flujo, sobre las que se pueden emitir juicios verdaderos[9]. En la ideología de la Hispanidad se aplanan estas interrelaciones para fetichizar uno solo de sus elementos, las visiones de don Quijote

316

que, por lo demás, son exaltadas como ideal sublime. Se renuncia voluntariamente a la sanidad mental para afirmar una concepción de la realidad presidida por una locura en que se niega la materialidad social, la corporalidad humana, sus necesidades, su trabajo, su productividad, para reducir todo a visiones místicas. En manos hispanistas esa locura consiste en desmaterializar el presente histórico para reactualizar —como en *Deja que los perros ladren*— una utopía instalada en un pasado idealizado abstractamente.

Jaime Eyzaguirre, el historiador que mejor ha articulado esta concepción en Chile, caracteriza así a don Quijote:

> Porque las cosas del mundo [...] semejan visiones de un espejo, son apenas simples imágenes, y la revelación de la verdad que la enigmática parábola de la historia oculta a los ojos mortales, pertenece al último día. Entonces se descorrerá el velo, se proyectará toda la luz, los fantasmas de hoy adquirirán contornos precisos e insospechados, y el paraíso perdido se hallará de nuevo y para siempre"[10];
>
> Don Quijote tiene muy abiertos los ojos hacia el más allá; se siente libre colaborador de un inmenso plan de restauración universal preestablecido por la Suprema Inteligencia (p. 89).

Prestar atención a la materialidad social y humana tiene por consecuencia traicionar el espiritualismo hispano del cual el chileno es heredero. El comportamiento de Esteban Uribe, el irracionalismo de Encina y el misticismo de Eyzaguirre finalmente se aúnan. En un plano político concreto la significación de todo esto se aclara cuando Eyzaguirre se refiere a la Guerra Civil Española. Hablando del marxismo en la izquierda republicana, señala una degradación: "De ahí que el español moderno, bestia feroz que ha abjurado de Dios y de los hombres, sólo se sienta feliz en el caos". No obstante, de las entrañas de la Hispanidad había surgido Francisco Franco para la redención: "Del Sepulcro del Cid brota un grito de cruzado, una orden imperiosa que mueve a la raza a salir de su letargo y a coger, como otrora, la espada y la cruz con faz iluminada"[11].

Esta huella de fascismo en un movimiento que a fines de la década de los '50 se exhibía como alternativa democrática de desarrollo capitalista respondía a la herencia de autoritarismo corporativista que está en los orígenes de la Democracia Cristiana[12].

Esa imagen democrática encontraba asidero en el temor de sectores eclesiásticos, empresariales, medios y de gobiernos extranjeros ante la posibilidad cada vez más fuerte de que la izquierda entrara al gobierno por medios eleccionarios. En esa coyuntura la Democracia Cristiana aparecía como fuerza efectiva para la conservación del capitalismo nacional y de sus nexos foráneos. Servía de eje para la cohesión de elementos de centro y derecha, tanto afines como antipáticos a la democracia burguesa. Potencias extranjeras veían en la Democracia Cristiana garantías de estabilidad que las motivaban a financiar el movimiento con la certidumbre de que él y su líder, Eduardo Frei, eran "la última y mejor esperanza"[13].

Es preciso tener en mente que, desde 1948, el Partido Comunista de Chile, pivote de la política de Frente Popular en el país, había sido declarado ilegal y operaba en la clandestinidad. A pesar de todo, condiciones sociales objetivas mantuvieron su gravitación en la política chilena. Ellas fueron la ya mencionada estagnación de la productividad agrícola e industrial, las altas tasas de desempleo e inflación y la política deflacionaria impuesta a fines de la década de 1950 por el Fondo Monetario Internacional. Por ella se congelaron los salarios y se limitaron los servicios públicos. Esta situación permitió una mejor articulación de lo político y lo sindical. En 1953 se fundó la Central Unica de Trabajadores. En 1956 se formó el Frente de Acción Popular (FRAP), constituido por comunistas, socialistas, y partidos no marxistas para el apoyo de una lista común de candidatos al Congreso. El FRAP enfrentó las elecciones presidenciales de 1958 con grandes posibilidades de triunfo para su candidato, Salvador Allende.

En su reacción ante esta posibilidad, la derecha inició una violenta campaña de descrédito de los procesos eleccionarios. Se los atacó como parte de un sistema de clientelismo político corrupto, la "politiquería". Se propusieron reformas del Estado tendientes a una administración tecnocrática de la cosa pública[14]. Esta ofensiva fue legitimada con el uso de la imagen de Diego Portales, con las implicaciones revistadas anteriormente. Tiempo antes de las elecciones de 1958 corrieron sostenidos rumores de intranquilidad entre logias golpistas del ejército. En la campaña presidencial misma la derecha usó una propaganda francamente intimidatoria. Explotó temores irracionales de una invasión soviética en caso de triunfar el FRAP (carteles diseminados por toda la ciudad de Santiago mostraban a un soldado soviético de marcados rasgos tártaros, parado con actitud prepotente ante la puerta de un domicilio; la imagen era acompañada con la pregunta: "¿Quién desea Ud. que golpee a su puerta esta Navidad?"). Ciertamente contribuyeron a este clima de alta tensión emocional la escasez de artículos de primera necesidad, la inflación, las crecientes expectativas de mayor consumo de los sectores medios, los efectos desquiciadores de la vida cotidiana producidos por las continuas huelgas de la época y la violencia esporádica con que los sectores populares respondieron a la erosión creciente de sus condiciones de vida.

Al mencionar este temor a la inestabilidad que amenaza a un orden "tradicional" sacralizado tocamos el nódulo que dinamiza el discurso ideológico implícito en las dos obras que nos preocupan. En él se concibe que la estabilidad socio-política forjada *ille tempore* por un conservadurismo divinizado ha sido contaminada y erosionada por las desmesuras consumistas de los sectores medios, agentes nuevos que han invadido el horizonte social para pervertirlo. El binomio descriptivo estabilidad/inestabilidad equivale claramente a otro: estatismo/dinamismo. Todo dinamismo que atente contra un orden tradicional, al parecer con vigencia, es causa de terror. De allí el melodramatismo francamente terrorista de las dos piezas. Este melodramatismo suspende todo intento de comprensión racional de las dislocaciones sociales de la época e insiste en un irracionalismo que finalmente reduce problemas estructurales de la sociedad a soluciones morales y éticas. La emotividad propia del melodrama se logra con el uso de ideologemas tomados del neoescolasticismo: se debe buscar el restablecimiento del orden estático, añorado y perdido, mediante la restitución de relaciones comunitarias basadas en el amor, el orden y la armonía naturales que dimanan de Dios.

Por otra parte, estas parábolas terroristas dan testimonio de la debilidad política de la Democracia Cristiana en el momento de su estreno teatral. La obra de Wolff fue estrenada meses antes de las elecciones presidenciales de 1958, en que triunfa el candidato de la derecha, Jorge Alessandri, por un escaso margen de votos sobre Salvador Allende. Un año más tarde fue estrenada *Deja que los perros ladren* y sirve de espejo para una escapada tan estrecha. La Democracia Cristiana no se constituía aún en la fuerza electoral que triunfaría como avalancha en las elecciones presidenciales de 1964. De modo que, a pesar de la definición conflictiva del partido ante la oligarquía terrateniente comercial, las obras de Vodanovic y Wolff forman un frente ideológico común con la derecha "tradicional". El resultado es este lenguaje de la violencia y el enmascaramiento melodramático que no analiza una realidad que, en su movimiento concreto, fortalecía a la izquierda. Años más tarde la Democracia Cristiana se insertaría en la política de la Alianza para el Progreso con el apoyo de los presidentes norteamericanos Kennedy y Johnson. Esto, junto con su entrada al poder en 1964, hizo que el "pragmatismo" del partido ampliara las divergencias entre retórica y práctica concreta como característica central de su estilo político[15].

Egon Wolff: *Discípulos del miedo* (1958)

Mientras *Deja que los perros ladren* totaliza una versión de la historia chilena sacralizada por el conservadurismo, la pieza de Wolff complementa ese cuadro literaturizando aspiraciones de supervivencia de ese orden. La obra articula claramente objetivos de un autoritarismo corporativista que está en los orígenes de la Democracia Cristiana en la década de 1930. A pesar de modulaciones más democráticas en sus estadios de evolución, el perfil de esas ideologías autoritarias no deja de emerger en coyunturas de crisis social, como lo demuestra *Discípulos del miedo*. La presencia del autoritarismo rebasó los canales y márgenes partidistas de derecha. Al respecto deben considerarse palabras de Gonzalo Catalán:

> ...rehuyendo la actividad partidaria, con una perfecta conciencia del modelo de sociedad que se quería para Chile, el grupo de intelectuales [corporativistas] se dará a la empresa de vertebrar y proyectar ese modelo en los niveles más elaborados de la representación ideológica [...] En esa dirección y bajo esa modalidad, llevando y sosteniendo el enfrentamiento ideológico a los planos más elevados y estratégicos de la representación intelectual, penetrando con contenidos autoritarios las formas superiores de nuestra trama cultural [...] más allá de los afanes de la política contingente, irá 'influyendo en el pensamiento' y erigiéndose así en lo que alguien llamara un 'centro invisible' que dirige o aspira a dirigir, desde el punto de vista de la cultura, la orientación y el quehacer de un vasto movimiento político nacional[16].

Estas palabras se refieren a una amplia propuesta para una organización social corporativista para Chile, hecha por un grupo intelectual como respuesta a la crisis económica mundial de los años treinta. En nombre de antiguas oligarquías deseosas de remozar su liderato social ante la activación de los sectores medios y proletarios, ese proyecto se dirigió a la "regeneración del capitalismo" liberal, supuestamente causante de las grandes dislocaciones de la época. El egoísmo, la avaricia, la inescrupulosidad fomentadas por el individualismo liberal habían llevado a la sociedad a una fragmentación originada en la extrema explotación de los trabajadores y la miseria resultante. Los conflictos sociales provocados por el hambre de lucro, única motivación válida en el capitalismo liberal, habían desquiciado la cohesión social y permitido el auge del socialismo ateo. Políticamente, los "instintos anárquicos" del liberalismo se habían concretado en una democracia basada en una libertad abstracta que, en aras del racionalismo, negaba la noción del Bien Común asentada en los valores cristiano-católicos, y administrada por los espíritus selectos de "personalidades ancladas en lo universal"[17]. La democracia liberal habría atentado contra la desigualdad natural de los seres humanos y había expulsado a "Dios como el centro de la vida", por lo que tenía un tono decididamente pecaminoso. En la democracia liberal y en su movilidad social el ser humano habría quedado desnudo de referencias colectivas, trascendentales, que dieran significado a su entorno y a su presencia en él. Reinaba sólo el caos social acarreado por los apetitos materiales más agresivos del individualismo ya sin control de jerarquías. La sociedad era el espacio de la soledad y del miedo. Para los corporativistas la estabilidad sería recuperada sometiendo la gestión capitalista a principios morales en que el interés individual quedara sujeto a las necesidades del Bien Común. Para este efecto se eliminaría el desorden causado por el sistema partidista propio del liberalismo y, en su reemplazo, se reintroduciría la institución medieval de la corporación gremial.

En estas corporaciones quedaría representada la sociedad de acuerdo con sus sectores productivos. Se restablecerían allí las nociones jerárquicas entre trabajadores y empresarios. Estos asumirían el liderato social correspondiente a su natural calidad superior implícita en el hecho de ser empresarios y no trabajadores. Quedaría así institucionalizado el principio natural de la desigualdad humana, principio indispensable para restaurar el orden jerárquico necesario para una mejor cohesión social. En la corporación se negociarían los contratos colectivos y se fijarían los salarios y condiciones de trabajo en un ambiente libre de conflictos. La huelga quedaría prohibida. Los mecanismos del mercado, origen del caos social, quedarían domeñados. De esta manera, las estructuras sociales responderían a una organicidad integral entre la institucionalidad política y la productividad. La sociedad recuperaría así su estabilidad.

La pervivencia de esta añoranza de una sociedad ideal sin conflictos y con clases subordinadas, pasivas y maleables a la voluntad señorial, puede deberse a que la economía chilena ha estado largo tiempo dominada por grupos financieros monopólicos. Se ha descrito que, en su actividad, los monopolios tienden a cancelar los aspectos más dinámicos que el capitalismo mostrara en su fase inicial competitiva[18]. La capacidad productiva del sistema capitalista tuvo su impulso con la imposición del

322

principio ético de *quid pro quo* a medida que el sistema
avanzaba en las antiguas sociedades feudales. La
posibilidad del intercambio de equivalentes en el mercado,
ya sea en términos de dinero, mercancías de diferente
naturaleza u horas de trabajo, además de la competición
en el mercado, que obligaba al empresario a considerar los
precios de venta y distribución sobre la base de un recargo
razonable sobre los costos de producción, creó un
mecanismo racional de transferencia entre capacidades
productivas y capacidades consumidoras. Las fuerzas
productivas liberadas irradiaron gradualmente beneficios a
sectores más extensos de la población. Socialmente ello
resultó en un horizonte de resquicios de ascenso de status
para aquellos empresarios de mayor eficiencia en el
mercado y en la acumulación de capital para la
reinversión productiva aún más eficiente. Eticamente esto
encontró una contrapartida en una valoración de lo
socialmente dinámico y móvil, con un anclaje en la
eficiencia individual conducente, a la vez, a la valoración
de los méritos personales y de la capacidad de acumulación
de riqueza como pasaportes de ascenso social.

En su control de todas las fases de la producción, el
capital monopólico racionaliza ciertas partes del sistema
sin racionalizar su totalidad. Este parcialismo tiene como
principio primordial el acrecentamiento de las ganancias
en desproporción con el costo básico de los productos. Se
depresiona intensamente el costo laboral, reduciéndose la
capacidad de consumo de la población, decreciendo la
producción, manteniéndose, sin embargo, altos
volúmenes de ganacias. Se entra así en un período de
planificación y administración científica de una escasez
arbitrariamente provocada. En estas circunstancias, la
dinámica del *quid pro quo* es reemplazada por un esfuerzo
por una dominación social que paralice estímulos y
aspiraciones de superación y resistencia. La escasez misma
sirve de arma política para dividir a la población y
amedrentarla con la posibilidad de desempleo o
apaciguarla con oportunidades de empleo.
Complementariamente, se coordinan los mensajes de los
medios masivos de comunicación, se restringe y se
especializa drásticamente el acceso a la educación y, en

última instancia, se sistematiza la represión para forzar a la población a modelos de comportamiento predeterminado por la filiación de clase. Las facultades y potencialidades de los dominados quedan restringidas dentro de los marcos de una división del trabajo microfragmentada y/o sin función creadora.

Estas características son aún más intensas en un capitalismo subdesarrollado como es el de Chile actualmente y, por supuesto, como era en la década de 1950. Este monopolismo de estrechas alianzas imperiales debía defenderse de los avances de la riqueza para preservar su improductividad y jerarquismo social, a pesar de la pauperización de las mayorías en medio de ricos recursos naturales. El intento de legitimar un estado social de este orden no responde, por tanto, a una necesidad histórica, porque en el hecho se detiene el desarrollo de los medios productivos. De allí que los discursos de justificación ideológica que se produzcan son de un formalismo abstracto totalmente desprendido de la realidad social que se busca representar. Para ello se echa mano de formas discursivas obsoletas que más bien tienen impacto por su truculencia emocional que por su capacidad iluminadora de la realidad. El neoescolasticismo y el irracionalismo melodramático de *Deja que los perros ladren* son caso ejemplar, como lo es también la pieza de Wolff, la cual expone nítidamente el perfil de una ética enraizada en el monopolismo. Es de importancia tener presente que el apoyo a la Democracia Cristiana proveniente de la alta burguesía representaba capitales monopólicos que promovían una política corporativista. Sus objetivos han sido descritos del modo siguiente:

> Los corporativistas tienden a favorecer una sociedad en que haya una pluralidad de grupos de interés, cada uno controlado desde arriba, en que los individuos ubicados en los rangos inferiores de la jerarquía de un grupo de interés (o fuera de él) tienen escasa oportunidad de resolver o discutir problemas que puedan estar en conflicto con las políticas establecidas por las élites. El corporativismo mezcla valores tradicionales y modernos en un intento de superar el divisionismo de la sociedad capitalista aparejando valores precapitalistas (familia, religión, obligaciones sociales) con un esfuerzo desarrollista moderno[19].

En ningún momento de *Discípulos del miedo* se
presentan personajes representativos del capitalismo
monopólico chileno ni se hacen referencias directas a él en
el transcurso de la acción dramática. No obstante, esta
ausencia no suspende su gravitación ideológica. Ella se
revela con un ataque desmedidamente violento contra los
sectores medios que aspiren a incursionar en negocios
financieros e industriales. Se dice muy claramente que
ellos deben dejarse en manos de quien están dotados por la
divinidad para manejarlos adecuadamente. Se implica que
estos sectores son aquellos que precisamente ocupan la
posición económica, política y social para realizar esos
negocios. La divinidad muestra su concesión de talentos
en directa relación con el status social de los seres
humanos. Se trata de una tautología del todo adecuada
para conservar una estructura de poder. Los transgresores
son condenados al sufrimiento del desamor, la soledad y la
inseguridad por su atrevimiento de acumular capital,
invertirlo ventajosamente, surgir socialmente y cambiar
de residencia según ello. El premio de la paz, la felicidad y
el contentamiento está reservado para la clase media que
decide purgarse del pecado de la envidia y la
concupiscencia oculto tras su deseo de ascenso y se resigna
al descenso social para servir de masa obrera por el placer
de trabajar en un sistema capitalista purificado de toda
sospecha de explotación.

Tan igual como Vodanovic, Wolff emplea la metáfora
de la familia para asemejarla a la situación general de la
sociedad chilena. En su interpretación de ella también
divide los personajes entre benignos y malignos. Entre los
primeros están Juan, el padre de la familia; su hijo
Ricardo; su hija Sara; Ester, novia de Ricardo; Cora, la
novia de Jorge, el otro hijo; y Manuel, el viejo amigo de
Juan. Malignos son Matilde, la madre de la familia, y Jorge.
Superficialmente la benignidad se manifiesta con la
atracción que esos personajes sienten por la naturaleza.
Gozan con las aves y los animalitos domésticos, las plantas
y los lugares en que crecen en medio del cemento urbano,
jardines, plazas, parques. Se reconocen entre sí por
compartir estos gustos; sus momentos de comunicación

más verdadera, íntima y armoniosa se darán en esos lugares. El origen de esta manifestación está en el flujo vital de la bondad divina que sostiene todo lo creado. Ese flujo tiende a cumplir sus potencialidades, lo cual impulsa a los personajes benignos a buscar, comunicar y mantener el amor, la armonía y la unión en las relaciones personales, especialmente en las familiares. Socialmente tienden a ocupar una condición de clase de acuerdo con su esencialidad. En fidelidad a ella el individuo puede y debe aceptar y someterse a su situación laboral, económica y social, pues es la que naturalmente le corresponde. Ocupar el lugar correspondiente asegura una vida de plenitud, felicidad, sosiego y contento. Al hablar de su amigo Cicero, de sensibilidad afín, Ricardo declama poéticamente este ideal:

> Se sienta debajo del parrón y toca su guitarra... Su mujer se pone a desgranar arvejas al lado de él. Y hablan de que... de que las parras van a dar ese año, pocas o muchas uvas. De que sería necesario azufrarlas... De que si las hubieran podado más, habrían dado menos sombra. Y cuando estoy con ellos, es como si se hubiera parado la tierra de tan tranquilo que está... Y no es porque les sobra plata[20].

En el mundo de la pieza, la sensibilidad personal y las actitudes que nacen de ella para la consideración del individuo, de su lugar en el grupo y en la sociedad no están históricamente condicionadas. La pobreza o la riqueza no agregan ni quitan rasgos a las personalidades benignas ni malignas ni producen variaciones de carácter que diferencien las clases sociales. Se muestra una insólita "democracia" por la cual las relaciones de las clases reconocidas en la obra —vagamente describibles como alta, media y baja— basan sus contactos sobre la comunidad de haber ocupado su posición social en cumplimiento de la ley de su ser. Es así como Cora, de clase alta, puede enamorarse sin complicaciones de Jorge, de status inferior, llevada por el deseo de dar su amor a un ser que intuye dolorido. Esto en la sociedad chilena de los años '50, de estrictas demarcaciones sociales. Los conflictos de clase quedan descontados. No hay noción alguna en la obra de la sociedad como formación regulada por instituciones políticas y jurídicas que aseguran el poder para las burguesías nacionales, en especial sus sectores monopólicos. Junto con eliminarse los conflictos de clase, se afirma el ideal de una sociedad de estratos humanos estáticos. Aspirar a y trabajar por el ascenso económico y social es una dinámica que traiciona la naturaleza individual y es, por ende, maligna por las distorsiones y catástrofes personales que acarrea. En esto hay una diferencia evidente con la caracterización de la maldad y de la bondad en Vodanovic. Para este la polarización de términos es absoluta e irreconciliable, como lo ilustra la figura del Ministro. Para Wolff todo ser humano proviene de la bondad divina, pero puede descarriarse, desconociendo su signo esencial. Por tanto, los descarriados son figuras adoloridas, perturbadas, infelices, dignas de conmiseración. La desviación se produce por ceder a la envidia y a la concupiscencia. Lo material es causa de su caída. Ascender socialmente requiere una acumulación de riqueza que se convierte en actividad obsesiva. Se actúa con la errónea suposición de que ser plenamente no es responder a la naturaleza propia, sino al deseo de poseer la mayor riqueza posible. Dado que el capitalismo —y el monopólico en especial—funciona con el criterio de la creación de la necesidad y la administración de la escasez, la plenitud maligna implica la violencia explícita o soterrada del despojo de las posesiones ajenas. Este deseo no tiene satisfacción fácil por dos factores: en primer lugar, por la ley que impide el robo; en segundo lugar, porque la bondad primigenia de todo ser humano es imborrable y limita los impulsos de la concupiscencia a estafas de poca monta como la compra del vaso de la viuda del boticario Gómez (p. 158) o las letras impagas del auto comprado por Jorge. Inescapablemente el ser concupiscente se sabe culpable en su intimidad y tiene vergüenza de sí mismo.

El individuo de clase media afectado por esa obsesión se ve, entonces, forzado a aventurar sus escasos recursos especulando o iniciando empresas de débiles posibilidades. Pero, puesto que la eficiencia financiera no está en su naturaleza, como lo prueba el hecho mismo de pertenecer a la clase media y no a la burguesía financiera, sus riesgos están condenados al fracaso. Su personalidad queda sometida a las altas tensiones emocionales de dos fuerzas que buscan cancelarse mutuamente: el deseo secreto de retornar al amor, a la armonía y a la felicidad dejadas atrás, reconociendo a la vez que ya se ha comprometido la existencia en el arribismo social y simplemente no se puede abandonar el espacio recorrido en esa dirección. La persona queda así en una tierra de nadie y en un callejón sin salida, desnuda del afecto de los seres cercanos y a la vez frustrada en su arribismo. Las emociones típicas de esta situación son el miedo y la soledad, razón del título de la pieza.

También esta ontología podría ser calificada de terrorista. Todo cambio en las jerarquías sociales es condenado a terribles penurias, lo que hace de la obra un sermón que previene a posibles transgresores en virtud de una religiosidad. La prevención afecta el diseño de la acción dramática. Se la inicia en el momento más álgido de las tensiones provocadas por la acumulación de traiciones contra la naturaleza social de la familia por las motivaciones malignas de la madre, Matilde. Es un domingo, día del Señor, en que la familia se prepara para dejar su condición pequeñoburguesa comercial para hacerse industrial. El lunes siguiente se cerraría la transacción por la cual Juan compraría una fábrica de jerseys de lana con los dos millones de pesos ahorrados y la hipoteca sobre la pequeña tienda familiar, es decir, con los recursos acumulados durante toda una vida. Sería el gran triunfo de Matilde, quien desde largo tiempo antes había estado azuzando inexorablemente a su familia hacia el ascenso social. Su sensación de triunfo es reforzada por el cercano matrimonio de Jorge, el mejor discípulo de Matilde, con Cora, mujer de clase alta. Hablando de su propia experiencia, Matilde deja entrever que considera el matrimonio como medio para mejorar las condiciones materiales de su vida. Para ella los lazos afectivos se construyen no como flujo natural de amor, sino como acomodamiento, compromiso, sacrificio y renuncia ineludibles a cambio de una situación económica más ventajosa: "... tengo experiencia. A todo se acostumbra una. Aún a no querer, ¿entonces? El estar cerca todos los días junta" (p. 106). Su obsesión arribista había sido iniciada por los sufrimientos de su madre a manos de un marido pobre, cruel y borracho. El matrimonio de Jorge y Cora parece significar una mayor seguridad financiera para el proyecto arribista.

Sin embargo, el mecanismo más potente de tensión y distensión dramática es la secreta conversión de Juan en discípulo de Matilde. A pesar de su ingenuidad bonachona, se ha dejado infiltrar por la malignidad en aras de un amor mal entendido. Debilitado por sus dudas acerca de su capacidad como padre de familia, maestro de sus hijos, proveedor de las necesidades comunes, Juan había hecho inversiones secretas en una mina para asegurarles el bienestar que nunca había podido darles. Su criterio único para evaluar las perspectivas del negocio había sido el hecho de que Ferrás, el dueño de la mina, estaba escribiendo un libro sobre moral y esa "clase de gente no roba... Tiene una vida interior" (p. 157).

Además de disponer de los ahorros familiares, Juan había conseguido un préstamo del usurero Pedro Simón, el cual sería avalado con la tienda. Por su ignorancia financiera, Juan había hecho el traspaso de fondos para las obras en dinero efectivo, sin que quedara constancia documental de ello. Ferrás se había fugado al extranjero y Simón presionaba por el pago de la deuda. Juan había callado estos hechos, pero el lunes de la transacción por la fábrica se acercaba y el desastre quedaría expuesto.

La inminencia de la catástrofe es lo que articula el movimiento dramático en *Discípulos del miedo*. La desolación y muerte final de Juan por su fracaso magnifican el impacto de la contemplación en el escenario de las actitudes que llevaron al padre a la desgracia. En la escena se despliegan violentamente las maneras represivas que mantienen la supremacía de los valores de Matilde. En sus enfrentamientos personales la familia hace referencia al origen de esa imposición, contrastándola con la nostalgia del amor perdido por esos sacrificios arribistas y con las posibilidades de amor presente, si es que estos individuos distorsionados dieran libre curso a su verdadera naturaleza. En este sentido se compara a las parejas de Jorge y Cora, Ricardo y Ester. Los hermanos resuelven de manera diferente las tensiones creadas por la influencia de la madre. Jorge se somete al endurecimiento espiritual y emocional que demanda el arribismo y desahucia el compromiso con Cora, quien habría revivido su naturaleza y su capacidad amorosa. Por su parte, la rebeldía de Ricardo le permite mantenerse más cercano a su esencia benigna. La ruptura con su madre y el abandono del hogar familiar facilitan la decisión de casarse con Ester, opción ante la que estaba confuso. El matrimonio lo salva de la insensibilidad. En el epílogo de la obra Ricardo demuestra tener la capacidad de amor necesaria para dar a Matilde el único refugio de que dispone en su senilidad, después de ser abandonada por Jorge y por Sara.

Ya desde el momento de alzarse el telón para el Acto Primero se percibe la violencia soterrada con que el nudo de tensión descrito comienza a distenderse. Las escenas producen la impresión de una superficie resquebrajada que difícilmente contiene esa violencia. Se anuncia la primera visita de Cora a la familia y la ocasión toma visos irónicos porque, en circunstancias normales, habría sido venturosa. Por comentarios de Matilde y Sara se sabe que Juan pasa por una inusitada intranquilidad por la compra de la fábrica. Anda "por la casa como sonámbulo" (p. 102); se escabulle cada vez que su esposa menciona la transacción; como escape se entrega a una exacerbada preocupación por sus conejos y pájaros; busca recuerdos familiares para refugiarse en el pasado. Juan da repetida evidencia de querer abandonar el presente para retornar a momentos en que el cariño de los hijos era posibilidad todavía existente. Este estado de ánimo condiciona la participación del padre en las divisiones, temores y resquemores familiares. En las escenas finales del Acto ese ánimo cimenta la rápida simpatía de Juan y Cora por el gusto común por los conejos y los canarios. Más tarde, frente a la extrema hostilidad mutua de Jorge y Ricardo, hace el grotesco pedido de que los hijos repitan la escena de una antigua foto en que aparecen tomados de la mano. Como en *Deja que los perros ladren*, se quisiera congelar el tiempo. Durante todo el Acto, las tribulaciones de Juan sirven para destacar la desunión familiar.

Las primeras muestras de ella se dan con la conversación inicial de Sara y Matilde, y, después, con las entradas de Jorge y Ricardo. La abulia y hastío de la vida de Sara se deben a la pérdida del amor de Carlos por presión de Matilde. La madre no lo consideraba de calidad social suficiente para su hija, en comparación con los medios económicos de Pancho, el pretendiente favorecido por Matilde. Contradictoriamente, Matilde lamenta con nostalgia la pérdida del pasado en que la comunicación con su hija era real y afectuosa. Pareciera no tener conciencia del daño hecho con su arbitrariedad. Por razones similares, Jorge muestra un contraste entre su aspecto exterior endurecido y su fondo de ternura oculta y doliente. Cuando adulto, y respondiendo a los requerimientos de su madre, había hecho conexiones políticas que le permitían cultivar una fachada de prosperidad lograda con negocios dudosos. Jorge muestra orgulloso el símbolo de su éxito, un auto. La imagen de éxito alimenta la superioridad despectiva con que trata a sus familiares y a Manuel. No obstante, Jorge está resentido de la explotación a que lo había sometido su madre en la niñez, obligándolo a trabajar diez horas diarias tras el mesón de la tienda para ahorrar el sueldo de un empleado. Por eso había dejado sus estudios y en el presente sufría por haber sido desviado de un destino intuido como de mayor sanidad.

En estas circunstancias se introduce el paralelo entre las parejas formadas por Jorge, Ricardo y sus respectivas novias. La comparación se hace introduciendo la convención de una simultaneidad temporal por la que el foco espacial de la acción dramática se desplaza hacia el parque ubicado en un extremo del escenario, donde Ricardo y Ester se citan. En la casa familiar y en el parque las parejas discuten un problema similar: la unión de amor obstaculizada por los valores arribistas inculcados en los jóvenes por Matilde. Jorge ha perdido la sensibilidad para responder a la espontaneidad amorosa que le ofrece su novia para calmar la soledad que percibe en él. Ricardo trepida en casarse con Ester, a pesar de su amor, ya que se tortura por no tener la dignidad social ni los medios para dar a su mujer una vida material apropiada. Por su naturaleza, Ricardo se contenta con la felicidad de ser humilde mecánico. Las presiones arribistas de su madre lo llevan al autodesprecio de esta identidad. Ester no está dispuesta a seguir esperándolo hasta que resuelva este conflicto.

Al entrar a la casa esta carga lleva a Ricardo a una rápida confrontación con Jorge, encarnación de todos los valores que problematizan su vida. La tensión acumulada difusamente, las tensiones de Sara y Jorge con la madre y, por último, las preguntas de Jorge sobre la relación de Juan con Simón, empujan al padre a un quebranto nervioso por el que actúa como si su mundo estuviera al borde del colapso. En un inesperado paroxismo resuelve regalar sus conejos, proyección de su ser, a Cora ("Hay que saber deshacerse de las cosas, hijo. Es inútil aferrarse a nada", p. 131), y luego obliga a sus hijos a la repetición de la escena infantil de una antigua foto.

La iniciación del Acto Segundo no sólo trae la revelación gradual de los problemas secretos de Juan, sino también la progresiva rebelión de Ricardo. Ante la tensión evidente de su padre, tratará de recuperar y afirmar para la familia una noción más humanitaria de sus relaciones. Hacia el término de este proceso Ricardo emergerá como modelo paradigmático ideal para una sociedad bien constituida. Las recriminaciones que hace a la madre por las tensiones a que somete a Juan, además de un incidente cercano a la violencia física con Jorge, le ganan a Ricardo una "invitación" de Matilde para que se vaya del hogar. Al aceptarla, su situación con Ester queda súbitamente resuelta, pues de inmediato decide casarse con ella e instalar un hogar en el entretecho del garaje de Cicero donde trabaja. Sin duda la lejanía de Matilde suspenderá su influencia, lo cual permitirá a Ricardo convertirse en el modelo social indicado. Ello se producirá por quedar Ricardo entregado a la influencia directa del patrón a quien tanto admira.

Lo importante, sin embargo, son los temas que Ricardo verbaliza al confrontar a Matilde y a su hermano. Ellos despejan el sentido ideológico de esta obra de Wolff. Ricardo acusa a su madre de estar consumida por una ambición irracional y vaga, sin sentido concreto: "Pero cuando llego a mi casa o voy por la calle y oigo lo que habla la gente, me viene la idea de que me estoy perdiendo algo. ¿Qué me estoy perdiendo, mamá?" (p. 146). A la dinámica social iniciada por la ambición, Ricardo contrapone la relación que tiene con su empleador, Cicero. El es, por sobre todo, su amigo que le paga cuando puede y que vive en paz, tranquilidad y felicidad, lo cual debe ser imitado ("Y cuando estoy con ellos, es como si se hubiera parado el tiempo, de tan tranquilo que está...", p. 146). Ricardo niega el proceso de acumulación capitalista tanto en su origen en la explotación del trabajo como en su función reproductora con la inversión. El joven no se preocupa de lo que él produce realmente y lo que retorna a él como salario. La explotación no existe, el trabajo y el capital se conectan sólo en términos de amistad. Por lo demás, Cicero, como pequeño empresario, se preocupa más de la paz mental que de la mayor productividad.

Ricardo niega en términos morales la posibilidad de que su madre acumule capital para la inversión industrial. Por su insistencia en estos reparos es que se marca el fin de la problemática de la unión familiar. Sara hace notar que, con la partida del hermano, ella queda condenada a la soledad, mientras que Juan es separado de su hijo favorito. Momentos más tarde, Jorge comunica a la madre que ha terminado su relación con Cora: "Me pedía más de lo que podía darle [...] Quería que fuera 'franco y natural'... ¡Imagínate!" (p. 150). Con este anuncio el cuadro termina abruptamente. Matilde, incapaz de reconocer su responsabilidad en los sucesos, cierra este segmento de la acción dramática con un estado de gran confusión mental.

El cuadro final del Acto Segundo juega al máximo el impacto emocional de la situación, contrastando la ingenuidad bonachona de Juan con la obsesión de Matilde. Esto ocurre con otro paralelismo espacio-temporal que muestra a Juan en el parque, conversando con su amigo Manuel, mientras Matilde parte de la casa a trabajar en la tienda. El padre, que debería haber estado cerrando el trato para la compra de la fábrica, está con Manuel tratando de darse ánimos para confesar su fracaso en la aventura minera. Su urgencia por encontrar perdón, confort y apoyo lo hacen imaginar a una Matilde que bajo su exterior duro, es realmente leal, dulce, comprensiva, capaz de adaptarse a la adversidad. A pesar de todo, Juan no logra callar la conciencia de haber sido usado por su mujer "para resolver su problema" (p. 152). Las acotaciones, sin embargo, desacreditan esta ilusión desde el comienzo del cuadro. Se dice que Juan se "acoge a una falsa realidad de los hechos" (p. 151). La escena termina con el énfasis en que Juan ha fracasado en su vida; se tortura por esta culpa y presiente su muerte cercana.

La conclusión de esta escena resume el sentido general de la vida del padre con respecto a su familia. A diferencia de Esteban Uribe en *Deja que los perros ladren*, Juan nunca se recupera de la infiltración de su conciencia por las fuerzas del mal, como para tomar el liderato que se espera de todo padre dentro de este entorno ideológico. Al volver a casa, se encuentra con Sara en un evidente estado de "desazón y desconcierto" (p. 154) ante los hechos recientes. Pero el padre no puede darle guía porque él mismo nunca la ha tenido. Sus intentos de acercamiento a ella y, después, a Jorge, no pasan de ser gestos patéticos de retorno a una época anterior a la desviación del amor original. Hace referencias al "florecer de los ciruelos", pregunta comedidamente sobre un curso de modelo que Sara nunca llegó a tomar, regala una matraca infantil a Jorge y luego da un lamento por la separación espiritual de la familia. Pero este mundo de consuelo imaginario no resiste a la irrupción de la realidad objetiva personificada en Matilde. En "gran estado de agitación", la mujer viene a encarar a su marido para averiguar la causa de un inventario que se ha hecho de la tienda, en preparación para un embargo. El impacto de estos sucesos y el conocimiento de la causa insensibilizan a Matilde más de lo usual. El Acto Segundo termina con las recriminaciones de la esposa y su despreocupación ante un Juan moribundo bajo el peso del desastre de su proyecto.

Discípulos del miedo termina con un énfasis pedagógico sobre el significado deshumanizador de los valores representados por Matilde. El Epílogo ocurre tiempo indefinido después, para mostrar que la madre no ha aprendido su lección. Sara y Jorge la han abandonado y se encuentra al cuidado de Ester y Ricardo, el hijo que desprecia. Matilde está "abatida, ausente" (p. 159), incapaz de reconocer la atmósfera de paz y amor en que vive, a pesar de la pobreza. Signos son el cariño con que Ester cuida la ropa de su marido y el arbolito que Ricardo trae a Matilde para celebrar las Navidades en familia. Enceguecida por su obsesión todavía viva, Matilde se niega a ayudar a su nuera en los trabajos y trata el árbol con descuido. Su atención es absorbida por la posibilidad remotísima de encontrar un nuevo ángulo legal para recuperar los bienes estafados y por obtener mayores beneficios de Sara y Jorge, los ingratos que ahora tienen una situación acomodada. Culpa a Ricardo de incompetencia por no obtener resultados en la recuperación de los bienes; mina el ensueño amoroso de Ester con comentarios negativos sobre la pobreza en que viven; achaca el abandono en que la tienen los otros hijos a la supuesta miseria de su alojamiento y no a la amargura de su carácter. Exige a Ricardo que la instale en una casa lujosa. Tratando de traer a Matilde a la realidad, Ricardo fija el significado final de lo acaecido y el sentido general de la pieza. Dolido por las palabras de su madre, Ricardo le recuerda que el desastre ocurrió "porque te forzaste a una manera de vivir que no era la tuya. Forzaste a mi padre también" (p. 163); "Ustedes no nacieron para hacer negocios y yo tampoco. Por eso me conformo con lo que soy" (p. 164). Brutalmente confrontada con la medida de su desviación de la esencia de su ser, Matilde da término a la acción con palabras dirigidas realmente al espectador, para que no caiga en errores semejantes: "¿Dónde vas?... ¡Ricardo!... ¿Dónde vas? No me dejes sola... ¡Tengo miedo, tengo miedo!" (p. 165).

II. LECTURA RECONSTRUCTIVA

He llamado catártica a la lectura anterior porque magnifica aspectos de la genealogía ideológica subyacente en las dos obras estudiadas que la conciencia democrática chilena no percibía anteriormente en su verdadera significación. Debe observarse que los primeros esfuerzos por precisar la evolución del pensamiento autoritariocorporativista datan sólo de 1977[21]. Sin embargo, a más de diez años de la ruptura institucional de 1973 no tiene sentido congelar la lectura interpretativa de este teatro en su época inicial. Así como en la Democracia Cristiana se han decantado sectores de vocación autoritaria, también los hay de tendencias progresistas que contribuyen a los esfuerzos por la redemocratización de Chile. Ellos han cancelado, por tanto, la zona de indiferenciación ideológica ante la democracia burguesa que yace en los orígenes de la Democracia Cristiana. A su modo, esas rupturas han quedado testimoniadas en la evolución de Vodanovic y Wolff en su concepción cada vez más democrática de la cultura, según se observa en su obra posterior.

En la actualidad son otras las preocupaciones prioritarias de la intelectualidad democrática chilena y ellas deben gravitar en una nueva lectura: la fundamental de estas preocupaciones es la de reafirmar una noción de cultura nacional en estrecha relación con la defensa de los derechos humanos. La cultura nacional debe volver a plantearse como proyecto de desarrollo económico y humano integrador de todo sector social dispuesto, por su situación objetiva, a la afirmación de decisiones autónomas en cuanto a necesidades nacional y colectivamente definidas y satisfechas, frente a hegemonías foráneas. Por ello es que se ha puesto en el tapete la discusión y revaloración de una ética colectivista[22].

En la discusión reciente se ha buscado la definición de una ética colectivista en oposición a la ética neoliberal promovida por el autoritarismo. Renato Cristi ha sido quien ha delineado con mayor claridad esta problemática, definiendo la ética colectivista de acuerdo con tres categorías: ella es teleológica, concreta y positiva. Es teleológica por cuanto se reconocen necesidades y capacidades esenciales de la humanidad que es necesario desarrollar. Para ello los individuos y los grupos sociales deben reflexionar sobre sus modos de relación para asegurar su supervivencia y la manifestación de su potencial. Se reconoce la capacidad comunitaria para forjar una voluntad general que afirme una responsabilidad por el funcionamiento de las estructuras sociales. Aunque estas funcionan con leyes propias que están más allá de esa voluntad, se confía en que la colectividad puede conocerlas y coordinar conscientemente las motivaciones y efectos de la acción humana como para modificar esas estructuras, y garantizar seguridad e igualdad de oportunidades a la población. Esa función racionalizadora está en el Estado que, con la centralización y ordenamiento de sus decisiones, apoyado en el consenso de la población, planifica e interviene para asegurar esas garantías. Este tipo de Estado y de relación humana deben avisorar concretamente los recursos humanos, materiales y espirituales disponibles en la sociedad y, a partir de ese análisis, definir positivamente los deberes y derechos de los ciudadanos y los modos de cumplirlos y lograrlos.

Como ideología predominante en la convivencia social chilena hasta 1973, la ética colectivista tomó asidero paralelamente con la consolidación del llamado Estado de Compromiso. Este se conformó con el proyecto nacional pluriclasista de industrialización sustitutiva de la importación iniciado a fines de la década de 1930. Las alianzas políticas populistas que impulsaron ese proyecto demandaron un estilo de negociación, coordinación y compromiso entre sectores y organizaciones de diferente ideología e interés. Por tanto, la viabilidad de esa forma de Estado era posible en relación directa con la consolidación de una ética colectivista que, definida en los términos anteriores, daba cabida a toda doctrina política afín a ella. De aceptarse este argumento, sólo queda la conclusión de que el predominio de la ética colectivista en Chile hasta 1973 fue esfuerzo conjunto de social cristianos, fascistas, librepensadores, marxistas, marxista-leninistas y demócrata-cristianos. Quizás en este marco de referencia tome sentido el insólito dato de que, en Chile, el movimiento nazista apoyó el candidato del Frente Popular en las elecciones presidenciales de 1938.

La actividad teatral fue la forma artística más claramente asociada con la consolidación del Estado de Compromiso. Al contrario de la narrativa y la lírica, la producción teatral no puede ser acto de creación aislada, solitaria. Demanda una ingente inversión financiera y la correlación de equipos de actores, directores y técnicos.

Como parte de su gestión por modernizar la sociedad chilena, desde la década de 1940 el Estado formó y financió compañías y escuelas de teatro como dependencias universitarias[23]. Así se congregaron artistas e intelectuales que fueron profesionalizados y burocratizados como teatristas, produciéndose una homogenización de métodos y concepciones estéticas que ha sobrevivido aún después del parcial pero intenso desmantelamiento del Estado como empresario teatral después del 11 de septiembre de 1973. Dentro de este marco, la conjunción de doctrinas políticas dispares dentro de una ética colectivista fue fundamento de la producción teatral. De modo ilustrativo, es de interés señalar que Sergio Vodanovic me informó que una de las reescenificaciones de *Deja que los perros ladren* fue dirigida por Víctor Jara, intelectual comunista.

La experiencia humana de estos años de fascismo en Chile demanda una decantación disyuntiva que permita discernir con conciencia entre formas de ética colectivista que falsamente se presentan como alternativas de satisfacción de necesidades populares. De aquí la importancia actual de una relectura de *Discípulos del miedo* y *Deja que los perros ladren*. En esencia, esa disyuntiva requiere una revisión de la metáfora familia, con la cual se concretó teatralmente la ética colectivista del período indicado como sistema de representación simbólica de la realidad social. Toda metáfora organizadora de formas discursivas contiene implicaciones que no quedan del todo concretadas o aclaradas en un acto específico de representación. Estos ofuscamientos se convierten en espacio para la manipulación y la mistificación ideológicas, permitiendo el enmascaramiento de que hemos dado cuenta en este trabajo.

Para mejor visualizar *la relación ética colectivista-metáfora familia* concibamos que toda sociedad es un ámbito para al vida, es decir, para la promoción de los derechos humanos. Un ámbito es un espacio comprendido dentro de límites demarcados. Ha sido habilitado por un trabajo cultural anterior que, según valoraciones prioritarias del poder hegemónico, asigna y orienta los recursos disponibles y necesarios para su desarrollo.

Innumerables generaciones emplean su gama de comportamientos colectivos para delimitar ese ámbito. Así exploran y descubren nuevos modos de conducta que trasmiten a generaciones siguientes, de la misma manera como legan un territorio nacional más o menos habilitado para la reproducción humana. Una situación óptima para este efecto supone una continuidad ininterrumpida de intereses y motivaciones que conectan a los individuos de la cúpula directiva y gubernamental que controla y dirige el Estado, pasando por instituciones intermediarias como asociaciones vecinales, sindicales, gremiales, y partidos políticos. En este ámbito debe existir un flujo de información, discusión y debate público que, en sentido circular, parta de individuos y grupos, llegue a instituciones, gobierno y Estado, para luego hacer un viaje de retorno que recoja temas de preocupación colectiva, los perfile, defina y refine, para así mejor estabilizar una base consensual consciente de las decisiones que afectan a la colectividad. Este proceso circular es el fundamento para la constitución de un Estado cuya misión sea el desarrollo y protección de los derechos humanos.

Ahora bien, para la representación simbólica de la administración de este ámbito de continuidades, se necesita una metáfora que sirva de nexo otorgador de significación entre todos sus componentes. En el teatro promovido por el Estado de Compromiso, esa metáfora fue la familia. Esto es comprensible, dada la función de promotor de la negociación social asumida por el Estado. Con ello se da un desmesurado salto analógico que equipara riesgosamente un grupo microcósmico con la totalidad social macrocósmica. Aquí yace el peligro de manipulación ideológica.

Un examen de un conjunto de obras de ese período muestra el grupo familiar como isla autosuficiente, de tendencias naturales a la armonía de relaciones y de una vitalidad que lucha por expresarse espontáneamente. Por un período la familia queda expuesta a fuerzas negativas de origen tanto interno como externo. La negatividad anterior proviene de alguna autoridad familiar que responde a normas de conducta que impiden el crecimiento de lo socialmente renovador. Por ejemplo, esos personajes actúan según normas propias de un latifundismo "tradicional" y, por tanto, incompatibles con la modernización industrial. Desde el exterior penetran los valores fragmentaristas del prurito consumista de las grandes ciudades y de la admiración por la cultura extranjera. Ello crea expectativas entre los jóvenes que sólo pueden ser satisfechas con la ruptura de la tradición familiar. En casos óptimos, la exterioridad incita a que la familia, agotada en su potencial de renovación, se abra a fuerzas de energía y bullicio vital. De los padres se espera que cumplan con su rol de impartir modos de conducta apropiados para la unión familiar y que conecten a los hijos con la sociedad de manera realista, constructiva y renovadora. Las madres tienden a cumplir una función mariana: mantienen abierta la comunicación entre los hijos, el padre y la tradición familiar. Así las significaciones del pasado logran una continuidad en el presente y en el futuro para guía y orientación humana en el tiempo. Ya que se propone una teleología social, la figura de los padres, y del padre en especial, es severamente criticada y castigada si sus acciones no responden o no están a la altura de la tarea propuesta. Si es así, se lo hace desaparecer por muerte, locura o simplemente pierde relevancia en la historia familiar. En estos casos se lo reemplaza con un sustituto —sea hijo o hija de personalidad madura, amigo, pretendiente, yerno/nuera o empleada doméstica de largos años de servicio en la familia. Ellos sugieren la aurora de un futuro de felicidad, unión, amor, prosperidad o corrección de los errores pasados. La figura de los hijos tutelados es usada para demostrar los efectos de la administración de la moral por los padres y/o buscar una catarsis que los restituya adecuadamente a la realidad social.

Sin duda es riesgoso proponer una tipología sucinta como esta para una literatura tan vasta. No obstante, por limitada que sea, capta lo espúreo de una simbología que equipara el seno familiar con los complejos y conflictivos entendimientos políticos transados en un marco populista. Hay un escamoteo de fisuras reales, abiertas por el conflicto de clases y sólo dirimibles en el ámbito público más amplio de la conducción de una cultura nacional. En reemplazo de esas tensiones se presenta un espacio privado y doméstico, utópicamente aspirando a una armonía de un orden paternalista, de familias de clase media con intereses conservadores, que son exhibidas como símbolos de la nacionalidad. De todos modos, la amenaza de los valores foráneos, la animadversión entre personajes de diferente interés social y una permanente sensación de incertidumbre desnudan las tensiones de una sociedad dependiente, fundada sobre la apropiación minoritaria de la riqueza nacional socialmente producida.

Insistir sobre estas mistificaciones tiene importancia actual por cuanto el bloque de poder militarizado es una difícil alianza de sectores fascistas en pugna con sectores neoliberales[24]. El balance entre ellos, aceptada su comunidad en la protección del capitalismo chileno, ha sido arbitrado por el general Augusto Pinochet sobre la base de prevenir la actividad popular organizada. En la medida en que se acentúe el fracaso económico neoliberal con su proyecto de hacer de la economía chilena complemento de la internacional, quizás el conflicto fascista/neoliberal se acentuará. Como ya se ha visto, el corporativismo fascista es incompatible con una ética neoliberal que equipara la libertad humana con el acceso a un mercado capitalista de leyes no intervenidas por el Estado. Ante una crisis del neoliberalismo quizas el bloque de poder busque una salida política desplazando su eje hacia los sectores fascistas que hasta ahora han tenido a su cargo el aparato represivo. Puesto que, al contrario de la ideología neoliberal, el fascismo se ha caracterizado por una preocupación por la producción cultural simbólica, en ese desplazamiento quizás las mistificaciones elaboradas en torno a la metáfora familiar sean recicladas para apelar a una sensación de seguridad emocional a través de una ética colectivista de corte autoritario[25].

Finalmente, junto con plantear esta alerta, está el deber de aquilatar el valor de la larga e importante carrera dramatúrgica de Wolff y Vodanovic: más allá de la calidad de sus obras y de las polémicas que su particular visión del mundo pueda causar, está la contribución de sus obras como signos para que las generaciones siguientes puedan meditar y problematizar el sentido de la cultura nacional.

NOTAS

[1]Sergio Vodanovic, *Deja que los perros ladren* y *Nos tomamos la Universidad* Santiago de Chile: Editorial Universitaria, 1970, p. 55. En adelante cito de esta edición.

[2]Giles Wayland-Smith, *The Christian Democratic Party in Chile* Cuernavaca: Sondeos Nº 39, Centro Intercultural de Documentación (CIDOC), 1969, pp. 2/2-2/19.

[3]La "gente joven que murió en el Seguro Obrero" se refiere a un intento de *putsch* perpetrado por el partido nazista chileno en septiembre de 1938, en vísperas de las elecciones presidenciales en que triunfara el Frente Popular. Luego de fracasar en apoderarse de la Moneda, el palacio de gobierno, un grupo nazista se refugió en el edificio del Seguro Obrero, ubicado a pocos metros del palacio. Allí se rindieron. Sesenta y dos de ellos fueron fusilados en ese lugar.

[4]Raúl Silva Castro, *Ideas y confesiones de Portales* .Santiago de Chile: Empresa Editora Zig-Zag, S.A., 1968, p. 19.

[5]De especial importancia para el estudio del período portaliano es el trabajo de Jay Kinsbruner, *Diego Portales: Interpretative Essays on the Man and Times* .The Hague: Martinus Nijhoff, 1967. Su gran aporte es la desmitificación de la actividad política del portalismo en su época.

[6]José Victorino Lastarria, "Don Diego Portales, Juicio Histórico". *Portales, Juicio histórico* . Santiago de Chile: Editorial del Pacífico, S.A., 1973.

[7]Francisco A. Encina, *Portales*. 2ª edición. Santiago de Chile: Nascimento, S.A., 1964.. Cito de esta segunda edición.

[8]Esta información me fue proporcionada por Sergio Vodanovic.

[9] Debo estas observaciones sobre el texto de Cervantes a mi colega Anthony N. Zahareas.

[10]Jaime Eyzaguirre, "Parábola de Don Quijote". *Hispanoamérica del dolor* . Santiago de Chile: Editorial Universitaria, S.A., 1969, p. 90.

[11]Jaime Eyzaguirre, "Sangre y Dolor de España". *Chile en el tiempo* . Santiago de Chile: Ediciones Nueva Universidad, s.f., p. 60.

342

¹²Wayland-Smith, "The Birth and Development of the Christian Democratic Party". *The Christian Democratic Party in Chile;* James Petras, "Corporatism and Populism in the PDC". *Political and Social Forces in Chilean Development*. Berkeley: University of California Press, 1969.

¹³ Es el título del libro de Leonard Grossman, *The Last, Best Hope: Eduardo Frei and Chilean Democracy* . New York: Random House, 1967. La lectura de este libro es de gran utilidad por cuanto despliega al máximo el utopismo ideológico con que los relacionadores públicos estadounidenses presentaron a la Democracia Cristiana ante su público.

¹⁴El mejor índice de esta postura es Jorge Prat Echaurren, quien desde la época del poder del Partido Radical venía atacando su corruptela a través de la revista *Estanquero,* que en su título mismo hace referencia a su portalismo. La filosofía de gobierno desarrollada por Prat se articuló finalmente en su frustrada campaña presidencial de 1964. Como otros sectores conservadores, retiró su candidatura para que la derecha enfrentara unida la presión de la izquierda tras Eduardo Frei. Ver la recopilación de discursos de Prat hecha por Mario Arnello, *Proceso a una democracia: el pensamiento político de Jorge Prat* . Santiago de Chile: Soberanía, Sociedad Periodística e Impresora Ltda., s.f. En la lectura de estos discursos llama la atención la afinidad de valores con que Vodanovic y Prat conciben la burocracia estatal.

¹⁵Esto queda patente en relación a un área de gran importancia para la Democracia Cristiana como fue el de las relaciones con Estados Unidos. En un estudio intitulado "Christian Democratic Ideology in Inter-American Politics: The Case of Chile, 1964-1970", Manfred Wilhelmy afirma "...se puede decir que el 'procesamiento-codificación de problemas' demócratacristiano tendió a ser más 'racionalista' que 'empírico', es decir, los líderes gubernamentales tenían una mayor inclinación a dedicarse a un razonamiento deductivo que a someter sus concepciones a la prueba de la experiencia al discutir asuntos de política exterior. La doctrina partidista tenía considerable peso, en circunstancias en que la práctica diplomática era todavía escasa. En la medida en que la mentalidad ideológica estaba 'abierta' en los primeros meses del nuevo gobierno, estaba abierta a 'argumentos deductivos, racionales' más que a evidencia nueva" (p. 140); "...la ideología ayudaba a los líderes gubernamentales a soslayar el dilema entre una política probablemente efectiva pero poco inspiradora, y una más atractiva pero probablemente inefectiva. De este modo, se usaron afirmaciones ideológicas cuando no había medios prácticos para desarrollar cursos de acción concretos de acuerdo con creencias teóricas. Esto hacía más 'aceptables' ciertas movidas diplomáticas específicas, tanto para el 'auditorio' real o posible de la política exterior de Frei, como para los actores mismos" (p. 138). Morris J. Blachman and Ronald

G. Hellman, eds. *Terms of Conflict: Ideology in Latin American Politics* , Philadelphia: Institute for the Study of Human Issues, 1977. La traducción es mía.

[16]Gonzalo Catalán B., "Notas Sobre Proyectos Autoritarios Corporativos en Chile". *Escritos de Teoría* . Academia de Humanismo Cristiano, Santiago de Chile, III-IV, diciembre, 1978; enero, 1979, p. 102.

[17]*Ibid.*, p. 138.

[18]Paul A. Baran and Paul M. Sweezy, "The Irrational System". *Monopoly Capital* . New York: Modern Reader Paperbacks, 1966.

[19]Marcelo J. Cavarozzi and James Petras, "Chile". Ronald H. Chilcote and Joel C. Edelstein, eds. *Latin America: The Struggle with Dependency and Beyond* . New York: John Wiley and Sons, 1974, p. 524. La traducción es mía.

[20]Egon Wolff, *El signo de Caín. Discípulos del miedo..* Santiago de Chile: Ediciones Valores Literarios Ltda., 1971) p. 146. En adelante cito de esta edición.

[21]Ver: Carlos Ruiz, "Tendencias Ideológicas de la Historiografía Chilena del Siglo XX". *Escritos de Teoría.* Academia de Humanismo Cristiano, Santiago, Chile, II, septiembre, 1977; segunda parte en *Escritos de Teoría,* III-IV, diciembre, 1978, enero, 1979. Gonzalo Catalán, "Notas sobre Proyectos Autoritarios Corporativos en Chile". *Escritos de Teoría,* III-IV.

[22]Los siguientes trabajos se han dirigido al tema de manera directa: Renato Cristi, "Hayek y la Justicia". *Mensaje,* Vol. XXX, agosto, 1981, N° 301, pp. 403-407; Tomás Moulián y Pilar Vergara, "Estado, Ideología y Políticas Económicas en Chile: 1973-1978". *Estudios CIEPLAN* (Corporación de Investigaciones Económicas para América Latina, Santiago, Chile), N° 3, pp. 65-120; Hernán Vidal, *Dar la vida por la vida: la Agrupación Chilena de Familiares de Detenidos Desaparecidos* . Minneapolis: Institute for the Study of Ideologies and Literature, 1982; José Joaquín Brunner, *La cultura autoritaria en Chile* . Santiago de Chile: Facultad Latinoamericana de Ciencias Sociales-Latin American Studies Program, University of Minnesota, 1981. Por otra parte, la revista *Solidaridad* de la Vicaría de la Solidaridad de la Iglesia Católica mantiene una campaña permanente por resaltar una ética colectivista.

[23]Ver: María de la Luz Hurtado y Carlos Ochsenius, "Transformaciones del Teatro Chileno en la Década del '70". *Teatro Chileno de la crisis institucional: 1973-1980 (antología crítica).* M.L.

Hurtado, C. Ochsenius, Hernán Vidal, eds. Minneapolis: Minnesota
Latin American Series-CENECA, 1982.

[24]Al respecto ver el trabajo de Moulián y Vergara antes mencionado
(nota 22) y Manuel Antonio Garretón, "Procesos Políticos en un Régimen
Autoritario, Dinámicas de Institucionalización y Oposición en Chile
1973-1980". Documento de Trabajo, Nº 104, Programa FLACSO,
Santiago, Chile, diciembre, 1980.

[25]Como síntoma de esta posibilidad ver: Giselle Munizaga y Carlos
Ochsenius, "El Discurso Público de Pinochet (1973-1976)". Neil Larsen,
ed. *The Discourse of Power: Culture, Hegemony and the Authoritarian
State in Latin America* . Minneapolis: Institute for the Study of
Ideologies and Literature, 1983.

CULTURA NACIONAL
Y TEATRO CHILENO PROFESIONAL RECIENTE

Dadas las restricciones para la expresión de opiniones disidentes sobre los radicales cambios operados en Chile después del 11 de septiembre de 1973, los sectores más significativos del teatro chileno profesional adoptaron una función crítica, creándose uno de los pocos espacios públicos tolerados por la autoridad militar. Esta función, que en su época de mayor relevancia puede situarse entre los años 1973-1980, trajo importantes discusiones entre los grupos teatrales más destacados, las cuales han tratado de determinar diversas prioridades: la supervivencia económica; la formación de un público teatral; la necesidad de expandir la recepción teatral más allá de los sectores pudientes; la modulación de estrategias y tácticas para interpelar a la autoridad; la captación de los comportamientos y temáticas creadas por la población chilena para enfrentar las consecuencias de la crisis institucional; la vigencia real de la creación colectiva de textos y espectáculos teatrales como modalidad productiva predominante.

La riqueza y variedad de este haz de problemas provoca la necesidad de encontrar un foco de argumentación a la vez englobante, comprensivo y capaz de delimitar las prioridades primarias y secundarias de esta problemática. Entre los temas que preocupan a los teatristas chilenos, se pueden reconocer diferentes grados de inmediatez: unos son de gran cercanía, como el de la supervivencia económica; otros deben ser considerados en un marco conceptual y temporal más extenso, como es el de la razón de ser de la actividad teatral en este momento de la historia chilena. Con esto se quiere llamar la atención sobre un aspecto metodológico de importancia: el análisis social de las formas culturales debe considerar sus diferentes ritmos de desarrollo, de acuerdo con el modo en que influyen sobre ellas los diferentes niveles estructurales, lo económico, lo social, lo político y lo ideológico. Se podría decir que, en estos diversos niveles

346

de análisis, los relojes marcan el tiempo bien con evidente premura o con manifiesta lentitud[1]. Por ejemplo, la necesidad de encontrar nuevos modos de expresión tiene una urgencia para los teatristas chilenos que no tendría para un historiador que observa globalmente el período "post 1973."

Las discusiones realizadas en encuentros y seminarios revelan que para los creadores teatrales su propia acividad, en el período enfocado, se presenta a sus ojos primordialmente como contingencia permeada por los requerimientos de una cotidianidad que no permite conclusiones totalizadoras de su experiencia. Por el contrario, el crítico literario no involucrado en esta cotidianidad debe fijar la mirada en aquellas argumentaciones introducidas por los propios teatristas para poner su experiencia en perspectiva, pero que han quedado sepultadas en cuanto a su relevancia por la preocupación contingente. La captación, magnificación y refinamiento teórico de estas argumentaciones podrían ser una contribución de la crítica literaria a un quehacer artístico tan importante. Específicamente, esta contribución podría ser la restitución de un balance teórico entre la contingencia y una perspectiva totalizadora que inyecte nuevos elementos de juicio. En este sentido resalta la frecuente referencia de los teatristas chilenos a "la cultura nacional" como marco de valoración de su trabajo en circunstancias políticamente adversas. Uno de ellos dijo de manera certera, emotiva e inequívoca: "Tenemos que considerarnos a la vanguardia de un teatro que trata de rescatar los valores culturales de nuestro pueblo. Por ello, nosotros no hacemos 'contra-cultura' como a veces se dice, sino que estamos haciendo la verdadera cultura". De allí que estime apropiado centrar los planteamientos que siguen en torno al concepto de Cultural Nacional[2], de antigua raigambre en la historia chilena y latinoamericana. Se observará que el uso de este concepto, no más sea como trasfondo referencial de mera latencia, da un sesgo crítico y democratizante a toda discusión o representación de los aspectos más relevantes de nuestras sociedades. Ello hace pensar que las categorías analíticas surgidas del concepto Cultural Nacional son las de mayor organicidad para el estudio del teatro chileno reciente.

Como ocurre con toda elección de un diseño discursivo, argumentar a partir de un concepto central necesariamente obliga a excluir otras opciones. En el caso presente, esta situación insoslayable se complica por el hecho de que este estudio no contó con los elementos de juicio que se habrían obtenido de la observación del espectáculo de las obras analizadas más adelante. Esta es la desventaja en que se encuentra el investigador a la distancia con la cultura chilena. Se trata de una limitación y de ninguna manera se propone que el texto dramático basta en sí para el conocimiento de lo teatral. Sin embargo, sí es posible argüir que el sesgo culturalista de este trabajo compensa esa insuficiencia trasladando el foco del argumento al estudio de la forma en que los teatristas chilenos han elaborado literariamente el material histórico de su experiencia cercana.

Debido a esta estrategia es que el análisis de obras específicas ha tenido resultados a veces sorprendentes para los teatristas a quienes se mostró una versión anterior de este trabajo. Por una parte, el análisis deja en evidencia una gran cercanía y coherencia estética aun entre grupos teatrales que han tenido fuertes y acaloradas polémicas y divergencias. La explicación de este fenómeno está en que los teatristas que forman los cuadros básicos que han dado continuidad al teatro profesional chileno actual, recibieron su formación y entrenamiento en el período de auge del teatro universitario, durante las décadas de 1950-1960. Todos reconocen que esta comunidad de experiencia artística, en un momento en que el Estado era el gran empresario teatral, ha tenido una gravitación mayor en su trabajo que las disidencias recientes. Esto es válido aun para la única obra de un grupo amateur recogida en este estudio, *Baño a baño*. Los teatristas aficionados han gozado de la experiencia de esa generación profesional a través de su labor de extensión y soporte. Por otra parte, algunos teatristas expresaron sorpresa de que ciertas lecturas propuestas para obras tratadas aquí a veces exageran el valor artístico del espectáculo con que se las dio a conocer públicamente. La razón de esta aparente sobrevaloración debe atribuirse a la conceptualización culturalista de este trabajo. Hay textos que potencialmente problematizan la historia chilena reciente de un modo superior a la capacidad de los teatristas para plasmarla en un texto o un espectáculo consonantes. En última instancia, el valor que se ha visto en ellos es su capacidad para elaborar global y significativamente la totalidad del desarrollo social chileno en el período designado para este trabajo.

LITERATURA, ESTADO Y CULTURA NACIONAL

Todo texto literario es una representación imaginaria de la situación contemporánea de una cultura. La literatura es una elaboración analógico-metonímica del modo en que grupos humanos crean y usan cultura, es decir, herramientas, objetos, ideas, conceptos, discursos, símbolos, valores, instituciones, jerarquías y normas de conducta para transformar aspectos discursivamente definidos de la realidad natural y social. Los discursos literarios participan en la conformación de las visiones ideológicas de una época, proponiendo la manera en que los seres humanos reproducen o debieran reproducir su existencia, de acuerdo con sus necesidades, intereses y objetivos materiales y espirituales, en el ámbito de un poder político hegemónico. Metafóricamente la literatura tipifica agentes que buscan conservar, transformar o revolucionar un aspecto específico o la totalidad social desde el escorzo sensual y emocional de su experiencia de la vida diaria. De modo tácito o explícito, este discurso metafórico intenta debatir, reemplazar o neutralizar las definiciones de "lo real" propuestas como nociones universales por quienes controlan el aparato estatal.

Históricamente los conceptos de Estado y Cultura Nacional están orgánicamente relacionados. Sólo con la posibilidad de formar, estabilizar y consolidar un Estado-Nación es que se puede hablar de Cultura Nacional[3]. En Europa el surgimiento de los Estados nacionales estuvo estrechamente vinculado con los esfuerzos de las burguesías emergentes por articular territorios y diversos sectores sociales y étnicos bajo instituciones reguladoras centrales que aseguraran una óptima acumulación de capital. A nivel ideológico, esta totalización fue legitimada con discursos que, en nombre del alma, del espíritu, la razón y la soberanía del "pueblo," propusieron al conjunto social una cohesión de clases para el beneficio común dentro del proyecto de acumulación capitalista. Esta legitimación constituyó una conciencia nacional en la medida en que los discursos justificadores de esos intereses particulares fueron fundidos con la masa de tradiciones, las costumbres, la idiosincracia, la psicología de la colectividad y el entendimiento del pasado, para reorientar la cultura anterior y abrirla a la incorporación de nuevas experiencias históricas.

La necesidad del capitalismo de irradiarse internacionalmente en busca de mercados y fuentes de alimentos y materias primas creó los incentivos para que el proceso de articulación de los Estados-Nación se diera también en Latinoamérica. Para consumarse, el comercio de importación-exportación demandaba una firme integración, homogenización y control de territorio y población para efectos productivos, comunicativos y distributivos. Tal control hizo de la inversión de capital extranjero y nacional una aventura de riesgo razonable y de alta rentabilidad. Las Culturas Nacionales en Latinoamérica surgieron de los trabajos materiales e intelectuales por delimitar, integrar, cohesionar y administrar territorios, población y etnias, ideologizándolas para tareas comunitarias en que el interés comercial-latifundista fue universalizado para toda la sociedad.

La Cultura Nacional del Chile decimonónico, bajo ese liderato, tuvo un inverso negativo y un reverso positivo. Lo negativo es que, al constituirse como respuesta a las incitaciones del capital extranjero, el desarrollo social chileno debió responder a las demandas selectivas del mercado internacional—plata y salitre sucesivamente, productos agrícolas en menor grado. Esto provocó una debilidad congénita de la Cultura Nacional, por cuanto la selectividad del desarrollo productivo impidió una participación creadora de la población general y una apropiación real de toda la extensión del territorio nacional. Basta observar las dificultades que todo gobierno chileno ha tenido para la articulación efectiva de los extremos norte y sur con el resto del territorio nacional para comprobar lo dicho. Las oligarquías comercial-latifundistas iniciaron una tarea histórica todavía no resuelta. No obstante, su necesidad de legitimar el Estado en nombre de la soberanía del "pueblo" inevitablemente abrió paso al aspecto positivo: la utopía de la participación amplia de todos los sectores sociales, en los derechos y obligaciones de la ciudadanía. A medida que la economía se expandía y se acrecentaron los sectores medios y proletarios, éstos se organizaron partidaria y sindicalmente para traer esa utopía más cerca de la realidad con la impugnación del Estado oligárquico y sus deficiencias y rigideces para la negociación. Esta utopía civil tuvo una temprana equivalencia literaria con la proposición de José Victorino Lastarria de una literatura nacional representativa de todos los sectores sociales, étnicos y territoriales de Chile, de todo el acervo de costumbres y modos de ser nacionales para refinarlos ideológicamente y orientarlos hacia la construcción de modelos de comportamiento ciudadano conducentes a una democracia de amplia capacidad participatoria y no al monopolio político de la oligarquía[4].

Como se observa, explicar la consolidación del Estado y de la Cultura Nacional requiere dos categorías epistemológicas: *totalización* a nivel de argumentación política; *universalización* a nivel de argumentación ideológica. Ellas hacen referencia al trabajo intelectual de elevar la especificidad concreta de "este individuo privado, Pancho Ramos" a la categoría abstracta de "ciudadano de la República," o la de "este villorio de Metrenco" a la calidad de "parte del territorio nacional." La misión estatal de legislar, regular, administrar, coordinar, dominar y legitimar obliga a la elaboración de estas abstracciones universales. Ellas sirven para refinar, transformar y orientar la experiencia cotidiana y las identidades privadas de la sociedad civil para someterlas a decisiones basadas en juicios impersonales de corte científico.

Para servir de nexo entre la especificidad cotidiana y la abstracción estatal, la sociedad civil ha creado instituciones intermediarias para la negociación de los diversos intereses sociales con los del Estado. Las principales son los partidos políticos, los sindicatos de trabajadores, los gremios de empresarios, los colegios profesionales y los medios de comunicación masiva. De acuerdo con los intereses en juego, los cuadros directivos y asesores de estas instituciones elaboran tipificaciones *particulares* de carácter intermedio para enfrentarlos al Estado y presionar en su favor. En condiciones políticas favorables, estas instituciones son los patrocinadores más dinámicos de elaboración y diseminación de conocimiento en la sociedad. A través de ellas el individuo puede superar la conciencia limitada, característica de la cotidianidad privada. Al acudir a reuniones de partido, sindicato, gremio o colegio el individuo recibe una representación ideológica de todo el conjunto social que de otro modo no tendría, inmerso como está en la estrecha rutina espacial, temporal y de limitadas relaciones humanas y laborales de su vida diaria.

El desplazamiento entre la especificidad del dato cotidiano y la universalización de carácter totalizador del conocimiento, pasando por la noción intermedia de particularidad, es una dinámica esencial en la representación de lo real por la conciencia humana[5]. Obviamente, es necesario respetar ciertas salvedades al respecto: toda representación es abstracta. Sin embargo, es patente que la conciencia las adecúa para enfrentar la contingencia inmediata y abstraer de ella modelos de conducta más generales para prácticas futuras. Por esto el grado de abstracción entre las categorías de especificidad, particularidad y universalidad es un continuo variable y mutable, de acuerdo con circunstancias de uso en diferentes coyunturas concretas. Iniciar una inquisición en cada uno de estos términos finalmente lleva al conocimiento de los restantes: al construirse el perfil típico medio de un obrero industrial, miembro de un sindicato textil específico, se está abstrayendo en relación a lo que es "la obrera textil Juana González," pero esta abstracción no es de la magnitud contenida en la definición de obrero en un código legal del trabajo. A la inversa, entender esta definición legal permite entender cómo el Estado canaliza la gravitación e influencia de las estructuras sociales sobre la vida de Juana González.

Movimiento similar de la conciencia se da en la elaboración de material literario. La obra literaria es una forma de representación ideológica en que la experiencia de la vida diaria es tipificada sensual y emocionalmente, lo cual la diferencia de la representación científica. En el espectro de desplazamiento epistemológico que se ha esbozado, la localización de la literatura es la particularidad equidistante entre lo específico y lo universal. Al respecto Georg Lukács ha dicho:

> En efecto: si en el movimiento científico ese movimiento procede realmente de un extremo a otro mientras que el centro, la particularidad, desempeña en ambos casos un papel mediador, en el reflejo artístico ese centro es literalmente un centro, un punto colector en el que se centran los movimientos. Por eso hay tanto un movimiento de la particularidad a la universalidad (y a la inversa) cuanto un movimiento de la particularidad a la singularidad (y también a la inversa), siendo en los dos casos el movimiento hacia la particularidad el momento conclusivo. El reflejo estético igual que el cognoscitivo, aspira a recoger la totalidad de la realidad en su desplegada riqueza de contenido y forma, a descubrirla y a reproducirla con sus medios específicos[6.]

Esto significa que, a través de las tipificaciones literarias, el autor busca explorar la más rica red de conexiones, causas y efectos que iluminan la influencia de la totalidad de las estructuras sociales de que dispone una cultura sobre el destino personal de los individuos; y, a la inversa, el impacto de la individualidad tipificada sobre el conjunto social. En otras palabras, la práctica de la creación literaria tiene equivalencias cercanas a la práctica de las instituciones de la sociedad civil que median entre la cotidianidad individual y el poder del Estado. De allí que se pueda afirmar un hecho por todos conocido, que el discurso literario es implícitamente una interpelación al poder político constituido. Esto apunta, además, al hecho de que una alteración de las funciones totalizadoras de las instituciones intermediarias no puede dejar de tener efectos fundamentales sobre la creación literaria. Esto es fácilmente comprensible puesto que, directa o indirectamente, esas instituciones ponen en circulación un conocimiento del desarrollo social y cultural que informa todo discurso explicativo de la sociedad, ya sea de modo consciente o inconsciente. Esto retrae la discusión a los sucesos iniciados el 11 de septiembre de 1973 en Chile.

La intervención de las fuerzas armadas en lo político marcó el paso entre el Estado de Compromiso fraguado en la década de 1930 y el Estado Autoritario que ha suspendido las instituciones mediadoras de la sociedad civil[7]. El Estado de Compromiso fue la culminación de las posibilidades de una amplia participación cultural dentro de la utopía política burguesa planteada en el siglo XIX. Dentro de los parámetros de este aparato estatal se entrevió la transición al socialismo. El Estado de Compromiso surgió de las coaliciones populistas forjadas para hacer frente a la gran depresión económica mundial de los años treinta. Su objetivo central fue la promoción de un capitalismo nacional sobre la base de una industrialización sustitutiva de la importación. Como agente principal de desarrollo económico, el Estado creó mecanismos políticos de negociación y compromiso con todo sector social organizado. Promovió por ello un estrecho engarce entre las instituciones del Estado y las de la sociedad civil para la asignación de los recursos estatales. Esta práctica trajo la gran politización y movilización del conjunto social para competir ventajosamente por esos recursos. A la vez limitó la influencia incontestada de la gran burguesía en el aparato estatal de decisiones.

La instauración del autoritarismo tuvo por objetivo la desmovilización y parálisis de la participación política formada en la tradición populista. La negociación política fue reemplazada por la directa intervención del Estado en la sociedad civil con edictos de carácter administrativo y tecnocrático. Las instituciones mediadoras de la sociedad civil fueron inmediata o gradualmente suspendidas, eliminadas, dirigidas o limitadas. Por tanto, la capacidad de la conciencia pública para totalizar su conocimiento de la sociedad y la cultura quedó fragmentada en extremo. Ella ha quedado limitada a la experiencia inmediata de lo cotidiano, modulada tanto por la censura de los medios de comunicación masiva como por la interiorización psíquica

354

de los mecanismos de represión. La atomización de la experiencia social ha quedado complementada con la estricta imposición de una política de mercado en cuanto al acceso de la población a los servicios públicos antes subvencionados por el Estado. El consumo de bienes culturales, educacionales y de salud, en este contexto, promueve una estamentización social de acuerdo con los ingresos, lo cual es reforzado con una política económica global que fomenta la concentración monopólica de capital en manos de minorías pequeñísimas. La política económica del Estado ha facilitado un proceso de acumulación transnacional de capital basada en la actividad del capital financiero. Sus conexiones con centros financieros internacionales que trasladan capital a Chile con altas tasas de interés, han resultado en una fuerte contracción de la industria y la agricultura orientada al consumo interno. Ello ha afectado intensamente la capacidad del aparato económico para absorber población laboral y ha deprimido drásticamente su nivel de vida. Las categorías propias de una vigorosa Cultura Nacional han quedado suspendidas.

CREACION DE CONJUNTO: TEATRISTAS CHILENOS A LA ESPERA DE AGENTES SOCIALES DE DEMOCRATIZACION

Sus continuas referencias a la "cultura nacional" indican que el proyecto central de los teatristas chilenos es el de contribuir a la rearticulación de la conciencia nacional dentro del ámbito de fragmentación del autoritarismo. Se trata de una tarea a la vez de alta significación y de limitada repercusión, puesto que toda actividad ideológica —no importa en qué circunstancias— está sujeta a las restricciones impuestas por los circuitos de diseminación de que dispone. Por otra parte la constelación de una conciencia nacional no es tarea de sólo un sector de intelectuales, sino de todo un conglomerado, de diverso origen y adherencia social y de diversas disciplinas. En este caso, su tarea es proponer un conjunto de discursos literarios como base de espectáculos teatrales en que se logre una totalización interpretativa de la sociedad chilena conducente a su democratización. Ello supone mantener el recuerdo viviente de los logros anteriores de la movilización popular; incorporar a esa memoria las experiencias de la cotidianidad bajo el autoritarismo como nuevas formas culturales de adaptación y contrarreacción para la acción futura; diagnosticar las alternativas de la dominación a todo nivel y usar los resquicios de expresión permitidos por los cambios de la situación política chilena. Para cumplir su cometido, y a pesar de las diversas modalidades productivas e ideológicas de cada grupo teatral, estos discursos deben quedar interconectados en un sentido global, cosa que los teatristas reconocen como objetivo ya alcanzado al hablar de una uniformidad estética llamada por ellos "realismo crítico". Desde una perspectiva temporal contingente esta uniformidad puede causar una genuina preocupación, puesto que ella podría ser síntoma de "agotamientos de estilos y, a la postre, un agotamiento del teatro." No obstante, desde la óptica más global de un esfuerzo por proponer una nueva Cultura Nacional, las tendencias de uniformidad son, sin duda, índice de un consenso del todo saludable.

Más que la censura oficial, quizás el impedimento mayor en la tarea de rearticular una conciencia nacional sea la invisibilidad de los posibles actores de la democratización en Chile. Todo cambio social implica la existencia de agentes masivos capaces de impulsarlos. En referencia a estos agentes, el trabajo intelectual de representación del cambio es un acto retrasado. La función representadora tiene como guía objetiva las acciones masivas en que esos agentes crean espacios y puntos de presión ante el poder de acuerdo con sus intereses y las normas y decisiones adoptadas por las vanguardias que les sirven de portavoces. La percepción tangible de una masa social en movimiento da sustancia y refuerza la actividad intelectual. Pero, en una situación como la del Chile actual, esas guías y referencias son aparentemente imperceptibles en el horizonte. Los esfuerzos por la reconstitución de un movimiento contestatario quizás llegue al intelectual en sordina, indirectamente, como rumores y comentarios entre amigos en círculo privado, o como lectura sintomática de incidentes informados en los medios de comunicación masiva controlados. En estas circunstancias, una actividad teatral que da expresión a aspiraciones democratizantes se convierte en un riesgo que crea toda clase de polémicas y debates sobre estrategias y tácticas correctas que, en el aislamiento, muchas veces causan frustración y pesimismo. La subjetivización del dato cotidiano que sirve de materia prima de esa actividad puede sufrir desviaciones, distorsiones y llegar a frecuentes callejones sin salida. Así, pudiera parecer que el trabajo artístico tuviera como único agente de referencia y receptor posible el grupo mismo de intelectuales creadores y un público restringido en extremo. Como consecuencia, el afán de experimentación se exacerba aceleradamente en busca de la "renovación y profundización expresivo-estética" para devolver al teatro "su función básica: hacer re-ver, develar la realidad a los espectadores" y hacer de él un "irritante, excitante, de resensibilización y también de afirmación de elementos que son negados por el orden político-social actual."

La urgencia de estos debates es encontrar un anclaje social objetivo para la actividad teatral. Esta problemática ha traído un nuevo sentido para la creación de conjunto. La creación colectiva se hizo predominante en la década de 1960 como respuesta a la escasez de textos dramáticos y a las tendencias de democratización dentro de los teatros universitarios: el rango jerárquico del director y del dramaturgo impedía la libre expresión de todos los componentes de un grupo. Ahora, la creación colectiva pone a prueba la interpretación individual de lo cotidiano y la transforma y reconstituye de acuerdo con una sabiduría común que la adecúa a la experiencia social objetiva. Sin embargo, "lo objetivo," como dato de conocimiento, está sujeto a elaboraciones ideológicas que dan surgimiento a la plétora de aproximaciones a "lo real" que caracteriza a sociedades de complejas diferenciaciones de grupos humanos. En este sentido, dos conjuntos teatrales aparecen en el presente como índices de opciones ideológicas polarmente opuestas, pero que, en su distanciamiento, señalan la existencia de posiciones intermedias en otros grupos. Me refiero al Teatro ICTUS y al Teatro La Feria. La polarización de su acercamiento a la creación colectiva está en el valor dado a la subjetividad individual en el primero y a los esquemas funcionales existentes en la sociedad como condicionantes del comportamiento en el segundo. A pesar de esta diferencia, en la estructuración del texto y del espectáculo teatral ambos grupos comparten el sentido de todo trabajo artístico: experimentar con modos de totalizar la conciencia de la cultura chilena dentro de las restricciones actuales.

El Teatro ICTUS tiene ya una larga vida iniciada en 1959 como corporación de derecho privado sin fines de lucro. Su método creativo parte de la premisa teórica de la existencia de un inconsciente colectivo de la nacionalidad que se expresa en una sensibilidad específica y diferencialmente chilena[8]. Puesto que todo individuo es órgano de ese inconsciente, las reacciones de su subjetividad ante los estímulos sociales son una vía para inquirir en las formas culturales que esa sensibilidad crea en su desarrollo histórico. El área en que se manifiestan y surgen estas nuevas formas es la contingencia de la vida cotidiana. Allí se encuentra la materia prima teatral. El integrante del colectivo debe, por ende, participar en intensos programas de introspección que resultan en sucesivos "vómitos personales." En ellos se exponen las dudas, debilidades, temores, carencias y aspiraciones con que el individuo enfrenta la vida. Ya que el integrante es parte del inconsciente colectivo nacional, los miembros del conjunto se autoasignan la capacidad de reconstrucción de los modos de ser de otros individuos, de diferente extracción social y sometidos a diferentes incitaciones sociales. En estas exploraciones lo cotidiano se exhibe con un aspecto caótico que el trabajo artístico elabora gradualmente, hasta adquirir una forma en que el chileno puede contemplarse y reconocerse como ser histórico. Puesto que el ensamble de escenas nace de una experiencia empírica directa, subjetiva y personal, supuestamente el producto está liberado de imposiciones ideológicas aprioristas, proceso que los integrantes de ICTUS llaman teatro existencialista. De aquí el énfasis en la "búsqueda de la autenticidad" en la actividad creativa. La vida diaria en un medio represivo es concebida como la adecuación personal a padrones de comportamiento —*máscaras*, en el lenguaje psicoanalítico— numéricamente restringidos que coactan la amplia expresión de las potencialidades individuales. El individuo, consciente de esta mecanización de las rutinas diarias, lucha por descubrir modos de conducta inéditos, para tener un grado de liberación en las nuevas opciones de expresión puestas a su alcance por la experimentación de seres con preocupaciones similares. Es de importancia observar que, aunque los argumentos de los miembros más expresivos de ICTUS indefectiblemente remiten a postulados psicoanalíticos, ellos niegan que éstos realmente reflejen la posición estética del grupo. Sin duda en esto ha tenido influencia el desprestigio en que ha caído el psicoanálisis en círculos intelectuales chilenos como postura erróneamente considerada como ahistoricista, en un medio social que exige una fuerte conciencia histórica.

La aspiración a una creación teatral libre de incitaciones ideológicas sólo puede sostenerse postulando una condición o naturaleza humana arquetípica no del todo sujeta a condicionamientos históricos. Este postulado llevó a una escisión del grupo ICTUS en 1976, de la que surgió el Teatro La Feria[9]. Superando lo individual, sus integrantes claramente sindican a las clases populares como protagonistas centrales del cambio social. Por ello orientan su actividad teatral a la recuperación y captación de las formas culturales y de la visión de mundo creadas por los sectores socialmente subordinados. Coinciden con el grupo ICTUS en el uso de la experiencia cotidiana como materia prima de la creación teatral, pero rechazan la elaboración de esa experiencia con postulados psicologistas de cuño existencialista y psicoanalítico, como también rechazan la orientación exclusiva del espectáculo a sectores pudientes. Aspiran a captar las formas de vida populares para refinar su significado en relación con las tendencias globales de la sociedad chilena. Intentan así devolver esa experiencia a los sectores populares para iluminar su conciencia, su identidad y, quizás, su práctica social. La objetividad se localiza para los miembros de La Feria en el hecho de que todo sistema social desarrolla, para su reproducción, esquemas funcionales de conducta de naturaleza transpersonal. Ellos están más allá de la influencia del subjetivismo individual. Por tanto, captar la expresión cultural del pueblo demanda un inventario científico de los marcos estructurales impuestos por el poder vigente en lo económico, social, político e ideológico, observar la articulación de todos ellos y las formas de adaptación y rechazo mostradas por el pueblo. De aquí resultan tipificaciones históricas anónimas que caracterizan a extensas masas de hombres. Así se crean las bases para la formación de una estética nacional-popular centrada en la concepción del hombre "como un ser fluido y abierto a las disímiles determinaciones propias de su medio social e histórico"[10]. Este concepto, de ascendencia brechtiana, es denominado "teatro situacional" y objetivador de la realidad y de la cultura nacional, en que el espectador se enfrenta conscientemente a problemas que lo tocan de cerca.

A pesar de la polaridad ideológica descrita, el Teatro ICTUS y el Teatro La Feria comparten una sobrevaloración de la contingencia social como materia prima de su arte. La contingencia, entendida como categoría histórica, se refiere a sucesos percibidos con inmediatez, inestables en sus efectos, cuya necesidad histórica e impacto en la sociedad no pueden ser determinados en un discurso explicativo del cambio social. Un discurso de globalización cultural debe penetrar lo contingente para enfocar fenómenos más permanentes en su función de sindicar agentes de transformación, objetivos, obstáculos y modos de neutralizarlos. De allí que la meditación cultural requiera marcos temporales más amplios para comprender la lógica de los fenómenos sociales. Como forma de aprehensión cultural, la literatura está sujeta a un imperativo similar. Por tanto, es contradictoria la noción antidiscursiva implícita en la sobrevaloración de lo contingente, la cual lleva a menospreciar la importancia del texto dramático en la producción teatral. En ICTUS esto se da como parte del perfil irracionalista de su concepción creativa. Para este grupo la captación de la sensibilidad chilena ocurre como súbitas iluminaciones intuitivas. Su vehículo de transmisión óptima no es la acción dramática de largo aliento y lógicamente desarrollada, sino el sketch o secuencia de sketchs, de corta duración, con una lógica interna que no permite su inserción homogénea en un discurso racional más amplio. Por ello es que el grupo niega la validez de la estructura dramática aristotélica como respuesta artística a la situación del Chile actual. Siempre basados en la existencia de un inconsciente colectivo de la nacionalidad, fundamentan este rechazo en la idiosincracia chilena, que supuestamente rehusa el rigor de la razón:

> Pienso que nuestra forma de pensamiento, la de nuestro público, no es la lógica rigurosa, aristotélica, como la de los europeos. Además, ellos poseen una tradición de siglos como espectadores de teatro. Nosotros no; queremos captar las cosas en forma rápida, a pedacitos[11].

En el Teatro La Feria la tendencia antidiscursiva se presenta como reducción de lo teatral a lo efímero del espectáculo. Junto con ello, el espectáculo es totalmente instrumentalizado para enfrentar y comentar coyunturas políticas inmediatas. Por supuesto, el ritmo de conformación de coyunturas es mucho más acelerado que el de la producción de textos dramáticos. Por ello el grupo debe tomar la decisión consciente de no escribir libretos teatrales en el sentido tradicional. Esto requeriría una meditación en que causas y efectos deber ser engarzados en una acción dramática completa. El grupo La Feria prefiere bosquejar montajes para ser puestos en escena. Los montajes son descritos como *frisos* en que se yuxtaponen aspectos de la cultura nacional sin ser elaborados, de manera que el conjunto adquiera significado por la interrelación: "La ordenación de los distintos elementos que se dan en este 'puzzle' es la base y estructura de la obra"[12]. Con ello se suspende la presentación discursiva explícita de los nexos entre los elementos reunidos, lo cual demanda del espectador una buena dosis de intuicionismo o conocimiento previo ya racionalizado de la problemática nacional.

Quizás la tendencia antidiscursiva sea una autocensura de la meditación histórica sostenida. Tal vez en ella se materialicen objetivamente los problemas más agudos que los teatristas deben asumir en su labor de reconstitución cultural: exploración cauta de los límites máximos de expresión permitidos por la censura oficial; evaluar la mejor orientación ideológica para elaborar el material teatral en circunstancias políticas poco propicias; tendencia a la incomunicación entre los diferentes grupos teatrales; dudas sobre la función e impacto de lo teatral en la sociedad ("la función crítica que cumplía el teatro en ella se ha visto sobrepasada al ser asumida resueltamente en la vida social global"). Quizás una conciencia de esta autocensura haya reabierto un debate sobre la necesidad de abrir un nuevo espacio creativo para dramaturgos dentro del trabajo colectivo y redefinir la relación entre ellos. La intención es complementar la capacidad del conjunto para recolectar observaciones personales de la cotidianidad y semielaborarlas artísticamente, con la habilidad del dramaturgo para ensamblarlas, sin hacer un fetiche de su individualidad, evitando también la "anteposición de las necesidades personales de expresión [de los actores] por sobre la unidad expresiva de la obra entendida como totalidad".

En este sentido, la experiencia más significativa ha sido la del grupo Taller de Investigación Teatral, T.I.T., en relación a su éxito de taquilla *Tres Marías y una Rosa* (1979). El material para la obra comenzó a reunirse en 1976 mediante una observación-participación directa, con técnicas sociológico-antropológicas hechas por los integrantes del grupo entre bolsas de mujeres cesantes, confeccionadoras de retablos de arpillera[13]. Es sugerente que, después de más de dos años de recolección de material empírico, el grupo no lograra producir un esquema dramático para un espectáculo. Finalmente llegaron a un acuerdo con el dramaturgo David Benavente. Elaborando el material reunido, él modificó sustancialmente el primer acto ya escrito por el T.I.T. y creó totalmente el segundo. No se podría dar caso más sintomático de los peligros fragmentadores de la conciencia artístico-histórica por la entrega a la contingencia y, en este ejemplo, a un empirismo positivista.

362

REALISMO CRÍTICO

Prueba de los avances de los teatristas chilenos en reconstituir una visión global de la cultura está en la uniformidad estética que detectan en sus obras más importantes bajo el concepto de "realismo crítico." Realismo es la capacidad artística de representar las leyes de movimiento de una cultura de acuerdo con el conocimiento de ellas de que disponga el artista, según las formas representativas a su alcance, en un momento histórico y la habilidad en su uso. En último término, la problemática de la representación teatral de las tensiones sociales creadas por la instauración del Estado autoritario tiene que ver con la revalidación de una visión naturalista de las relaciones humanas y con la continuidad del grotesco predominante en la literatura hispanoamericana durante las décadas de 1960 y 1970. Ambas concepciones son presentadas como perversión del desarrollo histórico chileno, de manera que la oposición política, en el frente literario, se manifiesta como la búsqueda de modos de superación del naturalismo y del grotesco. En esto reside, creemos, la noción de un realismo crítico. A través de él se reafirma la capacidad humana para hacer historia transformando sus determinismos a través de un examen analítico de sus dimensiones.

Como modo de representación de la realidad social, el naturalismo llegó al ápice de su vigencia durante las décadas finales del siglo XIX y las primeras del presente. La discusión crítica en torno a una modernidad literaria iniciada con el Modernismo y luego triunfante en las décadas de 1950-60, dio por sentada la superación del naturalismo en la época contemporánea. Sin embargo, la política de control social del gobierno militar ha renovado su vigencia. Obviamente ya no se trata de la tríada positivista raza-medio ambiente-momento histórico, como condicionadores fatales de la elección humana, característica del período decimonónico. La afinidad del naturalismo con el presente está en las doctrinas de la geopolítica, la seguridad nacional y la economía de mercado impuestas sucesivamente después de 1973. Ellas introdujeron un darwinismo social por el que tanto los

Estados nacionales como los individuos deben sobrevivir en un mundo de escasos recursos, por lo que deben competir intensamente. La definición del mundo en términos de escasez conforma una sensibilidad marcada por la anestesia de las emociones y valores de solidaridad humana. Ello hace posible que las élites de poder adopten decisiones de impacto social con base en criterios estrictamente técnicos y no humanistas. Para las mayorías afectadas, la sociedad asume un aspecto alienado por la impersonalidad con que se asigna la responsabilidad de las medidas tomadas a las "leyes naturales del mercado" o la "lucha por la supervivencia" y no a la voluntad de quienes tienen el poder económico y político. Se da una animalización de las relaciones personales. El poderoso se siente omnipotente y el sometido pierde o corre el riesgo de perder su dignidad. La víctima se ve cosificada por una voluntad superior que le niega su libre arbitrio. A la vez, las élites de poder se ven obligadas a vigilar estrechamente a los sometidos para impedir una rehumanización que los impulse a una actividad, si no liberadora, por lo menos de una resistencia que resguarde valores en mayor consonancia con la persona humana.

Como contrarreacción se da una visión melodramática de la realidad. La retórica altamente emocional usada en ella aspira a una sensibilización del espectador para restablecer una comunidad con el sufriente. Dadas las restricciones para una interpretación franca del dato social, muchas de sus causas deben ser soslayadas. Así se articula un síndrome típicamente melodramático, en la medida en que los efectos humanos de la política social deben atribuirse a fuerzas oscuras, secretas, que afectan los destinos individuales de manera repentina, arbitraria y, al parecer, incontrolables. Ante ellas sólo queda apelar a la conmiseración y a la ira para la protección de las víctimas, aspecto que refuerza el característico sentimentalismo melodramático. Estas premisas han hecho posible la reaparición de un melodrama no visto desde las primeras décadas de este siglo, con la obra de Florencio Sánchez (Uruguay), Vicente Martínez Cuitiño, José León Pagano (Argentina); y Antonio Acevedo Hernández, Eduardo Barrios, Germán Luco Cruchaga y Armando Moock en

Chile. En diferentes piezas de estos autores se trata el efecto de la modernización capitalista iniciada a fines del siglo XIX en algunas de las instituciones más básicas de la sociedad, la familia y la autoridad paterna y materna. Bajo influjo del positivismo, la mayor eficiencia capitalista aparecía como el embate de fuerzas animalizadoras que eran observadas ambiguamente, ya sea por el optimismo de una utopía progresista o por la fascinación enfermiza con el espectáculo de la decadencia de los inadaptados.

La experiencia histórica chilena acumulada no permite, sin embargo, la reedición directa de este modelo, aunque aspectos relevantes de él permanecen. En la actualidad se hace énfasis en el modo en que las enseñanzas de la movilización popular —unión, organización, colectivismo— deben utilizarse en contra de la animalización naturalista de la sociedad. Se puede afirmar, entonces, que el uso de esquemas naturalistas es una parodia que tiene por objeto exaltar los modos de superarlo y volver a presentar al ser humano como actor de su historia, para derrotar la parálisis a que se lo quiere relegar. Se trata de un antinaturalismo que reactiva el sistema metafórico ya usado por teatristas cristianos desde fines de la década de 1950. La familia era entonces la metáfora para explicar la sociedad. El orden era sustentado por la figura paterna, a quien se asignaban atributos ideales de sabiduría, experiencia, paciencia, justicia y protección en el trato de la madre y de los hijos. Su autoridad era juzgada por el cumplimiento de esos ideales frente a una prole de entusiasmo vital, pero generalmente inexperta y sin dirección constructiva. La madre tenía una función mariana por su frecuente mediación entre padre e hijos para mantener la armonía y el amor en la familia. En este esquema se equiparaba una crisis social con la alteración de alguno de los roles familiares, ya sea por ausencia de uno de los padres, por incapacidad, desorientación o enfermedad mental de uno de ellos o la rebelión de los hijos. Junto con esto, se mostraba una radical diferenciación de espacios. Los espacios interiores, cerrados, ámbitos de la familia, recibían los embates de la exterioridad, de la sociedad, que causaban las crisis familiares. La familia era una isla asediada por las fuerzas dislocadoras de la sociedad.

En buena medida esa concepción tenía un fuerte sentido utópico por cuanto la familia era una entidad fuera de la sociedad. Los movimientos del desarrollo social eran factores externos, elementos foráneos que la penetraban y perturbaban sin constituirla esencialmente. En su antinaturalismo, las obras más representativas que se analizan más adelante —*El último tren* (1978), *Cuántos años tiene un día* (1978) y *Tres Marías y una Rosa* (1979)[14]— superan en parte ese utopismo. Ante el peligro de dispersión, fragmentación y traumatización familiar, en estas piezas se crean personajes con la capacidad de absorber las enseñanzas del pasado para sobrevivir en el presente. Estos personajes son más realistas en su actuación porque son depositarios de una experiencia histórica presidida por valores humanistas que hacen gravitar sobre sus necesidades actuales. El presente queda permeado por un flujo histórico que, al ser recordado, lo redime.

A primera vista pareciera que entre el teatro de grotesco y el realismo crítico media una distancia considerable, que los hace incompatibles. No obstante, la categoría grotesco se ha hecho necesaria por el desmantelamiento de la Cultura Nacional por el Estado Autoritario. Particularmente se ha hecho indispensable para la representación de las distorsiones de las ideologías más fundamentales con que todo Estado moderno ha logrado legitimarse como depositario de la soberanía nacional.

Tanto como el naturalismo, el grotesco se caracteriza por una distorsión extrema de las rutinas más normales de la cotidianidad. Al igual que el melodrama, el grotesco[15] juega con la convención de que esas distorsiones son producidas por agentes desconocidos, difíciles de ser captados por la mente racional. Ellos alienan a los hombres de un uso normal de su espacio, tiempo, cuerpo, habilidades y capacidad de relacionarse con otros seres. Los sometidos de este modo pierden el atributo humano de crear historia en el proceso de transformarse a sí mismos con su trabajo de transformación de la naturaleza y de la sociedad. Privados de su historicidad, los individuos viven existencias regidas ritualmente: prescriptivamente repiten acciones fijadas como padrones esquemáticos e irrenovables por esos agentes desconocidos. Esta modalidad se hizo relevante en la década de 1960 con la llamada narrativa del *boom* y en el teatro con autores como Griselda Gambaro, Osvaldo Dragún, José Triana y Jorge Díaz, entre otros. Las dos obras revistadas posteriormente —*Lo crudo, lo cocido y lo podrido* (1978) y *Baño a baño* (1978)— usan el grotesco para desnudar satíricamente las contradicciones y tensiones existentes entre quienes constituyen y apoyan al Estado Autoritario, a pesar de que éste trata de exhibir un poder monolítico, sin fisuras visibles.

Las dos obras mencionadas enfocan mundos de encierro, soledad y aislamiento creados para la conservación de élites que desean situarse fuera del flujo histórico con la exclusión de las mayorías masivas. Los fascina la contemplación narcisista de su propio poder, que parece inmutable e inagotable porque no necesita medirse contra multitudes contestatarias. No obstante, los agobian secretos temores y nostalgias que arruinan el gozo de los espacios cerrados que quisieran disfrutar con placer, seguridad y la intensa sensación de su superioridad. Viven bajo la amenaza de una posible irrupción de los excluidos en el seno selecto de su intimidad. Precisamente éstas han sido las características del Estado Autoritario que lo han sindicado como forma ineficiente de la dominación estatal[16]. Al cancelar, suspender, desmovilizar o intervenir administrativamente en las instituciones mediadoras de la sociedad civil, el Estado Autoritario abandonó las principales mediaciones ideológicas que enmascaran la actividad de todo Estado como sistema de dominación. Estas son los conceptos de *nación, ciudadanía* y de *lo popular*. Nación implica, según lo expuesto con anterioridad, una identidad colectiva que define a una sociedad como unidad de proyectos y de solidaridades, a pesar de la diversidad y antagonismos de la sociedad civil. Ciudadanía es una abstracción que plantea la igualdad de los individuao aun en las sociedades divididas en clases, según la cual la participación en los canales de expresión política prescritos por el Estado le permite a éste gobernar en nombre de los ciudadanos. Lo popular es el reconocimiento de la obligación estatal de proporcionar justicia concreta para las necesidades hasta de los sectores más desposeídos de la población. Este conjunto ideológico permite al Estado aparecer como protector del interés común, elevándose por sobre intereses particularistas. Por el contrario, el Estado Autoritario chileno representa a una pequeñísima élite de altos oficiales de las fuerzas armadas, altos burócratas y tecnócratas públicos y privados y la gran burguesía asociada con conglomerados multinacionales. Para los propósitos de una óptima transferencia de capital, los límites del territorio nacional son, para ellos, una molestia innecesaria. La represión y las actividades de desnacionalización del patrimonio chileno quedan expuestas en toda su desnudez, lo cual, en el reverso de la situación, expone la soledad y el aislamiento de quienes ejercen el poder. Se dirigen a la sociedad con una retórica marcial y patriótica esperando la aprobación pasiva de una utopía de plenitud, una vez que la economía "se restablezca". Sin embargo, debido a la parálisis que se ha impuesto a todo sector social posiblemente opositor, la respuesta a esa retórica es el silencio. Por ello es que en los círculos de poder finalmente penetra el temor. Indudablemente ese silencio esconde formas de resistencia y oposición difíciles de controlar del todo. Crece, por ende, una alerta paranoica que alega la necesidad de "descontaminar", limpiar el cuerpo social de toda politización. No hay duda, entonces, sobre los motivos por los que los autores de *Baño a baño* eligieron situar la acción de su obra en un baño turco en que impera el aislamiento, la soledad y el temor de quienes ejercen la violencia.

LA LUCHA ANTINATURALISTA

El examen de las piezas agrupadas por su temática antinaturalista muestra dos similitudes estructurales de importancia central: la preocupación por la fragmentación de la familia y la exploración del trabajo como manera de reconstituirla con formas alternativas. La familia en estas obras no contempla únicamente la consanguineidad, como en *El último tren*. Las otras dos la reemplazan por el grupo de trabajo que alcanza una cohesión semejante a la de la familia, a través de la complementación espiritual y material que surge de afrontar juntos la supervivencia. Ciertos personajes son destinados de manera más o menos explícita para cumplir funciones paternales o maternales frente a otros caracteres claramente asociados con la inmadurez juvenil. En *Cuántos años tiene un día* nos encontramos con Ignacio y Cecilia frente al resto del equipo de periodistas. *Tres Marías y una Rosa* es de mayor interés todavía, puesto que Maruja, jefa del taller de arpilleras, debe hacer de padre juicioso para un grupo de mujeres que no puede esperar sostén de sus maridos emigrados o desempleados. Las funciones familiares adquieren así una maleabilidad y una relatividad dictada por la necesidad y la tarea de derrotarla. En esto reside la importancia del motivo literario del trabajo. El trabajo fuerza a los personajes a entrar en relaciones que los obligan a encontrar lo mejor de sí mismos en sí mismos, a pesar de profundas diferencias de personalidad y de estados tan degradantes como el de la prostitución. Con el trabajo se crean condiciones de comunidad que permiten el surgimiento o protección de valores o experiencias positivos que de otro modo serían destruidos. Esto hace que incidentes aparentemente nimios tomen carácter de rituales entendidos como ceremonias que restablecen cohesiones y camaraderías amenazadas: recuerdos de infancia y juventud, brindis, una ceremonia matrimonial celebrada en broma, por ejemplo. Todo esto hace que trabajo y familia se fundan en un solo esfuerzo por humanizar una sociedad darwinizada.

La acción dramática de *El último tren* (Gustavo Meza y Teatro Imagen, 1978), se inicia con la llegada de Mercedes a la casa de su hermano Ismael y la hija de este, Violeta. Mercedes había estado ausente del país por largo tiempo a raíz de su matrimonio con un extranjero y su residencia en Venezuela. Su retorno a Chile es un intento de solucionar la crisis emocional y económica creada por su divorcio. Es una mujer de edad madura, sin hijos, sin medios y sin entrenamiento para obtener empleo. Su educación había consistido en el cultivo de su talento musical como pianista. Su subsistencia se había debido a su función de esposa. Su llegada a la casa del hermano es una posibilidad de encontrar refugio en la tradición familiar, seguridad económica en la liquidación de la herencia del padre —gestión por efectuarse— y realización como madre frustrada en el cuidado de Violeta, muchacha de diecisiete años.

Así el conflicto queda enunciado como una tajante confrontación entre *tradición* y *modernidad*, típica del melodrama de comienzos de siglo. En adelante se observa la capacidad o incapacidad de los aspectos más valiosos de la tradición para ser reinsertados en un mundo radicalmente transformado. Ismael vive en un ambiente en que el tiempo parece haberse congelado. De la misma forma en que el espacio está lleno de los viejos muebles y artefactos legados por su padre, los valores de éste continúan gravitando allí. Ismael tiene orgullo de su eficiencia burocrática como jefe de estación de ferrocarril, de su honestidad como funcionario, de su uso de los privilegios de su rango para bienestar y protección de la familia, de las aspiraciones de emulación cultural que caracterizan a todo su gremio. Mercedes vuelve, entonces, para recuperar un paraíso de amor, solidez y permanencia. El entusiasmo y la nostalgia con que los hermanos se informan del pasado individual y familiar hacen pensar que es fácil reinsertarse en un flujo histórico común. Juntos rememoran canciones y espectáculos teatrales que crearan en el seno familiar para pasar horas muertas en estaciones ferrocarrileras de provincias. Sin embargo, la contradicción entre tradición y modernidad contiene otra, *apariencia* vs. *realidad:* el retorno al refugio de la tradición familiar es un mito inalcanzable ante una realidad histórica que ha seguido su curso inexorablemente. Las directivas tecnocráticas del Estado Autoritario han penetrado en la vida familiar a través de un funcionario apropiadamente llamado Marcial, quien reorganiza esa porción del servicio de ferrocarriles para hacerla eficiente, autofinanciada y espiar y eliminar a posibles sediciosos. Con Marcial se encarna la política estatal que resulta en una alta tasa de desempleo entre la población laborante,

370

con sus consecuencias de inseguridad, temor, delación y enfermedades psicosomáticas. Ante el criterio hegemónico de la solvencia y la fluidez monetaria y el consumismo, la única respuesta restante en la familia de Ismael es la prostitución de su hija Violeta.

Violeta se revela gradualmente como el personaje central de *El último tren*. Ella es el nexo entre dos modos radicalmente diferentes de vivir la cultura en un momento de transición. Ha asumido resueltamente la animalización darwinista de las relaciones sociales para transformarla en acto de sacrificio de amor por su padre. Se había prostituido con Marcial para mantener a Ismael en su puesto durante la retracción burocrática; más tarde había profesionalizado su prostitución prestando servicios en un balneario turístico para pagar las deudas de su padre. Su sacrificio tiene un fuerte sentido religioso. La malignidad materialista de su entrega corporal por dinero queda redimida por el amor con que mantiene los últimos vestigios de unidad familiar fragmentada por los procesos políticos. Violeta tiende un puente entre la animalidad predominante en la sociedad con el mundo de los valores superiores del pasado de su familia. Asume el materialismo degradado para obtener los medios con que mantiene la ilusión mítica de su padre, quien atribuye su permanencia en el servicio a su conocimiento, honestidad y eficiencia y la "extensión" de los plazos para el pago de sus deudas al buen nombre de su familia. Mediante Violeta se afirma, sin duda, que la transformación cultural chilena dependerá de los procesos de renovación demográfica.

La prostitución de Violeta aparece como dato secreto que debe ser revelado. El sentido de la acción dramática es el movimiento hacia un clímax en que, luego de la tensión creada en torno a la situación familiar, se expone el sacrificio de la muchacha. El dato de la prostitución de Violeta se conjuga con las noticias de la clausura del ramal ferroviario dirigido por Ismael, la pérdida de su puesto y la intención de la muchacha de ir a Santiago para prostituirse con mayor libertad y provecho. Con ello la contradicción tradición-modernidad llega a su punto máximo. Se expone la incapacidad de Mercedes para contribuir al sustento de la familia; en su debilidad para entrentarse a la realidad, Ismael busca escape en la locura.

Fuera de reeditar la analogía metafórica familia/sociedad civil, autoridad paterna/Estado nacional, *El último tren* reintroduce otras metáforas de rancia tradición liberal. Por ejemplo, el ferrocarril, como signo cultural, remite a un progresismo liberal decimonónico en su proyecto de integrar una cultura nacional. La supresión del ramal apunta a una crisis cultural en aras de una eficiencia capitalista y es obvia, además, la nostalgia por el Estado de Compromiso, con su política de redistribución social más equitativa de la riqueza nacional. Es en este aspecto donde la pieza plantea disyuntivas inquietantes. Es cuestionable la mitificación que se hace del Estado de Compromiso como equivalente de valores vertebradores de la tradición histórica para provocar una intensa reacción emocional contra la política social predominante en la actualidad. Además de su capacidad para promover la negociación entre diversos sectores sociales, el Estado de Compromiso se caracterizó por una gran proliferación burocrática improductiva y onerosa, asignada a diferentes organismos de difícil coordinación centralizadora[17]. El gobierno militar se apropió de la validez de esta temática como parte de su política de desinversión en los servicios sociales sin encontrar una alternativa productiva para esa burocracia. Este es realmente el punto crítico, no la idealización de un Estado reconocidamente fallido en este aspecto.

Como ya se anticipara, *Cuántos años tiene un día* (creación colectiva de ICTUS, con textos de Sergio Vodanovic, Delfina Guzmán, Claudio di Girolamo y Nissim Sharim, 1978) reemplaza la familia consanguínea por un equipo de periodistas de televisión unidos por lazos de afectos, trabajo común, afinidades ideológicas e intenciones de conservar un limitadísimo espacio de crítica social bajo el férreo control autoritario de los medios de comunicación masiva. A pesar de sus personalidades y estilos de vida diferentes, han logrado una cohesión de trabajo gracias a Ignacio Ramírez, jefe del grupo. Este es persona de imaginación y clara conciencia de una misión cultural que lo consagra como líder: "hoy sólo puedes intentar usar tus facultades para expresar lo que otros no pueden expresar, para incitar el pensamiento cuando algunos pretenden eliminarlo..."[18] Su liderato toma contornos paternalistas con su sabiduría para diseñar estrategias y tácticas para la protección y supervivencia del equipo de trabajo. Es la persona que "da la cara" por sus compañeros ante una gerencia arbitraria en sus decisiones, insensible y opuesta a la calidad de los mensajes culturales transmitidos y tolerante del soplonaje como arma intimidatoria. Ignacio tiene paciencia para controlar ímpetus juveniles de protesta que, en esas circunstancias, habrían sido suicidas, desvela las tácticas divisivas y las trampas con que la gerencia embauca a compañeros menos despiertos. Ignacio es, en efecto, depositario de una experiencia histórica ganada en momentos más auspiciosos para la cultura nacional chilena, iniciados a comienzos de la década de 1960 con una creciente movilización popular. De su acumulación individual de experiencia histórica proviene no sólo su sabiduría de líder, sino también el mecanismo de contrastes con un presente desilusionador que se activa en el curso de la acción dramática.

El tema unificador de la acción es, entonces, la posibilidad de supervivencia de una historia cultural más rica e integral en un medio copado por el temor y la degradación de valores. Gracias a la inteligencia y flexibilidad de Ignacio, esa supervivencia se da como el cariño, la camaradería, el apoyo mutuo y el deseo de trabajo colectivo, no como conflicto darwinista en una competición animalizadora. Sin embargo, en la rutina cotidiana del grupo, llena de problemas maritales, alcoholismo, ventajismos insignificantes ("me convidas un cigarrito, por favor."), manías personales, frustraciones e inseguridades, ese hecho fundamental se pierde de vista y da paso a malentendidos distorsionadores. Con esta premisa se inicia la acción dramática. El grupo de periodistas prepara material para un programa noticiero vespertino de aniversario. Las interferencias del gerente crean un estado de irritación que se suma a la intranquilidad por la ausencia inesperada de Ana María, componente del equipo. Intespestivamente Martín y

Fernando son llamados a la gerencia. Sobre ellos penden
denuncias anónimas de ser personas descuidadas en su
aseo personal, en sus maneras y de tener una "conducta
orgiástica" que "hace recordar el descuido, el desenfado y la
grosería que caracterizó lamentablemente a este país en
tiempos afortunadamente sobrepasados para siempre" (p.
25). Todo esto, junto con indicios de que Ana María había
faltado al trabajo por hostilizaciones también anónimas,
provoca la crisis que se resuelve en el resto de la acción.
Jorge propone una carta de protesta colectiva que, si bien
aliviaría sus tensiones y frustraciones personales, sin duda
significaría el desempleo y la fragmentación del conjunto.
Como maniobra de supervivencia, Ignacio promete
entregar el documento y hacer frente a las consecuencias,
aunque realmente nunca tiene intenciones de hacerlo. El
descubrimiento de esta argucia trae sobre Ignacio las dudas
de Jorge y Martín, los individuos más exaltados del grupo.
Se lo acusa de "agachador de moño profesional."

La confusión general es finalmente despejada por
Cecilia, periodista chilena de exitosa carrera en la
televisión europea, invitada especial de Ignacio para el
programa de aniversario. Cecilia se había exiliado de Chile
a comienzos de los años sesenta, hastiada de un panorama
cultural que le parecía vacío, sin imaginación y sin
esperanzas de cambio. Después de su larga ausencia, y con
la experiencia acumulada en el extranjero, se inserta en el
grupo de Ignacio con ojos nuevos. Percibe el peligro de la
banalidad que ahoga la cotidianidad chilena, desmitifica la
sobrevaloración de la cultura foránea, quietamente afirma
un sentimiento americanista. En medio de la confusión de
los colaboradores de Ignacio, Cecilia por fin comprende el
sentido de la insistencia de su amigo en permanecer en
Chile:

> Y yo no quiero rendirme ante lo que siento como un gran desafío:
> contribuir a que mi gente mantenga viva la facultad de
> pensar... que nadie piense por nosotros. Es la forma que yo
> entiendo mi contribución a defender la cultura que no es otra
> cosa que la facultad que tiene un pueblo para reflexionar
> críticamente en torno a su propia realidad. Por muy poco que se
> pueda hacer, hay que hacerlo y nadie lo puede hacer por tí (p.
> 72).

Estas afirmaciones, contenidas en una carta que Ignacio había dirigido a Cecilia en España, son leídas por ella al grupo. Esto, junto con la llegada de Ana María, y como en un acto ritual, restituyen la unidad momentáneamente perdida. El grupo continúa con los preparativos para el programa. Cecilia lee el texto de la carta ante las cámaras.

La revaloración de la cultura chilena experimentada por Cecilia es la culminación de un largo proceso conflictivo que la periodista había compartido con Ignacio. Con un juego de luces, se insertan dos episodios en la acción dramática que, a manera de *flashbacks*, contrastan el pasado pleno de potencialidades creativas con un presente lleno de restricciones. El primero es un viaje de Cecilia e Ignacio a Buenos Aires para la inauguración del gobierno de Arturo Frondizzi, después de la dictadura militar que derrocara a la de Juan Domingo Perón. En este recuerdo se funden nostalgias de amor, orgullo por la democracia chilena en comparación con la continuidad de la dictadura argentina y por el trabajo común al revelarse que los periodistas se habían hecho amantes durante su misión en Argentina. El segundo episodio es un *flashback* al 5 de enero de 1965, en que Cecilia anuncia a Ignacio su inminente partida a Londres, luego de haber firmado un contrato con la BBC. Cecilia dice marcharse de Chile agobiada por la rutina estéril y la desidia del ambiente intelectual. Su despedida contrasta con las esperanzas de Ignacio de iniciar un futuro de creación cultural con el nombramiento que ha obtenido para fundar el departamento de prensa del primer canal de televisión chilena bajo dirección universitaria y no comercial. Su optimismo y convicción se habían fortalecido con su asistencia al Primer Congreso de Escritores Latinoamericanos organizado por la Universidad de Concepción. La sensación de una comunidad americanista le da energías para imaginar vastos cambios culturales que Cecilia considera simplemente irrealizables. Los dos episodios se insertan en el presente en momentos de gran amenaza y decepción, cuando Fernando y Martín deben presentarse al gerente por las acusaciones anónimas y cuando Ignacio se siente derrotado por la atmósfera de temor ("Cecilia, estoy aterrado frente a la posibilidad de que nos conviertan a todos en esa tropa de mediocres que han perdido hasta la facultad de soñar... Estoy aterrado... y no sé qué hacer" (p. 67)).

El efecto de estas inserciones es inyectar la dimensión histórica implícita en el título de la obra, *Cuántos años tiene un día*. La cotidianidad del presente asume así una porosidad traspasada por la acumulación de experiencia que reorienta una rutina que ha perdido sentido para los participantes. Cecilia reintroduce una historia presidida por el amor y la camaradería en términos que recuerdan el retorno de Mercedes en *El último tren*.

En *Tres Marías y una Rosa* (David Benavente y Taller de Investigación Teatral, 1979) la lucha antinaturalista toma contornos religiosos y de cuadro de costumbres. A un público teatral se le muestran las formas colectivas de supervivencia creadas en y por poblaciones marginadas que ya no son fácilmente visibles para la conciencia pública en el proceso de su fragmentación. La miseria extrema pareciera estar cincunscrita a reductos difícilmente expuestos a la mirada y al tráfico de otras clases sociales. Allí existe el desempleo masivo y sus consecuencias en dispersión familiar, desnutrición, tensiones matrimoniales (porque antes era el hombre quien servía de sostén hogareño), vagancia improductiva, prostitución, suicidio y violencia. No obstante, una descripción así tan escueta de la problemática tratada en la obra más bien responde a una perspectiva externa a ese mundo. Por el contrario, la pieza, creada sobre la base de una investigación sociológica hecha por un colectivo de actrices del T.I.T., busca representar el mundo vivido por los marginados. Con ello la alienación toma un contradictorio aspecto de hecho "natural" para los protagonistas, ante el cual es preciso adaptarse; pero, a la vez, la necesidad y la escasez promueven una voluntad de superación no necesariamente articulada ni racionalizada verbalmente. Para las cuatro mujeres protagonistas de la obra, Maruja, María Luisa, María Ester y Rosa, los determinismos que las agobian se concretan con los golpes, ausencias y despilfarros de sus maridos; el exilio de un hijo; la urgencia de vender absurdos juguetes plásticos de

Walt Disney, único pago recibido por el marido de Rosa en la fábrica en que trabaja; la manía de Román, marido de María Ester, por copiar el peinado de John Travolta en *Saturday Night Fever*, pasarse arreglándolo ante el espejo y vender sus "favores" a la dueña del almacén vecino y a la hija.

Sin embargo, las mujeres no son absorbidas por el mundo de la miseria porque existe la opción de totalizar esfuerzos colectivos en el taller de confección de retablos de arpillera que dirige Maruja. Para este trabajo las mujeres se reunen, comparten materiales e intercambian experiencias para la creación de arpilleras. Esto les permite meditar sobre sus vivencias personales y darles una marcada proyección social que les ayuda a definir una identidad, en sus filosofías y estilos expresivos. Por esto rechazan la comercialización más ventajosa de sus arpilleras en *boutiques* de barrios elegantes y prefieren distribuirlas a través de una oficina central exportadora que recoge la producción de talleres como el de Maruja. Esa comercialización habría dado a sus vivencias, base para la creación, el carácter de simple ornamento de tarjeta postal turística llena de temas inocuos. La exportación les permite ser fieles a su deseo de dar testimonio verdadero de su situación e imaginar alternativas de justicia, no más fuera en la esperanza de un Juicio Final, en que Dios castigaría a los ricos y premiaría a los desposeídos. A través de la oficina central se sienten comunicadas, además, con un movimiento mundial de solidaridad que valora la transmutación de sufrimiento en arte y que sirve de base económica para compartir con otros necesitados.

Por tanto, la acción dramática de *Tres Marías y una Rosa* tiene una multiplicidad de funciones simultáneas: a nivel más aparente se recogen los modos de ser supuestamente típicos de las pobladoras, su habla, sus maneras de relacionarse socialmente, sus problemas familiares y económicos; a nivel más profundo se recoge el modo en que las mujeres logran recrear, mantener y reeducarse en la solidaridad, a pesar de todos los influjos que la obstaculizan. La pieza está dividida en dos actos de tres cuadros cada uno. La acción dramática comienza un miércoles, día de reunión ordinaria del taller de arpilleras dirigido por Maruja. María Luisa y María Ester tienen trabajos para que Maruja los entregue a la central. Dos hechos causan acalorada discusión: la arpillera de María Luisa, titulada "Juicio Final," que a juicio de las otras mujeres es poco comprensible para un público extranjero, y la proposición hecha por María Luisa de que se acepte a Rosa como integrante del taller. María Ester se opone por la reducida demanda de arpilleras en ese momento. Esto implica una interferencia de la escasez en relaciones humanas que de otro modo podrían ser de cooperación. Esa mañana Rosa había pensado en suicidarse por el hambre de su familia; además, sufría los primeros síntomas de embarazo. En el cuadro segundo se resuelve este conflicto con la aceptación de Rosa por el aval de Maruja. En este segmento se revelan, además, las diferentes filosofías estéticas de las mujeres, tema que sirve de nexo con el cuadro tercero. La búsqueda de una expresión fiel de su experiencia les impide comercializar su trabajo. Este orgullo es precisamente el que magnifica el golpe de las malas noticias que trae Maruja al fin de la reunión: por falta de demanda, la central ha rechazado gran número de arpilleras, incluyendo el "Juicio Final" de María Luisa. De inmediato esta mala noticia es seguida por otra peor: se ha suspendido la entrega de arpilleras hasta nuevo aviso. A la primera contingencia las mujeres responden dando a María Luisa, la más necesitada en ese momento, parte de un fondo de emergencia; María Ester recibe la lotería de grupo de esa semana. No obstante, la noticia de la suspensión produce un cisma al parecer intransigente cuando María Luisa y María Ester deciden abandonar el taller para comercializar su trabajo. Sólo quedan Maruja y Rosa.

El cuadro primero del segundo acto trae la reconciliación. Por mediación de Rosa, María Luisa y María Ester vuelven. Se habían enemistado con la dueña de la *boutique* por diferencias claramente ideológicas, no expresadas como retórica, sino como acto vivido. María Luisa explica: "Cómo no me iba a peliar si cuando fuimos a cobrarnos el otro día yo le enseñé el Juicio Final a la dueña de la butic de Providencia. No pueden salir ricos y pobres me dijo, porque ahora somos todos iguales. Ahora

378

no hay diferencias, me dijo. Igualitos, le dije yo. No sea insolente, me dijo. ¡No soy insolente!"[19] A la extrema necesidad de María Luisa se había agregado la de María Ester, a quien su marido la había echado del hogar después de golpearla. Maruja cede y quedan readmitidas. Fuera de la tendencia de las mujeres a la unidad, el acercamiento se produce por la necesidad de mano de obra para cumplir el encargo de una arpillera gigante para una capilla por inaugurarse. El cuadro hace énfasis, además, en rituales de reunión, como el brindis y, luego, el juego humorístico de una ceremonia matrimonial con la ropa usada que Maruja había conseguido para el trabajo. De aquí en adelante la acción dramática toma un tono definidamente religioso. En su juego las mujeres expresan la añoranza de otro modo de relación con el hombre, no marcada por la violencia animal y la amenaza, transmutadas éstas por la espiritualidad del sacramento matrimonial. Por ello visten de novia a Rosa, la más joven de ellas, todavía no casada por la Iglesia. La muchacha cuenta su iniciación sexual:

El Rafa siempre me decía: vamos, vamos... Total que un día yo le dije, bueno ya, vamos. Enamorá. A las Viscachas fuimos, en el cerro detrás de la Virgen, no había nada de gente ahí. De vuelta en la micro iba toda mojá, donde una sangra la primera vez. Entonces el Rafa me dijo que se quería casar conmigo. ¡Qué, le dije yo, si tenía quince pa dieciseis no más, pu! (pp. 41-42).

Durante el curso de la ceremonia se trasluce una fuerte protesta contra el maltrato de la mujer por el hombre. El "cura" plantea las siguientes preguntas a la pareja:

¿Acepta que la cachetee, que le ponga el gorro, que la llene de chiquillos, que no traiga plata pa la casa, que llegue curao? [...] ¿Promete que no le va a dar todas las noches con la cuestión porque aburre también? [...] ¿Promete pedirle el "favor" solamente cuando ella tenga ganas? [...] ¿Promete que después de ocurrido el hecho, hacerle por lo menos un cariñito? (p. 45).

El juego termina con la afirmación: "¡Una también es persona!" (p. 46). Irónicamente, la llegada del Negro, marido de Maruja, pone fin a la fiesta con el temor que inspira su presencia.

Los cuadros quinto y sexto traen el desenlace de la obra. Las mujeres discuten el tema de la arpillera gigante. El debate es interrumpido por la noticia de que el sacerdote que la encargara ha adelantado la fecha de entrega para las cinco de la tarde del día siguiente. Esto provoca alarma entre María Luisa y María Ester, quienes alegan compromisos anteriores. La premura del tiempo hace que se adopte el tema que obsesiona a María Luisa, el Juicio Final (cuadro sexto). El ambiente se llena de tensión tanto por la rapidez del trabajo como por los pedidos del sacerdote de que se "chilenice" el retablo y se lo haga más alegre. Para ello deciden titular la arpillera "La Cueca del Juicio Final" y preparan un número folclórico para la inauguración. La obra termina con una tácita contrapartida al folclorismo propuesto oficialmente. El folclor de las mujeres no ha nacido de un ornamentalismo vacío, sino de la lucha por sobrevivir con dignidad humana usando todos los medios a su alcance.

HACIA LA DERROTA DEL GROTESCO

La afirmación de la historia como tarea colectiva de transformación social en las obras antinaturalistas lleva a la negación de percepciones ya estáticas de la sociedad, desfasadas del movimiento de la realidad. De allí la denuncia del mito familiar de Ismael y Mercedes en *El último tren* y del machismo en *Tres Marías y una Rosa*, en circunstancias en que la mujer ha tomado una importancia familiar aún más fundamental como proveedora. Indirectamente se propone una revisión de la experiencia social para reforzar modos de comportamiento válidos y descartar los inválidos. En torno a las formas de comportamiento positivo se crean rituales de cohesión de los grupos para avanzar hacia conductas nuevas y afrontar el futuro. Por el contrario, en las obras de grotesco examinadas a continuación, no se buscan aperturas de renovación, sino la clausura de modos de ser juzgados como satánicos o viciados. Esta clausura histórica es un ataque satírico contra los detentadores del poder social en Chile y para ello se los representa como seres míticos, privados de historicidad. Mito es aquí definido como padrones de comportamiento fijados *ille tempore* por seres superiores que crearon la realidad conocida. Esta norma no puede ser modificada y, por ende, los seres sujetos a ella pierden toda capacidad de creación individual transformadora. Sus vidas se convierten en rituales que no promueven la fortaleza por la unidad ni la proyección hacia el futuro, sino la repetición ceremonial y mecánica de los actos prescritos por los creadores de la norma en el pasado. Bajo la dirección de figuras sacerdotales encargadas de reactualizar el mito, estos personajes cumplen funciones que los hacen meras máscaras intercambiables, uniformadas, jerarquizadas, vacías de individualidad distintiva. Sus aposentos son lugares convertidos en zonas sagradas porque allí se manifiesta la sacralidad mítica que añoran. En este encierro intentan excluir lo profano que es, realmente, el flujo de la historia que bulle vitalmente afuera. Por último, las multitudes que hacen esa historia viva bien penetran los recintos míticos para marcar su fin o motivan a los sobrevivientes para abandonarlos y recuperar su individualidad.

Lo crudo, lo cocido y lo podrido (Marco Antonio de la Parra, 1978) es la obra que mejor sustancia el perfil estructural esbozado arriba. Su acción transcurre en la "época actual," en un restaurant de elegancia ya perdida, que atendía los gustos de la oligarquía. En la actualidad el local está clausurado para toda clientela, excepto para esperar a los miembros de la oligarquía que llegan a morir allí y ser tapiados en los cubículos reservados que ocuparan en el pasado. El último en ser esperado es Estanislao Ossa Moya, antiguo senador de la República y candidato presidencial. Mientras tanto, el personal de sirvientes que lo aguardan, compuesto por los garzones Efraín Rojas y Evaristo Romero; el maître Elías Reyes y Eliana Riquelme, cajera y contadora, repiten juegos y rutinas para fingir que sus existencias y el restaurant están llenos de actividad y vida. Imitan a ciudadanos notables; fingen que ellos piden consejos importantes a los mozos; practian modos de servir que se convierten en movimientos de ballet; estilizan la pronunciación francesa de los platos ilusoriamente servidos. En esto revelan una mentalidad altamente jerarquizada que posterga la expresión individual para cumplir la función servil que se espera de ellos. Pertenecen a una sociedad secreta de garzones[20] cuya razón de ser es la fastidiosa exactitud con que repiten esas funciones. A modo de clímax, se descubre al final que las identidades de estos personajes no son individuales, puesto que sus nombres han sido heredados de quienes los iniciaron como sirvientes. Parecen gozar de una inmortalidad; dicen tener más de cien años.

Por la admiración que sienten por Estanislao Ossa Moya y por las referencias acumuladas, es posible determinar que el mito al cual estos seres rinden pleitesía es el del Estado Oligárquico, que imperara en Chile hasta la segunda década de este siglo. En él las oligarquías latifundistas, comerciales y financieras ejercieron un monopolio del poder político. En su inflexibilidad e incapacidad de negociación con los sectores medios y populares emergentes, frecuentemente hicieron uso de las fuerzas armadas contra ellos para solucionar las presiones causadas por los rápidos ciclos de depresión económica ocurridos en las décadas de finales del siglo XIX y las de comienzo del XX. Este es el período de las grandes masacres de trabajadores salitreros en el norte de Chile y en las zonas portuarias. Es también la época de un ostentoso consumismo, sibarítico y afrancesado, por una burguesía que en sus alianzas con el capital foráneo perdía su función histórica como agente de una acumulación nacional. Conjuntamente, a raíz de estos conflictos, aparecieron ideologías explicativas de la actividad política conservadora en ciertos sectores medios, particularmente los militares, que achacaban su apoyo a la oligarquía a una obsesión ancestral de imitarla en sus estilos de vida[21]. Debido a esta percepción tuvo larga vigencia en la cultura chilena el concepto de *siútico* y *siutiquería*. Prueba de esto es que la palabra *siútico* terminó finalmente en el *Diccionario de la lengua española* de la Real Academia como contribución de Chile al léxico. La definición que encontramos en él dice: "Siútico, ca. adj. fam. Dícese de la persona que presume de fina y elegante, o que procura imitar en sus costumbres y modales a las clases más

382

elevadas de la sociedad." En la literatura chilena contemporánea José Donoso recogió el tema en su novela *El obsceno pájaro de la noche* (1970). Allí presentó al siútico de clase media como ser corroído por la admiración deificante de la oligarquía, por el deseo de pertenecer a su olimpo excelso y por la simultánea certeza de estar descalificado para ello por ser lo que realmente es, ser de "medio pelo," en una tensión infinita entre frustración y deseo. Para mitigar la derrota cíclica, el siútico se resigna a su condición caída integrándose a las cortes oligárquicas como sirviente. En ellas se humilla hasta el extremo de borrar o postergar conscientemente su individualidad, vistiendo libreas, cumpliendo sólo con los deseos del señor, pero con el designio conspirativo de hacerse indispensable para él e influir en sus decisiones. De este modo, entonces, el lacayo uniformado logra el triunfo secreto de robar a la oligarquía sus opciones históricas y hace de ella un fantoche que públicamente realiza las decisiones tomadas por los sirvientes en privado. Para esta elaboración psicoanalítica y existencialista el motor de la historia humana es la envidia, temática que José Donoso prosiguió en *Casa de campo* (1978), novela de interpretación de la crisis institucional chilena de 1973.

Es clara, entonces, la razón para ubicar la acción dramática de *Lo crudo, lo cocido y lo podrido* en un restaurant con sirvientes de remedo francés que esperan a uno de los notables de la añeja oligarquía. La obra continúa la temática de Donoso,[22] pero la cancela en cuanto le quita valor de hipótesis histórica real, presentando, a la vez, a los sirvientes en busca de su libertad. A pesar de sus rituales mecánicos, la imaginación y la necesidad de pensar alternativas para la organización del mundo inmediato se abren camino, sobre todo en las intranquilidades de Efraín y los sueños de Eliana. Efraín quisiera que el restaurant se abriera a la realidad externa, a las multitudes, y se modernizara para servir alimentos al paso más de acuerdo con la época; secretamente ha salido al exterior, contra prohibiciones superiores; ha pensado en envenenar a Elías, la autoridad constituida; arruina rituales introduciendo improvisaciones contrarias a la rigidez del "libreto". Por su parte, Eliana, a pesar de su obsesión por contabilizar todo objeto, acto o dicho, tiene un sueño premonitorio, cargado de imágenes catastróficas que la llenan de angustia aun en la vigilia. Elías, el maître, intenta desprestigiarlo como augurio del fin del orden del restaurant, aunque el sueño se está cumpliendo ante sus ojos, con los malos olores que despide Adolfo (!!!), la rata favorita del personal y de Estanislao Ossa, que ha muerto. Con este anuncio llega el antiguo candidato presidencial para destruir las expectativas serviles de la renovación de los mitos oligárquicos.

Desde su entrada Ossa Moya es una decepción. La grandiosidad con que los sirvientes han dotado a su figura contrasta con su aspecto. Es "deforme, de rostro rubicundo, amoratado, imponente, vestido como mendigo ebrio, con la barba crecida, demacrado, gigantesco y decrépito..."23. Su decadencia es evidente y, en realidad, viene a morir al restaurant como los otros políticos de la oligarquía. Está acabado, temeroso de la soledad y llora su antigua derrota a manos de "ese maldito voto popular". Con el contraste, la falsa conciencia de los servidores queda expuesta en su verdadera dimensión. Desde siempre habían sabido que su misión final era esperar a los políticos para tapiarlos, pero se ilusionaban con que el retorno de Ossa Moya sería un renacimiento. En la confusión, Elías toma fuertemente el papel de sacerdote del postrer rito y fuerza a los demás a cumplir con el programa de festejos prescrito, incluyendo el último deseo de Ossa Moya: hacer el amor y casarse con Tita Miranda, bailarina caribeña que conociera y usara en sus años de grandeza. Este es el último vestigio de la autoridad de Elías. Se siente llamado a hacer un largo soliloquio justificatorio, puesto que Efraín ya casi no contiene su descontento ante la realidad de Ossa. Consciente de que su misión está cumplida y que ya no tiene razón para seguir viviendo, decide suicidarse. De acuerdo con los estatutos de la Garzonería Secreta conmina a Efraín a adoptar el nombre Elías, así como él lo hiciera en el pasado para dar continuidad mítica a la máscara de maître. Efraín acepta "apesadumbrado," pero por primera vez da su nombre, Oscar, como su verdadera identidad. Esta ruptura es la que predomina en el desenlace de la obra. Efraín/Oscar decide abandonar el restaurant, "comienza a vestirse de civil," y en su decisión arrastra a Evaristo. Al marcharse clausuran el local a martillazos.

La obvia mención en el título de la pieza a *Lo crudo y lo cocido*, estudio antropológico de Claude Lévi-Strauss, indica el sentido crítico de la cultura chilena que el autor quiso darle. Al analizar y relacionar los mitos bororo y ge, el antropólogo francés señaló en ellos una recurrente oposición subliminal entre lo crudo y lo cocido, a pesar de sus temáticas disímiles. A su vez, esta oposición remite a otra, más totalizante, entre naturaleza y cultura: la domesticación del fuego para su uso en la cocción de alimentos es metáfora del modo en que los hombres se diferencian de la naturaleza mediante un trabajo prescriptivo que les impone reglas humanizadoras, convirtiendo lo natural en cultura. El ser primitivo metaforiza la cultura como un sistema de oposiciones para las que es imprescindible encontrar símbolos mediadores. De ello surgen los mitemas y sus interrelaciones, en un constante movimiento de repetición y variación. Los sistemas míticos responden a las peculiaridades de la química y la biología cerebral que fijan estructuras psíquicas previas a toda experiencia humana en el tiempo. Aquí se originan por tanto, los cargos de ahistoricismo que se han hecho a los argumentos de Lévi-Strauss[24]. El hombre aparece dando expresión a los sistemas míticos sin una modificación radical por su voluntad práctica ni por las nuevas significaciones creadas durante ella. Los sistemas míticos parecieran usar a los hombres para reproducirse a sí mismos y buscar sus propias permutaciones de elementos. La agencia histórica humana desaparece. Del mismo modo, los servidores de la oligarquía en la pieza teatral se han dejado dominar, se han dejado pensar por sus mitos, dedicándose a la preparación de festines que caracterizaron un estilo cultural[25].

Sin embargo, como ya se ha visto, *Lo crudo, lo cocido y lo podrido* reafirma la capacidad humana de historificarse a sí misma no sólo con el abandono de patrones míticos recurrentes, sino, además, con un énfasis en la muerte. Ella está presente con los emparedamientos, los hedores de rata muerta y "lo podrido" del título de la obra. Es preciso considerar que el trabajo cultural es también un intento de triunfar sobre la muerte, satisfaciendo las necesidades y construyendo monumentos materiales que dan testimonio de una conciencia conmemorativa de la voluntad de sobrevivir[26]. Estos monumentos pueden ser interpretados como intención de superar etapas históricas ya clausuradas y de dejarlas atrás para abrirse a lo nuevo, a la renovación. La inyección de la muerte en sitios simbólicamente monumentalizados como un restaurante y un baño turco es lo que conecta a *Lo crudo, lo cocido y lo podrido* con *Baño a baño*.

La acción dramática de *Baño a baño* se concentra en los espacios cerrados de un gimnasio-baño turco de total blancura. Allí la atención se enfoca sobre tres individuos, Jorge Juan, Juan Ramón y Ramón Raúl, obsesionados por la limpieza, el buen condicionamiento físico, la hermosura, la juventud y la fortaleza inagotables. Sus caras están caricaturizadas con pintura blanca y carmín para los labios, tanto como para la actuación de mimos, y "visten elegantes batas de baño y sandalias de goma"[27]. Aislados en el baño turco, creen haber suspendido los procesos de decadencia corporal, en un deseo de suspender el paso del tiempo que es, en efecto, la ambición de ubicarse más allá de la historia ("Aquí no hay posibilidad de muerte"; "Aquí no hay lugar para ojos hundidos, para pellejos pálidos ni cuerpos huesosos"). Afirman ser "definitivos," "inviolables" y fuera de todo "desastre." La convicción de superioridad se expresa en incursiones al exterior para ejercer una violencia asesina. La acción dramática se inicia con la persecución y muerte de "El Perseguido." La agresividad continúa con la forma en que, desde su círculo "íntimo," los personajes se enfrentan al "público": lo miran "desafiantes," le "hacen muecas," "continúan insultando agresivamente al público que antes los seguía bovinamente," orinan y vomitan hacia el público. Su psicología grotesca se revela con sus juegos verbales sobre su poder de represión.

El primero de estos juegos se titula "Los Poderes y las Leyes." En los proyectos de ley que discuten se equipara a los presos con los locos como peligro para la seguridad pública y se hace mofa de los mendigos, a quienes prohiben circular libremente por las calles. Para los personajes, el motivo de la broma está en que se supone que ellos saben las causas de la locura y la mendicidad —posiblemente la tortura y la política económica gubernamental—, pero prefieren ignorarlas para convertir sus efectos en juegos verbales en que pretenden una propiedad ética de estadistas. Idéntico sentido tiene el juego siguiente, "El Gran Chancho", en que la justicia es materia de broma para fiscales dispuestos a culpar a todo individuo y para abogados defensores que cumplen su oficio tímidamente bajo el régimen del Gran Chancho.

La noción de poseer un poder omnímodo es lo que permite tales diversiones. Su gozo llega al máximo con "La Dominación". Por el puro placer del ejercicio de poder Jorge Juan y Juan Ramón piden a Ramón Raúl que los mande "un ratito". Sus súplicas de rodillas tienen un fuerte tinte de perversión masoquista y homosexual. Ramón Raúl accede y con tono e insultos marciales y presidenciales los obliga a pedir limosna. El juego termina con un festival de la canción que súbitamente se convierte en acto de intimidación para que los espectadores demuestren una alegría artificial: "¡Eso es, chilenos! ¡Alegría!... ¡Alegría, mierda!... ¡Canten, pelotudos, canten!... ¡El que no se ríe va preso!" (pp. 12-13). De aquí en adelante el Angel del Baño que los acompaña interviene tres veces en la acción, anunciado por la música de "Los Anacoretas," de *De Tempore Fine* (El Fin del Tiempo) por Karl Orff. El introduce visiones de movilización popular hacia el baño turco que auguran el fin del aislamiento arrogante y la omnipotencia de los tres hombres. Con ello la función dramática del Angel se aclara. Sus visiones sugieren una teleología histórica en esa movilización, que apunta a la justicia. De allí el terror que producen sus intervenciones en los tres personajes. Sin embargo, este terror ya estaba preanunciado en violentas fluctuaciones de temperamento anteriores, las que indican temores e inseguridades secretas que tratan de acallar. Su aspecto de calma y compostura irremovible es frecuentemente quebrado por súbitas obscenidades, histerias y paroxismos: "bailan en climax"; "...tenga a bien ocultar esa bola que se le ha salido por el calzoncillo"; "zapatean furiosos"; "... de pronto violento y marcial". Luego de cada intervención del Angel los tres hombres tratan de reafirmar su inmutabilidad ante la historia, pero paulatinamente sus palabras dejan fuera la aspiración a la fortaleza corporal inagotable. Ya en el juego "Presagios" declaran tener malestares corporales. Esto contrasta con los dos episodios anteriores, "Régimen de Vida" y "Samba del Toro Muerto," en que los tres hombres habían mostrado un egocentrismo narcisista en el cuidado de sus cuerpos y la capacidad física para soportar la temperatura de la sala más caliente del baño turco.

El desenlace ocurre con los juegos "Discotheque," "La Sangre" y "Canon." El primero retrae al tema de la anestesia ética de "El Poder y las Leyes" y "Régimen de Vida." Ramón Raúl confiesa haber asesinado a una empleada gorda que hablaba demasiado; Juan Ramón cuenta su asesinato de una anciana vendedora de lotería por haberle manchado la blancura de una manga; Jorge Juan dice haber matado a una mujer por "su aliento nauseabundo". En ellos el rechazo de la decadencia corporal y el odio a quienes la representan ha llegado a su apoteosis, lo cual es signo de angustia final. Sin embargo, en su borrachera insisten en su fortaleza, cantando un himno para el que adoptan "poses heróicas" y "marciales." A pesar de todo, la culpabilidad por su violencia e inhumanidad los alcanza como lluvia de sangre que traspasa el techo, los muros y el piso. Con la tercera y última visión del Angel, la desesperación de los hombres los lleva a destruir "las máscaras de maquillaje quedando desfigurados"; se mueven sin sentido y demencialmente. En "Canon" se lamentan del castigo que se aproxima. Se apaga la luz, en la oscuridad se tropiezan destruyendo los muebles y se llaman sin encontrarse.

POR UN TEATRO AFIRMATIVO

A riesgo de caer en la tautología, la visión mítica de las obras de grotesco puede ser replanteada como la observación de formas de conciencia que han perdido o no tienen función histórica legítima. Por ello la organicidad de su discurso sufre frecuentes rupturas por parte de las mayorías silenciadas. Efraín no puede sino añorar la vitalidad exterior; el temor a la movilización masiva no deja de penetrar en el baño turco. Idéntico principio rige a *Una pena y un cariño* (José Manuel Salcedo y Jaime Vadell, 1978) aunque, por razones explicadas más adelante, tiene un perfil teórico que requiere un tratamiento aparte. Se lo podría llamar "teatro afirmativo" por cuanto, además de la denuncia que *niega* la legitimidad del autoritarismo como poder político, intenta una limitada exploración de la forma en que surgirá una fuerza democratizadora en el tejido social.

El eje vertebrador de la obra es el ensayo de un espectáculo histórico- folclórico dirigido por los Locutores 1 y 2, titulado "Raíces de Chile". Con él tipifican los rasgos más representativos de la cultura chilena: la raza, la música, la artesanía, la comida, las vestimentas, las costumbres. Presentan una imagen ornamental de la cultura chilena, similar a la que las mujeres en *Tres Marías y una Rosa* rechazaran por su superficialidad y vacío de experiencia humana real. Es la imagen que los magazines de circulación entre altos ejecutivos de compañías multinacionales presentan de países en que se da la posibilidad de inversión: tierra habitada por "nativos" felices, orgullosos de sus tradiciones, dedicados a gozar de la vida, que no buscan complicaciones ni conflictos, que reciben al visitante extranjero con los brazos abiertos. Los Locutores esperan llevar el espectáculo en gira por Estados Unidos con patrocinio de Turismo Concha, quizás con el propósito de atraer turistas. En diversos momentos del ensayo demuestran ser burdos imitadores de un estilo dinámico, decisivo y agresivo, supuestamente de empresarios modernos. Esa utopía turística es frecuentemente interrumpida por incidentes de una cotidianidad contaminadora que, con su crudo realismo, la desmitifican simplemente con los violentos contrastes que introducen. *Una pena y un cariño* sigue el modelo estructural de las obras antinaturalistas por su énfasis en el trabajo como motor de la acción dramática.

Los segmentos de "Raíces de Chile" comparten con las ideologías autoritarias la creencia en un alma o esencia nacional[28] que se expresa en las formas culturales entendidas ornamentalmente. Tras ella se esconde una concepción arquetípica de la cultura que ubica su origen más allá del devenir histórico, en una dimensión ideal desde la que se desprende para tomar formas concretas. Esta concepción requiere intelectos superiores que, en función de élite sacerdotal, penetren esa dimensión ideal para hacer revelaciones al resto de los mortales. Con esta premisa se crea un modo de dominación social, puesto que existen seres superiores e inferiores por su perspicacia mística. Los superiores toman el liderato como portavoces y protectores del alma nacional, función que los Locutores ocupan como maestros de ceremonia. Se erigen como conductores de una masa amorfa de actores sin identidad, simples "voces" que no comprenden su intención: "¿Cuándo van a entender, carajo, que para poder hacer cosas hay que ponerle el hombro? Esto es algo que estamos haciendo entre todos..."; "Esta es una sola empresa, un solo interés, una sola decisión, un solo mando"[29]. Pero el hecho de que los Locutores vendan el espectáculo a Turismo Concha con fines de lucro da un cariz diferente a esa "huevada espiritual" (p. 33), pues la convierte en mercancía y, por tanto, sujeta a las leyes materiales del devenir social. El trabajo de producción de esa mercancía cultural obliga a los Locutores a entrar en relaciones de tipo financiero y laboral para asegurarse teatro, actores, iluminadores, ingeniero de sonido, vestuarios y utilería. Debido a estas relaciones, la utopía ideal es traspasada por todos los conflictos reales de la sociedad, por la necesidad de obtener capital, movilizarlo, invertirlo y obtener ganancias, financiar el capital y satisfacer los incentivos empresariales. Con las diferentes funciones nacidas de esta red de relaciones surge el *friso social* que los miembros del Teatro La Feria usan como concepto central de su creación.

El énfasis sobre la noción de trabajo material se nota desde el comienzo de la acción dramática de *Una pena y un cariño* con la convención teatral del ensayo de "Raíces de Chile". Los locutores-empresarios se esfuerzan por coordinar espacios, recursos técnicos, actores y utilería para dar coherencia al espectáculo. Por el escaso capital entregado por Turismo Concha y por los descuentos ya hechos por los Locutores en beneficio propio, los pagos de salarios no se han regularizado, los vestuarios no han sido entregados a tiempo, hay dificultades para transportarlos, se ha contratado un teatro inadecuado que deben compartir con otros grupos. Los actores estan desmoralizados, hay atrasos y poco entusiasmo en el trabajo. Los contratiempos producen las rupturas más aparentes al comienzo, las de códigos lingüísticos, pues los Locutores, en su impaciencia, lanzan obscenidades que contrastan con el tono de lirismo casi místico que demanda el libreto. Otras rupturas son la entrada de una señora pobre, con un bebé de brazos, que se refugia en el teatro por el frío; la de una visitadora social que hace encuestas entre los actores; de un club deportivo que viene a jugar "babyfútbol" y de un grupo cultural que se reúne. Con su intervención, la visitadora social enfoca y formaliza el aspecto laboral de la obra ya que, en su encuesta, emergen problemas habitacionales y matrimoniales de los actores que, en realidad, son personas cesantes. Por ella se sabe que los actores no sólo están impagos, sino que, además, reciben un salario menor del mínimo establecido. Esta referencia a la situación de los trabajadores en Chile es complementada con la ayuda que solicita la señora del bebé para encontrar a su marido "desaparecido": "...resulta que a mi marido hace más de seis meses que no lo veo, porque un día me dijo: Tila, me dijo, yo voy a comprar cigarrillos aquí a la esquina y tenme la comida caliente para cuando yo vuelva [...] y no volvió más... Desde ese momento que no he sabido más de él"(pp. 17-18). Sugestivamente la visitadora social concluye su intervención con un certero comentario sobre el sentido del folclor expuesto en el escenario y la realidad humana vista en torno a él: "...me parece que Uds. se aprovechan para meter ideas que no tienen nada que ver con el folclor auténtico" (p. 20). Y, precisamente, pocos minutos después de la salida de la visitadora social, el Locutor 1 lee palabras del libreto que recuerdan declaraciones oficiales sobre la necesidad de descontaminar ideológicamente el país: "Defenderemos así, con uñas y dientes, nuestra integridad y derrotaremos cualquier microbio o infección que pretenda corroer la salud de este perfecto organismo que se llama Chile" (p. 21).

En el lenguaje eufemístico con que la oposición al autoritarismo se refiere a las masas populares, quizás la metáfora principal sea la de las multitudes futbolísticas. No es de extrañar, entonces, que, mientras el Locutor hace la declaración anterior, los jóvenes del "babyfútbol" se mofan del baile de los cantaritos, causando la furia de los Locutores. El altercado prepara el ánimo para una escena posterior, la de la pérdida de un micrófono. El Locutor 2 acusa de robo a los futbolistas y los dos hacen un registro que súbitamente toma carácter de operativo militar. "A ver, las manos en la nuca" (p. 28). Durante el incidente los Locutores lanzan una serie de insultos raciales y clasistas que contradicen violentamente las alabanzas líricas que no mucho antes habían hecho de los indios como fundamento de la raza chilena: "... amorosos, valientes, atrevidos, duros en el trabajo" (p. 23)/ "Basta que en este país uno quiera hacer algo para que al tiro salga el indio y te chaquetee y te tire para abajo..." (p. 27) / "En lugar de importar tanta porquería podrían traer unos cien mil alemanes para arreglar todo esto..." (p.28). La situación se aclara cuando Cacho descubre que el micrófono estaba en un auto; no había sido bajado para el ensayo. Los Locutores ni siquiera se disculpan y rápidamente cambian de tema. Momentos después los actores deciden abandonar el ensayo, lo cual reanuda los insultos raciales. Ahora no sólo se los usa para denigrar a los actores como trabajadores, "Prefieren estar parados allí en la calle" (p. 32), sino también para intimidarlos como huelguistas sediciosos.

Llegado este momento, los diferentes sectores que ha desarrollado la acción dramática se fusionan en una protesta "masiva" contra los empresarios. Intervienen los actores, los futbolistas, la señora del bebé y el presidente del grupo cultural. Con esta presión, el conflicto se soluciona con una promesa de pago con cheques a fecha. El ensayo termina con la puesta en escena de una ramada en el campo, con ocasión del 18 de septiembre, aniversario de la Independencia de Chile.

La gran estilización de la ramada dieciochera tiene mucha carga irónica. Se la ha purgado de elementos de crítica social, como los que tuviera en el pasado la Canción Protesta y hoy la Nueva Canción. Como raíz de la chilenidad se ofrece un cuadro ornamental compuesto únicamente por personajes rurales, sus dichos, su alegría festiva y su encarnación de formas tradicionales del folclor campesino. Se crea la ilusión de que el Chile actual todavía es el que controlaran las oligarquías latifundistas. No obstante, se descubre que aun esta estilización idealizada se nutre de conflictos sociales, como lo demuestra la rivalidad de Aliro, campesino pobre, con el patrón latifundista por el amor de Teresa. Después de un duelo de pallas en que los dos rivales casi se van a las manos, Teresa reconoce su cariño por Aliro y rechaza al patrón. La pelea se evita con un llamado a la armonía y a la unión en nombre de Chile y por respeto a su aniversario. El mensaje final del episodio recobra así un carácter favorable al autoritarismo al abogar por una sociedad jerarquizada y de estamentos inamovibles: "... porque como se dice: cada cosa en su lugar y un lugar para cada cosa" (p. 45). El cuadro y el ensayo terminan con el emocionado canto de la tonada "Chile lindo" a una mujer embanderada que representa la patria.

El término del ensayo con tono tan emotivo es seguido por una estrepitosa caída en la cotidianidad. Los futbolistas y el presidente del grupo cultural se citan para el próximo partido de fútbol. Algunos se quedan para ensayar una canción que sería presentada en el Festival del Canto Popular. Los Locutores los expulsan alegando la carestía de la luz. La señora del bebé, que por su pobreza no tiene dónde ir, decide esperar en la oscuridad a su marido desaparecido: "No se preocupe joven ...yo ya estoy acostumbrada" (p. 48). Se disuelve en las sombras como si el problema de mujeres como ella no existiera.

El movimiento dramático de *Una pena y un cariño* ofrece mayores criterios para entender el concepto de friso teatral elaborado por el Teatro La Feria. El juego de contraposiciones con "Raíces de Chile" ofrece al espectador una totalización del conocimiento actual de la sociedad chilena. En ese juego la experiencia empírica de la cotidianidad asume un sentido potencialmente desvelador de las mitificaciones oficialistas. En la obra la cotidianidad aparece como un enmarañado tejido de conexiones personales y actividades contradictorias en que los impulsos para la oposición política se desplazan con enorme fluidez y ubicuidad, aglutinándose esporádicamente, como en la protesta de los actores, quedando la sensación de que fusiones como esa podrían darse en el próximo partido de fútbol o en el Festival de la Canción Popular.

Es de notar que la coagulación de los diversos elementos sociales que componen el friso no sólo se da en el escenario, sino también en torno a él. Esto altera la usual simbología de los espacios teatrales. Como espacio acotado, el escenario puede asociarse con un sistema de censura en cuanto a lo que se puede o no se puede representar en él. Ya sea por respeto a las convenciones de la conducta en público, o por las premisas impuestas por los autores en su juego teatral, el escenario es un enmarcamiento de la realidad que por sus inclusiones o exclusiones constituye una perspectiva ideológica consciente o inconsciente. "Lo mostrable" implica un criterio de valores y prioridades sobre lo importante, lo bello, lo creíble y lo aceptable. Debe notarse que el ensayo de "Raíces de Chile" ocurre exclusivamente sobre el escenario. Los segmentos que desmitifican esta utopía turística usan también los espacios normalmente entregados al público y, por tanto, vaciados de contenido teatral. La señora del bebé, la visitadora social, los futbolistas y el grupo cultural parecen moverse únicamente por la platea. Los futbolistas se visten de uniforme en la platea y luego juegan en el foyer del teatro, alejados del público, pero sin duda a distancia para que se los escuche. Se atestigua, entonces, una desacralización de la etiqueta del teatro de clase media. Sus espacios son ocupados por una representación de la cotidianidad que capta asuntos nimios pero que, en relación con la magnanimidad del escenario como espacio privilegiado, los infiltra con todo aquello que la ideología hegemónica decide callar. A la estilización escénica se opone un tráfico frecuente de personajes por todas partes, luces generales encendidas durante todo el espectáculo, ruidos, murmullos, colorido, voces que hablan sin identificarse, anonimia que fugazmente se hace reconocible. El espectador se ve en la situación paradojal de pagar su entrada al teatro para alejarse de su cotidianidad real y, sin embargo, dentro de él, verse bombardeado lateralmente de estímulos de todo tipo que inescapablemente hacen referencia a la cotidianidad que abandonara, pero refinándola con un conocimiento social totalizador.

Se podría aventurar la opinión de que, tácitamente, los postulados creativos del Teatro La Feria implican un debate con otros grupos teatrales, debate que esbozaré hipotéticamente.

Habría que argüir que tanto el teatro antinaturalista como el grotesco operan, comparativamente, sobre la base limitante de una sacralización del escenario. El espectador que asiste a estas representaciones debe permanecer quieto en su asiento, concentrar la mirada sobre el escenario, único espacio iluminado, y sacar conclusiones que la retórica melodramática modula programática e inexorablemente. El espectáculo es contemplado como un orbe distante, en especial cuando se juega la convención de la "cuarta pared", como en *El último tren* ("Adelante, derecha, una supuesta ventana que da al público"), o la de la clausura de espacios, como en *Lo crudo, lo cocido y lo podrido* y *Baño a baño*. Así se entrega un mensaje-mercancía al espectador convertido en consumidor pasivo. Como posible adquisición de modelos de conducta de aspiración democratizante, el distanciamiento escénico corre dos peligros: el de promover una ceguera ante la realidad cercana, lugar en que surgirán esos modelos de conducta; y el de debilitar un compromiso quizás más fuerte con ese cambio social. Es imprescindible reconocer que *El último tren, Tres Marías y una Rosa, Lo crudo, lo cocido y lo podrido* y *Baño a baño* acotan mundos fácilmente rechazables por el público de clase media que es, inescapablemente, quien asiste a estas funciones. Puesto que tratan bien de espacios desconocidos, como el de la población marginal, o de malignidad intolerable por la influencia del autoritarismo, se puede prever un mecanismo de defensa en la despreocupación y el olvido.

No sería ilógico argumentar que así se refuerza la ideología fragmentadora y anestesiadora de la conciencia pública diseminada por el oficialismo. Debe anotarse que el espectáculo teatral compite en desventaja con un aparato de comunicación masiva que propicia mecanismos de defensa psíquica similares, aunque sin contenido crítico. Esto significaría una reiteración ideológica por la que la mejor de las intenciones opositorias puede quedar atrapada en los mismos parámetros que se combaten sin encontrar ni ofrecer alternativas liberadoras. Por lo tanto, la integración total y directa de lo cotidiano a lo teatral, reafirmando su potencial de oposición, da a los conceptos creativos del Teatro La Feria un carácter de alternativa, de afirmación de nuevas opciones hacia la democratización.

CONCLUSIONES INCONCLUYENTES: RIESGOS DE UNA CRITICA LITERARIA EJERCIDA DESDE "FUERA"

De aceptarse las premisas de este trabajo —la literatura como representación analógica de la Cultura Nacional; la producción teatral reciente en Chile como proyecto de rearticulación de la conciencia nacional—, impresiona la coherencia y organicidad conceptual con que los teatristas han respondido a la política desintegradora de la cultura chilena emprendida por el Estado Autoritario. La diversidad ideológica, teórica, técnica y organizativa de los diferentes grupos teatrales —según sus testimonios y textos dramáticos— recuerda la imagen de un caleidoscopio que, a pesar de violentos y acelerados vaivenes, logra rearticular sus formas y figuras sin perder el eje central de su objetivo: la crítica humanista del poder autoritario. La posibilidad de describir la producción textual con categorías englobantes como "realismo crítico","antinaturalismo", "grotesco" y "teatro afirmativo" demuestra una dialéctica de interconexiones, coincidencias y equivalencias reales, es decir, unitarias, entre concepciones artísticas que son, sin embargo, divergentes. Esa dialéctica parece provenir de un consenso comunitario entre la intelectualidad progresista chilena sobre el sentido e interpretación de los cambios estructurales ocurridos en el país desde 1973[30]. En este aspecto llama la atención, además, el hecho de que un buen número de los integrantes estables o iniciadores de los actuales grupos teatrales tienen la experiencia común de un entrenamiento en las antiguas escuelas de teatro universitarias. Quizás ésto explique la continuidad de formas metafóricas propias del teatro nacional impulsado en las épocas de auge de aquellas escuelas, como también el uso de formas melodramáticas de un pasado teatral lejano.

Sin embargo, los referentes sociales de esta coherencia cambiaron el 11 de septiembre de 1980 y su sistema literario entró en crisis. En esa fecha se realizó un plebiscito nacional que inició la institucionalización del régimen militar en Chile. La nueva Constitución, aprobada con un 66% del voto ciudadano emitido en esa ocasión, mantiene y acentúa el carácter militar del régimen, aumenta la concentración del poder público, acrecienta su uso discrecional, limita aún más la participación ciudadana en la cosa pública, hace más vulnerables los derechos humanos, mantiene y acentúa la desunión nacional y la falta de paz interna[31]. Esa votación cuestionó radicalmente las premisas básicas de la actividad de ciertos sectores de oposición que los teatristas profesionales parecen tener como referencia ideológica. Se sospechó que, aun descontando la campaña oficialista de manipulación psicológica, propaganda masiva, exclusión de toda divergencia, intimidación y alteración de cifras, un sector importante de la ciudadanía habría votado en favor de la nueva institucionalidad. Esta sospecha arrancó de que ni en el período inmediatamente anterior, ni durante ni después del plebiscito se dio una protesta popular significativa. El desánimo llegó a su punto máximo con otra sospecha que hace de corolario de la anterior: la aparente pasividad popular quizás haya sido índice velado de una destrucción de los tejidos fundamentales de la antigua cultura de izquierda en un grado antes no realmente aquilatado.

Esta línea de pensamiento pone en jaque las categorías centrales del teatro revistado. La lógica del melodrama y del grotesco se apoya en una noción de la existencia de zonas inconscientes para la mente colectiva. Sobre el escenario se actualiza una estructura dramática que problematiza la realidad social para el espectador según referencias compartidas por todos pero no completamente puestas en escena. Esas referencias a lo desconocido son las que causan la paranoia y la distorsión de lo cotidiano propias del melodrama y del grotesco. En lo no mentado, pero latente, en lo no hecho acto, en lo no hecho conciencia está el potencial de amenaza, emotividad y repulsa visceral ocasionada por estos géneros. Pero este rechazo de lo no enunciado pero compartido también supone que, entre la masa anónima de espectadores, la denuncia quizás lleve a la movilización en coyunturas históricas cruciales. La sospecha de una destrucción de los tejidos fundamentales de la cultura de izquierda simplemente desintegra esta premisa. Súbitamente los teatristas profesionales parecieron encontrarse hablando en el vacío. La voluntad de melodramatizar la realidad nacional quedó transformada en quejumbre ante un poder represivo omnímodo que no da cuartel. Esto se hace claro con la indicación de que *Una pena y un cariño*, la única obra del corpus estudiado que intenta una afirmación del surgimiento espontáneo de una oposición al autoritarismo, se queda solamente en la observación. Estrenos de importancia de ICTUS y La Feria durante 1981, *La mar estaba serena* y *A la Mary se le vio el Poppins*, muestran conscientemente una incapacidad de proyectar una línea de oposición futura. En particular, la obra de La Feria hace una revisión satírica de todo el período de la Unidad Popular y de los sucesos posteriores al golpe militar para "hacer borrón y cuenta nueva", según las palabras de uno de sus creadores.

No obstante, la crisis del teatro chileno profesional después de 1980 debe confrontarse con el surgimiento de un fuerte movimiento de teatro aficionado en las poblaciones populares de Santiago[32]. En su gestación ha tenido influencia la regeneración y el fortalecimiento paulatino de los organismos de base sindicales y poblacionales de 1977 en adelante. También operando desde un concepto de creación colectiva, estos conjuntos recogen y expresan las temáticas de sus aspiraciones reivindicativas. Este nuevo lenguaje teatral es de claridad meridiana en la exploración de caminos para la democratización de Chile. Estos sectores populares ya no necesitan otra voz que hable por ellos. Tienen voz propia, directa, sin la mediación de ese teatro profesional que lo filtra a través de una visión de clase media. Pero a la vez los aficionados usan el apoyo de monitoría y entrenamiento que les han dado los teatristas profesionales. Así la experiencia del pasado se proyecta hacia la renovación social del futuro.

NOTAS

[1]Ver: Sebastiano Timpanaro, *On Materialism*. London: NLB,1975.

[2]De aquí en adelante hago una diferenciación entre "cultura nacional" con mayúscula o minúscula. Con minúsculas indico referencias hechas a nivel empírico, con una carga intuicionista, que son las predominantes en la charla cotidiana, Con mayúsculas me feriero al concepto elaborado con premisas científicas y, por tanto, de gran abstracción.

[3]Nils Castro, "Tareas de la Cultura Nacional." *Casa de las Américas,* Año XXI, Nº 122, septiembre-octubre, 1980, pp. 3-10.

[4]Me refiero a su "Discurso de Incorporación a la Sociedad Literaria" de 1842.

[5]Georg Lukács, *Prolegómenos a una estética*, trad. al español de Manuel Sacristán. México: Editorial Grijalbo, S.A., 1965.

[6]*Ibid.,* p. 167.

[7]José Joaquín Brunner, "El Modo de Dominación Autoritaria." Documento de Trabajo, Programa FLACSO, Santiago de Chile, Nº 91, julio, 1980. Hugo Fruhling E., "Evolución del Aparato Estatal Chileno: Del Estado de Compromiso al Estado Autoritario." Manuscrito no publicado. Santiago de Chile, agosto de 1980.

[8]María de la Luz Hurtado y Carlos Ochsenius, *Teatro ICTUS.* Santiago de Chile: Serie Testimonios (Maneras de Hacer y Pensar el

Teatro en el Chile Actual), Centro de Indagación y Expresión Cultural y Artística, CENECA, 1979.

[9]María de la Luz Hurtado y Carlos Ochsenius, *Teatro La Feria.* Santiago de Chile: Serie Testimonios (Maneras de Hacer y Pensar el Teatro en el Chile Actual), Centro de Indagación y Expresión Cultural y Artística, CENECA, 1979.

[10]*Ibid.,* p. 35.

[11] *Teatro ICTUS* , p. 43.

[12] *Teatro La Feria,* p. 49.

[13]María de la Luz Hurtado y Carlos Ochsenius, *T.I.T.:Taller de Investigación Teatral.* Santiago de Chile: Serie Testimonios (Maneras de Hacer y Pensar el Teatro en el Chile Actual), Centro de Indagación y Expresión Cultural y Artística, CENECA, 1980.

[14]Agradezco a María de la Luz Hurtado y Carlos Ochsenius (CENECA) la selección de las obras teatrales estudiadas en este trabajo como corpus representativo de la época analizada.

[15]Wolfgang Kayser, "An Attempt to Define the Nature of the Grotesque." *The Grotesque in Art and Literature,* trad. al inglés por Ulrich Weisstein, 1957; reimp. New York: MacGraw-Hill Co., 1966.

[16]Guillermo O'Donnell, "Tensions in the Bureaucratic-Authoritarian State and the Question of Democracy." David Collier, editor,*The New Authoritarianism in Latin America* Princeton: Princeton University Press, 1979.

[17]Frühling, p. 11.

[18]*Cuántos años tiene un día* (Creación colectiva de ICTUS, con textos de Sergio Vodanovic, Delfina Guzmán, Claudio di Girolamo y Nissim Sharim, 1978) Manuscrito no publicado, p. 77. En adelante se cita de este texto.

[19]David Benavente y Taller de Investigación Teatral, *Tres Marías y una Rosa.* Manuscrito no publicado, p. 35. En adelante se cita de este texto.

[20]En Chile la palabra garzón significa sirviente de mesas en un restaurant. Además, en Martín Alonso, *Enciclopedia del idioma* . Madrid: Editorial Aguilar, S.A., 1958, se lee: "Garzón: en el cuerpo de guardias de Corps, ayudante por quien el capitán comunicaba las órdenes."

400

²¹Ver, por ejemplo, Carlos Vicuña Fuentes, "Formación de la Sociedad Chilena." *La tiranía en Chile* . Santiago de Chile: S.N., 1939.

²²Aún más, parece haber un propósito consciente de llamar la atención sobre la deuda contraída con Donoso. Al mencionar la forma en que fuera procreada por su padre, Eliana dice: "...tu pobre hija ridícula... tu poca cosa... tu accidente de maricón" (p. 56 del manuscrito no publicado de *Lo crudo, lo cocido y lo podrido*). Es una referencia a la Japonesita, uno de los personajes centrales de *El lugar sin límites* (1966). Sobre la obra de José Donoso ver: Hernán Vidal, *José Donoso: Surrealismo y rebelión de los instintos* . San Antonio de Calonge (Gerona): Ediciones Aubí, 1972.

²³*Ibid.*, p. 46.

²⁴Para un conjunto de trabajos críticos sobre la obra de Claude Lévi-Strauss ver: Ino Rossi, editor, *The Unconscious in Culture. The Structuralism of Claude Lévi-Strauss in Perspective.* New York: E.P. Dutton and Co., Inc., 1974.

²⁵Carlos Vicuña Fuentes habla del gusto de las oligarquías por ostentar su status social mediante el sibaritismo gastronómico. Quizás sea índice de ello el hecho de que se atribuye a uno de sus presidentes, Ramón Barros Luco, la invención de un sandwich llamado *barros luco*, hecho de carne de vacuno frita, con queso derretido encima.

²⁶Octavio Paz hace esta relación cultura-muerte en *Claude Lévi-Strauss o el nuevo festín de Esopo*. México: Editorial Joaquín Mortiz, S.A., 1967.

²⁷*Baño a baño* (Creación colectiva de Jorge Vega, Jorge Pardo y Guillermo de la Parra en base a ideas originales de Guillermo de la Parra y Jorge Vega, 1978), manuscrito no publicado, p. 1. A continuación se cita de este texto.

²⁸Ver: Hernán Vidal, "La Declaración de Principios de la Junta Militar Chilena como Sistema Literario." *Escritura*. Caracas, Año IV, Nº 8, julio-diciembre, 1979.

²⁹José Manuel Salcedo y Jaime Vadell, *Una pena y un cariño* (1978), manuscrito no publicado.

³⁰Llama la atención al observador la amplia aceptación entre los intelectuales progresista de los análisis culturales de José Joaquín Brunner.

³¹Hernán Montealegre, "Constitución y Libertad en Chile." *Araucaria de Chile* . Madrid, Nº 12, 1980, pp. 31-47.

[32]Al respecto véase Diego Muñoz, Carlos Ochsenius, José Luis Olivari y Hernán Vidal, *Poética de la población marginal. El teatro poblacional chileno 1978-1985 (Antología crítica)*. Minneapolis, Minnesota: The Prisma Institute, 1987, (Literature and Human Rights, n. 3).

JUAN RADRIGAN:
LOS LIMITES DE LA IMAGINACION DIALOGICA

La dramaturgia de Juan Radrigán logra notoriedad pública y crítica en momentos en que el diálogo amplio, estructurado y consciente entre los diversos sectores sociales chilenos está drásticamente restringido. Por esta incomunicación, tres aspectos de la producción de este autor resaltan significativamente: de acuerdo con su origen social, su intención de integrar al teatro profesional chileno el lenguaje y el mundo de los grupos más desposeídos de la sociedad chilena; su reiterada tipificación de personajes de esos grupos en patética búsqueda de que se los escuche y comprenda; su elección de que sus obras fueran estrenadas, en su mayoría, por un grupo teatral como *El Telón*, de actividad cercana a otros de claro perfil profesional, en las zonas céntricas de algunas de las principales ciudades chilenas —Santiago, en especial—, ubicación geográfica tradicionalmente asociada con la cultura de clase media.

Debe aquilatarse el dato de que Juan Radrigán es, con Antonio Acevedo Hernández, uno de los escasísimos dramaturgos de origen proletario con que cuenta el teatro chileno moderno. Su introducción a él de un lenguaje de los desposeídos, en la forma en que lo hace, no encuentra paralelo entre los teatristas de clase media que han intentado reproducirlo[1]. Con ello surge una situación paradójica sobre la que conviene meditar: por una parte se detecta una insatisfacción con reproducciones anteriores de ese lenguaje y de ese mundo; por otra, la búsqueda de un auditorio de clase media sugiere un desdoblamiento intelectual en el autor: a la vez se afirma poseer una experiencia lingüística genuina que no debe ser adulterada por artistas extraños a ese mundo, pero que debe ser elaborada y mostrada a un auditorio extraño, con procedimientos y convenciones dramáticas forjadas y diseminadas por dramaturgos de esa clase media extraña[2]. El público estable del teatro profesional independiente chileno procede de la clase media, media alta y alta en más de un 90%, sectores caracterizados por altos índices de educación, que por trabajo y profesión están acostumbrados al encuentro y descodificación de formas simbólicas abstractas y complejas, público cuyas preferencias éticas y estéticas privilegian espectáculos teatrales de reflexión sobre la contingencia social, pero con aspiraciones universalizantes[3].

Lo dicho es suficiente para comprender que la obra de Juan Radrigán, en este momento crucial de la historia chilena, puede ser entendida como voluntad de mantener un diálogo de clases en circunstancias sociales de gran dificultad para ello. De otro modo no tendría sentido el desdoblamiento intelectual del dramaturgo al exhibir la genuinidad de un mundo para un público extraño. Así se reitera una vez más la función asumida por el teatro chileno reciente como uno de los sustitutos de los espacios públicos clausurados para el contacto entre clases sociales. Ante esto resulta obvio que una crítica literaria abocada al estudio de la obra de Radrigán, puede lograr un enriquecimiento de su significación global y significaciones específicas prestando atención a la problemática de su recepción por un público teatral y no preferentemente a un análisis más estático de la estructuración inmanente de sus textos.

De aceptarse esta proposición, la dramaturgia de Juan Radrigán debe tener como referencia el aparato teórico propuesto por Jürgen Habermas para la constitución de una *pragmática universal*[4]. Por ello se entiende la búsqueda y el estudio de los fundamentos para una comunicación que siente las bases para una acción social consensual que, en el contexto de la crisis histórica más reciente del Chile actual, implica el aprendizaje de nuevas formas de comportamiento para un diálogo y transacciones políticas que conduzcan a la redemocratización del país. Esto demanda la aceptación y el reconocimiento comunitarios de un núcleo de símbolos y argumentos morales que puedan ser asumidos por la población general como normas de corrección, veracidad, intención de verosimilitud y uso de lenguaje que conformen una identidad colectiva. La adherencia a esas normas por los diferentes sujetos sociales abre camino a la

posibilidad de racionalizar la comunicación social. Para
Habermas, el concepto *racionalización de la comunicación
social* es de importancia capital: él implica extirpar las
relaciones de fuerza compulsiva que puedan existir de
modo latente o patente en los canales comunicativos entre
clases sociales. Esa compulsión impide la solución o
regulación consensual de conflictos. Por el contrario, en el
esfuerzo comunitario por implementar una comunicación
para el consenso, se proponen y diseminan temas que
demarcan etapas en la adquisición psíquica de nuevos
roles sociales e identidades individuales y colectivas, con
sus respectivas visiones de mundo, las cuales, más
ampliamente, permiten la construcción de una nueva
moral y de una nueva legalidad. Establecer una
comunicación democrática, una comunicación no
distorsionada por la compulsión, crea el espacio para la
formación de estructuras institucionales con capacidad
para reconstruir un proyecto de cultura nacional que
integre a diversos sectores sociales en una obra de
desarrollo económico y social compartido. Esta
institucionalidad inescapablemente afecta, según el
espíritu que anima a esos diversos sectores sociales, todo
orden de actividad humana: los modos productivos, la
aplicación tecnológica, las relaciones interpersonales, las
organizaciones de base, las expectativas individuales de
grupo y comunitarias, la iniciación y solución de conflictos
sociales. En otras palabras, esa institucionalidad afecta los
términos de una cohesión social posible.

En términos literarios, la problemática de las
condiciones óptimas, el diálogo social de Habermas tiene
un correlato en la concepción de la obra literaria propuesta
por Mijail Bajtin[5]. Bajtin ancla sus argumentos en la
premisa básica de la epistemología materialista: los
contenidos mentales son elaboración de relaciones y
procesos sociales externos a la psiquis humana. Por tanto,
la obra literaria, como forma de conciencia social originada
en sociedades de clases diferenciadas por su función en el
proceso de su reproducción, está constituida por los
diversos lenguajes surgidos de esas diferenciaciones. Este
es el concepto bajtiniano de la *heteroglosia* esencial de toda
obra literaria. Esta es un esfuerzo por articular (*orquestar*)

una visión de mundo en una unidad textual a partir y a pesar de esa heteroglosia. Por ello la diversidad lingüística de las diferentes clases sociales queda relacionada en una tensión dialógica de fuerzas centrífugas y centrípetas. Estas últimas se caracterizan por la tendencia a conectar los diversos lenguajes sociales en un eje de estratificación jerárquica que reproduce en el mundo ficticio de la obra literaria las jerarquías sociales establecidas en la sociedad real por el poder económico y político. La jerarquización intenta conformar un horizonte social aparentemente homogéneo mediante la articulación y limitación de los otros lenguajes por un discurso autoritativo que los penetra y traspasa con sus ideologemas. Por el contrario, las fuerzas centrífugas tienden a una descentralización y desarticulación del eje de poder lingüístico, renovando la tensión dialógica con la proposición de visiones de mundo alternativas y un lenguaje que, para la voluntad canónica del discurso autoritativo, sólo puede considerarse como *degradado*. El lenguaje de la *degradación* desafía la inflexibilidad al cambio y la sordera ante la heteroglosia que caracteriza al discurso autoritativo. Por tanto, el lenguaje literario es dialéctico en cuanto propone un entendimiento de lo humano a través de un conflictivo sistema de preguntas y respuestas implícito en la estratificación lingüística. Esta contiene ópticas diversas, múltiples horizontes conceptuales y de elecciones posibles, valoraciones y, por ende, diversas formas de enfatizar aspectos relevantes de lo *real* que, después de todo, tienen una intersección común.

El lenguaje y la visión de mundo propuesta por Juan Radrigán claramente corresponden a ese reino de la *degradación*. En ella el autor explora las bases de una comunicación consensual. Analizar su obra requiere, por tanto, determinar los núcleos simbólico-morales que propone para la reinstauración de una identidad colectiva, de una ética colectivista y de una racionalización de la comunicación social como nexos no distorsionados por la compulsión, todo ello a través de textos teatrales que, sin embargo, están traspasados por contradictorios indicios ideológicos de hegemonía y subordinación.

Los CONFINES DEL REINO DE LA DEGRADACION

Los personajes de Juan Radrigán son seres socialmente marginados: vagos, prostitutas de ínfima categoría, cargadores de maletas en terminales de buses, matones por paga y otros criminales menores; obreros y dirigentes sindicales desplazados; pequeños propietarios rurales a punto de desaparecer, dueños de kioscos en mercados, reparadores de desperfectos caseros, todos éstos a punto de ser marginados o que malamente ocultan la realidad de un desempleo crónico. En su pobreza son sucios, desaliñados, andrajosos, en fin, zarrapastrosos. Habitan conventillos, casuchas miserables en poblaciones marginales de la gran ciudad, sitios eriazos que son basurales, en que "vivir quizás sea sólo una forma de decir", cuya "atmósfera es de desolación, de tristeza, de sordidez". Con frecuencia su salud está afectada por el alcoholismo, por tullimientos, mutilaciones; mueren jóvenes por cirrosis. Su entorno está atiborrado de síntomas de una hecatombe nunca explicada: sirenas de emergencia, automóviles y ambulancias que pasan a alta velocidad, resplandores de conflagraciones visibles a la distancia, vientos que traen hedores de cuerpos pudriéndose; muchedumbres que marchan silenciosas e impertérritas, abandonando la gran ciudad donde se ha dado una violencia desconocida, hombres que secuestran o intentan asesinar a quienes han sido testigos de sus depredaciones, agentes policiales que matan caprichosamente en la calle por mera suposición de delito. Todos quedan sometidos a la arbitrariedad de una burocracia estatal hermética, lejana, incomprensible, cuyos actos no parecen responder a lógica alguna: aplica multas por violación de leyes que nadie conoce, pero que deben ser respetadas; causa pánico y especulación económica porque esparce el rumor de que las ovejas producen erosión y deben ser aniquiladas; envía maquinaria pesada para destruir casuchas de pobladores que han encontrado su último refugio en alrededores miserables. La sensación de estos espacios es de que ocurrirán catástrofes inminentes, sensibilidad acentuada con sirenas de urgencia, aullidos de perros, "largos, prolongados", vientos malignos que presagian desgracias, ruidos de pasos que se acercan amenazadoramente.

A pesar de estas anomalías y distorsiones, los seres marginados luchan desesperadamente por expresar una humanidad hecha débil y rudimentaria por los valores, actitudes y formas de conciencia que la miseria crea y reproduce. Esa humanidad menoscabada se muestra como una extrema limitación del registro de formas de conducta que permiten la expresión de cariño, solidaridad y valoración de las relaciones con otros seres, que permiten el cuidado físico y espiritual de una persona para dignificarla como tal y, por sobre todo, como gran limitación de maneras de concretar los talentos, intereses e inquietudes que caracterizan a una persona. Debido a esta mutilación, los personajes sufren de una permanente añoranza por la juventud perdida, los lazos de amistad y familia no mantenidos, los amores nunca cultivados, la ternura nunca mostrada. Obviamente los impulsos hacia la satisfacción de estas necesidades están allí, pero, en su primitivismo conductual, los personajes los desplazan a otros terrenos. Por ejemplo, los varones gozan de una pobre comunión en orgías de alcohol y comidas que la miseria les permite ocasionalmente. La jerarquización social agudiza la soledad, la incomunicación y las carencias negando a los personajes la posibilidad de crearse una identidad digna a través del medio más importante con que los individuos y los grupos forjan y enriquecen su personalidad: un empleo estable, en cuyo trabajo las potencialidades latentes se manifiestan constructivamente, tanto para el individuo como para sus seres cercanos y la comunidad en general. Más bien los personajes sobreviven de cortos trabajos ocasionales, robos, atracos, estafas ínfimas, prostituyendo su cuerpo para el lumpen, cuidando la propiedad de señores distantes y enigmáticos. En esto último, aun preparados para agredir a otros desposeídos para conservar su trabajo y preservar una grotesca superioridad jerárquica. Si es que tienen trabajo permanente, se entregan a él con la sorna suicida de quien no ve la posibilidad de la autocreación, sino el desgaste que anestesia la futilidad de vidas absurdas. Con razón es que algunos personajes se describen a sí mismos diciendo cosas como "siempre los hemos parecío a los animales"; "somos duras como las piedras"; "tenís ojos de animal botao"; "somos iguales que los quiscos que salen de la tierra, tan un tiempo ajuera y después se secan y mueren, y nadie sae que salieron".

La mujer es, sin duda, el ser más desamparado en esta situación general. Su relación con el varón es esencialmente de sumisión. El varón nunca supera los hábitos y actitudes de su soltería. Responde a la presión de los amigos manteniendo un supuesto prestigio como mujeriego, farreador, hombre sin compromisos, con ingenio, palabrería y poder de convencimiento suficientes como para que su mujer, abandonada de compañía y apoyo, respete su autoridad a pesar de todo; por la violencia si es necesario. El sometimiento —que también aqueja a la hija ante la autoridad paterna— proporciona a la mujer sólo un estrecho espacio de expresión. Preocupada por mantener una relación que el hombre puede descartar fácilmente, la mujer expresa sus deseos y aspiraciones de modo indirecto, con sutiles sugerencias de que la burda sensibilidad del hombre no tiene finura para reconocer, o bien desconoce conscientemente. Ella carga sola, entonces, con la responsabilidad de cuidar el hogar y los hijos, y de administrar la escasez provocada tanto por el status social como por el derroche del varón. Los resentimientos acumulados por la mujer con el correr de los años hacen que las relaciones de la pareja, particularmente en los años de la vejez, se conviertan en un estado permanente de recriminaciones y lamentos por una situación ya incorregible, que los acosos del orden social exacerban en extremo. Radrigán ha sido el dramaturgo que con mayor sensibilidad ha introducido al teatro chileno esta temática injustificadamente descuidada.

El cúmulo de estas privaciones, traiciones y claudicaciones en conflicto con las esperanzas todavía no muertas, da al lenguaje de las obras un tono ocasionalmente lírico, por la necesidad de los personajes de verbalizar las tensiones que sufren y encontrar un significado humano para experiencias absurdas. En boca de vagos como Emilio, en *Hechos consumados*, ese lirismo toma visos filosóficos. Este lirismo queda magnificado por el hecho de que los personajes deben dar testimonio de profundas intuiciones existenciales con el único medio con que cuentan: la trivialidad coloquial del dialecto chileno más popular. Para Radrigán éste se caracteriza por el prurito de exhibir ingenio en todo momento, en una especie de conceptismo rebajado que banaliza toda comunicación convietiéndola, más bien, en oportunidad para echar *tallas* —chistes coyunturales— que exaltan el ingenio de quien las lanza y desacredita a quien las recibe. En Radrigán este uso del lenguaje es elemento integral de un cuadro de alienación que expone la infrahumanidad de los personajes.

Dada esta clausura del mundo personal y social, las opciones restantes para que los personajes concreten su humanidad son tan reducidas que ejercerlas ya implica una derrota. Para los varones el desarraigo y la vagancia son las opciones más fáciles por cuanto se liberan de compromisos y responsabilidades. Pueden entregarse así a la vida despreocupada y aventurera con que Radrigán los presenta en número significativo. No obstante, esta resolución queda viciada tanto por la traición de otra tendencia también importante, la estabilidad de las relaciones humanas mejor expresada en la familia, como por el daño causado a los hijos por el abandono del padre. Otra opción importante es la muerte, la cual asume variables diferentes. La más evidente es el alcoholismo. Puesto que el registro de comportamientos conducentes a la dignidad es escaso e inflexible, el hombre confunde la comunión de la amistad y la alegría con la orgía del alcohol que acarrea la enfermedad y la muerte. En su humanidad menoscabada, el hombre contempla su propia enfermedad y su muerte cercana como hechos fatales que ni siquiera trata de modificar. Este abandono de la capacidad para decidir un destino digno está detrás de las variables restantes: el suicidio cuando se ha concluido que las opciones vitales perdidas son irrecuperables (*Las brutas*); el robo con que un obrero trata de crear ilusiones para su familia, a pesar de la certeza de que el castigo inevitable destruirá precisamente a quienes quiere satisfacer (*La felicidad de los García*); el cristianismo primitivo de imaginar que la muerte es el *otro lado* de esta vida, en que la diferencia está en que las carencias materiales y espirituales están resueltas eternamente (*El loco y la triste*).

Esta opción última ilumina una tendencia constante en los personajes de Radrigán que antes mencionara sólo al pasar —la búsqueda de la estabilidad en las relaciones humanas. De una u otra manera los personajes aspiran al matrimonio o a una compañía continua, en que el cariño mutuo puede dignificar a la pareja en medio de la injusticia del orden establecido, a pesar de las insuficiencias personales. Soporte de esta dignidad y de esta continuidad son las aspiraciones a la casa propia, con muebles, objetos y utensilios que dan a la mujer la sensación y certeza de poseer un espacio que, al ser dotado de lo necesario por el hombre, le gana el respeto de la mujer y a ella le asegura la certidumbre de ser amada. Quienes han estado privados de esta experiencia estabilizadora, ante la muerte cercana son capaces de comprar un remedo de vida familiar contratando una prostituta (*Sin motivo aparente*) o fingen esa experiencia como juego final (*El loco y la triste*). Finalmente, el concepto de estabilidad en esta vida, queda postergado, en términos efectivos, al más allá del *otro lado* (*El loco y la triste*).

La noción de ese *otro lado* hace patente la existencia de un fuerte componente religioso en la visión de mundo de Juan Radrigán. No obstante, éste no es usado para hacer tolerable la falta de dignificación material del ser humano en el presente histórico. La introducción de esta utopía sirve para hacer resaltar la alienación actual de los personajes. De allí que, en un momento crucial de *El toro por las astas*, el Milagrero, personaje que se siente obligado a revivir la misión de Cristo, desahucia la ficción de que los desposeídos pueden ser redimidos por un ser superior y no por sus propios actos:

> ¡Lo que vengo a decirles es pa toos! (*Pausa*)Tan perdiendo el tiempo, se les está yendo de las manos como aceite por el vidrio: ¡tan perdiendo la vida! [...] Escondíos como ratas asustás, no tienen salvación; podrían tar llorando y esperando cien años, docientos, pero no sacarían na; porque la vía stá dentro de ustedes, así que si no la viven ustedes, ¿quién puee

412

vivirla? [...] Pero entiendan po, entiendan lo que les quiero
decir: ¡no hay milagros! ¡Eso es lo que vengo a decirles; no hay
milagros!.

Esto queda reiterado en *Sin motivo aparente* con la
figura ejemplar del compadre. Aunque éste sin duda posee
mayor amplitud de conducta humanizadora, su fragilidad
se muestra en el descuido de su alcoholismo y con su
muerte imprevista a manos de un policía. Para Radrigán,
la redención humana está en los propios actos liberadores
que los hombres realicen por sí y para sí. Por ello es que,
ante un lamento por la injusticia de Dios demostrada en
los sufrimientos humanos, Emilio, en *Hechos
consumados* responde: "no lo metai a él. El no reparte las
cosas, a lo sumo las hizo; son otros los que las reparten".
Tras estas palabras se sugiere una concepción de Dios que
ve en El un ser que se ha distanciado una vez iniciada la
creación, dejando a sus criaturas el desafío de luchar
materialmente en el mundo por un orden social afín a los
atributos divinos de amor y justicia.

LA ELABORACION TEATRAL

Aunque Juan Radrigán ha hablado de su conocimiento
de la obra de Beckett, Arrabal y Adamov[6], resistimos la
tentación de hablar de su dramaturgia como *teatro del
absurdo*. Con este término, popular en la crítica literaria de
los años cincuenta y sesenta, se hacía referencia a la
exploración de las *realidades últimas* de la *condición
humana* mediante la aniquilación metódica de la lógica,
de los conceptos racionales y de la capacidad comunicativa
del lenguaje[7]. A no dudar, en la medida en que Radrigán
señala la ilogicidad del sistema social como marco
englobante de la vida de los personajes, se cuestiona la
posibilidad real de producir significaciones que den
sentido al hombre y a su mundo. Pero este
cuestionamiento no responde a la convicción de que la
humanidad se debate en un *vacío* en que el conocimiento
y el aprendizaje son inútiles y, por tanto, el ser humano se
entrega a la indolencia y a la indecisión acarreadas por el

aplanamiento de todo valor que pueda sentar prioridades para la acción constructiva. Radrigán no ancla su discurso en elucubraciones metafísicas de un esencialismo humano ahistórico, sino en las consecuencias más concretas de la historia chilena reciente. A partir de ellas se representa el drama de la lucha por la humanización y dignificación de los desposeídos, lo cual implica, como creo haber demostrado, una confianza en la capacidad humana de autotransformación. Dado este anclaje histórico, a lo sumo debiéramos conservar un aspecto limitado de la definición *teatro del absurdo*: "Este diagnostica la condición de la humanidad como falta de propósito en una existencia que ha perdido armonía con su entorno (absurdo significa literalmente falto de armonía)"[8].

De mayor importancia es analizar el modo en que Radrigán elabora teatralmente su experiencia del mundo de los desposeídos. Aquí es preciso indicar que su materia prima está en la vida cotidiana de una subcultura fundamentalmente oral o con fuertes residuos de oralidad en sus formas de pensamiento. Al contrario de las culturas que han interiorizado los procesos mentales de avance lógico-lineal y de abstracción asociados con la escritura y la descodificación de la palabra impresa, los integrantes de una cultura oral tienden a relacionar su lenguaje con situaciones cotidianas de gran inmediatez[9]. Esto compromete a los individuos en una intensa empatía participatoria que da al acto comunicativo una fuerte característica verbomotora —el sonido queda estrechamente asociado con gestos y movimientos físicos. Así la realidad de la interacción más inmediata aparece más satisfactoria que cualquier abstracción, por lo que el distanciamiento mental que permite el autoanálisis de la personalidad o el análisis global del ser en su medio no son prácticas frecuentes. Por ello es que en las representaciones de la realidad que provienen de culturas orales hay un constante enfoque de aspectos somáticos del ser humano que privilegian la materialidad corporal y la mano como instrumento. La primacía del sonido en la comunicación produce, además, una mayor tangibilidad del contacto humano pues, en la cercanía, la expresión de la interioridad de los individuos es clara y visible. Con ello

414

se da la posibilidad de una cohesión de grupo, lo cual se traduce en un conservadurismo lingüístico por el que el uso repetitivo de frases, dichos y expresiones se convierte en clichés. Estos, por otra parte, toman un carácter conflictivo al usárselos en duelos verbales a raíz de la emotividad de la comunicación oral. En este conjunto de características encontramos las claves de los obstáculos encontrados por los personajes de Radrigán para explicar su propio ser social, a través de un lenguaje no apto para tales abstracciones, lleno, además, de antagonismos muchas veces denigrantes.

Al transferir este material a formas teatrales, Radrigán le proporciona una estructura lógica abstrayente que lo convierte en acto estético. Así se trascienden las estrecheces de la subcultura de los desposeídos y se la transforma en problemática ética para la totalidad de la sociedad chilena actual. Esa lógica revela el uso de la farsa como método de elaboración de la materia prima teatral[10]. Conste que hablo de la farsa como *método organizativo* que provee un marco irónico para el conocimiento del mundo representado. Lo irónico es un modo literario en que los personajes exhiben un poder de acción inferior al que se presume como normal en el lector o auditorio, o en el que la actitud del poeta es de objetividad distanciada[11]. La obra de Radrigán es irónica en la medida en que el deseo como fuerza liberadora de potencialidades humanas se resiste a aposentarse en sus mundos.

Para aquilatar en su justa medida la complejidad del arte de Juan Radrigán, es necesario reconocer el origen farsesco de su teatro, a pesar del riesgo de introducir un factor oscurantista al llamar la atención sobre un aspecto del género farsa no absorbido todavía en los hábitos académicos establecidos. Ellos fetichizan una visión del género como forma teatral ya incorporada a un repertorio consagrado por culturas caracterizadas por el extenso uso de la escritura y de la imprenta. Así es como se define la farsa por la exhibición de personajes de conducta inflexible, que los convierte en máscaras caricaturescas y risibles por su actuación mecánica y atolondrada, incapaces de resolver creativamente las elecciones que demanda el ser social. Aunque tal definición es correcta, no toma en cuenta *el origen* de la farsa en las culturas orales. Si se atiende al origen de la materia teatral de Radrigán en la subcultura oral, se debería hacer énfasis en dos aspectos: Primero, el conservadurismo lingüístico de esta subcultura, que inflexibiliza la representación de la conducta humana en un estrecho registro que lo menoscaba. No en vano se ha dicho que Radrigán parece haber creado un paradigma dramático extremadamente fijo, en que cada una de las obras desprendidas de él es un intento repetitivo de enfocar un aspecto preciso con mayor intensidad. Esta impresión corrobora la cercanía de la producción de Radrigán con lo farsesco, lo cual, a su vez comprueba que el género también debe ser considerado en su origen en la oralidad y no sólo en su consagración canónica. Segundo, el inicio de toda forma farsesca en la recolección de anécdotas, bromas y chistes de la experiencia inmediata de la tradición oral. En cuanto a Radrigán, este aspecto merece párrafo aparte.

Al considerarse el problema de la farsa como método organizativo de materia teatral, es coveniente tener en mente que algunas de las obras principales de Juan Radrigán son textos que contienen largos parlamentos que giran en torno a anécdotas cortas, muy cercanas al humor negro: los habitantes de un prostíbulo hacen preparativos para *nacer de nuevo* con la llegada de un milagrero; una de las prostitutas usa una teta de goma, que se le cae con frecuencia, como prótesis de una operación de cáncer (*El toro por las astas*); tres mujeres envejecidas acuerdan ahorcarse porque "a las tres se los pasó la vía" (*Las brutas*); un borracho cirrótico y una prostituta lisiada juegan a *tener casa* a la espera de la muerte de él —la prostituta es apodada *Pata e Cumbia* por los cimbreos de su cuerpo debido a su pie equino (*El loco y la triste*). En *Sin motivo aparente*, hay una variación del juego con una prostituta llamada *Engaña Baldosas* porque "tenía una pata medio chulleca y no pisaba nunca donde uno creía qu'iba pisar". Un reparador de desperfectos hogareños (un *maestro chasquilla* en el lenguaje coloquial chileno) entabla un diálogo lleno de malentendidos risibles con un cuidador loco (*Informe para indiferentes*); un cuidador mata a palos a un vago porque éste no quiere moverse *dos pasos* más allá del límite de la propiedad cuidada; un albañil finge haber ganado una fortuna en la *polla gol* para festejar en una playa a su familia y vecinos de conventillo, donde es detenido por robo (*La felicidad de los García*). El movimiento hacia la culminación de estas anécdotas cumple con un mínimo de requisito organizativo de la acción dramática, la cual no avanza para demostrar una hipótesis lógicamente desarrollada, como en la tragedia, el melodrama y la comedia, sino para permitir la acumulación de parlamentos que revelan la personalidad de los desposeídos en los términos expuestos.

Debido a esta extraordinaria preocupación por lo verbal, el teatro de Radrigán provoca una impresión de gran estaticismo y la sospecha de que el escaso mecanismo de acción dramática es un pretexto para *rellenar* tal mecanismo de diálogo. La palabra *farsa* se desarrolló del latín tardío *farsus* (palabra) relacionada con un verbo que significa *rellenar*. Así es como una expansión o amplificación de la liturgia eclesiástica era llamada farsa[12].

El uso de la anécdota y del chiste como ejes de estructuración dramática no sólo confirma la oralidad originaria de este material; también provoca, por la brevedad del mecanismo, una extraordinaria tensión de la dialéctica irónica. Cómo diseño artístico, la ironía funciona según una difusa proyección de múltiples perspectivas de observación simultánea sobre el mundo representado. Así tenemos que el mundo de los prostíbulos, de los *maestros chasquillas* y de los locos, elementos importantes en el humor chileno, sin duda tiende a distanciar emocionalmente al espectador de lo que observa sobre el escenario, especialmente si es que, como en Radrigán, ese distanciamiento es reiterado con el uso de las formas más pintorescas del dialecto popular chileno, aun en los momentos de mayor patetismo. Pero, a pesar de esto, se recaba del espectador de clase media un intenso compromiso de solidaridad cristiana con personajes lumpen o lumpenizados que difieren radicalmente de los valores que confieren a ese espectador su identidad de clase. A este complejo de contradicciones irónicas debe agregarse el que los personajes mismos deben sufrir, el cual, en su forma más arquetípica, puede ser descrito como

un intenso deseo de desplazarse desde el satanismo de su
cotidianidad alienada hacia una redención cristiana de
términos apocalípticos[13]. Conviene detenerse en este
último aspecto porque afecta el sentido simbólico de
elementos espaciales, temporales y de la acción humana.
   La rutina diaria de los desposeídos es demoníaca en
cuanto se los ha privado de la iniciativa para luchar por
un orden social en que imperen los principios divinos de
amor y justicia ("el único pan que cura toas las hambres es
la justicia, y esa cuestión anda más perdía que'l teniente
Bello"). Perdida esa posibilidad, la vida ya no tiene sentido
("La gente pobre se acuesta y se levanta; y un día no se
levanta más, y ésa es toa la vía. Por eso es que a una no la
van a ver nunca al cementerio cuando se muere: porque
no ha hecho ná"). A lo sumo el ser humano se convierte
en víctima propiciatoria del poder que rige la sociedad ("La
ley es un animal muy raro, amigo; no come carne fina, le
gusta la carne flaca y traspirá, como la suya y la mía"). Un
poder con tal capacidad para degradar y devorar es
esencialmente satánico y su influjo es tranformado en
fuerza mítica que pervierte el tiempo, la luz y la
naturaleza para signarlos de muerte: "...cuando no hay na
por qué vivir, tampoco hay na por qué morir"; "Tenía la
edá en que uno no puee preguntar por qué lo castigan";
"...la muerte les creció aentro antes que pudieran nacer";
"El sol penetra a veces a los corredores, por las grietas de
las paredes y los vidrios rotos, es como la visita de Dios al
infierno"; "Esa es la rabia más grande que tengo contra la
gente: s'encerraron en las casas y dejaron morirse los
jardines". Como contrapartida, Radrigán apunta a una
utopía democrática de tono apocalíptico en cuanto el fin
del mundo demoníaco será seguido por otro en que se
restaurará la unicidad eucarística de lo humano, lo natural
y lo divino, como queda sugerido en la fantasía *del otro
lado*:

> Allá too es tan distinto, tan bonito... Las casas son de madera y
> s'tan apartás, no una al lao de la otra como aquí, tan a media
> cuadra de distancia, pa' que puea haber lao pa las plantas y
> too eso; la mayoría son claritas [...] y too ta lleno d'ese sol que
> no quema, que no hace traspirar; d'ese sol que alumbra y
> entibia nomás. No hay micros, no hay autos; y como no hay

pobres, no se conocen patrones, carabineros, hospitales. Allá no
se sabe lo que's el hambre ni los calabozos porque, ¿quién va a
meter preso a alguien qu'es igual qui'uno? ¿Quién le va negar la
comía a alguien qu'es igual qui'uno?... Puta qu'es distinto allá,
puta qu'es lindo... ¿Me vai acompañar? [...] Se juntan varias
familias y hacen un juego al medio del campo, ¿sabís pa qué?:
pa esperar el amanecer, pa verlo toos juntos. Y a veces,
mientras esperan, bailan una cuestión parecía al valse... Ahí
es aonde te voy a encontrar alguna vez...

Para resumir, de lo anterior se desprende que la
complejidad dramática de la obra de Radrigán está en las
alteraciones de tipo trágico, melodramático y cómico que
crea como tejido construido sobre un eje
fundamentalmente farsesco. Sus personajes, máscaras
mecánicas, visibles e inflexibles ante la vida, a pesar de
todo adquieren visos potencialmente trágicos al
desconocer de manera consciente o inconsciente valores y
normas éticas consagradas como éticamente superiores por
la sociedad, por dignificar al ser humano. A la vez, estos
personajes se debaten en un campo melodramático por su
incapacidad para tomar conciencia de los errores
personales y los condicionamientos sociales que los
afectan, lo cual reclama para ellos una conmiseración
patética. Más aún, estos mismos personajes introducen la
ritualidad finalmente cohesionadora propia de la comedia
con la promesa de una utopía, una vez superada la
injusticia social. Difícilmente se podría pensar en un autor
nacional que haya tensado en tal extremo el conflicto de
lenguajes dramáticos.

LOS LIMITES DE LA IMAGINACION DIALOGICA

Despejada esta serie de problemas teóricos, descriptivos
y de elaboración literaria, ya es posible retomar la cuestión
que suscitara este trabajo: el estudio de la forma en que
Juan Radrigán ha creado implícitamente una proposición
ético-simbólica para una comunicación consensual entre
clases sociales. Ello mediante una afirmación de la
identidad de los desposeídos inevitablemente traspasada
por ideologemas de hegemonía y subordinación. Aquí

reside el interés de problematizar la obra de Radrigán en la cultura chilena actual.

A pesar de esa intención afirmativa, es indudable que la recepción de esta visión de mundo queda a merced de distorsiones inyectadas por el lenguaje hegemónico en sus dos formas actuales: el lenguaje autoritario que corresponde a la presente estructura de poder económico y político y el que corresponde a la forma en que se institucionalizó la cultura teatral chilena como expresión orgánica de los sectores medios en el teatro universitario de los años cincuenta y sesenta.

Desde la perspectiva de una crítica literaria formal, el entendimiento del teatro de Radrigán queda mediatizado por las tendencias del teatro universitario anterior, cuya influencia se ha prolongado hasta el presente. Como ejercicio crítico, el teatro de Radrigán deberá quedar insertado en una dimensión de continuidad frente a la producción teatral universitaria de las décadas de 1950 y de 1960 para determinar las variaciones y rupturas de la tradición introducidas por el autor. Una vez que esto se efectúe, es inevitable pensar que, en la medida en que la comunicación consensual sea posible, el público teatral de clase media —el gran consumidor de teatro nacional— tenderá a la búsqueda de un lugar común en el mundo de los desposeídos, reduciendo así la manifestación genuina de ese *otro* radicalmente diferente a términos de similitud que traicionan la voluntad del autor. La perspectiva irónica en que se ubica al espectador de clase media facilita en él la concentración en aspectos que él valora y que, desde su posición de superioridad, en los desposeídos percibirá como motivaciones imperfectamente logradas. Esta posibilidad resalta en Radrigán la preocupación por la estabilidad de las relaciones humanas, tema recurrente en sus obras. El dramaturgo lo presenta como aspiración a la armonía social malograda tanto por la infrahumanidad de los desposeídos como por las decisiones absurdas emanadas del centro del poder. Esa aspiración se traduce dramáticamente en una añoranza por una unidad familiar en que cónyuges e hijos contribuyan a la mutua plasmación de las potencialidades humanas latentes. Como unidad económica, la familia aparece como lugar para esa plasmación, si es que dispone de los recursos materiales necesarios. Entendida así, en Radrigán la estabilidad de relaciones humanas puede alcanzar rango de universal válido para todo grupo social. Las clases medias han podido disfrutarlo en la medida en que, como grupo relativamente privilegiado en el capitalismo, han gozado un mayor acceso a la acumulación cultural. Es conveniente recordar que el teatro universitario de los años cincuenta y sesenta, como forma cultural orgánica de los sectores medios, hizo de la metáfora familia índice de salubridad de la sociedad en general. La familia, como dinámica interna de relaciones positivas y/o negativas, aparecía asediada por tendencias de la sociedad externa que introducían distorsiones y anomalías en su seno, las cuales se debatían en el curso de la acción dramática. Para restablecer la sanidad y la armonía entre lo externo y lo interno, ese teatro desarrollaba un esquema melodramático que acarreaba profundos sufrimientos en el grupo familiar, para culminar en tonos propios de la comedia, por cuanto se restituía la cohesión del grupo. La fuerte raigambre de esta metáfora en el teatro de clase media puede tener un impacto distorsionador en la recepción del teatro de Radrigán, puesto que ella es, más bien, asunto lateral en su visión de mundo.

Por otra parte ese universal puede influir en el diálogo entre clases sociales en la medida en que se lo conecte visiblemente con el movimiento de promoción de los derechos humanos en su registro más amplio de posibilidades, tanto espirituales como materiales. También en la medida en que el espectador de clase media asuma ese mundo, quizás como reacción ante la amenaza (implícita y latente en el escenario) de que los destinos absurdos contemplados allí lleguen a ser el suyo propio. De este modo se construye una opción literaria centrífuga —en el sentido bajtiniano— en que discursos clasistas afines proponen un acuerdo de alternativa social ante el orden hegemónico superior que subordina a ambos. Este acuerdo implícito desplaza al discurso autoritario de esa función y lo relega a la marginalidad. Como veremos más adelante, esto no significa que la presión de ese discurso autoritario deje de sentirse, y muy intensamente, sobre ese proyecto cultural alternativo.

La presión autoritaria se manifiesta en el momento en que se hace necesario visualizar agentes concretos de implementación real de los derechos humanos para todo sector social. En lo que respecta a los desposeídos, parece lógico pensar que su dignificación sólo procederá de la capacidad propia de generar agentes que hagan realidad esos derechos en los términos específicos de sus necesidades y no como aspiración que se contempla a la distancia, en los grupos favorecidos, quizás con envidia. Sin embargo, es en esta coyuntura donde intervienen las distorsiones a la comunicación consensual introducidas por el discurso autoritativo. Obviamente, esos agentes de liberación no pueden ser concebidos ni visualizados en el espectáculo teatral. Los límites que Radrigán debe auto-imponer a su expresividad permiten representar nada más que una categoría abstracta de personajes que sólo pueden ser calificados como *desposeídos*, malamente concretados como mayoría lumpen. *Lo popular*, que en la historia chilena anterior tuviera referentes partidistas y sindicales claramente definidos, en Radrigán son reducidos a un personaje enloquecido como Andrés, en *Informe para indiferentes*. Se trata de un antiguo dirigente sindical derrotado que, en sus meditaciones, llega a decir: "yo creo que los libros [de historia] tienen algo bueno y algo malo. Lo bueno es que uno descubre de repente que vivir es muy importante; lo malo es que, al mismo tiempo, uno se mira y se da cuenta de que es siempre y ha sido siempre una completa nulidad"[14]. La asunción de una derrota histórica con tal nihilismo, junto con la reducción de la concepción anterior de *lo popular* a la categoría de *los desposeídos*, vacía de historia el mundo dramático de Radrigán. Contradictoriamente, ello distorsiona el esfuerzo hacia una cohesión consensual, puesto que el espacio de los desposeídos se convierte en campo de y para la conmiseración, no para el entendimiento igualitario. Descartada la experiencia social popular acumulada hasta 1973 y continuada luego con todo tipo de obstáculos, no es de extrañar que Andrés, el ex dirigente sindical, repita con frecuencia: "¡No quiero recordar, no quiero recordar!".

Tal visión de la historia chilena actual parece corresponder a las tesis que han visto una extensa capacidad de refundación de la cultura nacional en el poder social autoritario surgido con la crisis institucional de 1973. Esa refundación, iniciada con un modelo de desarrollo neoliberal que hizo de la economía chilena complemento de la internacional, habría alterado la composición de las clases sociales reduciendo numérica y efectivamente al proletariado y, por supuesto, su capacidad organizativa para expresar sus intereses. Por ello toma importancia la insistencia de Radrigán en representar personajes lumpen o lumperizados. De acuerdo con esas tesis, la regeneración de los tejidos básicos de esta cultura popular debería realizarse permitiendo una evolución *propia* de los movimientos surgidos en su seno, desenfatizando la injerencia de organizaciones partidistas, promoviendo entendimientos flexibles entre ellos para evitar compromisos demasiado estructurados que supuestamente no corresponden a la realidad política actual del país. En Radrigán, la apelación difusa a la estabilidad familiar y a los derechos humanos coincide con ese proyecto. Tanto para él como para la dramaturgia de este autor, queda por inquirir si es que esa refundación cultural autoritaria puede realmente provocar la amnesia colectiva. Hechos recientes parecen desaprobarlo.

NOTAS

[1]Como índice comparativo puede considerarse el texto de David Benavente y el Taller de Investigación Teatral (T.I.T.), *Tres Marías y una Rosa* (1979), María de la Luz Hurtado, Carlos Ochsenius y Hernán Vidal, eds. *Teatro chileno de la crisis institucional: 1973-1980 (Antología crítica).* Minneapolis, Minnesota: Minnesota Latin American Series (University of Minnesota); Centro de Indagación y Expresión Cultural y Artística (CENECA), Santiago, Chile, 1982).

[2]Ibid. *El Teatro Chileno al 10 de Septiembre de 1973.*

[3]María de la Luz Hurtado y María Elena Moreno *El público del teatro independiente* . Santiago, Chile: Centro de Indagación y Expresión Cultural y Artística (CENECA), 1982.

[4]Jurgen Habermas, *Communication and the Evolution of Society.* Boston: Beacon Press, 1979.

[5]*The Dialogic Imagination. Four Essays by M. M. Bakhtin.* Michael Holquist, ed. "Discourse in the Novel". Austin, Texas: University of Texas Press, 1981.

[6]Jorge Cánepa, C.S.C., "Juan Radrigán. *Hechos consumados".* *Mensaje.* Santiago de Chile, N° 309, junio, 1982, p. 271.

[7]Arnold P. Hinchliffe, *The Absurd.* London: Methuen and Co. Ltd., 1969.

[8]John Russell Taylor en *The Penguin Dictionary of Theatre* (1966) en Hinchliffe, p. 1.

[9]Walter J. Ong, *Orality and Literacy. The Technologizing of the Word.* New York: Methuen and Co. Ltd., 1982.

[10]Robert C. Stephenson, "Farce as Method". Robert W. Corrigan, ed. *Comedy, Meaning and Form.* San Francisco, California: Chandler Publishing Company, 1965.

[11]Northrop Frye, *Anatomy of Criticism. Four essays.* New York: Atheneum, 1966, p. 366.

[12]William Flint Thrall, Addison Hibbard and C. Hugh Holman, *A Handbook to Literature.* New York: The Odyssey Press, 1960, p. 199.

[13]Frye, "Third Essay. Archetypal Criticism: Theory of Myths".

[14]Debe tenerse presente que, al abrirse el telón, Andrés aparece leyendo un libro de historia que mecánicamente lista fechas de importancia, pero sin significado en cuanto a acción humana. De allí que introduzca aquí esta interpolación, pues responde al sentido de la obra.

CRITICA LITERARIA Y DERECHOS HUMANOS: UN FUNDAMENTO POSIBLE PARA LA RECANONIZACION LITERARIA EN EPOCAS DE CRISIS INSTITUCIONAL

Los profundos quiebres institucionales sufridos por los países del Cono Sur con el militarismo fascista claramente señalan que ellos han entrado en un período que demanda una reflexión sobre el modo en que se institucionalizan sus diferentes actividades culturales. Tal periodización se hace patente en la medida en que la intelectualidad se ha visto forzada a cambiar drásticamente sus formas ideológicas de concebir la comunidad nacional. Ineludiblemente esto afecta el entendimiento de la producción poética. En este sentido, la tarea principal que enfrenta la crítica literaria latinoamericana es la de recanonizar el corpus de obras poéticas con que se reproduce académicamente el estudio de la historia literaria, para así enfrentar el significado de ese quiebre dentro de la evolución cultural de nuestras naciones.

Recanonizar implica simultáneamente tanto la tarea de integrar las obras más representativas producidas en el período de la represión fascista como proponer nuevas lecturas del corpus anterior ya consensualmente establecido. Avanzar en esta tarea requiere, obviamente, la decantación de criterios que sustenten esa recanonización. Sin embargo, este aspecto se hace altamente escurridizo por el hecho de que los críticos latinoamericanos no acostumbramos a reflexionar sobre esta actividad, dando al corpus de obras recibido la calidad de campo formalmente constituido "ya desde siempre". Sería exagerado decir que esta actitud, en los hechos concretos, significa olvidar que el proceso de canonización ha sido un largo trayecto generacional de construcción social. Sin embargo, no cabe duda de que algo de esto es válido, si consideramos que, hasta el momento, nuestra profesión no ha tenido a bien impulsar estudios sociológicos de nuestro propio quehacer. ¿Qué condicionamientos económicos, sociales, profesionales y políticos llevaron a la institucionalización

426

académica de las obras que hoy en día y con tanta seguridad
sindicamos como índices de una evolución cultural?
Responder esta pregunta tomará quizás varias
generaciones de estudiosos, si es que finalmente los críticos
literarios llegamos a reconocer la importancia de adquirir
tal conocimiento sociológico. No obstante, en el momento
presente nuestra propia generación debe abocarse a esa
recanonización como necesidad urgente y no puede
esperar a que esa sociología llegue a constituirse como guía
de nuestra tarea inmediata. En respuesta a esta urgencia
deseo indagar sobre la problemática involucrada tras uno
de los criterios posibles que pudiera considerarse para esa
recanonización: la defensa de los derechos humanos. En
una época en que las disensiones sociales que abrieron
camino a los fascismos distan de haber quedado
solucionadas, la defensa de los derechos humanos ha
servido y sirve como poderoso foco de cohesión y de
movilización ciudadana consensual. Por tanto, en toda
discusión conducente a una revisión de cualquier
componente de las culturas nacionales, debiera tenerse en
cuenta que la defensa de los derechos humanos contiene
una carga de valores de recongregación nacional que debe
ser considerada en virtud de dicha capacidad
movilizadora.
A nivel teórico, creo que una indagación en este sentido
indirectamente pone a prueba un concepto cuya
aceptación, aun entre críticos literarios no preocupados del
nexo literatura-sociedad, parece ser general, quizás por la
popularidad de la obra de Michel Foucault. Me refiero a la
idea de que toda institucionalización social está
relacionada con la noción de poder. Tal aserto pone todo
estudio de la institucionalización cultural en el plano
correcto, el de la política. Sin embargo, para los efectos de
una orientación de la crítica literaria, la actividad política
debe ser entendida latamente, de manera que se respeten
los ritmos de desarrollo propios de la producción poética
que, ciertamente, no son los de la política entendida como
actvidad cotidiana. De acuerdo con esto propongo que, para
nuestros efectos, la política debe ser entendida como lucha
por la hegemonía y la liberación social y cultural por parte
de las diferentes clases sociales y sectores dentro de una

sociedad específica. No obstante, esta afirmación no puede ser dejada a nivel tan general y abstracto. Estimo que para que pueda tener valor como instrumento de creación de conocimiento es necesario conectarla más concretamente a la historia real latinoamericana para poder apreciar su valor y sus limitaciones.

Para no dilatar con largas disquisiciones preparatorias la entrada a los problemas que me interesa discutir, permítaseme sentar de inmediato dos órdenes de premisas que organizarán mis argumentos, uno histórico —en cuanto a la noción de poder— y otro sobre la institucionalidad de la crítica literaria académica. Más adelante se observará que el primero incide directamente sobre el segundo, dando lugar a una problematización que quizás expanda el entendimiento global de las tareas de recanonización como asunto político.

El primer orden de premisas afirma que las bases para una recanonización como la mencionada es, en última instancia, expresión de un poder social y político que de hecho es o tiene el potencial de ser hegemonizante. Es decir, que las canonizaciones literarias responden a las diversas propuestas hechas por los diferentes actores sociales masivos organizados institucionalmente en una sociedad en una competición por la conducción de la cultura nacional —entendida ésta como el conjunto de identidades masivas capaces de plantear tales proyectos como programas de desarrollo económico y social que mejoren la calidad de la vida de la población en general. Como corolario, es también ineludible que, en el contexto de las luchas ideológicas, toda producción de conocimiento literario tiene sentido comunitario, bien sea consciente de ello o no el crítico literario, en referencia a un actor social masivo que potencial o realmente pueda conducir la cultura nacional. Repito que en este momento presento estas premisas sólo como vía inicial e insuficiente hacia una problematización que posteriormente sea, espero, más adecuada.

El segundo orden es una descripción de las cuatro actividades fundamentales en que nos vemos involucrados como críticos literarios académicos: 1) asumir el corpus de obras poéticas institucionalizadas por generaciones anteriores; 2) adquirir una teoría y una metodología que permita narrar los rasgos de continuidad y relación existentes entre los textos asumidos; 3) elaborar una institucionalización de obras representativas de la producción poética dada en el lapso de nuestras existencias profesionales; 4) discutir colectivamente, en foros regionales, nacionales e internacionales, aquellos textos que consideramos de mayor relevancia en el canon o como candidatos para la consagración en él. La importancia de los tres primeros acápites se hará notar en lo que sigue de inmediato. Volveré al cuarto punto en las consideraciones que cierran este trabajo.

La incidencia del primer orden de premisas sobre el segundo está en que es en esa primera actividad donde se hace más patente el vacío de conocimiento sociológico en cuanto a los condicionamientos históricos de la institucionalización del corpus literario académico. No obstante ese vacío, las periodizaciones históricas sobre el desarrollo social latinoamericano aportadas por las ciencias sociales contemporáneas nos permiten hacer un número de suposiciones con un grado de certidumbre.

Por ejemplo, se puede afirmar que la promoción, producción y diseminación de literatura y de su conocimiento en el período anterior a nuestra generación — lo años que van de 1930 a mediados de los años cincuenta— estuvo fuertemente influida por el interés de los movimientos y de los gobiernos populistas burgués-democráticos de la época por moldear la opinión pública en consonancia con sus postulados ético-políticos. Componente importante en este conglomerado fue la crítica cultural aportada por la intelectualidad materialista histórica que perfilaba su pensamiento en consonancia con el fortalecimiento de las organizaciones partidistas y sindicales del proletariado. A este diálogo obedeció la integración de la problemática del indio, de las aspiraciones de los sectores medios bajos, de la preocupación por la cotidianidad del proletariado y del campesinado[1]. Esa política ideológica llevó a esos movimientos y gobiernos a burocratizar estatalmente tanto a los literatos como a los canales de difusión de su obra. En esas décadas se instalaron las grandes empresas de masiva producción de libros al alcance del consumidor de limitados recursos económicos, así como se fomentó el teatro nacional, la incipiente producción de cine, las bibliotecas públicas, el folclor subvencionado y las orquestas sinfónicas en que los músicos pertenecían al escalafón de la burocracia estatal. Como hito de esta época se pueden considerar los esfuerzos de Luis Alberto Sánchez por institucionalizar una lectura de la literatura latinoamericana, en los cuales el referente aprista, índice del surgimiento de los sectores medios latinoamericanos como actores sociales masivos, es fácilmente detectable.

Acercándonos a la época presente, nuestra experiencia personal y generacional más directa puede avalar la impresión de que sobre nuestra propia actividad institucionalizadora de textos gravitó fuertemente la modernización de la enseñanza universitaria en respuesta a las necesidades de la política del desarrollismo capitalista de los años sesenta. Los desafíos al sistema hechos por la Revolución Cubana, la respuesta técnico-financiera del capitalismo norteamericano a través de la Alianza para el Progreso y la creciente transnacionalización del sistema capitalista internacional bajo control de los conglomerados multinacionales se tradujo en una gran corriente de transferencia de personal y tecnología hacia y desde los países capitalistas avanzados, lo que, en última instancia, también provocó la modernización de los estudios literarios. Catedráticos de las humanidades pudieron viajar al extranjero para hacer estudios especializados; la industria internacional del libro puso a disposición de profesores y estudiantes obras teóricas y metodológicas a costo moderado. En la complejidad técnica de la llamada narrativa del "boom" esta nueva tecnocracia de la crítica literaria encontró la materia prima más apropiada para alimentar la maquinaria de sus nuevas concepciones teórico-metodológicas.

Con base en lo expuesto se podría postular que el desarrollo de la crítica literaria hispanoamericana sufrió un quiebre en su desarrollo en cuanto a que las preocupaciones ético-políticas de las décadas de 1930-1950 fueron paulatinamente desplazadas por la restricción del estudio de lo literario a los mecanismos y estrategias de la intratextualidad. Indice de esta tendencia fueron las polémicas anticriollistas que quizás todos hayamos atestiguado, que pedían la creación de textos más "universales". Tengo la impresión de que este término abogaba por una mayor complejidad técnica, más afín con un metodología crítica avanzada. Este proceso decantó un residuo histórico que creó actitudes todavía vigentes en nuestro quehacer actual, actitudes que, en muchos casos, se expresan fundamentalmente como un rechazo de la preocupación ético-política del pasado en aras de un profesionalismo que mira con sospecha la introducción de ese tipo de preocupaciones culturales más extensas como si fuera un "uso" indebido, mezquino y quizás conspiratorio de la literatura. Por el contrario, ese profesionalismo se abandera como la única postura legítima, suscitadora de estudios "imparciales" y "objetivos".

Si los argumentos anteriores son válidos, por lo menos en sus aspectos más esquemáticos, quizás podamos concordar en que la estrategia más adecuada para un proceso de recanonización efectuado de cara a las necesidades surgidas de las rupturas culturales producidas por el fascismo obliga a una asunción dialéctica de las contribuciones más valiosas hechas durante los dos períodos mencionados. La crítica literaria surgida durante los populismos sin duda fue clarividente en relevar las temáticas sociales que debían recibir atención prioritaria, dado su pensamiento enmarcado por preocupaciones ético-sociales.

No obstante, a pesar de tener la capacidad de validar sus propuestas críticas tomando como referente desarrollos de real trascendencia en la cultura latinoamericana, esa crítica literaria careció de una tecnología analítica que diera cuenta de lo literario como especificidad. Por el contrario, la riqueza de recursos especializados de que gozó la crítica literaria técnico-profesional surgida más adelante tuvo la debilidad de no contar con un anclamiento sólido en preocupaciones comunitarias trascendentales, como creo sucedió ya a partir de la estilística románica. Con respecto a los momentos de ruptura cultural a que debemos responder en la actualidad, es dudoso que la reiteración de estudios totalmente intratextualistas pueda hacer un aporte a una recanonización, puesto que la fundamentación de tal proceso obliga a atender problemáticas ético-políticas más globales, surgidas de los proyectos sociales dirimidos dentro de las colectividades nacionales.

Sin embargo, la encrucijada en que se encuentran los países del Cono Sur obliga a problematizar esta aseveración teórica, puesto que, en la actualidad, la capacidad real de esos actores sociales organizados para establecer una clara hegemonía social es débil o cuestionable. Ninguno de los procesos de redemocratización en Uruguay, Argentina y Brasil en el presente han ocurrido de acuerdo con dinámicas insurreccionarias en que se decante un bloque de poder incuestionablemente hegemónico. Por su parte, el estado actual de la oposición democrática chilena dista mucho de aportar claridades al respecto. De manera que la posibilidad de mantener una coalición de gobierno que conduzca el proceso redemocratizador y enfrente colectivamente los difíciles problemas económicos legados por el neoliberalismo militarizado es en extremo frágil y sujeta a postergaciones de intereses conscientemente asumidas por los diferentes actores de la oposición antimilitar con el objeto de protegerla.

Quizás dos sean los síntomas más importantes de este transaccionismo limitador de intereses: primero, la postergación total o la satisfacción muy parcial y ritual de las demandas de justicia contra la violación de los derechos humanos por los militares en Brasil, Uruguay y Argentina. La satisfacción cabal de estas demandas sería sólo posible en la medida que se reorganizara radicalmente la estructura de los institutos armados, tarea para la cual no existe una base de poder político y militar. Como consecuencia, el aparato de represión militar todavía está allí, incólume, presto a invadir nuevamente la sociedad civil si le fuera necesario.

El segundo índice es el debate entablado entre posturas socialdemócratas y marxista-leninistas en los sectores de la izquierda chilena sobre la naturaleza del actor popular de cambio social bajo la represión fascista en sus proyecciones hacia la redemocratización. Este debate es útil para mis argumentos en la medida en que ilustra dos aspectos cruciales del impacto militar sobre la cultura de izquierda, que en el pasado tuviera referentes tradicionalmente tan claros en el movimiento sindical y los partidos que se disputaban la vanguardia popular: 1) por sus fundamentos teóricos, el discurso de la izquierda siempre ha buscado perfilar con claridad los proyectos históricos planteados por las diversas clases y sectores sociales; 2) sin embargo, la polémica señalada demuestra que por lo menos un componente de la cultura de izquierda se ve llamado a cuestionar radicalmente las definiciones tradicionales de "lo popular" elaboradas en la cultura política chilena anterior al fascismo. Esto, sin duda, problematiza el aserto de que, como fenómeno social de aspiración redemocratizadora, la institucionalización de un canon literario tiene como referente consciente o inconsciente los proyectos sociales propuestos a la cultura nacional por agentes democráticos constituidos.

En el contexto chileno este debate se ha centrado sobre el diagnóstico del impacto militar sobre la cultura de izquierda. El Partido Comunista Chileno asigna al golpe militar la categoría de derrota momentánea, por lo que queda implícita la noción de que los núcleos institucionales más básicos del movimiento popular —la organización, teoría y línea partidista, sus nexos con las bases que tradicionalmente han dado sustancia a su organización, generando sus cuadros y mandos medios y superiores y, por tanto, su capacidad de movilización de masas— han quedado esencialmente incólumes. Esta visión permite al Partido Comunista la elaboración de propuestas organizativas para la oposición y la resistencia antimilitar con actitudes discursivas de gran certidumbre y convicción, además de continuar haciendo proposiciones globales para la futura conducción de la cultura nacional hacia el socialismo, asumiendo los intereses del proletariado chileno.

Por su parte, intelectuales portavoces de tendencias socialdemócratas han asignado a los objetivos políticos del modelo de represión militar una eficiencia mayor de la que le otorga el diagnóstico comunista. Para ellos la llamada "guerra interna" realmente logró desbaratar los tejidos institucionales más fundamentales de la cultura de izquierda chilena, por lo que hablar de una "derrota momentánea" impide la elaboración de un cuadro objetivo tanto de la situación política presente en Chile como de las opciones futuras. Según estos argumentos, no reconocer este hecho implica un retorno a los estilos de conducción de la política nacional anteriores a la intervención militar, en que los lideratos podían legítimamente arrogarse la calidad de portavoces de los sectores sociales representados de acuerdo con interpretaciones leninistas de los partidos de vanguardia, en circunstancias en que la atomización real del cuerpo social producidas por la represión militar no fundamentan una articulación homogénea de tal representatividad. Por tanto, esta tendencia socialdemócrata ha declarado una crisis de la izquierda chilena, cuestionando el modo en que el marxismo-leninismo ha sido asumido por los Partidos Socialista (en algunas de sus tendencias), Comunista y MAPU, así como también se ha cuestionado la real capacidad de movilización consciente de las masas por el marxismo como ideología de lo popular. Como consecuencia de este razonamiento, intelectuales que en el pasado adhirieron a la Unidad Popular han proclamado la necesidad de un aperturismo teórico que pone en tela de juicio conceptos fundamentales del marxismo-leninismo[2].

Aunque el ejemplo es chileno, el problema es ampliamente latinoamericano, dada la gran influencia actual de la socialdemocracia europea en la región. Entre críticos literarios hispanoamericanistas conscientes de este debate y cercanos a la postura socialdemócrata, esta situación ha tenido un correlato directo en su interés por diversos escritos teóricos que dudan de la posibilidad del cambio histórico como producto de actores sociales institucionalmente centralizados —como Michel Foucault—; en escritos que fragmentan la noción de poder social reduciéndolo a una difusa relación molecular de nivel microcósmico —como Deleuze y Guattari, además del mismo Foucault—; o que buscan descentrar la noción de un ego psíquico centralmente constelado como foco de conciencia articulatoria del discurso cultural —como ocurre con el llamado desconstructivismo. En sus formas más agudas, estas posturas llegan a cuestionar o abandonar la categoría materialista histórica de totalización como eje articulatorio del conocimiento en cuanto fenómeno social, negando a veces que la crítica literaria esté asociada de algún modo a propuestas globales para la conducción de una cultura nacional.

En este debate —finalmente agrupado bajo la noción de "postmodernismo"— nos encontramos ante una paradoja porque, a pesar de todo, la recanonización de la literatura en la presente coyuntura cultural, en la medida en que requiere un anclamiento en valores de apelación colectiva —cualesquiera que ellos sean—, no puede ser sino entendida como propuesta cultural de aspiración epistemológica totalizadora. Sin embargo, tampoco puede ser desconocido el vacío de hegemonía social en que se la debe realizar. En medio de este impase de dudas sobre la definición de lo popular y lo democrático, ¿existe alguna alternativa de fundamentación global para la reinstitucionalización literaria que reafirme una cultura democrática? Aquí está la razón para introducir e indagar en la problemática de los derechos humanos como eje de argumentación axiológica para la crítica literaria. Esto requiere, como acto preparatorio, discutir la naturaleza cultural del discurso en pro de los derechos humanos.

LA PROBLEMATICA DE LOS DERECHOS HUMANOS COMO SIGNIFICACION CULTURAL

En el marco de estos argumentos, la introducción de los derechos humanos como eje axiológico de un proceso de recanonización literaria se justifica por un hecho del todo evidente: su defensa ha tenido una capacidad real y concreta de movilizar conjunta y organizadamente a los sectores sociales e ideológicos más disímiles, aun a pesar de que los agentes políticos de redemocratización eran del todo invisibles en el horizonte social y estaban institucionalmente fragmentados por la efectividad de la represión militar.

Lo anterior nuevamente lleva a comprender que algunas de las premisas primeras de esta argumentación necesitan una corrección fundamental: la referencialidad de todo proceso de institucionalización cultural en un agente social masivo específico —en una etapa de ofuscamiento del perfil de "lo popular"— puede llegar a adquirir un sentido restrictivo, por cuanto los intereses sociales existentes en sociedades pluriclasistas y organizados de manera ideológico-discursiva gastan la mayor parte de sus esfuerzos ideológicos en perfilar identidades excluyentes en relación con otros sectores, en la medida en que ellos no tengan inserción funcional clara en los proyectos sociales propuestos a la colectividad. Por el contrario, la forma masiva y pluriclasista en que se ha dado la defensa de los derechos humanos en situaciones de drástico quiebre institucional, de fuerte represión estatal y de neutralización de esos agentes conductores señala que la lucha por mantenerlos y defenderlos tiene una capacidad de apelación colectiva más amplia e incluyente: responde a necesidades más difusas en su expresión ideológico-discursiva (latamente religiosas, morales, éticas, humanistas)[3], necesidades que, en situaciones de profundo quiebre institucional como los referidos, podemos sindicar como previas a las instituciones proponentes de proyectos de orientación de la cultura nacional. Esto se hace patente si atendemos a una definición nuclear de la problemática de los derechos humanos.

Los derechos humanos pueden ser definidos como una tarea generacional por hacer de la sociedad un ámbito para la vida de la especie en que pueda satisfacerse y concretarse la potencialidad máxima de necesidades y de impulsos hacia la creación material y espiritual de que sean capaces los seres humanos, dentro de los límites permitidos por la salubridad del espacio, las estructuras económicas, las relaciones sociales, la organización política y la capacidad de acumulación de representaciones ideológicas de la realidad existentes en su sociedad en cada momento de su historia.

En otras palabras, lo que en la coyuntura histórica actual llamamos derechos humanos es parte de un movimiento más vasto de aspiraciones y demandas de libertad y democracia humanas —hecho objetivamente comprobable en la historia—, movimiento ubicado en una situación previa a su institucionalización económica, social y política. Al respecto se pueden allegar palabras del jurista Hernán Montealegre, que confirman estos fundamentos en el plano del derecho internacional:

> De [los derechos humanos] se dice que son intangibles, anteriores y superiores al Estado. En verdad, ningún otro elemento del orden jurídico recibe tal consagración. Es esta misma preeminencia, por otra parte, la que también se invoca, además de su importancia para la paz y la seguridad, para justificar su protección internacional. Es así como la Convención Americana de derechos humanos establece que éstos 'no nacen del hecho de ser nacional de determinado Estado, sino que tienen como fundamento los atributos de la persona humana, razón por la cual justifican una protección internacional, de naturaleza convencional coadyuvante o complementaria de la que ofrece el derecho interno de los Estados americanos' (preámbulo, párrafo tercero)[4.]

La institucionalización de los derechos humanos surge, entonces, de las necesidades de los grupos sociales por hacer concretas las libertades potenciales que les permite la confrontación con la estructura de poder establecida en el horizonte social objetivo en que residen para así poder satisfacer sus potencialidades. Esto en la medida en que conscientemente puedan avizorar la exhaución de las opciones permitidas por el estado histórico de las estructuras económicas, sociales, políticas e ideológicas de su sociedad, así como también en la medida en que sean capaces de organizar y movilizar un bloque de poder que funde la hegemonía social que posibilite la implementación de las nuevas libertades y derechos humanos que proponen como agentes históricos.

La cuestión fundamental es reconocer que todo aquello que llamamos cultura —instituciones, jerarquías, modos de conducta, programas de expresión emocional, imágenes, discursos, símbolos, herramientas— son resultado de un trabajo humano por superar el "reino de la necesidad", trabajo que ha creado, a través del tiempo, el ámbito que llamamos sociedad con el objeto de concretar ese máximo de potencialidades de acción y apropiación del mundo.

Reconocer —como es el caso de estos argumentos— que el proceso de institucionalización de un sector cultural llamado literatura tiene como referente el proyecto social de un poder real o potencialmente hegemónico requiere deslindar dos dimensiones temporales del problema: una inmediata y coyuntural para nosotros hoy en día en el Cono Sur —el hecho de que la clara definición del agente popular-democrático se ha hecho debatible; y una mediata, a largo plazo, y que corresponde a la conciencia actual de que las opciones para la concreción real de los derechos humanos, como hoy en día los definimos, no puede darse latamente dentro de las estructuras del capitalismo contemporáneo. La limitación que señalamos se refiere, obviamente, a la implementación real de los derechos económicos y sociales (derecho al trabajo, a la educación, a la salud, a vacaciones pagadas, seguro contra el desempleo, etc.).

Decimos que lo que hoy llamamos derechos humanos corresponde a un vasto movimiento objetivamente comprobable de demandas de libertad y de democracia. Esto puede fundamentarse aún con la más esquemática exposición del desarrollo de los derechos humanos.

La historia jurídica[5] de la creación de derechos humanos comienza con la limitación de los poderes absolutos de los monarcas medievales frente a determinados grupos sociales, hecho marcado por la Magna Carta inglesa de 1215 y los fueros ciudadanos logrados en diversos lugares de Europa de monarcas como Alfonso IX de León, Andrés II de Hungría y Pedro III de Aragón. La cláusula 39 de la Magna Carta prefiguró el recurso del *habeas corpus* con la concesión monárquica de que "Ningún hombre libre será arrestado o detenido en prisión, o desposeído de sus bienes, proscrito o desterrado, o molestado de alguna manera; y no dispondremos sobre él, ni lo pondremos en prisión, sino por el juicio legal de sus pares, o por la ley del país." (p. 718)

La segunda etapa de desarrollo histórico de los derechos humanos se da con la incorporación de la Declaración de los Derechos del Hombre, proclamada a fines del siglo XVIII, en las constituciones de los Estados nacionales durante los siglos XIX y XX.

> Su sentido es ahora defender al individuo no del poder
> permanente de los reyes sino del poder transitorio de los grupos
> que ejercen temporalmente el gobierno del Estado en los nuevos
> sistemas constitucionales. Mientras antes la persona se
> protegió de la soberanía absoluta del rey, ahora lo hace de la
> soberanía absoluta del pueblo invocada por gobiernos
> alternativos. La persona humana, específicamente
> considerada, se afirma como un fin irreductible de la
> organización política de la nación (p. 718).

La tercera etapa histórica está relacionada con los
grandes cataclismos humanos ocurridos desde comienzos
del siglo XX con las primeras crisis globales del sistema
capitalista internacional, los movimientos revolucionarios
iniciados para superarlo y los regímenes antidemocráticos
surgidos para conservarlo, situación que

> impone el convencimiento de que [al reconocimiento interno de
> los derechos humanos por los Estados nacionales] debe
> añadirse su reconocimiento internacional como forma
> complementaria de defensa de la persona frente a sistemas
> modernos esencialmente transgresores de los derechos
> humanos. La persona adquiere un status internacional y es
> defendida en sus derechos fundamentales contra las
> desviaciones de su propio Estado (p. 718).

Además se debe considerar la aparición gradual de los
grandes conglomerados económicos transnacionales como
actores cada vez más prominentes en la política a nivel
nacional e internacional, lo cual finalmente trajo la
inclusión de los derechos económicos a la acumulación de
derechos humanos anteriormente creados:

> ...la persona se enfrenta, especialmente hoy, a poderes sociales
> diversos del Estado que procuran convertirla en una pieza
> instrumental de sus intereses colectivos, tales como los grandes
> consorcios económicos y tecnológicos nacionales e
> internacionales, que forman parte de la estructura del mundo
> contemporáneo y que en aspectos vitales son adversarios de la
> vigencia de los derechos humanos (p. 719).

En una conclusión parcial, podemos afirmar que el
desarrollo histórico de los derechos humanos es un acopio

de prácticas sociales materiales y discursivas que tiene la cualidad simultánea de no poder ser reducido a una estrecha identificación de clase, aunque, a la vez, puede ser apropiado por la nuevas clases que surgen en el relevo histórico de nuevos modos de producción. Esta asunción apropiatoria les permite legitimarse como herederos de una oportunidad para implementar real y materialmente los derechos recibidos de generaciones anteriores, a la vez que crean nuevos derechos humanos, enriqueciendo la concepción jurídica de la persona. El juicio histórico a ser resuelto en cada sociedad es determinar qué clase social ha tenido o tiene objetivamente la conciencia, la voluntad y la capacidad objetiva de implementarlos con la mayor latitud que le permiten sus definiciones de libertad y de democracia dentro de las estructuras sociales de su época.

DERECHOS HUMANOS, DEMOCRACIA Y CRITICA LITERARIA EN ÉPOCAS DE CRISIS INSTITUCIONAL

Una época de crisis institucional en un país puede ser definida como aquella en que, por causa de la pérdida de cohesión del bloque de poder hegemónico que desde un largo plazo anterior ha estado orientando la administración de la cultura nacional, ha quedado suspendida la capacidad y la legitimidad de la autoridad gubernamental para administrar las instituciones del Estado y de la sociedad civil, a la vez que ningún sector social es capaz de proponer una proyecto social implementable por un amplio consenso de la ciudadanía. Estos períodos de vacío de poder son extraordinariamente dolorosos y destructivos, por lo que la colectividad necesita solucionarlos con la mayor prontitud posible. La propuesta que hago es que, en tales estados de excepción, los intelectuales progresistas independientes deberían considerar seriamente revertir el anclaje axiológico del proceso de canonización académica de textos literarios hacia la afirmación de los derechos humanos, necesidad previa a la constitución o reconstitución de agentes sociales democráticos masivos, suspendiendo momentáneamente el referente conectado con estos. Tal proposición tiene evidentes implicaciones de adecuación teórica en cuanto a la función social de la representación literaria y de la crítica literaria.

En cuanto al primer término de esa adecuación, estimo que un referente axiológico para la crítica literaria en el mantenimiento y defensa de los derechos humanos requiere definir la naturaleza social de la literatura en torno a la esencia de la especie humana como fenómeno fundamentalmente histórico de producción y autorreproducción de sus condiciones materiales y espirituales. En este proceso la especie se transforma a sí misma con el acopio de la mayor cantidad de instrumentos materiales, espirituales y conductuales requeridos para satisfacer necesidades, dándose un ascenso espiral-progresivo de sus condiciones de vida. En última instancia, este ascenso implica una profundización cada vez mayor de su humanidad y de la conciencia de la propia humanidad.

¿De qué modo afecta este planteamiento las categorías sociales con que trabaja la crítica literaria, por lo menos en la variedad que represento?

Creo que la consecuencia principal sería la de modificar el entendimiento de la historia cultural latinoamericana y plantearla como la historia de las luchas de diversos sectores y clases sociales por rehumanizarse a sí mismos luego de la traumática entrada del continente a la historia europea como zona dependiente. Esta historia ha sido una prolongada serie de logros parciales, selectivos, no uniformes, discontinuos en su transcurso e implementación, incompleto, diferente en los diversos países latinoamericanos, en que esas clases y sectores, al luchar por concretar los proyectos político-económicos motivados por sus intereses corporativos, debieron desarrollar una conciencia de los límites con que los poderes coloniales y neocoloniales han impuesto o promovido mañosamente entre nosotros una larga serie de desastres humanos: necesidades falsas, instalando entre nosotros industrias que la propia salubridad les obligaba a exportar, envenenando y deformando cuerpos con su sometimiento a condiciones de trabajo sin higiene y descargando sobre nuestro medio ambiente toda clase de toxinas, han coartado a nuestras mayorías en sus posibilidades de vivir para hacer suya la muchas veces menguada acumulación cultural existente mediante las imposiciones del racismo y el etnocentrismo, degradando con ellos la dignidad y la autoestima de los seres humanos, minando su confianza en la capacidad de constituirse en agentes de la satisfacción de necesidades colectivas autónomamente definidas.

Al hablar del desarrollo de tal conciencia estamos ya hablando de las categorías literarias de *imaginación, deseo* y *discursividad para la proposición de tipificaciones* de modos de conducta necesarios y el *análisis de las opciones reales* existentes en cada coyuntura para la consecusión de los *objetivos posibles* que se presentan a la colectividad como *aspiraciones universales y totalizadoras* del sentido de toda la estructura social. A través de la producción de estos discursos definidores del sentido de la acción humana se constituyen *horizontes sociales* caracterizados por una *plenitud de significación simbólica*, puesto que el uso de todo gesto, instrumento, emoción, espacio, tiempo, y modos de relación y comunicación tendrá su eje de sentido sólo en referencia a los proyectos sociales planteados por esas clases y sectores. En la medida en que los personajes enfrentan los desafíos que se interponen a su deseo de concretar materialmente las imágenes de un destino que hasta entonces ha estado relegado a lo utópico, de manera gradual y concurrente con las tareas y las luchas que llevan al triunfo o a la derrota de ese proyecto vital, los personajes —ya sea aliados u oponentes— quedan sometidos a un *proceso de aprendizaje* por el que toman mayor conciencia de sí mismos como seres humanos al capacitarse en diversos aspectos del uso de todos los implementos materiales, espirituales y formas de comportamiento que les entrega su cultura como instrumentos de elaboración de ese proyecto vital, en su capacidad personal para readecuarlos a las peripecias de la acción o crear nuevos implementos para enfrentar situaciones inesperadas o descubrir su incapacidad e ineficiencia en todos estos sentidos.

Las peripecias de la acción implican *etapas de equilibrio y desequilibrio* que llegan a su culminación bien sea con el

442

triunfo o derrota definitiva del proyecto. Las etapas de equilibrio implican estados de ánimo en que predomina la confianza en la capacidad y eficiencia de uso de los implementos necesarios para avanzar hacia los objetivos buscados, confianza súbitamente amenazada por las contingencias interpuestas por obstáculos, oponentes o enemigos. El paso de una etapa a otra está marcada por lapsos de calma, de *paz* que, al desequilibrarse, traen paroxismos de actividad compensatoria generalmente asociados con una *violencia* física o emocional dirigida tanto contra los obstáculos y oponentes como hacia los propulsores mismos del proyecto por sus sentimientos de culpa o ira ante la incompetencia propia o de otros. Es especialmente en estas etapas de paz que se produce la reflexión sobre las enseñanzas adquiridas en esos momentos de desestabilización violentista. Una vez que el proyecto social ha triunfado y se entra en una etapa de paz sobre la base de la nueva hegemonía social es cuando se entra en el proceso de *institucionalización* de todas las enseñanzas culturales logradas. Esto se realiza mediante la reforma del Estado nacional y todas sus dependencias directas e indirectas. Esta institucionalización debe ser entendida como una catalogación de todas las formas de conducta material y espiritual apropiadas y creadas con la consecusión del proyecto social. Como ahora pertenecen a una orientación cultural que se hace hegemónica a través del control del Estado, inescapablemente un gran número de los usos culturales logrados quedan a disposición de todas las clases sociales, ya sean ellas hegemónicas o subordinadas. Por tanto, podemos colegir que el acceso a la cultura se hace más democrático en la medida en que la institucionalización de los usos culturales queda entendida ahora como derechos humanos universales.

Durante todo este proceso que termina en una nueva institucionalización de la cultura, la literatura puede ser entendida como la contribución de los poetas a la formación del *universo simbólico* [6] asociado con los proyectos sociales que buscan hegemonizarse. Aunque el poeta no tenga conciencia de ello, como artefactos que comunican conocimiento de mundo, sus textos sólo pueden tener sentido *como hecho social* en la medida en que se los conecte con las significaciones culturales propuestas por los diferentes proyectos sociales de potencial conducción de la cultura nacional, ya sea en el pasado o en el presente. Sus textos poéticos funcionan como máquinas que materialmente contienen un código de temas, metáforas y símbolos que en sí registran partituras de los comportamientos emocionales necesarios para que en la imaginación de los receptores se potencie la apropiación de todas las formas y programas de conducta, conocimientos y definiciones de identidades necesarios para que hagan suyas las plenitudes de significación social que proponen los diferentes proyectos sociales que se dirimen dentro de la sociedad. Es decir, en la medida en que el lector se somete a esas partituras emotivas, estará apropiándose de la historia de los derechos humanos ganados tanto por su pueblo como por la humanidad. El cúmulo de textos poéticos producido en un período histórico puede ser, concebido, entonces, como un *sistema de significantes* que sólo tiene sentido en referencia a un *sistema de significados* englobantes que es el acopio de derechos humanos conquistados. Estos dos sistemas tienen como *mediación practico-histórica* los diversos proyectos sociales de las clases y sectores sociales que los conquistaron y los pusieron a disposición de la especie humana. Así podemos considerar los movimientos sociales que terminaron en la Magna Carta, la Constitución norteamericana, La Declaración de los Derechos del Hombre y la Declaración Universal de los Derechos Humanos de las Naciones Unidas, entre muchos otros documentos históricos.

De cara a la historia actual, esta adecuación de categorías de la crítica literaria a la problemática de los derechos humanos debiera llevarnos a introducir en nuestras meditaciones recanonizadoras el valor de *la paz y la violencia social* de manera que podamos desarrollar una *estrategia retórica* en cuanto a la forma de explicar académicamente los textos que privilegiamos. Dada la violencia desatada por el fascismo, es del todo comprensible un deseo de soslayar el tema de la violencia en circunstancias que hacen de ella un acto legítimo. Sin embargo, ya que la paz y la guerra son manifestación

444

ineludible de los procesos de conquista de derechos humanos, su representación literaria debe ser discutida en referencia al modo en que promueven y amplifican el gozo de los derechos humanos. Al respecto podríamos tener en cuenta los siguientes pasajes de la obra de Hernán Montealegre:

> Las sociedades pasan por etapas a través de las cuales los conflictos sociales logran una relativa estabilización histórica. Mientras en un momento se lucha por el reconocimiento de determinados derechos fundamentales, antes se bregó por otros y después se lo hará por nuevos derechos. Es natural que en este proceso se alcance el éxito sólo de manera parcial y gradual. Pero lo que no puede permitir una sociedad es que en un momento histórico posterior se vulneren colectivamente los derechos básicos consagrados en una etapa previa: ello es, además de una infidelidad a las generaciones pasadas, un retroceso que hace violencia al desarrollo histórico de un país. Los diversos Estados que hoy se encuentran comprometidos con el derecho internacional han alcanzado una evolución análoga en esta materia, de tal manera que la defensa, por el derecho internacional, de los derechos ya consagrados, contribuye al avance de los Estados hacia su futuro y dificulta los humillantes regresos de los países hacia etapas primitivas (p. 657).

Siempre en torno al problema de la legitimidad de la violencia, el pasaje siguiente, por otra parte, muestra que no es sólo la forma en que un gobierno llega al poder lo que le da legitimidad, sino su protección de los derechos humanos:

> En este contexto debe mencionarse un tipo particular de conflicto interno difundido en América Latina: el que se produce por el aparecimiento de un régimen *de facto* que, desde luego en cuanto a su origen, contradice el principio interamericano de la democracia representativa. También en este problema se comprueba la importancia de la cuestión de los derechos humanos, como se informa en un Informe elaborado por el Comité Jurídico Interamericano en 1949, en el que se propone que el asunto esencial para calificar a un régimen de esta naturaleza no sea tanto la forma en que haya llegado al poder como su comportamiento respecto al ejercicio de los derechos humanos y libertades fundamentales de los ciudadanos. Basándose en dicho informe, el Instituto Interamericano ve como el punto capital el que tal régimen se

consagre al "restablecimiento de un orden que garantice el respeto a los derechos humanos y libertades fundamentales, viabilizando así la reanudación de un proceso genuinamente constitucional y democrático" (p. 715).

HACIA UNA AGENDA SOCIAL PARA UNA CRITICA LITERARIA SUSTENTADA EN LA DEFENSA DE LOS DERECHOS HUMANOS: FUNDAMENTOS HISTORICOS

De acuerdo con lo expuesto, creación poética y captación de la larga historia de la creación de los derechos humanos podrían ser considerados como un mismo proceso. El texto poético es la plasmación material de un legado material y espiritual a la vez inmediato y antiquísimo. Sin duda estos planteamientos corren el riesgo de quedar reducidos a las vaguedades de un humanismo idealista, sin asidero concreto en la historia real de nuestros países, puesto que hablar del desarrollo de los derechos humanos sin sindicar a los actores sociales constituidos que puedan concretarlos sustancial y materialmente con su acción es mero juego lingüístico. Sin embargo, recordemos que la proposición positiva de este trabajo hablaba de la suspensión momentánea del referente crítico en un agente social específico durante una época de crisis institucional. Esto no significa que el crítico literario, en tales circunstancias, deba tomar una actitud contemplativa ante los sucesos de la historia que le toca vivir, sino contribuir activamente con su discurso crítico a la reconstitución de la identidad de los agentes sociales de democratización cultural capaces realmente de implementar los más vastos derechos humanos.

Dicho con una jerga más técnica, el foco de nuestro trabajo académico no sólo puede ser entendido como el de reconstructores y expositores de la historia literaria de los derechos humanos para preservar sus logros y memoria en épocas en que se ha desencadenado la barbarie del terrorismo estatal o todavía se viven sus efectos inmediatos, sino también el de auscultar a través de la producción poética la forma en que se perfilan los proyectos colectivos de nuevos o reconstituidos agentes sociales democratizadores. Asumir una tarea crítica tan vasta como esta requiere, a su vez, plantear una agenda específica que le dé un contenido concreto y bien perfilado.

Esta agenda para la crítica literaria puede obtenerse mediante una lectura crítico-valorativa del análisis cultural contenido en un trabajo de José Joaquín Brunner intitulado "Cultura e Identidad Nacional: Chile 1973-1983"[7]. En él Brunner se refiere a las posibilidades de emergencia de lo que llama la "nación democrática" una vez que se dé término al neoliberalismo militarizado, que es interpretado como el intento malogrado de captura de la hegemonía cultural por la "nación burguesa". El paralelo que propongo entre la propuesta de una crítica literaria anclada en la defensa de los derechos humanos y el perfilamiento de la "nación democrática" se justifica en la medida en que tal defensa sólo puede realizarse en un medio social controlado por fuerzas democráticas. A través de esta lectura crítico-valorativa se puede establecer una imagen de las flexiones políticas más viables en la defensa de los derechos humanos como base de una crítica literaria en la actualidad latinoamericana. La discusión de esta viabilidad tiene sentido, por supuesto, sólo en la medida en que concordemos que la "nación burguesa" ha agotado ya su capacidad de refundar las culturas nacionales latinoamericanas para permitir un mejor acceso de las mayorías al acopio cultural. Por tanto, aunque estas consideraciones son hechas a partir del caso chileno, conviene considerarlo con un criterio más general por las similitudes que pueda captar en naciones como Brasil, Argentina y Uruguay, en que, dado su desarrollo económico y social contemporáneo basado en movimientos populistas, los valores e instituciones creadas por los sectores medios —la cultura mesocrática— han sido tan decisivos como en Chile en la articulación de la cultura nacional. Centraré la discusión de esa viabilidad en la sección final de este trabajo.

Antes de adentrarse en la discusión que nos interesa captar, Brunner hace un esbozo esquemático del desarrollo de la cultura moderna chilena. Es indispensable reproducirlo porque su reflexión posterior está orgánicamente relacionada con ese esbozo.

Brunner se refiere al hecho de que esta cultura moderna fue articulada mediante un corporativismo en que el Estado nacional, desde la década de 1930 hasta fines de la de 1960, tomó la función de agente central de desarrollo socio-económico de acuerdo con un proyecto de industrialización sustitutiva de la importación, difundiendo sus formas y contenidos sobre la sociedad civil "desde arriba", y adoptando un "estilo mesocrático" que adquirió una "forma no-burguesa pero no, necesariamente, un contenido anti-burgués" (p. 5). Ya que en ese corporativismo fue el Estado el gestor fundamental de la producción, acumulación y distribución de la riqueza nacional, la orientación ética que prevaleció fue

> aquella que consiste en regir el propio comportamiento según estrategias de maximación en la participación de los beneficios producidos por la acción del Estado. De allí no resulta una ética protestante en el sentido que le atribuye Weber, sino una ética transaccional, cuyo énfasis está puesto en la negociación de resultados, en el funcionamiento del esquema de distribución de beneficios y en el aprovechamiento de oportunidades públicamente creadas que pueden intercambiarse por la producción política de adhesiones y motivaciones de lealtad (p. 6).

La lógica de esta ética llevó gradualmente a grandes dislocaciones en la relación infra y supraestructural, dislocaciones que se manifestaron, por una parte, en el surgimiento de una gran heterogeneidad de identidades culturales y de demandas de reivindicación social y política en los actores sociales llamados a participar en ese corporativismo mientras que, por otra parte, fueron débiles las bases morales para incentivar una mayor productividad en la esfera pública de la economía, sostén de toda actividad reivindicatoria.

Esta dislocación entre amplias expectativas reivindicatorias y una productividad limitada no sólo erosionó paulatinamente la estabilidad de un sistema que acostumbraba a transar apoyo político por oportunidades de ascenso social y obtención de beneficios estatales, sino que también estableció profundas fisuras entre las identidades culturales de las diversas clases sociales:

448

La racionalización [corporativista] de la vida social no es, entonces, incompatible sino que induce la heterogeneidad cultural, puesto que la cultura mesocrática no puede expandirse al conjunto de la sociedad. Su estilo no burgués la vuelve ajena a la burguesía, la que mantiene y busca reproducir sus propias formas culturales, y las emplea crecientemente como un medio de *distinción* que se cristaliza en una *alta cultura* con su propio sistema institucional y sus formas típicas de producción, circulación y reconocimiento. La cultura mesocrática buscará apropiarse las formas de la cultura burguesa, asimilándose en parte a ellas, pero por su propia lógica de constitución permanecerá extraña a ella y se verá obligada a competir con ella, reduciendo al efecto la integración por el mercado y expandiendo la esfera de la acción estatal [...] El clivaje entre una cultura católica y privada y una laica y pública recubrirá [también], en alguna medida, esa otra división entre cultura burguesa y cultura mesocrática, al mismo tiempo que ambas definen un conjunto complejo de relaciones y distancias con la cultura (o las culturas, mejor) de los grupos subalternos. Pues estas últimas [culturas] que se mueven fuera de los marcos de la alta cultura y de la cultura mesocrática, constituyen el factor más decisivo de la heterogeneidad de la cultura nacional, agregándole una heteróclita acumulación de componentes diversos según sea su origen urbano o rural, moderno o tradicional, laico o religioso; según sea su base de sustentación y según sea su variable integración de elementos provenientes de la cultura de masas o industria cultural (pp. 7-8).

Para Brunner, las causas de la crisis que llevó al golpe militar del 11 de septiembre de 1973 fueron dos: 1) en su estrategia de transición al socialismo la Unidad Popular continuó con la concepción mesocrática de que era el Estado el instrumento fundamental para la reorganización de la cultura nacional; 2) en la conducción de su política la Unidad Popular desconoció la heterogeneidad cultural incubada durante las décadas anteriores y, de acuerdo con un consenso de los sectores más importantes de la izquierda —ellos mismos disímiles—, se propició la restricción institucional e ideológica de la propuesta transición al socialismo en torno a lo que Brunner llama "un preciso *mito de izquierda* " (p.11) no tan claramente definido como para que se le hubiera dado una función de pivote tan trascendental: "la existencia en Chile de una cultura popular y obrera alternativa pero latente, identificada con la concepción marxista cuya garantía de validez se hallaría depositada en los partidos que se proclamaban portadores de la conciencia revolucionaria de las masas" (p.11). La interacción de estos dos aspectos habría acarreado la crisis, por cuanto un Estado creado para un proyecto social capitalista debía, simultáneamente, cumplir funciones extrañas a él y alojar una ideología que buscaba hegemonizar toda la producción y reconocimiento de sentidos en la sociedad:

> Lo cual significaba, en breve, oponer la cultura como totalidad social compleja a la pretensión totalizante de un discurso popular y obrero único, desde el cual se podía y debía, simultáneamente, reescribir la historia nacional, extender el mundo físico, apreciar las expresiones del arte, someter a una crítica racional las experiencias religiosas, modificar los sistemas de clasificación de los conocimientos transmitidos por la escuela, analizar científicamente la sociedad, revalorizar la cultura popular, etc., hasta llegar —por ese camino— a la propuesta del "hombre nuevo" (p.13).

El valor fundamental de tal análisis es proponer una base global para la discusión del desarrollo de la cultura chilena moderna. Obviamente, como toda propuesta global, puede ser firmemente cuestionada. Entre las muchas críticas que se le podría dirigir, la central podría concentrarse sobre su tendencia a analizar los actores de la política chilena como si fueran entidades estáticas, ya del todo constituidas en su identidad cultural, por lo que de allí resulta la tácita condena de la búsqueda de un lugar común en la cultura obrera y en el marxismo como exclusivismos que atentaron contra un pluralismo cultural que se debió haber respetado. Como argumentación alternativa podríamos, por ejemplo, traer a colación las experiencia revolucionaria de Cuba. En ella fue la dialéctica de cambio revolucionario —con sus debates, conflictos y confrontaciones para responder a coyunturas internas y externas— la que fue creando una conciencia y una voluntad consensual entre sectores democráticos de clase e ideologías diferentes, que más tarde sentó las bases para la fundación del nuevo Partido Comunista Cubano. Por lo demás, en Chile, en este sentido, quedan por hacerse trabajos de recopilación testimonial en relación con las profundas crisis de identidad de clase y familiar experimentadas por individuos que se sumaron al movimiento de la Unidad Popular o a otra de las instancias de la izquierda como es el MIR, abandonando conscientemente valores y símbolos de los estilos de vida burgueses y pequeñoburgueses.

Sin embargo, para los propósitos de este trabajo, el gran aporte de Brunner está más bien en sus sugerencias de que las futuras tareas culturales deben surgir de los efectos del triunfo fascista. Sus sugerencias parten de un análisis de la forma en que, mediante el neoliberalismo militarizado, la "nación burguesa" intentó refundar la cultura nacional homogenizando su heterogeneidad sobre la base de un funcionamiento del mercado como mecanismo regulador de toda actividad social, proceso en el cual se reafirmaron antiguas jerarquías y se reorganizaron los circuitos de distribución de cultura:

> Sobre todo, se consagraba en la cúspide de la jerarquía una esfera específica y cerrada de alta cultura, cuyos contenidos debían regirse exclusivamente por la excelencia y el buen gusto. La imaginería de la *nación burguesa* volvía así por sus fueros, reclamando universidades de élite, arte por el arte, música seria, teatro clásico, literatura universal, prensa circunspecta y respetuosa (del régimen), religión limitada a los templos, calles limpias y orden en la ciudad [...] De otro lado se buscaba asegurar, mediante este proceso de rejerarquización y purificación de la cultura, un espacio no contaminado y no amenazado, seguro, a la cultura mesocrática. Las escuelas volverían a funcionar normalmente, al igual que las universidades. Se respetarían los criterios meritocráticos de ascenso social y el logro social sería valorizado. Sobre todo, se reservaría a la cultura de los grupos subalternos su espacio natural que es, en esta visión de la historia, el consumo y no la expresión (pp.16-17).

El acceso a esta cultura homogenizada de acuerdo con la capacidad adquisitiva individual produjo un marcado *estilo de vida estamentario*, entendido éste por la discriminación económica en la relación de los productos y los públicos a que están destinados. Sin embargo, los valores con que el militarismo ha legitimado esta estamentización no son cerrados, exclusivos de una sociedad rígida y convencional. A través de la televisión se han reforzado las expectativas de participación general en el consumo, promoviendo una *sensibilidad mundana* que valora por sobre todo el gozo despreocupado y sensual del consumo, ajeno a toda preocupación social. La ética ciudadana ideal en este esquema socializa un *conformismo pasivo* reforzado a su vez por la despolitización de la experiencia cotidiana y su restricción al espacio de lo íntimo y de lo privado:

> La base ético-cultural de la política y sus soportes en la vida cotidiana son de este modo erosionados, desapareciendo las formas autónomas de sociabilidad comunitaria que por lo general se expresan en formas de solidaridad y organización en torno a intereses vecinales, religiosos, culturales, sindicales, etc.

Para Brunner el impacto cultural del fascismo es, por tanto, el triunfo momentáneo de la "nación burguesa", mantenido con la fragmentación planificada y tecnocráticamente administrada de una identidad nacional ya antes problemáticamente articulada por la gestión social mesocrática en las décadas anteriores a 1973:

> Lo anterior ha dado lugar a que durante estos años se hable frecuentemente de la 'fragmentación', del "aislamiento", de la "dispersión" y del bajo involucramiento de la población. Nada parece alcanzar a nadie, ni la esperanza. Se vive en medio de la sociedad civil opacamente; los horizontes son estrechos, la subsistencia consume la energía de la mayoría. Los 'movimientos sociales' apenas apuntan sobre la superficie, débiles, vulnerables, intrascendentes (p.35).

De acuerdo con esto, Brunner propone que la tarea central, presente y futura, en el trabajo cultural es el estudio de los modos en que se podría reformular "algo que puede llamarse la nación democrática."

Con este lato término Brunner se refiere a la necesidad de reconocer que el potencial de acción democrática en los grupos sociales no sólo surge de una identidad únicamente anclada en la división social del trabajo, como, según su juicio, lo hacen los partidos marxista-leninistas al sindicar a la clase obrera como principal agente hacia una más

452

amplia democracia. Esa "nación democrática" sería un conglomerado de identidad extaordinariamente difusa en la actualidad debido a las tranformaciones introducidas a la cotidianidad por el extremo *privatismo civil* inducido por la represión fascista. Este disciplinamiento obstaculizaría la constitución de estos grupos en actores de cambio social por la inexistencia de espacios de intercambio público en que puedan fundamentar su identidad en el proceso de interpelación colectiva con otros grupos sociales:

> La nación democrática, como principio alternativo de organización cultural, se halla entonces radicada en esa estructura extraordinariamente heterogénea, lábil y dispersa de sujetos emergentes o subsistentes, cuyas identidades son múltiples y cuya relación de continuidad y ruptura con el pasado genera, a la vez, un cúmulo de nuevos problemas (p. 37).

Aunque no queda del todo claramente explicitado, Brunner da mayor importancia a esos grupos de identidad difusa, frágil e inestable que a aquellos otros que, como el Partido Comunista Chileno, todavía conservan la memoria de una identidad forjada con anterioridad al advenimiento del fascismo y han logrado reconstituirse de acuerdo con ella en la clandestinidad. Es obvio detectar una ambigüedad entre esta preocupación por la necesidad de captar y sobrevalorar el posible significado de estos grupos a la vez que reconoce la permanente gravitación institucional de esas identidades anteriores:

> Solamente lograrán configurarse aquellos sujetos portadores de una identidad histórica extraordinariamente resistente a los cambios que ha experimentado la sociedad y la cultura, como pueden serlo ciertos partidos por ejemplo, o, en otra dimensión, los grupos inspirados religiosamente, o pequeñas comunidades intelectuales, artísticas o profesionales, o bien grupos cuya definición se halla anclada en una sociabilidad que, por sí misma, genera algún tipo de solidaridad, como ocurre con los sindicatos por ejemplo (pp. 36-37).

Es fácil observar que estas propuestas sobre la reconstitución de la "nación democrática" confluyen con nuestra propuesta de anclar las tareas futuras de una crítica literaria en estados de excepción sobre la base de un consenso en cuanto a los derechos humanos. Ambas reconocen la necesidad de un trabajo intelectual que ayude a perfilar —más allá de una identidad de clase exclusivista— a aquellos grupos sociales capaces de crear un consenso y un orden institucional democrático que, para nuestros argumentos, es base fundamental para el rescate, mantenimiento y expansión de los derechos humanos.

ESTRATEGIAS PARA UNA CRITICA LITERARIA ANCLADA EN LA DEFENSA DE LOS DERECHOS HUMANOS

Estos criterios posibles para una recanonización literaria no sólo deben sostenerse sobre consideraciones teóricas, históricas y culturales. También debe desarrollarse para ellos una serie de principios estratégicos que los hagan prácticamente operativos. Pero, por sobre todo, dado que esas estrategias corresponden a un programa del todo condicionado como respuesta a un momento específico de la historia cultural latinoamericana, deben señalarse con claridad sus flexiones políticas, que son diversas y conflictivas. En honor a la brevedad, a continuación presentaré los aspectos que considero más relevantes, a modo de acápites que determinan funciones, identidades, receptores y temas preferenciales.

Función social de esta crítica literaria: Redefinir una crítica literaria como parte de un proyecto de defensa de los derechos humanos requiere que el crítico académico asuma su oficio primordialmente como producción de significaciones sociales de manera activa y no reactiva ante la cultura a que se dirige.

Función reactiva es aquella que se basa en una estricta separación de especialidades disciplinarias, de modo que se busca crear categorías del discurso literario para lograr la identificación de una "esencia" diferencial ante otros discursos posibles. El resultado frecuente de esta postura es un formalismo que concibe "lo literario" como campo ya delimitado y constituido, a cuyos textos el estudioso debe prestar atención casi única desde el mismo inicio de su

investigación, según el supuesto de que ellos contienen en
sí todas las claves fundamentales y necesarias para su
entendimiento. En cuanto a la labor misma de
interpretación, así quedan excluidas variables
condicionantes como la definición del intelectual como
función social en el complejo de relaciones de clase, la
institucionalización organizativa de la producción y
diseminación de textos poéticos, entre otras variables
sociales que deben ser consideradas simultáneamente con
sus claves internas. En cuanto a la significación de su
quehacer, este tipo de crítico tiende a considerar su oficio
como elemento técnico complementario de "lo literario".
Por tanto, el discurso que lo identifica como productor
intelectual emerge como reacción secundaria y ancilar a los
textos poéticos.

Por el contrario, al asumir una actitud activa como
productor de significaciones sociales, el crítico literario
debe comprender que su trabajo académico de
canonización y explicación de textos poéticos es parte de la
labor global de construcción del universo simbólico
mediante el cual las generaciones adoptan una identidad
nacional cohesiva que les permite compartir tareas y
tematizar preocupaciones como comunidad de valores,
símbolos, cúmulo de tradiciones y experiencias históricas
heredadas, identidades de clase y absorber múltiples,
dispares y diferenciadas formas de actividad en los
diversos planos estructurales de la formación social,
asumiéndola como unidad histórica de mayor o menor
grado de organicidad, cuyo objetivo colectivo debe ser la
defensa de los derechos humanos.

Temáticas prioritarias para esta crítica literaria: Lo que
llamo construcción de un universo simbólico para la
nacionalidad, desde la perspectiva de Brunner "tiene una
especificidad propia: ésta radica en la posibilidad de
elaboración de una identidad colectiva que sea capaz de
contener la diversidad de los sujetos sociales, permitiendo
su reconocimiento recíproco incluso a través del conflicto
(y no a pesar de él) y que facilite el aprendizaje colectivo no
sólo en el campo del desarrollo de las fuerzas productivas
sino también en el de la acción comunicativa mediante la

cual se negocian sentidos, se establecen normas y se definen proyectos de vida individuales y sociales" (p. 32).

Esta afirmación contiene áreas de investigación que la crítica literaria debería sistematizar como zonas paradigmáticas de indagación futura para el entendimiento de la acción humana comunitaria en el tiempo y en el espacio, en el contexto de procesos redemocratizadores. Es en esas zonas donde posiblemente surgirán variaciones en la estructura de los sistemas temáticos, metafóricos y simbólicos de representación literaria existentes. Estas variaciones darán cuenta de los quiebres institucionales bajo el fascismo como experiencia histórica vivida, junto con formas de superarlos en el proceso de rearticulación cultural en términos políticamente más democráticos. Por tanto, serán variaciones conducentes al respeto y ampliación de los derechos humanos. Quizás ellas se manifiesten como nuevos motivos arquetípicos[8] referidos a los siguientes problemas de la representación poética:

1) La proposición de nuevos espacios materiales y espirituales en que el contacto entre las clases, fragmentado y obstaculizado por la represión fascista, volverá a darse fluidamente, de manera que ellas vuelvan a exhibir y a comunicarse sensual y mutuamente sus modos idiosincráticos de existir, sus aspiraciones e intereses como identidades culturales diferenciadas. La proposición poética de esos nuevos espacios de la fluidez social deberá desmantelar las reacciones anímicas interiorizadas por la ciudadanía a través de las prácticas públicas del fascismo: "*intervenciones* (por ejemplo, de las Universidades), *censuras* (por ejemplo, para publicar escritos), *interdicciones* (por ejemplo, para acceder a los medios masivos de comunicación), *prohibiciones* (por ejemplo, para representar tal o cual obra de teatro), *ilicitudes* (por ejemplo, para difundir el marxismo), *impedimentos* (por ejemplo, para crear revistas o diarios), *exclusiones* (por ejemplo, de académicos y maestros, de arriba a abajo, en todos los niveles del sistema de enseñanza)" (pp.15-16).

2) La observación y estudio de las formas de aprendizaje de nuevas modos de conducta para la interpelación mutua que deberán ser plasmados en las tipificaciones de

456

personajes representativos de las diversas clases sociales
sobre la base del consenso redemocratizador, en
circunstancias en que el legado fascista ha sido el cultivo
consciente y la promoción decidida de "un grado peligroso
de intolerancia civil [que] extiende la lógica de la guerra y
de la aniquilación del enemigo..." (p.41).

3) La reelaboración del sentido de los programas
emocionales normalmente estructurados en géneros
retóricos como el melodrama, la comedia, la épica, etc.,
para dirigirlos a tres órdenes de apropiación de la sociedad
como ámbito para la vida, en que se consideren la relación
cuerpo/espíritu, la intimidad individual, la privacidad
familiar, doméstica y laboral, lo público: a) interpelar a la
"ciudadanía" a una convivencia colectiva y pública que
proteja la redemocratización en circunstancias en que el
militarismo fascista que cercenó la vivencia social
colectivista no ha sido desmantelado; b) generar una
convicción íntima y privada para la participación pública
del individuo en las temáticas de preocupación colectiva
de su comunidad nacional —es decir, la participación en la
política nacional— que supere los mecanismos de
autocensura que interiorizara la represión fascista en su
intento de despolitizar radicalmente la experiencia de la
sociedad civil; c) reconstruir una ética colectivista que
afirme la noción de la solidaridad en lo material y lo
afectivo y lleve a repudiar la noción de que compartir la
producción de cultura nacional es asunto exclusivo de
distribución y acceso al consumo mercantil.

4) Observar y estudiar la forma en que los personajes
que tipifican las diversas clases sociales revisarán el
significado, los temas, metáforas y símbolos del universo
simbólico de la cultura anterior para asumirla de acuerdo
con las nuevas coyunturas de protección, profundización y
mantenimiento a largo plazo del proceso
redemocratizador.

5) Observar y estudiar las formas en que se representa
poéticamente y se proyecta el futuro de las generaciones
jóvenes que vivieron los períodos fascistas sin que su
conciencia social estuviera desarrollada, en que fueron
sometidos como seres inermes a las modificaciones del

sistema educacional instauradas por el fascismo en su intento de refundación de las culturas nacionales.

6) Observar y estudiar las formas de conducta desarrolladas para absorber en el presente de la redemocratización el pasado traumático de las detenciones arbitrarias, las torturas y los desaparecimientos, de manera que se pueda llevar adelante una cotidianidad normal, pero sin que sean abandonados ni el principio de la justicia efectiva ni la memoria de la barbarie para educación de las generaciones futuras, en circunstancias en que todavía no existe un bloque político hegemónico que pueda realmente enjuiciar a los culpables.

7) Tener conciencia de que, en este nuevo período de la crítica literaria, la producción de conocimiento sobre el discurso poético está aún más estrechamente conectada a los grandes sucesos de la historia política de nuestras sociedades pero que, sin embargo, no se lo puede reducir simplemente a lo político. Coincidimos con Brunner en que es necesario apuntar "a un problema más vasto y más profundo que el de la mera transformación del régimen político, en la cual, de cualquier modo, se jugará sólo una parte de nuestra historia colectiva. El sentido más radical de esta será, en cambio, producto de la cultura que seamos capaces de conformar, esto es, de los modos de integración social que adquiera la nación y de las formas de comunicación que ella haga posible, ampliando o no la construcción social de la realidad que compartimos, asegurando o no una vida significativa para todos, transformando o no los sentidos con que investimos nuestras acciones, y las razones con que respondemos a las interrogaciones de nuestra existencia personal y social".

Deslindes de identidad de los agentes sociales en esta crítica literaria: Ya que en la materialidad histórica la defensa y expansión de los derechos humanos requiere agentes sociales de cambio que los encarnen en su contexto social, estimo indispensable anticipar las zonas de conflicto ideológico presente y futuro contenidas en un campo simbólico como el propuesto. Sin duda el surgimiento de estas zonas conflictivas está directamente relacionado con el consenso posible entre las diferentes clases sociales en

458

dos aspectos: 1) la mayor o menor voluntad de reconocer la amplitud de los derechos humanos pasando por la gama total de ellos —la seguridad del individuo frente al Estado, los derechos civiles y los derechos económicos y sociales; 2) la capacidad y voluntad de las diversas clases sociales y fracciones de clase para pasar de la postura de reconocimiento *formal* de los derechos humanos —que de manera ceremonial los incluye en la letra de la ley— al reconocimiento *positivo* de los derechos humanos, en que tanto la sociedad civil como la autoridad estatal deben asumir la obligación y responsabilidad de implementarlos activamente.

No hay duda de que todo sector social está dispuesto, por lo menos retóricamente, a la defensa de los derechos humanos tanto como afirmación de la propia dignidad moral y ética como también por la necesidad de legitimarse políticamente ante la colectividad, en cuanto sus intereses e identidad social y cultural no se vean amenazados. Como lo han demostrado los sectores directamente transnacionalizados de las burguesías o las clases y sectores ligados a ellas durante los fascismos latinoamericanos, en la medida en que necesiten renegociar la inserción de las economías nacionales en el sistema capitalista internacional y asegurar un libre flujo de capital, tienden a presionar por soluciones políticamente dictatoriales para así restringir las demandas organizadas de reivindicación económica y social de los otros sectores. Esto, obviamente, redunda en una restricción de todos los derechos humanos, particularmente los económicos y sociales. En el mejor de los casos, sus sectores más "iluminados" buscan aperturas y alianzas políticas con el objeto de formar coaliciones de centro-derecha para excluir a la oposición marxista-leninista en fórmulas tituladas "democracia protegida" o "democracia restringida".

Como ilustración de una posible argumentación afín a esta definición restringida de la democracia, consideremos palabras de Maurice Cranston, distinguido politólogo de la Universidad de Londres. En ellas se hace patente la noción de que la defensa de los derechos económicos y sociales es prácticamente una conspiración comunista: "Creo que un concepto filosóficamente respetable de los derechos humanos ha sido viciado, oscurecido y debilitado en años recientes por un intento de incorporar derechos específicos de una categoría lógica diferente. Los derechos humanos tradicionales son políticos y civiles tales como el derecho a la vida, la libertad y un procesamiento jurídico justo. Los que ahora se nos presentan como derechos humanos son los económicos y sociales, tales como el derecho al seguro contra el desempleo, pensiones para la vejez, servicios médicos y vacaciones pagadas. Hay tanto una objeción filosófica como política contra esto. La objeción filosófica es que la nueva teoría de los derechos humanos no tiene sentido. La objeción política es que la circulación de una noción confusa de los derechos humanos impide la protección efectiva de los que correctamente deben ser considerados como derechos humanos [...] La inclusión de derechos económicos y sociales en la Declaración Universal [de Derechos Humanos de las Naciones Unidas] representó una considerable victoria diplomática para los miembros comunistas de las Naciones Unidas, a pesar de que, cuando se entró de lleno en la cuestión, la Unión Soviética no votó por la Declaración Universal de 1948, sino que se abstuvo: de modo que la Declaración fue 'aprobada y proclamada' *nemine contradicente* más bien que unánimemente [...] Los derechos económicos y sociales eran desconocidos para Locke y los otros teóricos de los derechos naturales en el pasado, y quizás se podría pensar que es un índice de progreso que hoy en día se los considere derechos humanos. Pero hay un peligro aquí de que el corazón de los hombres predomine sobre su cabeza; y argumentaré que [...] 'los derechos económicos y sociales' no pueden ser considerados lógicamente como derechos humanos universales, y que el intento de hacerlo ha viciado totalmente la empresa de proteger los derechos humanos a través de las Naciones Unidas. Mucha gente, por supuesto, además de los comunistas, cree en el concepto de los derechos económicos y sociales; pero la ventaja diplomática que adquirieron los gobiernos comunistas con la inclusión de tales derechos en la Declaración Universal es que les permitió declarar, verídicamente, que una proporción sustancial de los derechos proclamados ya eran respetados por sus

460

regímenes. Ciertamente, los gobiernos comunistas no podrían seriamente declarar que han respetado los derechos de libertad, propiedad, o seguridad de arrestos arbitrarios, juicios secretos o trabajo forzado; pero podrían justamente declarar que proveen educación, seguridad social, y 'vacaciones periódicas pagadas'"[9] Se puede captar la afinidad posible de esta definición de los derechos humanos con la "democracia protegida" propuesta por el fascismo si extendemos las implicaciones de los pasajes citados para comprender que, por tanto, toda persona que enfatice la defensa de los derechos económicos y sociales, de acuerdo con la visión paranoica de la Doctrina de la Seguridad Nacional empleada por los militares, puede ser tildada de comunista aunque no lo sea , y por tanto, convertirse en blanco legítimo para los aparatos secretos de seguridad fascista, hecho que ha sido ampliamente documentado en todos los países del Cono Sur.

Por otra parte, en el examen de las opciones para la redemocratización y la restauración de los derechos humanos son claramente perceptibles actitudes de tipo conciliatorio ante los conflictos burgueses y proletarios, actitudes que han sido "tradicionalmente" asociadas con la situación de las pequeñas burguesías, en especial las profesionales. Los argumentos de José Joaquín Brunner en cuanto a la "nación democrática" son parte de este cuadro y conviene deslindar su identidad.

Ernesto Laclau ha tipificado la estrategia discursiva cultural de las pequeñas burguesías al constituirse en agentes políticos llamándola "apelación a lo popular-democrático"[10]. Respondiendo a su difícil supervivencia entre las dos clases sociales fundamentales del sistema capitalista por su función en el aparato productivo —la gran burguesía y el proletariado—, la pequeña burguesía profesional tiende a articular su discurso cultural soslayando identidades de clase originadas en su función estructural en el aparato productivo para aposentarlo en zonas de la argumentación en que tales perfiles se difuminan. El discurso cultural es desplazado hacia un terreno llamado "lo popular-democrático". Este término se refiere a la acumulación a través del tiempo de amplias y difusas aspiraciones de liberación y afirmación de derechos ante la opresión estatal y de clase expresadas a través de la historia por todas las clases sociales que han existido en una nación. A los argumentos de Laclau se puede agregar que definir lo popular y lo democrático, según esta estrategia, permite a las pequeñas burguesías constituidas en agentes político-culturales apelar simultáneamente a las grandes burguesías y al proletariado para convertirse en agencia mediadora de sus conflictos, arrogándose una funcionalidad político-institucional "volante". Es decir, esas pequeñas burguesías se convierten en agencias compensadoras de los desequilibrios coyunturales del poder político. Periódicamente cambian sus pactos y convenios con la gran burguesía y con el proletariado para alterar la balanza de juego, plegándose momentáneamente a la política de una u otra clase.

Esa función político-institucional "volante" condiciona una postura conciliadora entre las dos clases sociales fundamentales. En los argumentos de Brunner esa postura se advierte en el énfasis que hace sobre la posibilidad de una nueva cultura política prestando atención casi exclusiva a la superestructura de valores, restando importancia a la razón económico-infraestructural de la que surge la lógica política que necesita el terrorismo de Estado para fortalecer el capitalismo dependiente. Dos pasajes de su trabajo son claves para certificar esta conciliación: "En este sentido puede decirse que la nación democrática tiene por base ético-cultural la elaboración comunicativa de sus conflictos y la definición negociada de los fines de la acción colectiva. El primer rasgo reclama un espacio público para la política, y supone condiciones equitativas de acceso para la representación de todos los sujetos sociales; el segundo aspecto supone una conformación particular del Estado, que debe admitir el control y balance ante los poderes, la elaboración parlamentaria de las leyes y la defensa de los derechos de los individuos frente a la autoridad que es además responsable públicamente por sus decisiones [...] No se quiere decir con ello que las posiciones estructurales, por ejemplo aquellas ancladas en la división social del trabajo, carezcan de importancia en la conformación de los sujetos [político-culturales]. Más bien, se quiere indicar que ellos

462

no logran constituirse por entero, ni siquiera de maneras decisivas, solamente sobre la base de las posiciones estructurales. Recién adquieren consistencia como sujetos sociales una vez que emergen al plano del reconocimiento intersubjetivo, que se constituyen en la esfera comunicativa pues, otorgando sentido a una constelación específica de intereses que logra ser expresada bajo la forma de un proyecto (ideología)"(p. 34). Como se observa, no se dirige la discusión a la razón genética de los efectos cada vez más desintegradores del capitalismo trasnacionalizado y sus agentes internos en el capital financiero sobre las culturas nacionales de las sociedades dependientes.

Como correlato de esa conciliación se posterga la cuestión de la cultura proletaria y la transición hacia el socialismo como estructuración social más afín a la tarea de concretar la más amplia gama de derechos humanos. Brunner dice: "La pregunta que debemos formularnos es, por tanto, si existe en Chile y bajo qué formas culturales algo que pueda llamarse la nación democrática [...] Nótese que partimos de este punto y no de otro, que preferimos explicitar de inmediato. Pues podríamos preguntarnos si existe hoy y bajo qué formas culturales la nación proletaria. En verdad [...] este punto de partida fue el origen de profundos errores en la concepción de la política y de la propuesta cultural de la Unidad Popular y estuvo en el origen de la derrota del año 1973. Pero no es sólo por eso que hemos descartado este punto de partida. Lo hacemos, también, porque nos parece teóricamente insostenible, tanto al menos como el sueño de la nación burguesa" (pp. 30-31).

Indudablemente, este tipo de función político-cultural es de importancia e influencia en situaciones de redemocratización como las que han vivido Uruguay y Argentina y la que aparentemente se está perfilando en Chile. Luego del agotamiento emocional experimentado por la colectividad nacional tanto en el curso de las luchas suscitadas por una hegemonía irresuelta en el período anterior a la toma del poder por los fascistas como durante la violenta represión ocurrida con la instauración del fascismo, las apelaciones políticas de un centrismo pequeño burgués que asume una lógica conciliadora son de particular atractivo.

Por otra parte, dentro del contexto de la grave crisis internacional —marcada ella por el acentuado proteccionismo a la industria nacional impuesta por los países capitalistas centrales, las restricciones al libre comercio internacional y las depresiones económicas resultantes de ello, la dificultad en el pago de la deuda externa por los países del Tercer Mundo y la reducción de las importaciones—, el fracaso de la política económica neoliberal militarizada parece abrir nuevamente la posibilidad de un proyecto de desarrollo nacional anclado prioritariamente en la economía interna, con una mayor autonomía nacional de decisiones, en que el Estado recuperará otra vez funciones claves: administrar la política monetaria interna, controlar las tasas de interés, mantener el equilibrio de los pagos internacionales, habilitar mecanismos para promover la producción nacional junto con protegerla del impacto de la economía exterior, además de desarrollar programas para enfrentar la crisis económica mundial, aminorar los ciclos de recesión y aliviar el desempleo[11]. En estas circunstancias, esta conciliación —actualmente asociada con la socialdemocracia—, sin duda tendrá una función orgánica en la concertación de un pacto nacional que articule los sectores sociales más vastos dentro de un esquema económico capitalista en que el Estado volverá a tener una fuerte ingerencia. A nivel cultural, quizás el Estado proceda nuevamente a institucionalizar y promover la producción ideológica necesaria para mantener esas articulaciones sociales, como ya se diera en los populismos anteriores.

Sin embargo, es preciso tener en mente dos tipos de consideraciones: como ya lo demostró la experiencia de los populismos anteriores, es limitada tanto la duración como la eficiencia de pactos políticos que, a través del Estado, promueven y protegen el capitalismo nacional controlando la ingerencia del capital transnacional. Como condicionamiento de esa ineficiencia no solamente está el hecho de que se dejen intocadas las bases del poder del capital monopólico financiero transnacionalizado y sus relaciones de sostén político en el militarismo, sino que, además, sectores del mismo capital nacional surgidos en esos períodos de relativa autonomía económica tienden a buscar relaciones con el capital transnacionalizado para acrecentar su poder económico. Con ello están dadas las raíces futuras para nuevos ciclos represivos. Así, la defensa de los derechos humanos tendrá marcadas sus limitaciones desde el comienzo mismo del proceso de redemocratización porque, obviamente, la satisfacción de todos los derechos económicos y sociales no es compatible con la acumulación privada de capital.

Según planteábamos, vistas las luchas sociales desde la perspectiva de los derechos humanos, ellas girarán en torno a la forma en que las posturas conciliadoras mantengan los derechos económicos y sociales en una categoría formal, sin asumir la responsabilidad ni la obligación de implementarlos concretamente. La aspiración de convertir esos derechos en positivos sin duda hará que el perfilamiento de la identidad político-cultural del proletariado como agente hegemónico capaz de establecer una democracia más afín con la defensa de los derechos humanos volverá a plantearse con la misma intensidad que siempre ha tenido. En esas circunstancias la crítica literaria habrá entrado a otro ciclo de desarrollo, marcado por la nueva necesidad de problematizarse a sí misma en relación a ese referente social masivo para su tarea de institucionalización poética.

Función de los foros internacionales: Para terminar, recuperemos la mención ya hecha en el segundo orden de premisas con que iniciáramos este trabajo de uno de los quehaceres de la crítica literaria: el significado de los foros internacionales.

Si se acepta el fundamento axiológico de una recanonización sobre la base propuesta, estos foros profesionales deberían considerar como núcleo ideológico orgánicamente manifestado en su formato de sesiones la relación entre crítica literaria y evolución histórica y actual de los derechos humanos; o por lo menos, integrar un cierto número de paneles a la discusión de esta problemática. Parte esencial de ese núcleo debería ser el reconocimiento de que la defensa de los derechos humanos es tarea que ha rebasado los límites nacionales, transformándose en deber internacional. Al respecto deberían tenerse en cuenta preceptos ya establecidos jurídicamente en el derecho internacional, que podrían ser trasladados analógicamente a nuestro quehacer académico.

Al respecto, sigamos consideraciones centrales en los argumentos del jurista Hernán Montealegre: "No se repara suficientemente en que los derechos humanos son considerados por el derecho internacional desde un doble punto de vista. En primer lugar, el derecho de gentes ha introducido a sus normas un elemento sustantivo nuevo, cual es el reconocimiento de la dignidad de la persona, con lo que el individuo se incorpora progresivamente a un papel de sujeto del derecho internacional y se le reconocen problemas fundamentales que no pueden ser desconocidos por los otros sujetos del derecho internacional, en especial los Estados. Esta vía de asimilación de los derechos humanos es *por extensión*, ya que significa expandir las normas del derecho internacional a un campo nuevo, cual es la dignidad de la persona, antes no considerada temática y directamente como un objeto jurídico separado del derecho internacional. En segundo lugar, los derechos humanos se han convertido en materia del derecho internacional porque su vigencia o desconocimiento, en especial colectivos, repercuten en un objeto jurídico tradicionalmente considerado por el derecho de gentes, y que es la paz internacional. Esta perspectiva de interés en los derechos humanos es, pues, *por inclusión*, en cuanto se trata de un asunto que hoy se estima esencialmente envuelto en la preocupación del derecho de gentes por mantener la paz entre los Estados. Un conflicto interno que viola los derechos humanos afecta, pues, dos objetos jurídicos propios del derecho internacional: la dignidad de la persona humana y la paz internacional"(p. 654).

En otras palabras, al convertirse el individuo en sujeto de tal importancia en el derecho de gentes e internacional, corresponde a todo intelectual, de toda sociedad preocuparse del estudio, significación cultural y estado actual de los derechos humanos, más allá de toda diferencia nacional. Por tanto, los foros internacionales de intercambio intelectual en la crítica literaria deberían ser intensamente aprovechados en este sentido. Hacerlo solucionaría, por otra parte, uno de los problemas que enfrenta la crítica literaria académica realizada en el extranjero, tanto por críticos literarios exiliados de nuestros países como por nacionales de los países anfitriones: el peligro de que, en el enclaustramiento de su quehacer en sistemas universitarios en que hay tendencia a separar la producción de conocimiento humanista de preocupaciones sociales más amplias, las temáticas planteadas en el estudio sean de limitada trascendencia o sujeta del todo a la subjetividad aislada del investigador. Frente a la reverberaciones culturales de los hechos más señeros de la historia latinoamericana, la Revolución Cubana, el surgimiento de los fascismos en Brasil y en el Cono Sur y el triunfo, iniciación y defensa de las Revoluciones en Nicaragüa y El Salvador, continuar en ese enclaustramiento pondría a una crítica literaria exclusivamente técnica y profesional en una situación enormemente debilitada *en lo social* por lo superfluo.

NOTAS

[1]En cuanto a las consecuencias ideológicas de este diálogo para la concepción de la cultura nacional en un contexto populista ver: Mabel Moraña, *Literatura y cultura nacional en Hispanoamérica (1910-1940)*. Minneapolis, Minnesota: Institute for the Study of Ideologies and Literature, 1984.

[2]El ideólogo más importante dentro de Chile con respecto a este cuestionamiento es Tomás Moulián. Ver: "Lucha Política y Clases Sociales en el Período 1970-1973". Documento de Trabajo de FLACSO (Santiago de Chile), 1976; "Cuestiones de Teoría Política Marxista: una Crítica de Lenin". Documento de Trabajo, N⁰ 105, FLACSO (Santiago de Chile), diciembre, 1980; "Democracia, Socialismo y Soberanía Popular" Material de Discusión N⁰ 20, FLACSO (Santiago de Chile), septiembre, 1981; "Por un Marxismo Secularizado" *Mensaje* (Santiago de Chile), octubre, 1981; "Desarrollo Político en Chile" Estudios Cieplan (Santiago de Chile) N⁰ 8, julio, 1982.

[3]Considérense palabras de Jacques Maritain: "El ser humano posee derechos debido al hecho mismo de que es persona, un todo, amo de sí mismo y de sus actos, y que por consecuencia no es meramente un medio para un fin, sino un fin en sí mismo, un fin que debe ser tratado como tal. ¿La dignidad de la persona humana? La expresión no significa nada si es que no señala que por virtud de la ley natural, la persona humana tiene el derecho a ser respetada, es el sujeto de derechos, posee derechos. Estas son cosas que se deben al hombre debido al mismo hecho de ser hombre". *The Rights of Man*, London, 1944, p. 37.

[4]Hernán Montealegre Klenner, *La seguridad del Estado y los derechos humanos*. Santiago de Chile: Academia de Humanismo Cristiano, 1979, p. 720. La obra citada es un manual jurídico preparado con materiales que este jurista —uno de los más importantes en lo que respecta a la defensa de los derechos humanos y asociado largo tiempo con la Vicaría de la Solidaridad de la Iglesia Católica de Chile— usara en la defensa legal de prisioneros ante los tribunales militares que enjuiciaron a dirigentes sindicales y políticos de la Unidad Popular. Constantemente me referiré a este manual, por lo que, de aquí en adelante, señalaré número de página inmediatamente después del texto citado.

[5]*Ibid.*

[6]Tomo el término *universo simbólico* de la sociología constructivista. Ver: Peter L. Berger and Thomas Luckmann, *The Social Construction of Reality*. Garden City, New York: Anchor Books, Doubleday & Company, Inc., 1967: "Los orígenes del universo simbólico tienen su raíz en la constitución del hombre. Si el hombre en sociedad es un constructor de mundos, esto es posible por su apertura al mundo constitucionalmente dada, lo cual ya implica el conflicto entre orden y caos. La existencia humana es, *ab initio*, una permanente exteriorización. A medida que el hombre se exterioriza, construye el mundo *dentro* del cual se exterioriza. En el proceso de exteriorización, proyecta sus propias significaciones sobre la realidad. Los universos simbólicos, que proclaman que *toda* la realidad es humanamente significativa y requieren de la *totalidad* del cosmos que signifiquen la validez de la existencia humana, constituyen los límites más amplios de esta proyección." p. 104

[7]Documento de Trabajo N° 177, FLACSO (Santiago de Chile), mayo, 1983. Como antecedente de este trabajo debiera considerarse, además, por el mismo autor, "Autoritarismo y Cultura en Chile". Material de Discusión N° 44, FLACSO (Santiago de Chile), mayo, 1983; *La cultura autoritaria en Chile*. Santiago de Chile: FLACSO- Latin American Studies Program, University of Minnesota, 1982.

[8]Por motivo arquetípico se entiende uno que en su aparición continua tiene la capacidad de constelar en referencia a él una multiplicidad de

motivos secundarios de la ficción poética. Toda tradición literaria, entendida como sistema simbólico realmente está formada por una cantidad bastante pequeña de estos motivos arquetípicos. Ver: Hernán Vidal, *Sentido y práctica de la crítica literaria socio-histórica: Panfleto para la proposición de una arqueología acotada.* Minneapolis, Minnesota: Institute for the Study of Ideologies and Literature, 1984.

[9]Maurice Cranston, *What are Human Rights?*. New York: Taplinger Publishing Co., Inc., 1973, p. 65; 54.

[10]Ernesto Laclau, *Politics and Ideology in Marxist Theory.* London: Verso Editions, 1979.

[11]Para un sucinto análisis de la situación económico-política latinoamericana actual, de donde he tomado los datos aquí usados, ver: Jaime Estévez, "América Latina: Crisis Económica y Cambio Político" Material de Discusión Nº 46, FLACSO (Santiago de Chile), julio, 1983.

INDICE

472